高等院校经济管理类专业"互联网＋"创新规划教材

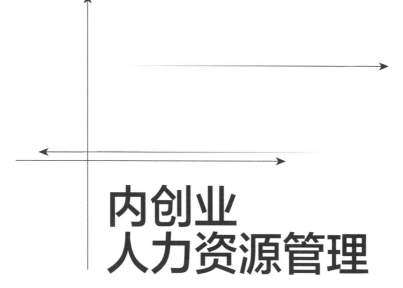

内创业
人力资源管理

朱晓红　赵金国　杜同爱◎编　著

内 容 简 介

本书结合了创业管理理论和人力资源管理职能观点,探究了内创业实践活动中的人力资源管理问题,共分为导论篇、职能篇、实务篇和前沿篇四个篇章。导论篇介绍内创业人力资源管理所涉及核心概念的内涵和关系等;职能篇从职位分析、招聘录用、培训与开发、绩效管理和薪酬管理五个职能讲解人力资源管理职能在内创业情境中的应用;实务篇介绍人力资源管理在内创业机会识别、资源整合、团队组建、新企业成长四个方面的价值体现;前沿篇则围绕大数据时代内创业人力资源管理变革问题,提出内创业人力资源管理的新模式和新的发展趋势。本书具有如下特色:一是将人力资源管理视为内创业企业获得成功的关键,二是迎合时代发展特色探讨了许多新的话题,三是提供大量案例介绍内创业人力资源管理实践活动的开展情况。

本书可作为高等院校经济管理类专业的专科、本科教材,也可作为从事人力资源管理工作人员的自学参考用书。

图书在版编目(CIP)数据

内创业人力资源管理 / 朱晓红,赵金国,杜同爱编著. —北京:北京大学出版社,2021.4
高等院校经济管理类专业"互联网+"创新规划教材
ISBN 978-7-301-32052-5

Ⅰ.①内… Ⅱ.①朱… ②赵… ③杜… Ⅲ.①企业管理—人力资源管理—高等学校—教材 Ⅳ.①F272.92

中国版本图书馆 CIP 数据核字(2021)第 044665 号

书 名	内创业人力资源管理 NEICHUANGYE RENLI ZIYUAN GUANLI
著作责任者	朱晓红 赵金国 杜同爱 编著
策划编辑	罗丽丽
责任编辑	罗丽丽
数字编辑	金常伟
标准书号	ISBN 978-7-301-32052-5
出版发行	北京大学出版社
地 址	北京市海淀区成府路 205 号 100871
网 址	http://www.pup.cn 新浪微博:@北京大学出版社
电子信箱	pup_6@163.com
电 话	邮购部 010-62752015 发行部 010-62750672 编辑部 010-62750667
印 刷 者	大厂回族自治县彩虹印刷有限公司
经 销 者	新华书店
	787 毫米×1092 毫米 16 开本 16.5 印张 396 千字 2021 年 4 月第 1 版 2021 年 4 月第 1 次印刷
定 价	48.00 元

未经许可,不得以任何方式复制或抄袭本书之部分或全部内容。
版权所有,侵权必究
举报电话:010-62752024 电子信箱:fd@pup.pku.edu.cn
图书如有印装质量问题,请与出版部联系,电话:010-62756370

前　言

随着大众创业、万众创新的蓬勃发展，创新创业环境持续改善，创新创业主体日益多元化，各类支撑平台不断丰富，创新创业社会氛围更加浓厚，创新创业理念日益深入人心。在此背景下，内创业逐渐成为一种主流的创业趋势，以此来提升创新创业活力，吸引人才、留住人才。在2019年7月《财富》发布的世界500强排行榜中，众多上榜企业在产品创新方面采取了内创业机制，诸如亚马逊、谷歌（Alphabet）、通用电气、3M、欧莱雅、富士通、松下、中国电信、京东、阿里巴巴、腾讯、海尔等国内外优秀企业均通过持续创新、战略更新、组织再造等方式，提升了内部员工的工作积极性，增加了企业的活力和创新性，进而促进企业实现其核心竞争优势。

内创业为企业带来"红利"的同时，也可能产生相应的问题，诸如企业既有文化与创新创业文化是否能够有效融合？企业已有的管理制度与内创业体制是否能够做到兼容？企业现有高管与内创业团队在战略发展和利益分配上是否能够达成共识？企业目前主营业务是否会与内创业孵化出的项目形成竞争关系？企业的经营发展是否会因为员工的离职创业而受到影响？……上述问题阻碍了企业内创业发展的步伐，开展内创业活动需要为上述问题提供有效的解决方案。围绕上述问题，本书从人力资源管理角度切入开展研究，探究内创业人力资源管理问题，进而为内创业企业的运营发展提供有效指导和借鉴。

本书分为四篇，共11章。第一篇是导论篇，主要介绍内创业人力资源管理所涉及核心概念的内涵和作用等，让读者对内创业人力资源管理有一定的认识和理解；第二篇是职能篇，主要基于内创业情境，选择职位分析、招聘录用、培训与开发、绩效管理和薪酬管理五大职能，讲解内创业企业中的人力资源管理职能的价值性和独特性；第三篇是实务篇，主要基于创业三要素"机会-资源-团队"讲述人力资源管理在内创业过程中的价值体现，并基于生命周期理论讲述人力资源管理在新企业成长的各个阶段所扮演的重要角色；第四篇是前沿篇，主要围绕大数据时代内创业人力资源管理变革问题，提出内创业人力资源管理的新模式和新的发展趋势。

本书的体例设计主要分为六个部分，分别为学习要点、引例、正文、本章小结、思考题和案例分析。其中学习要点、本章小结和思考题，帮助读者快速获取关键知识点并加深对关键知识点的理解；引例和案例分析可以引发读者思考，帮助读者总结所学知识，提升解决实际问题的能力。此外还通过"互联网＋"二维码的形式设置了阅读材料和拓展资料，读者可以通过扫描二维码进行自主学习，为读者进一步丰富知识提供有效的渠道。

本书由朱晓红负责体例的设计、内容和结构的安排，并负责第1、6、7、8、9、11章内容的撰写，赵金国负责第2、3章内容的撰写，杜同爱负责第10章内容的撰写，张欣负责第4、5章内容的撰写，李安、李婉婷、李于婉婧、牟杰、刘军李、孙淳、姜倩、韩东、徐嘉欣、孙童、李岩、赵昱晨在内容编写、资料收集等方面提供了很多协助，最后全书的统稿是由朱晓红、张欣和孙淳完成。

本书在撰写过程中受到了国家自然科学基金青年项目"基于演化博弈论和组织学习视角的迭代创新模式形成及作用机制研究"（项目编号：71702083），2017年度山东省社科规划青少年研究专项（山东省青少年研究基地资助项目）"山东大学生创业教育现状及对策研究"（项目编号：17CQSJ12），山东省高等学校"青创科技计划"（2019RWG035），齐鲁工业大学（山东省科学院）2019年校级教研项目（2019zd06、2019zd25）等项目的资助，在此表示感谢。

编者在撰写本书过程中参阅了许多同仁的研究成果，除本书列出的参考文献外，还参阅了其他一些文献、资料，在此，向所有论著的作者表示诚挚的感谢；同时编者在拓展资料中推荐了各个网站的视频资料，感谢网站提供的高质量视频。限于编者的学术水平和实践经验，书中的错漏之处在所难免，欢迎大家批评指正，并与我们联系（E-mail：zhuxiaohong0428@163.com）。

朱晓红

齐鲁工业大学（山东省科学院）

2021年3月于泉城济南

【资源索引】

本书课程思政元素

本书课程思政元素从中国古代读书人理想的个人成长路径——"格物、致知、诚意、正心、修身、齐家、治国、平天下"的角度着眼,再结合社会主义核心价值观"富强、民主、文明、和谐、自由、平等、公正、法治、爱国、敬业、诚信、友善",设计出课程思政的主题。然后紧紧围绕"价值塑造、能力培养、知识传授"三位一体的课程建设目标,在课程内容中寻找相关的落脚点,通过案例、知识点等教学素材的设计运用,以润物细无声的方式将正确的价值追求有效地传递给读者。

本书的课程思政元素设计以"习近平新时代中国特色社会主义思想"为指导,运用可以培养大学生理想信念、价值取向、政治信仰、社会责任的题材与内容,全面提高大学生缘事析理、明辨是非的能力,把学生培养成为德才兼备、全面发展的人才。

页码	内容导引	思考问题	课程思政元素
6	内创业的特征	讨论内创业活动的风险性和内创业企业家的奉献精神。	创新意识 奉献精神 职业精神
24～28	内创业职位分析的基本原则和具体实施	1. 内创业企业职位分析工作应该多久开展一次? 2. 面临数字经济时代市场环境的变革如何做出相应的调整?	科学精神 适应发展 专业能力 职业规划
38	引例 美的巨资搭建"美创平台"	1. 如何评价美的集团总裁何享健提出的口号"宁可放弃100万销售收入的生意,也不可放弃一个对企业发展有用的人才"? 2. 美的集团"改相马为赛马"的选人模式,你认为可以解决哪些问题?	价值观 公平正义 热爱工作 企业文化
39	内创业企业招聘录用的德才兼备原则	司马光说过"德才兼备者重用,有才无德者慎用,无德无才者不用",你如何评价?	辩证思想 专业能力 包容尊重
62	引例 中国电信:Mini创新创业训练营孵化创新人才	1. Mini创新创业训练营为何从评价、培养、设计、价值四个维度培养创新创业人才? 2. "易信群"的建立在训练营中有何作用?	价值观 团队合作 企业文化 全面发展 行动学习

续表

页码	内容导引	思考问题	课程思政元素
66	公司内部企业家精神的培养	1. 公司内部企业家精神如何培养？ 2. 企业如何消除员工对新业务开展的负面情绪？	自主学习 企业文化 适者生存 责任与使命
90	标杆管理	1. 企业如何学习同行一流企业的最佳实践？ 2. 中国企业如何创建世界一流企业？	创新意识 终身学习 产业报国 大国风范 他山之石
104	绩效反馈面谈的实施	1. 内创业企业的管理者如何设计绩效反馈面谈计划？ 2. 如何应用绩效反馈结果以提升员工绩效？	专业能力 职业精神 企业文化 文化传承
108	引例 西贝总裁揭秘：为何竞争对手的卧底都不愿回去了	1. 为何竞争对手的卧底来到西贝都不愿回去？ 2. 探讨西贝"创业分部"的独特性价值。 3. 如何理解西贝使命中的"成就员工"？	个人成长 企业文化 团队合作 创新精神 公平正义
124	内创业企业典型岗位人员的薪酬设计	内创业企业中不同岗位人员的薪酬设计有哪些不同？应遵循哪些设计策略？	求真务实 专业能力 适者生存
138	引例 微信是如何诞生的？	微信如何实现从无到有的突破？如何实现快速的迭代升级？	专业能力 创新精神 包容尊重 团队合作 企业文化
148	与识别机会相关的个人特质	1. 有哪些个人特质会影响到机会识别？ 2. 如何理解"有些人是天生创业者"的说法？	求真务实 适者生存 个人成长 全面发展

续表

页码	内容导引	思考问题	课程思政元素
164	重要资源异质性的培养和获取	1. 对内创业企业而言，哪些资源是其重要异质性资源？ 2. 重要异质性资源对于内创业企业获取竞争优势有哪些影响？ 3. 内创业企业可以通过哪些渠道获取重要异质性资源？	努力学习 专业能力 创新意识 个人成长
168	资源的创造性拼凑	1. 内创业企业如何盘活看似无用的资源？ 2. 如何理解"摸着石头过河"？	辩证思想 适应发展 创新意识
174	构建共赢的机制	1. 如何理解企业间从"竞争"关系走向"竞合"关系？ 2. 如何理解"把全球市场蛋糕做大、共享机制做实、合作方式做活"？	大局意识 团队合作 行业发展 他山之石 可持续发展
183	引例 王小川不是一个人在战斗！搜狗团队浮出水面	1. 搜狗团队为何能够谱写出一个又一个传奇故事？ 2. 何为一个真正的"团队"？真正的"团队"有什么特点？	团队合作 沟通协作 企业文化 可持续发展
192	内创业团队的行动原则之一：公正性为准绳	1. 创业者如何在收获期分配所获利益？ 2. 创业者如何处理员工对利益分配提出的异议？	公平正义 大局意识 专业水准 包容尊重
193	内创业团队冲突	1. 内创业团队冲突只会带来不利影响吗？ 2. 内创业企业如何正确对待内创业团队冲突问题？	辩证思想 包容尊重 团队合作
204	企业生命周期	1. 如何看待企业的周期性规律？ 2. 如何理解"没有成功的企业，只有时代的企业"？	求真务实 社会责任 时代精神 可持续发展
207	新企业成长面临的压力及问题的解决策略	1. 综合评价压力给新企业成长带来的正向和负向影响。 2. 如何看待创业者"007"工作制？	适应发展 毅力 个人管理
232	大数据时代内创业人力资源管理变革	1. 大数据时代给内创业人力资源管理工作带来哪些挑战？ 2. 内创业人力资源管理工作如何满足时代发展需求和企业运营要求？	终身学习 创新意识 时代精神

注：详细的教师版课程思政设计内容可联系出版社索取。

目　　录

第一篇　导论篇

第 1 章　内创业人力资源管理导论 … 3
1.1　内创业与内企业家 … 4
1.2　内创业人力资源管理 … 9
本章小结 … 14
思考题 … 15

第二篇　职能篇

第 2 章　内创业企业职位分析 … 19
2.1　内创业企业职位分析概述 … 20
2.2　内创业企业职位分析的具体实施 … 24
2.3　内创业企业职位说明书的编写 … 30
本章小结 … 34
思考题 … 34

第 3 章　内创业企业招聘录用 … 37
3.1　内创业企业员工招聘概述 … 38
3.2　内创业企业招聘的程序、渠道和方法 … 44
3.3　内创业企业员工甄选 … 50
本章小结 … 58
思考题 … 59

第 4 章　内创业企业培训与开发 … 61
4.1　内创业企业培训与开发概述 … 62
4.2　内创业企业培训与开发流程 … 68
4.3　内创业企业培训与开发的方法 … 73
本章小结 … 79
思考题 … 79

第 5 章　内创业企业绩效管理 … 82
5.1　内创业企业绩效管理概述 … 83
5.2　内创业企业绩效管理的工具和方法 … 88
5.3　内创业企业绩效管理的内容 … 98
本章小结 … 105
思考题 … 105

第 6 章　内创业企业薪酬管理 … 107
6.1　内创业企业薪酬管理概述 … 108
6.2　内创业企业薪酬体系规划与薪酬体系的发展趋势 … 116

6.3 内创业企业典型岗位人员的薪酬设计 ········· 124
本章小结 ········· 131
思考题 ········· 132

第三篇 实务篇

第7章 内创业机会与人力资源管理 ········· 137
7.1 内创业机会概述 ········· 139
7.2 内创业机会识别与人力资源管理 ········· 142
7.3 内创业机会评价与人力资源管理 ········· 147
7.4 内创业机会建构与人力资源管理 ········· 152
本章小结 ········· 156
思考题 ········· 157

第8章 内创业资源与人力资源管理 ········· 159
8.1 资源基础理论与内创业资源 ········· 160
8.2 内创业资源整合与人力资源管理 ········· 167
8.3 外部创业资源整合与人力资源管理 ········· 174
本章小结 ········· 179
思考题 ········· 180

第9章 内创业团队与人力资源管理 ········· 182
9.1 内创业团队的内涵 ········· 183
9.2 内创业团队组建与人力资源管理 ········· 186
9.3 内创业团队冲突与人力资源管理 ········· 193
本章小结 ········· 197
思考题 ········· 198

第10章 新企业成长与人力资源管理 ········· 201
10.1 新企业成长概述 ········· 202
10.2 新企业成长阻碍因素及成长方向 ········· 205
10.3 新企业成长与人力资源管理概述 ········· 210
本章小结 ········· 225
思考题 ········· 226

第四篇 前沿篇

第11章 内创业人力资源管理变革和发展趋势 ········· 231
11.1 大数据时代内创业人力资源管理变革 ········· 232
11.2 内创业人力资源业务合作伙伴新模式 ········· 237
11.3 内创业人力资源管理的未来发展趋势 ········· 241
本章小结 ········· 248
思考题 ········· 248

参考文献 ········· 251

第一篇

导论篇

第1章

内创业人力资源管理导论

思维导图

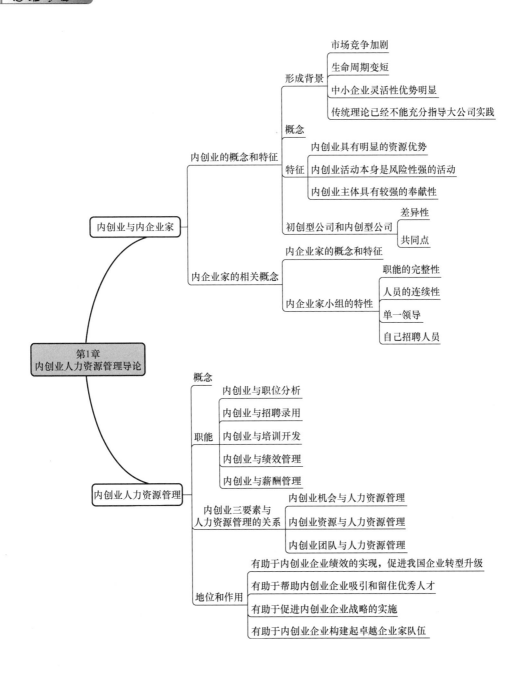

> **学习要点**
> - 内创业和内企业家的相关概念
> - 内创业人力资源管理的内涵
> - 内创业人力资源管理的基本职能与作用

 引例

谷歌内创业的创意——20%①

在谷歌内部，有一个随时变动的 Top100 项目列表。谷歌鼓励员工把自己想到的富有创新性的想法写出来，让其他员工进行投票，使得大家觉得最好、最可能成功的项目突显出来。然后谷歌会给员工提供技术和资金支持，员工可以运用 20% 的自由工作时间将自己的想法付诸实践。谷歌的这一鼓励内部创新创业的模式与 3M 公司的"15%定律"不谋而合，充分体现了这些世界级的大公司自由开放且极具创新力的企业文化。

2015 年 8 月，谷歌重组改名为 Alphabet，业界认为这是谷歌两位联合创始人放权脱身以激励内部创业所做出的举措。重组之后，原先的谷歌瘦身成为全资子公司，它的一些与核心业务关系不大的业务纷纷拆成新的子公司，而 Alphabet 将成为一个新的、大的控股集团。很多子公司将由自己的 CEO（首席执行官）负责，两位创始人只需从战略层面管理好这一大集团便可，这样既能让两位创始人从烦琐的事务中脱离出来，去考虑大的方针问题，又能培养新的、年轻的 CEO。

用谷歌联合创始人兼 CEO 拉里·佩奇的话说，重组可以让 Alphabet 重新获得"创业公司般的活力"，革命颠覆性的创新不断推送着下一个巨大的增长领域，以继续保持与行业挂钩。从谷歌的内部创业成果来看，公司涉及的很多领域都是比较前沿的，这也是谷歌能够保持行业领先、全球领先地位的重要原因。

【谷歌内部创业成果】

1.1 内创业与内企业家

1.1.1 内创业的概念和特征

1. 内创业的形成背景

（1）市场竞争加剧

经济全球化的加剧及信息技术的创新发展所引致的信息革命，使得公司的竞争环境发生了深刻的变化。新的竞争环境中，技术的发展融合趋势使得产业边界变得模糊，环境的不确定使企业领导人进行稳定有效的战略分析和预测的难度更大，这要求企业重视发现新机遇，开发新的人力资本，有效使用新技术，实施有创新价值的动

---

① 资料来源：基于"芮绍炜. 华为、谷歌的内部创业模式比较[J]. 企业管理，2016（4）：67-69."等公开资料整理。

态战略。如何有效驾驭新的竞争环境，抓住蓝海显现给地区和企业带来的商机，企业首先有必要引入和建立创业导向型的战略领导机制，这要求企业的战略领导者必须是创业导向的、具有远见卓识的、变革型的领导，必须在企业战略层次中引入创业愿景，在企业经营管理的各个层面积极倡导创业精神和创业型文化。

（2）生命周期变短

随着经济全球化发展和结构性调整步伐不断加快，一个组织只有不断地推动、积极变革才能在竞争中不断求得生存。随着竞争的加剧，企业的生命周期变短，企业要想在经济全球化的今天长远地发展下去，就必须进行自我变革。内创业理论的兴起，正是反映了公司在发展过程中的自我变革和战略调整的需求。

（3）中小企业灵活性优势明显

在世界经济结构发生重大变化的新经营环境下，中小企业的创新创业具有灵活性，特别是对于那些想要实现历史性的跨越、正从小企业快速迈进大企业行列的高速成长型公司的生存和发展而言，最重要的课题就是，如何在公司战略和管理过程中持续注入新创企业起步时的那种创新理念和创业精神。创业已成为全社会各方面共同关注的问题，由此促进了创业学领域向大企业战略领域的研究发展。

（4）传统理论已经不能充分指导大公司实践

如今，国际竞争环境发生巨大变化，市场结构发生重大调整，在经济全球化和技术高速发展的新竞争环境中，传统理论已经不能充分指导大公司实践，内创业成为各类大公司追求创新和获取持续竞争优势的重要途径之一，大公司应继续发挥持续创新作用，发挥规模经济和范围经济。实际上，内创业战略的正确实施也开始被看作大公司持续其市场竞争优势的重要战略与组织制度基础之一，内创业是企业成长和多元化的途径，是产品拓展与更新的源泉，是新事业开发与新收益创造的源头，能有效保持企业的市场竞争力。

2. 内创业的概念

20世纪80年代，市场竞争愈演愈烈，产品生命周期越来越短，竞争的焦点转向产品生命周期的前端，中小企业在竞争中具有灵活性和弹性化的优势，日益显示出活力，并迅速侵蚀了大企业的生存空间。随着大企业的生存压力加大，以强调职能为核心，实施计划控制的传统管理理论已经不能充分地指导大企业的实践。[1] 内创业是企业成长和多元化的途径，是产品扩展与更新的源泉，也是开发新事业与创造新收益的源头，能使企业在迅速变化的市场上保持竞争力。内创业观念已形成一股强大的潮流，对众多大企业的经营和管理方式产生了影响。

内创业最普遍的定义是在现存组织内部进行创业，以此为基础，许多学者对内创业通过各种描述进行系统的定义和分类。其中，较早的具有代表性和影响性的提法是 Pinchot 所提出的内创业的概念，他将其定义为发生在大公司或独立事业部内的，以创建内部试验市场、改进管理和技术为目的的创新活动。[2] 而最早使用了"公司内创业"概念的是

---

[1] 张玉利，李乾文，陈寒松. 创业管理理论的最新评述及研究趋势[J]. 预测，2004（04）：20-25+32.
[2] PINCHOT G. *Intrapreneuring: why you don't have to leave the corporation to become an entrepreneur* [M]. New York: Harper and Row, 1985, 2-30.

Miller，他认为公司内创业是指新产品或生产性服务技术的引入，对营销和生产问题的新解决方法的探求[①]。Stevenson 和 Jarlo 认为内创业是组织中的个体不依赖现有所控制的资源去追求新机会的过程[②]。Sathe 认为内创业即发生在现有组织中的创新行为[③]。戴维奇和林巧认为，内创业是集群企业实现升级的重要途径[④]。任荣伟指出内创业主要是指现有已经成型的组织为了获得创新性成果以进一步提升其竞争力而得到组织承诺、授权和资源保障之后，所实施的一系列的活动[⑤]。

在本书的研究中，内创业被概括性地定义为现有已经成型的组织为了获得创新性成果以进一步提升其竞争力而得到组织允诺、授权和资源后所实施的一系列创业活动，这些活动包括内部设立新产品开发小组或新事业部，外部设立衍生的合资公司或独资公司以开发或收购新项目，能开拓新合作协议甚至排他性协议等。它的特征维度包括新事业的创设、产品或服务的创新、过程的创新、自我更新、事业承担、超前行动以及积极进取等。

3. 内创业的特征

（1）内创业具有明显的资源优势

离开现有企业去寻找创业的资源，对于许多未来的企业家而言都是一件困难的事情，但是不离开企业又无法实现追求个人财富价值的梦想，这时倘若能从所在企业得到创业所需要的各种资源，情况则会不同。内创业是企业内部的创业，具有明显的资源优势，包括资金、技术、人才等方面的支撑，这便为内创业的成功提供了一定的保障。在内创业实践中，如果内创业活动受到企业管理层的认可，内创业的资源优势更加明显，内创业更容易获得成功。因此，在内创业之初，最重要的是要争取领导的认同。内创业的资源优势突出表现：一是具有充足的资金来源；二是构建内创业团队相对容易，人才较易获得；三是可以充分利用企业现有的基础设施，如可以共享企业的价值链等。

（2）内创业活动本身是风险性强的活动

内创业活动是在企业内开创新的业务，在原有企业中开辟新的业务板块，在内部创新的过程中，由于所掌握信息的制约及对有关客观规律的不完全了解，因此人们不能完全地预测未来，这就使得创新具有较高的风险性。这些风险主要包括：政策风险、经营性风险和资本风险。政策风险是指由于国家政策或者法规的变化，使新业务面临着可行或者非可行的风险；经营性风险是指由于原来没有经营或者运营此类项目的经验，对新公司的价值链整体把握不够准确而带来的风险；资本风险主要是指内创业企业资金在循环过程中，由于各种难以预料或无法控制的因素作用，内创业企业资金的实际收益小于预计收益而发生

[①] MILLER D. *The correlates of entrepreneurship in three types of firms* [J]. Management Science，1983（29）：77-79.

[②] STEVENSON H H, JARILO J C. *A paradigm of entrepreneurship：entrepreneurrial management* [J]. Strategic Management Journal，1990，11（special issue）：17-27.

[③] SATHE V. *Corporate entrepreneurship：top managers and new business creation* [M]. Cambridge, UK：Cambridge University Press，2003：1-35.

[④] 戴维奇，林巧. 本地与超本地制度网络、公司创业与集群企业升级 [J]. 科学学与科学技术管理，2013，34（01）：39-47.

[⑤] 任荣伟. 内部创业战略 [M]. 北京：清华大学出版社，2014：5-60.

资金损失,进而造成内创业企业运转不畅,甚至破产倒闭。

(3) 内创业主体具有较强的奉献性

内创业的主体——内企业家,是企业的创业者和革新者,他们的行为会经常挑战到现有组织的秩序和稳定性,这很容易在组织内部造成一些摩擦,成为造成企业内部不稳定的因素,也会阻碍内企业家个人能力的施展。同时,内企业家创业成功后对职业生涯的发展是否有帮助并不确定,又或者是得到很少的经济报酬,这对内创业主体来说激励不够,因此,要求内创业主体要有很强的奉献性。柳传志曾说道"没有奉献精神,创业很难实现",奉献精神以及主人翁精神决定企业在内部创业时期的竞争力,在当前竞争日益激烈的商业环境下,只有内创业主体排除私欲,全心全意地投入创业活动中,才能有效促进内创业企业的发展,使得内创业企业利益最大化。

4. 初创型公司和内创型公司

(1) 初创型公司和内创型公司的差异性

通常地讲,创业可以在初创型公司、小公司(包括小微企业)、中型公司(通常与小公司一起称为"中小企业")、大型公司、非营利性组织以及公共部门组织。其中,最具有鲜明创业特征的当属初创型公司,为了综合性地理解内创型公司的特点,有必要与初创型公司进行各方面的特征比较,如表1-1所示。

表1-1 初创型公司与内创型公司比较

初创型公司	内创型公司
创业者承担全部风险	公司承担主要风险
创业者拥有所有创意和新业务	公司拥有新业务等资产,在创意相关的新业务推广收益方面与内企业家共同拥有
创业者拥有全部或大部分股权	内企业家在公司内可能没有股权,或者只占较小部分股权,但有一定的创新期权报酬
对创业者的潜在市场回报是无限的,但同时要承担失败的全部风险	内企业家可以得到部分回报,但只承担失败的一部分风险
创业团队对外部环境影响的反应非常敏锐	除内企业家外,其余人员对外部环境影响的反应较为迟钝
创业者具有较强的创造力	具有一定人力优势,可形成广泛思想库
创业者表现为有极强的独立性	团队成员之间相互依赖,并且在组织愿景的驱使下与组织共同分享权益
在开始难以形成规模经济和范围经济	可以快速形成规模经济和范围经济
创业者安全感弱,总是处于不确定环境中	内企业家工作环境比较确定,安全感强

(2) 初创型公司和内创型公司的共同点

两种组织的共同点:都涉及对市场机会的关注和确定;都需要一个以产品、服务或过程等形式构成的独特商业模式概念;都是为团队和组织工作的个体支持者所推动,从而使开发的创意实现落地；都需要创业者拥有将愿景与管理相匹配的管理艺术，现实中要妥善处理好创业激情与实用主义、积极进取心与耐心之间的关系；都会涉及创意的出炉，在形成阶段非常脆弱，需要随时间慢慢消化；都需要组织给予将创意成功落地并得到融资的机会；对顾客来说，价值创造和责任担当都是可预见的；都会发现创业者在创新中会遇到无数的抵触和障碍，需要极强毅力和解决方案的能力；都需要承担一定的基于风险的不确定性，需要有一套适合自己的风险管控战略；都需要创业者有持续开发和创新的战略规划，过程中能够不断平衡各类资源。

【内创业形式、焦点及竞争优势】

1.1.2 内企业家的相关概念

1. 内企业家的概念和特征

（1）内企业家的概念

Pinchot 第一次提出了内企业家（Intrapreneur）的概念，其中 Intrapreneur 一词是"Intracorporate entrepreneur"的缩写，意指"公司内部的创业家"。在 *Intrapreneuring: why you don't have to leave the corporation to become an entrepreneur* 一书中，他详细地描述了公司中存在的一个群体：他们有着积极的进取心，自己热衷于对产品或技术的追求，按照自己的直觉判断去选择最能帮助自己的人，尽量以非公开的方式进行工作，以回避管理科层制的束缚，敢于承担风险，富有创新精神。Pinchot 将这些人定义为：在组织内从事企业家式工作的那群人。[1] Walton 认为内企业家是指在企业现有体制内，有创造力、有胆识、善于发现市场中潜在机会，并敢于承担风险以促进新事物出现的管理者。[2] Gapp 和 Fisher 指出内企业家处于企业最高管理层与基层之间，在既有组织内部促使创意转化为可获利实体的创新过程中起到关键作用。[3]

内企业家的角色介于创业家与经理人之间，其特征变量为：在公司中从事创业活动的人；被公司所雇用；要担一定的财务风险，在职业经理人市场成熟的西方国家，这种特征尤为明显。从创业家与职业经理人在企业成长中的不同历史作用可以明显看出，大公司必须通过一套可行的组织运行机制将有首创精神的职业经理人转变为公司内创业家。

（2）内企业家的特征

① 动机：希望自由，利用公司的资源，以目的为起点，但也考虑公司的相关报酬。

② 时间趋向：在三年至十五年的期限内，急于实现自己和公司的计划。

③ 行动：做实际工作，也会委派他人工作，但在需要时自己也做所需工作。

④ 技能：与独立企业家相似，具有更强的能力。

---

[1] PINCHOT G. *Intrapreneuring: why you don't have to leave the corporation to become an entrepreneur* [M]. New York: Harper and Row, 1985, 2-30.

[2] WALTON A. *The impact of interpersonal factors on creativity* [J]. International Journal of Entrepreneurial Behaviour & Research, 2003, 9 (4): 146-162.

[3] GAPP R, FISHER R. *Developing an intrapreneur-led three-phase model of innovation* [J]. International Journal of Entrepreneurial Behavior & Research, 2007, 13 (6): 330-348.

2. 内企业家小组

为什么公司越来越依赖于内企业家小组？Pinchot 的回答是他们"小"，而且职能"齐全"，可以解决在创新中遇到的大问题。无论什么时候出现一个新的设想，都会遇到其他各个职能领域的抗拒。而每一个设想要获得成功，都必须得到所有职能领域的支持，内企业家小组与项目小组或任务小组不同，它具有以下特性。

（1）职能的完整性

内企业家意味着对所有能使设想成为现实的事情负责，实际上，这也意味着内企业家小组由各种职能的人组成，在各个方面都有专家，保持职能的完整性。

（2）人员的连续性

中途将工作转交给他人的情况对内企业家小组是不利的，工作接力使人丧失热情，也容易使信息丢失，让内企业家小组随着事业一起发展是对他们最有效的奖励，因此保持人员的连续性是十分必要的。

（3）单一领导

内企业家小组只有在向一个领导负责时，才算有自治权，否则它不仅要为内创业企业的需要服务，而且还要向其他必须汇报的组织负责，面临多重领导的局面。在内企业家小组中，计划者也是实干者，只有每一个人都热情参加，才能把工作做好。

（4）自己招聘人员

内企业家小组通过制订招聘计划，根据职位的重要性进行排序，理清每个职位理想人选所具备的素质招聘人员，及时吸引并鼓励合格者申请工作岗位，获得企业所需人员，实现员工、职位、组织三者的最佳匹配，能够达到因事任人、人尽其才、才尽其用的互赢目标。

【阅读材料】

1.2 内创业人力资源管理

1.2.1 内创业人力资源管理的概念

在内创业过程中，企业依赖的战略资源以员工的知识为主，因此人力资源管理成为控制企业创业投资风险的重要手段。内创业人力资源管理，是指为实现内创业企业的战略目标，运用现代科学的管理理论、技术和方法，对相关的人、事、物及其之间的关系进行有效协调、组织、调配，使内创业企业组织中人力和物力等因素保持最优匹配，同时对人的思想态度、心理变化和行为导向进行适当的引导、监督和控制，最大限度做到人尽其才、人事相宜，充分挖掘人的潜能，以实现组织目标。组织内部在识别创业机会、实施创业行为过程中，通过各种政策、制度和管理实践，以吸引、保留、激励员工，调动员工的工作积极性，充分挖掘员工的潜能，进而促进组织目标的实现。鉴于人力资源管理在内创业过程中的重要性，因此，国内外学者越来越关注内创业人力资源管理的研究，目前相关研究视角包括以下两方面。

1. 人力资源管理与内创业能力的关系

内创业能力指在企业发展到一定阶段后，在现存组织内部，在为获得创新性成果而开展的得到组织授权和资源保证的创业活动过程中，组织所表现出来的一种综合胜任力。因此,如何利用人力资源管理机制推动企业内创业能力的发展是企业发展急需解决的难题。

2. 针对内创业的人力资源管理机制研究

对内创业人力资源管理机制的研究重点集中在内企业家,员工的开发、培养、管理,柔性灵活的组织结构,适合企业再创业的战略支撑。

(1) 内企业家管理机制。对于内企业家管理机制而言,内企业家自身个性、决断能力是关键。这种能力包括内企业家从事创业活动所必需的基本知识、能力及社会资本。这种能力符合"人力资本"基本内涵,可通过后天努力学习和培养获得。

(2) 员工管理机制。员工管理主要包括招聘、薪酬考核、培训晋升、人才去留等方面内容。由于企业内创业活动对员工权、责、利产生巨大改变,因此员工人力资源管理方法也要相应改变。

(3) 内创业组织管理机制。在企业内创业的过程中普遍存在组织内部僵化、官僚化现象。组织管理是内创业企业的系统性活动,通过建立组织结构,规定职务或职位,明确责权关系等方面,健全组织管理机制,使组织中的成员互相协作配合、共同劳动,从而能够有效实现组织目标。

(4) 内创业人力资源战略管理。随着企业战略问题成为热点,越来越多的内创业研究开始关注人力资源战略管理的作用。内创业人力资源战略管理就是将人才与内创业企业高效系统地连接起来,将人才作为内创业企业的核心竞争力,所有的人力资源活动以促成内创业企业取得最佳的经济和社会效益、实现内创业企业既定战略为目的。

1.2.2　内创业人力资源管理的职能

在内创业中,人力资源管理的职能主要是指从事人力资源管理所要承担或者履行的一系列活动。Morris 和 Jones[①] 经过对来自不同行业的 112 家企业的研究分析后得出了与内创业相关的五项要素,分别是绩效评价、薪酬设计、培训、招聘及职业生涯规划和岗位分析。企业要支持内创业,第一,绩效评价需要体现更多结果导向而非过程导向,既要注重个人绩效,同时也要考核团队绩效。第二,薪酬体系相比起内部公平,更加注重外部均衡。在薪酬的各组成部分中,基础薪资的水平要低,而对于内创业相关的薪资水平留下较大的浮动空间,并且企业需要平衡长期和短期以及个人和团队的薪酬水平。第三,企业需投资更多的资源对员工开展内创业相关的培训。第四,企业需关注外部劳动力市场情况,给员工提供多种职业道路选择。第五,岗位分析倾向于更加非结构化,并给岗位提供更多的授权和自由。借鉴上述学者的观点,本书将主要阐述内创业人力资源管理的五项职能,即职位分析、招聘录用、培训开发、绩效管理、薪酬管理。

1. 内创业与职位分析

在内创业人力资源管理中,职位分析是一项基础性工作,通过专门的方法获取组织内职位分析的重要信息,并通过特定的格式描述该职位的相关信息,能够为其他人力资源管

---

① MORRIS M H, JONES F F. Human resource management practices and corporate entrepreneurship: an empirical assessment from the USA [J]. The international Journal of Human Resource Management, 1993, 4 (4): 873-896.

理活动提供依据。职位分析是人力资源管理中重要的基础工作,其最终成果以职位说明书的形式表现出来。只有分析准确到位,方可保证职位说明书的质量,顺承人力资源管理各要素的关系,保证人力资源管理的集约高效,促进组织战略目标的实现。随着内创业企业的发展变化,职位特征是不断发生改变的,所以应及时对职位变化进行职位分析,及时更新调整职位说明书。否则,时效性差的职位说明会误导人力资源管理其他要素的判断,削弱内创业企业战略目标的有效实施。

2. 内创业与招聘录用

人力资源管理的另一项重要职能是为内创业企业获取合格的人力资源,尤其是在人才竞争日益激烈的今天,能否吸引并甄选到优秀的人才已经成为内创业企业生存与发展的关键,人力资源的吸纳功能因此愈加重要,而这项功能正是通过人力资源招聘来实现的。内创业企业应该做好招聘的基本工作,在充分了解内创业企业的发展目标之后,结合企业的总体发展战略和新员工招聘与甄选的目标,通过不断地收集应聘者信息,科学甄选应聘者,更好地规划内创业企业人力资源管理战略,促进人力资源管理的发展。招聘与甄选工作作为人力资源输入的起点,对优秀人力资源的吸引力,直接决定了内创业企业员工的质量及流动性。从这个意义上讲,招聘与甄选工作的有效实施对于人力资源管理本身和整个内创业企业具有非常重要的作用。

3. 内创业与培训开发

内创业企业尤其要注重对员工创新创业精神的培训与开发。作为人力资源管理的一项基本职能,培训开发是实现内创业企业中人力资源增值的一条重要途径,随着人力资源对价值创造贡献的逐渐增加,人力资源的增值对内创业企业的意义也日益重要。通过分析培训需求、制定培训规划、具体实施培训、评估培训效果等流程对员工进行的培训与开发,有助于内创业企业构建属于自己的竞争优势,这是任何内创业企业在激烈的竞争中谋求生存和发展的关键所在。要增强内创业企业的应变能力,关键是不断地提高员工的素质,不断地培训、开发人力资源。现代企业管理中员工的合理培训,代表着一种现代管理哲学的用人原则:开发潜能、终身培训、适度使用。内创业企业通过培训与开发的手段,掌握用人原则,推动内创业企业可持续发展。通过培训与开发能使管理人员获得或改进与工作有关的知识、技能、态度和行为,增进其工作绩效,适应职位需求,满足管理人员的职业生涯发展的需求。通过有效的培训,实现对人力资源的开发,使工作效率达到最优,为内创业企业未来发展提供高层次人才储备,以适应企业不断发展的需要。

4. 内创业与绩效管理

绩效管理是内创业企业管理的重要组成部分,也是内创业企业完善管理流程、挖掘效益潜力、降低企业成本、实现规范管理的主要途径,能够让内创业企业对战略目标有更加清晰的认识,使得内创业企业的发展更具活力和生机。从本质上看,绩效管理就是与岗位之间建立一种虚拟的承包关系,让每一个岗位的工作追求高效率、低成本,从而使企业的决策得到正确的执行。实践证明,绩效管理为现代企业开启了高质量、高效率管理的新路径,有效地改变了过去上指下派、行政命令式的管理方式,激发生产要素和管理人员实现契约目标的积极主动性,倒逼企业从生产型向经营型、从重规模向重效益转变。绩效管理可以增强运营商、管理层和下级部门的工作积极性,并改善内创业企业的机制和体系,最终提高内创业企业的工作效率和工作质量。

5. 内创业与薪酬管理

薪酬作为实现人力资源合理配置的基本手段,在内创业人力资源开发与管理中起着十分重要的作用。薪酬是员工因向所在的组织提供劳务而获得的各种形式的酬劳,一般来说,薪酬主要包含基本薪酬、可变薪酬、间接薪酬三部分。实际上,内创业企业中的薪酬管理就是在经营战略和发展规划的指导下,运用薪酬这个在人力资源中重要的经济参数,引导人力资源向合理方向运动,从而实现组织目标的最大化。对于员工而言,薪酬管理的有效实施能够提供可靠的经济保障,并且产生激励作用,引导其逐渐产生有利于内创业企业发展的态度与行为模式;对于内创业企业而言,有效的薪酬管理有助于改善内创业企业的绩效与塑造良好的企业文化。

1.2.3 内创业三要素与人力资源管理的关系

美国创业教育之父蒂蒙斯提出了创业三要素模型(如图1.1),指出创业过程涉及机会、团队、资源三个要素,三要素之间相互影响,共同推动创业的进展。蒂蒙斯的基本观点如下。第一,商业机会是创业过程的核心驱动力,创始人或工作团队是创业过程的主导者,资源是创业成功的必要保证。第二,创业过程是商业机会、创业者和资源三个要素匹配和平衡的结果。第三,创业过程是一个连续不断寻求平衡的行为组合。蒂蒙斯创业三要素模型同样适用于内创业。

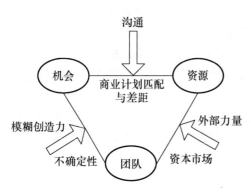

图 1.1 蒂蒙斯创业三要素模型

1. 内部创业机会与人力资源管理

影响创业机会识别的因素,既有创业者个体因素,也有环境因素。具体而言,个体因素主要包括先验知识、创业警觉性、学习、认知、创业经验、人力资本、性别等,环境因素包括机会类型,由此,影响创业机会识别的因素是多种多样的。识别创业机会既是创业成功的关键,也是企业转型与发展的重要动力,创业者可以通过积极的信息扫描活动来提高其识别创业机会的概率。[①] 在内创业过程中,企业可以根据自身情况对这些因素进行一定的干预,从而降低内创业的风险和提高内创业的成功率。人力资源管理是企业在进行内创业过程中最常用的手段,人力资源管理人员可以在员工招聘、培训开发、绩效评价、职业生涯规划等各方面开展人力资源管理工作,这能够使企业获得优秀的内创业者,也可以降低内创业的风险。

2. 内创业资源与人力资源管理

创业初期的三大难题:找方向、找人、找资金。这些在内部创业上,比外部创业有更天然的优势,也是吸引尖端人才留下来的主要原因。这种供给既不随便也不随机,而是有

---

① 纪炀,周二华,李彩云,等. 创业者信息扫描与创新机会识别——直觉和环境动态性的调节作用[J]. 外国经济与管理,2019,41(8):29-42.

一系列可靠的评估机制来完成,在优胜劣汰中,让资源发挥最大的效应,在这套评估机制中,人力资源管理的一系列评估则是这套机制的核心。首先是对创业机会的评估,人力资源管理根据企业的发展战略和内外环境进行机会的评估,从而对内创业的方向进行控制。其次是对人的评估,人力资源管理人员应制定一套对创业者和创业团队完整的评估体系,从而筛选出最适合的人选。如果对创业机会和人员的评估都通过了,企业就应该大力扶持,在此过程中,除了资金以外,企业还应提供一套比较完整的支持体系,主要包括对创业者的培训与开发,帮助创业团队招聘人才等。

3. 内创业团队与人力资源管理

企业内创业往往更依赖于内部员工,而不像新创企业更依赖于创立者,所以与新创企业相比,企业内创业对员工不确定性管理、知识密集度、竞争选择性和跨边界管理等方面的能力诉求更高。[①] 当前,创新创业双引擎推动经济稳健发展,团队创业正成为一种主要的创业方式。相较于个人,创业团队为创业企业在高度整合和复杂多变的创业环境中的生存发展提供了更为强有力的支撑。创始人和其团队是创业过程中的主导者,他们在推进业务的过程中,在模糊和不确定的动态创业环境中理性分析和把握商机,认识和规避风险,利用和整合资源,分析和认识工作团队的适应性,构建战略,解决实际问题,因此创业团队发展的质量直接决定了创业成败。在创业团队组建过程中,对首要发起人与其他发起人进行包括知识、技能、动机、个人特质等方面的评价尤为重要。在这个过程中,内创业企业为了促进创业团队的组建,人力资源管理者在岗位设计、培训开发、绩效评估和薪酬管理等方面为创业团队进行指导,从而组建一个优秀的内创业团队。

1.2.4 内创业人力资源管理的地位和作用

1. 有助于内创业绩效的实现,促进我国企业转型升级

内创业者获取创业资源的最终目的是组织这些资源,追逐并实现创业机会,提高创业绩效和获得创业的成功。实际上,内创业绩效的实现和提高,依赖于内创业人力资源管理的实践活动。人力资源管理作为内创业企业管理的重要组成部分,能影响到组织内各项工作的实施,可以为内创业企业的发展提供有力的支持。职位分析、选择性招聘、培训与开发等人力资源实践活动有助于内创业企业形成稀有的、独特的、不可模仿与替代的资本池,再加上对员工长期雇佣、绩效工资的承诺有助于激发员工的积极性,进而提高内创业企业绩效。在人力资源管理职能正常发挥的前提下,它将有利于实现和提高内创业企业的绩效,这是内创业人力资源的一个重要作用。

2. 有助于帮助内创业企业吸引和留住优秀人才

人才是企业的骨干力量,特别是在激烈的市场竞争中,企业间的竞争已经转化为人才的竞争。内创业企业之间的竞争同样也是人才的竞争。内创业企业的正常运转需要自身的人员状况保持相对的稳定,但是内创业企业都是在复杂的内、外部环境条件下进行生产经营活

---

① 宋典,袁勇志,彭纪生. 战略人力资源管理、公司创业与企业绩效关系的实证研究 [J]. 科学学与科学技术管理,2009 (12):134-139.

动，其所处的环境总是处于不断的发展变化之中，因此内创业企业为了自身的生存与发展，必须吸引和留住优秀的人才。内创业企业内部的人力资源本身处于不断地发展变化之中，这会影响人员的数量以及结构的变化，但由于人力资源管理的特殊性质，这些变化往往造成的影响具有一定的时滞，因此吸引和留住优秀人才，能够有效促进内创业企业自身的发展。

3. 有助于促进内创业企业战略的实施

当内创业企业明确发展战略之后，各项资源的准备工作就尤为重要，没有资源的有效准备，内创业企业战略的实施无疑是空中楼阁。实际上，有效的人力资源管理有助于内创业企业战略的实现。一般来说，人力资源的准备工作主要通过人力资源规划对未来人力资源需求做出预测，然后依据这种预测通过招聘录用或培训开发进行人力资源的储备，从而为内创业企业战略的实施奠定坚实的人力资源基础。内创业企业战略的实施不仅需要资源的准备，还必须得到全体员工的认可，只有员工把企业的发展战略目标转化为个人目标和行为准则之后，内创业企业战略的实施才具有内在动力。内创业企业可以通过培训，给员工灌输内创业企业的战略意图，提高员工的思想认识，把员工的行为统一到战略目标上来。此外，还可以通过绩效考核与奖励的方式来传达内创业企业的战略意图。人力资源管理活动的开展，能够有效地提升内创业企业的公司治理能力与治理水平，从而保证企业内创业战略的实施。

4. 有助于内创业企业构建起卓越企业家队伍

企业家是内创业企业的灵魂，在市场与组织之间同时履行多种职能。作为创业资源的组织者，企业家队伍的建设情况直接影响着内创业企业的发展。随着知识经济时代的到来，现代管理方式逐渐从硬性管理转变为软性管理，企业家自身素质在内创业企业成长中的作用日益显著。企业家素质主要体现在以下几方面：创新精神、科学决策、承担风险。企业家素质决定了内创业企业一段时期内的战略选择和市场导向，直接影响着人力资源决策。实际上，企业家是最重要的人力资源，对创新活动的积极评价、对创新的奖励政策、对创新事业失败的宽容态度可以使组织内的员工保持创新激情，这也能帮助内创业企业培育一批又一批的优秀企业家队伍。

本 章 小 结

本章首先界定了内创业和内企业家的概念和特征。内创业的特征表现为具有明显的资源优势、活动本身是风险性强的活动以及内创业主体有较强的奉献性。内企业家的特征主要体现在动机、时间趋向、行动和技能四个方面。其次，介绍了内创业人力资源管理的概念和职能。内创业人力资源管理的职能分别为职位分析、招聘录用、培训与开发、绩效管理和薪酬管理。再次，明晰了内创业三要素及其与人力资源管理的关系。内创业三要素分别为机会、团队和资源，三要素之间相互作用，共同推动创业的发展。最后，对内创业人力资源管理的地位和作用进行了归纳概括。在内创业企业中进行人力资源管理研究会有助于内创业企业绩效的实现，促进我国企业转型升级，有助于帮助内创业企业吸引和留住优秀人才，有助于促进内创业企业战略的实施以及有助于内创业企业构建起卓越企业家队伍。

思 考 题

1. 内创业人力资源的概念是什么？有哪些特征？
2. 内创业人力资源管理的职能有哪些？
3. 内创业三要素与人力资源管理有什么样的关系？
4. 如何理解内创业人力资源管理的地位和作用？

【拓展资料】

【施振荣语录】

案例分析

施振荣创立与三造宏碁（Acer）[①]

施振荣，宏碁集团（以下简称宏碁）创办人、宏碁公司荣誉董事长、智荣基金会董事长。1996 年美国商业周刊评选他为"全球 25 位最杰出的企业管理者"之一。2006 年美国《时代》杂志选他为 60 周年"亚洲英雄"，表彰他对全球 IT（信息技术）产业的贡献。施振荣以成为社会企业家为己任，积极协助推动中国台湾产业的转型升级，以面对未来的挑战。施振荣在 1976 年创建宏碁，并三次改造宏碁，促进了宏碁的发展。

1. 宏碁从创立至迈向国际（1976—1992 年）

1986 年，施振荣提出"龙腾国际，龙梦成真"的口号。因为成长迅速，宏碁很快出现人才不足的问题，为此施振荣在报纸上刊登半版的招聘广告。当时有很多外商人才进来，施振荣向其支付相当于外商的七折薪酬，但施振荣告诉他们"我支持不了外商那种待遇，但宏碁会有'隐性价值'"。当时的宏碁要克服"台湾制造"品牌营销的问题、国际化管理能力的问题、国际化管理营销的问题，所以施振荣提出"全球品牌 结合地缘（global brand local touch）""主从架构（client-server organization structure）"等方法。

采取"全球品牌 结合地缘"的方法，是因为中国台湾地区有一个完全不同于其他地区的客观环境，这与当地合作的系统有关。这也是国际管理学者命名宏碁这套管理模式为"第四种模式的国际化"的原因，与美国、日本、欧洲公司的国际化策略都有所不同。欧洲公司因为有邻近不同国家的一个泛欧市场，所以它的国际化思维与美国、日本公司的思维都不一样。而"主从架构"是把战略业务单元分成不同的事业单位，每一个事业单位当"主"，其他的事业单位当"辅"。宏碁当时的策略是新加坡、墨西哥公司也上市，让他们当"主"。宏碁提供一个不会乱掉的文化与组织架构，能够产生整个合作的力量。20 世纪 90 年代，宏碁采取上述方法赢得了世界的认可。

2. 宏碁第一次再造与内部创业（1992—1999 年）

1991 年，美国知名品牌康柏想要占据更大的市场份额，做到世界第一，发动了这个产业的破坏式创新：把定价砍掉 30%，整个产业发生大动荡。当时康柏确实做到了世界第一，IBM 和宏碁却都出现了问题。实际上后来康柏被惠普收购，表明康柏这套破坏整个市场的创新是行不通的。

1991 年，宏碁出现了第一次亏本，因此，宏碁在 1992 年开始进行第一次组织再造。这是一个关键点，再造之后的宏碁发展成国际规模，这成为宏碁最好的时期。国际媒体美国《商业周刊》《财富》杂志

[①] 资料来源：基于"苏友珊. 施振荣的王道华人梦——宏碁集团（Acer）创办人专访［J］. 清华管理评论，2019（21）：7-17；景鲁勇. 施振荣：三造宏碁的"IT 教父"［J］. 金融博览（财富），2016（10）：88-90."等公开资料整理。

对宏碁的报道都是20世纪90年代，该时期的宏碁处于全盛时代。

3. 宏碁第二次再造与专注品牌经营（2000—2012年）

2000年宏碁成立价值创新中心，公司准备每年向其投资10亿元新台币，这也是宏碁第二次组织再造的大方向。那时宏碁进入电子商务，2000年再造的方向已经朝向现在新新宏碁（New New Acer）的方向。

为了使宏碁再次脱胎换骨，施振荣专注于隐性品牌价值的研发，将宏碁改造为"三一三多"的运营模式，就是"一个公司、一个品牌、一个全球团队，以及多供货商、多产品线、多通路"。为了让宏碁重新聚焦于PC（个人计算机）硬件，2000年年底，施振荣把宏碁拆分为三个部分：纬创、宏碁和明基，一次性放弃了前期投资的半导体和互联网两个非核心业务。具体分工为：纬创专注计算机研发制造，宏碁专注计算机品牌服务，明基另创BenQ品牌以及发展计算机周边的数字时尚产品。到2004年，新的宏碁集团（包括明基和纬创，以下仍简称宏碁）的总营业额达到222亿美元。

就在这一年，施振荣光荣退休，将宏碁交棒给他的两名干将——跟随他多年的王振堂（任董事长），曾负责国际业务的兰奇（任总经理）。在施振荣看来，中西结合的方式，能打造一支全球性的团队。这个团队也确实在2010年第三季度使宏碁PC电脑的出货量达到1165万台，占据全球13%的市场份额，位列第二，而当时占据第一名的是惠普，其市场占有率为17.6%。这也是宏碁距离登顶最近的一次。

4. 宏碁第三次再造与用户导向新事业布局（2013年至今）

2011年之后，宏碁业绩迅速下滑，最低谷时甚至亏损超200亿元新台币，企业岌岌可危。2013年，退休9年之后的施振荣不得不重返宏碁，进行"第三次再造"。这一年，施振荣69岁。2014年施振荣提出"新群龙计划"。当时有的新事业较难适应宏碁的专业管理机制，又加上创业时期因适应环境的变化这些新事业需要弹性速度，所以借由这项计划可以给新事业较大的空间。这项计划就是根据新事业成立很多独立运作的新公司，这些新公司将来都能联合作战。

自建云、人工智能（AI）、电竞PC、Two in One等都是宏碁发展的新议题，都与PC的相关性很大，现在这些产品线都是新策略的事业单位，目前初期都是内嵌在宏碁。宏碁创造的价值是由股票市场来衡量的。宏碁辅导独立上市的公司，其能否上市、上市的股票价值由市场机制来决定。

宏碁现在做的很多新事业是首创的，比如现在世界领先的"云教授"。宏碁的优势是品牌已有的用户层面。但宏碁的未来价值是来自这层面的附加价值。而这附加价值来自应用、来自云端的服务。以后，宏碁是"以服务为主导"的服务公司而不是产品公司。IBM做金字塔最顶端的用户群，宏碁的机会则是底层的用户群。宏碁有能力来服务这些底层的多数人。

宏碁现在以终为始，以用户为导向，这种文化的改变是中国台湾地区的公司前所未有的。现在宏碁电竞PC有很多创新来自电竞选手的思维和习惯。宏碁成立了一个电竞委员会，讨论以用户为导向的用户体验，主席就是宏碁的玩家。宏碁在这方面进行服务，通过改变文化，促进用户创新，为企业赢得更多的发展空间。

案例思考题

1. 你认为宏碁三次转型受到哪些因素的影响？
2. 如何评价宏碁前两次转型？促进转型成功的原因是什么？
3. 宏碁的"新群龙计划"实施背景和具体内容是什么？
4. 现阶段，宏碁开创新事业项目的特点是什么？为开创的新事业提供哪些支持？
5. 宏碁如何开展内创业模式？对其他公司有何启示？

第二篇

职能篇

第 2 章

内创业企业职位分析

思维导图

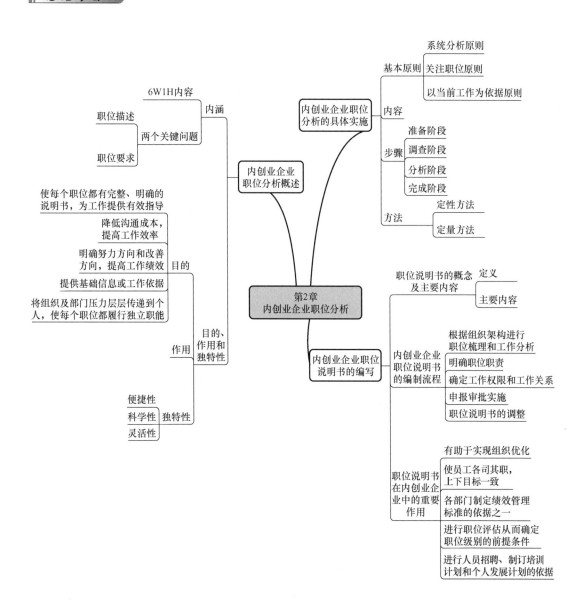

- 内创业企业职位分析的内涵及独特性
- 内创业企业职位分析的具体实施
- 内创业企业职位说明书的编写

爱立信：为员工制订职业生涯计划[①]

爱立信公司（简称爱立信）于1876年成立于瑞典的斯德哥尔摩。从早期生产电话机、电话交换机发展到今天，爱立信的业务已遍布全球140多个国家或地区，是全球领先的提供端到端全面通信解决方案及专业服务的供应商。一百多年来，秉承"构建人类全沟通世界"的愿景，爱立信始终专注于电信行业，不断更新定义电信行业"进步"的含义，并通过实现每一个"进步"，引领全球电信业的技术发展与变革，保持领先的市场地位。

爱立信内部有一个创新中心，员工有任何好的商业模式想法，都可以提到创新中心这里。2001年，有几个爱立信员工提出了IPX创新商业模式，得到了公司的支持，在总部开发了IPX平台。2002年，这个平台在瑞典和新加坡进行了试商用，随后风靡全球。爱立信的人才管理理念是强调发展培养本土人才及职业生涯的规划管理，并对专业技术人才和管理人才打造不同的发展通道。爱立信（中国）人才管理负责人鲁昕曾说："每一名员工在进入爱立信之后，都是企业资产的一部分，所以每个人都有自己的发展计划，爱立信也会给多种发展道路和可能性，让员工们看到，通过每个人的职业生涯规划去运作人才的管理。"然而要想让员工们看到多种可能性的发展道路，首先要对企业内部所有的职位和层级有清晰的认识，爱立信根据企业每个部门中的典型岗位做了分类，再根据这个分类设计出不同层级的阶梯，通过清晰的职位层级建设人才梯队。

2.1 内创业企业职位分析概述

2.1.1 内创业企业职位分析的内涵

内创业企业职位分析是指在内创业企业中，采用专门的方法获取组织内职位的重要信息，并以特定格式把该职位相关信息描述出来，从而使其他人能了解该职位的过程。它是对职位信息进行收集、整理、分析与综合，确定这些职位的职责以及这些职位任职人特征的程序。其成果主要包括两种：一种是职位说明书（工作任务及职责清单）；另一种是职位分析报告（岗位要求及任职资格）。

1. 内创业企业职位分析的内容

具体来说，职位分析就是要为管理活动提供与工作有关的各种信息，这些信息可以用

---

① 资料来源：基于"爱立信：数字化生存下的创新生态圈——腾讯网 https://tech.qq.com/a/201005291000116.htm（访问时间：2020-11-3）"等网络公开资料整理。

6个W和1个H加以概括。

(1) Who，谁来完成这些工作？

(2) What，这一职位具体的工作内容是什么？

(3) When，工作的时间安排是什么？

(4) Where，这些工作在哪里进行？

(5) Why，从事这些工作的目的是什么？

(6) For who，这些工作的服务对象是谁？

(7) How，如何进行这些工作？

【职位说明书范例】

职位分析的结果是形成职位描述和职位要求，其中职位描述是以书面描述的方法来说明工作中所从事的活动，以及工作中所使用的设备和工作条件的信息；而职位要求用来说明承担这项工作的员工所必须具备的特定技能、工作知识、能力和其他身体和个人特征的最低要求。这些是人力资源管理所必不可少的环节，与人力资源的确保、开发、报酬、控制、激励等过程紧密相关。[1]

2. 内创业企业职位分析的两个关键问题

(1) 职位描述，某一职位是做什么事情的。这一问题与职位上的工作活动有关，包括职位名称、职责、工作要求、工作场所、工作时间、工作条件等一系列内容。

(2) 职位要求，什么样的人来做这些事情最合适。这一问题与从事职位的人的资格有关，包括专业、年龄、必要的知识和能力、必备的证书、工作经历、心理要求等内容。

2.1.2 与职位分析有关的概念

由于职位分析与职位及职位对应的工作活动是紧密联系在一起的，因此有必要说明一下与之相关的一些概念。

(1) 行动，指工作活动中不能再继续分解的最小单位。例如，秘书接听电话前拿起电话是一个行动，司机开车前插入钥匙也是一个行动。

(2) 任务，指工作活动中为达到某一目的，由相关行动直接组成的集合，是对一个人从事的事情所做的具体描述。例如，复印文件，为了达到最终的工作目的，复印员必须从事以下具体行动：起动复印机，将复印纸放入复印机内，将要复印的文件放好，按动按钮进行复印。也就是说，复印文件这一任务，是上述四项行动直接组成的一个集合。

(3) 职责，指由某人在某一方面承担的一项或多项任务组成的相关任务集合。例如，监控员工的满意度是人力资源部经理的一项职责，这一职责由下列五项任务组成：设计关于满意度的调查问卷，进行问卷调查，统计分析问卷调查的结果，向企业高层反馈调查的结果，根据调查的结果采取相应的措施。

(4) 岗位，指由一个人来完成的一项或多项相关职责组成的集合。例如，人力资源部经理这一岗位，它所承担的职责有以下几个方面：员工的招聘录用，员工的培训与开发，企业的薪酬管理，企业的绩效管理，员工关系管理等。在组织中的每一个人都对应着一个岗位，因此从理论上说，岗位的数量应该等于人员的数量，组织有多少人员相应地就有多

---

[1] 董克用. 人力资源管理概论 [M]. 2版. 北京：中国人民大学出版社，2007，176-177.

少岗位。但在现实中,也会有不对应的情况出现。例如,对于倒班的工人来说,他们的工作内容是完全一样的,只是工作的时间不同而已,在这种情况下,岗位的数量和人员的数量就不相等,人员的数量会大于岗位的数量。

(5)职位,指一个或一组职责类似的岗位所形成的组合。一个职位可能只涉及一个岗位,也可能涉及多个岗位。

(6)职位族,指企业内部具有非常广泛的相似内容的工作群,又称职位群。例如,企业内所有从事技术的职位组成技术类职位族,所有从事销售工作的职位组成销售类职位族。

(7)职业,指由不同组织中的相似工作组成的跨组织工作集合。例如,教师职业、秘书职业等。

(8)职业生涯,指一个人在其工作生活中所经历的一系列职位、工作或职业。例如,某人刚工作时是学校的老师,后来去了政府机关担任公务员,最后到公司担任经理,那么老师、公务员、经理就构成了这个人的职业生涯。再例如,某人的职业和工作单位虽然没有发生变化,但是他从办事员开始,经过主管、副经理、经理,直到副总经理,那么办事员、主管、副经理、经理、副总经理就形成了这个人的职业生涯。

2.1.3 内创业企业职位分析的目的、作用和独特性

【职位分析中常用的动词举例】

1. 内创业企业职位分析的目的

在内创业企业中,为什么要进行职位分析?任何组织设置某一职位,都是期望该职位能够替组织去履行一定的职责,完成一定的任务。对于职位分析的目的,有的组织的职位分析是为了规范新工作的内容;有的是为了对现有工作进行调整和进一步明确,从而制定合理的奖励制度;还有的是为了改善工作环境,提高绩效水平,这使得职位分析的内容与侧重点也会不同。职位分析能够为人力资源管理提供大量的科学信息,而这些信息是人力资源管理的基础。职位分析的要旨是科学、高效地获取组织内有关工作的各类信息,用以保证人力资源管理决策的正确有效,确保组织目标的全面实现。组织中的任职者及职位是职位分析的研究对象,为整个人力资源管理体系的建设提供了基础。通过职位分析并从整体上协调这些角色关系,避免工作重叠,提高个人与部门的工作效率,是奠定组织设计和工作设计的基础。

对于内创业公司职位分析而言,职位说明书编写是人力资源规划核心工作之一,一套完善的职位说明书能够为人力资源管理者招聘、录用员工提供依据,便于对员工进行目标管理,也是后续工作中绩效考核的基本依据。同时通过梳理和描述定位,可以为以后公司制定薪酬政策提供参考,另外还能为员工教育与培训、晋升与开发提供依据。

职位分析的目的主要概括为以下几方面:一是使每个职位都有完整、明确的说明书,减少职责不明确、交叉、空白等问题,为工作提供有效指导;二是降低沟通成本,提高工作效率,同时检查与评估职位设置的合理性;三是明确努力方向和改善方向,提高工作绩效;四是提供基础信息或工作依据,如为招聘、培训、调配、选拔、培养、绩效管理、薪酬等工作提供基础信息,为每个职位都建立具体、明确的任职条件,为人员招聘提供依据;五是将组织及部门压力层层传递到个人,使每个职位都履行独立职能。

2. 内创业企业职位分析的作用

在内创业人力资源管理中，职位分析在人力资源管理中占有非常重要的地位，发挥着非常重要的作用。

（1）职位分析可以促进内创业企业组成卓越的创业团队。通过职位分析可以对企业内部各个职位的工作量进行科学的分析判断，从而为职位的增减提供必要的信息，有利于企业进行人力资源的内部供给预测。同时由于职位分析对各个职位所必需的任职资格条件做了充分的分析，因此在招聘录用过程中就有了明确的标准，减少了主观判断的成分，有利于提高招聘录用的质量。

（2）职位分析为内创业企业的人员培训与开发提供了明确的依据。职位分析对各个职位的工作内容和任职资格都做出了明确的规定，因此可以据此对新员工进行上岗前的培训，让他们了解自己的工作；也可以根据员工与职位任职资格要求的差距进行相应的培训，以提高员工与职位的匹配程度，此外还可以为企业的职业生涯规划提供依据。

（3）职位分析为内创业企业制定公平合理的薪酬制度奠定了基础。按照公平理论的要求，企业在制定薪酬政策时必须要保证公平合理，而职位分析对各个职位承担的责任、从事的活动、资格要求等进行了具体的描述。这样企业就可以根据各个职位在企业内部相对重要性给予不同的报酬，从而确保薪酬的内部公平性。

（4）职位分析为内创业企业科学的绩效管理提供帮助。通过职位分析，每一职位从事的工作以及所要达到的标准都有了明确的界定，这就为绩效考核提供了明确的标准，减少了评价的主观因素，提高了考核的科学性。

（5）职位分析有助于内创业企业实现量化管理。职位分析明确了对各个职位所必需的任职资格的要求，组织的高层管理者能够充分了解每个工作岗位上的员工所做的工作，有助于工作评价、人员测评与定员管理及人力规划与职业发展的科学化、规范化与标准化，有利于提高员工的工作积极性，最终帮助企业实现量化管理。

（6）职位分析有助于促进员工自我审查和评价工作内容和工作行为。内创业企业职位分析，可以帮助员工自觉主动地寻找工作中存在的问题并鼓励员工提出问题解决方案，以此作为契机识别创业机会，从而圆满地实现职位对于企业的贡献。

（7）职位分析有助于促进管理者了解岗位情况和职责空缺。内创业企业职位分析促进管理者充分了解每一工作岗位上的人目前所从事的工作，可以发现职位之间的职责交叉和职责空缺现象，通过职位的及时调整，有助于提高企业的协同效应，促进内创业政策的制定。

（8）职位分析有助于管理者对岗位设置做出科学决策。内创业企业职位分析，可以帮助管理者对各个岗位的工作进行科学的分析判断，识别出效率低下的员工，给予有效的培训和开发，提高员工和职位的匹配程度，为人力资源规划提供必要的信息，以激发员工的工作激情和创新创业精神。

3. 内创业企业职位分析的独特性

（1）内创业企业职位分析开展更具便捷性。内创业企业在开展职位分析时，内创业家、企业人力资源管理人员十分熟悉内部创业项目及员工的相关信息，并且职位分析对各个岗位的工作内容和任职资格都做出了明确的规定。所以内创业家以及人力资源管理人员可通过不同岗位的不同要求进行合理的人员分配，可以较为快速和低成本的实施人岗匹配活动，提高员工的工作绩效，从而提升组织的整体绩效。

（2）内创业企业职位分析开展更具科学性。在内创业项目创建过程中，人力资源部门可以基于已有的经验知识为内创业企业提供切实有效的支持，对内创业企业的各个职位的工作进行科学的分析判断，能够有效解决企业在内创业过程中出现的问题，提升企业运营决策效率和效果。

（3）内创业企业职位分析开展更具灵活性。基于企业的内创业制度开展职位分析工作，能够授予内创业团队一定的权利，授权可充分发挥内创业团队成员的专长、增长才干、提高内创业团队工作积极性和责任心，并提高工作效率。由于内创业制度通过授权等形式，给予内创业团队充分的灵活性，致使职位分析工作的开展也更具动态灵活性。

2.2　内创业企业职位分析的具体实施

在内创业企业中，职位分析是人力资源管理的一项基础性常规工作，无论是内企业家、人力资源管理经理，还是各业务部经理，都应该根据工作目标、工作流程、企业战略和市场环境的变化对工作做出相应的动态调整，而不能认为职位分析是一劳永逸的事情。

2.2.1　内创业企业职位分析的基本原则

职位分析的对象各不相同，采用的方法也有可能会有差异，但是在职位分析的过程中，需要遵循一些基本原则。

1. 系统分析原则

在对某一工作进行分析时，要注意该工作与其他工作的关系以及该工作在整个组织中所处的地位，从总体上把握该工作的特征及对人员的要求。每一职位所需要完成的任务可能会很多，但是在进行职位分析的时候，并不是简单地把该职位所需要完成的任务罗列出来，而是需要对该职位进行系统分析。系统分析有几个方面的含义：其一，要求至少从组织设计与流程的角度，对该职位的合理性进行分析；其二，要求不仅仅是对职位进行描述，还应从职位设计的角度考虑职位的优化；其三，要求将职位所要完成的工作分解或者归纳为几个重要的组成部分，同时以一种有助于了解的方式将其进行组合，形成明确的职责。职位分析反映职位上的工作情况，但这种反映不是直接的反映，而要经过一定的加工，分析时应当将某项职责分解为几个重要的组成部分，然后将其重新进行组合，绝不是对任务或活动的简单列举和罗列。

2. 关注职位原则

职位分析所分析的应该是职位，而不是任职者。职位分析之所以需要与任职者访谈、让任职者填写调查问卷，是因为任职者对该职位比较了解，能够提供职位分析所需要的信息。但是，在职位分析的时候，不要太受任职者的能力、个性特征、绩效等的影响，而应该客观地对职位进行分析。

3. 以当前工作为依据原则

职位分析的任务是为了获取某一特定时间内职位的情况，因此应当以工作现状为基础来进行分析，而不能把自己或他人对这一职位的工作设想加到分析中去。只有如实地反映出职位目前的工作状况，才能够据此进行分析判断，发现职位设置或职责分配上的问题。

2.2.2 内创业企业职位分析的内容

(1) 基本信息。基本信息包含这个职位的名称、任职者的名字、是不是从属于一个小的部门、任职人的主管的名称，以及任职人和主管人的签字。

(2) 设立岗位的目的。这个岗位为什么存在，如果不设立这个岗位会有什么后果。

(3) 工作职责和内容。这是最重要的部分。我们可以按照职责的轻重程度列出这个职位的主要职责，每项职责的衡量标准是什么；列出工作的具体活动，发生的频率，以及它所占总工作量的比重。

(4) 职位的组织结构图。组织结构图包括：职位的上级主管是谁，职位名称是什么，跟他平行的是谁，他的下属是谁，哪些职位以及有多少人，以他为中心，把各相关职位画出来。其表示方法通常有图示法和表格法。

(5) 职位的权力与责任。①财务权：资金审批额度和范围。②计划权：做哪些计划及做计划的周期。③决策权：任职者独立做出决策的权力有哪些。④建议权：是对公司政策的建议权，还是对某项战略及流程计划的建议权。⑤管理权：要管理多少人，管理什么样的下属，下属中有没有管理者，有没有技术人员，这些管理者是中级管理者，还是高级管理者。⑥自我管理权：工作安排是以自我为主，还是以他人为主。⑦经济责任：要承担哪些经济责任，包括直接责任和间接责任等。⑧在企业声誉方面和内部组织方面的权力和责任，比如他的工作失误给公司带来什么样的影响等。

(6) 与工作关联的信息。就是这个职位在企业内部和企业外部，包括与政府机构、供应商、客户之间发生怎样的沟通关系，沟通的频率、沟通的方式是什么样的，是谈判沟通还是日常信息的交流。

(7) 职位的任职资格。①从业者的学历和专业要求。②工作经验。③专业资格要求。④专业知识方面要求。⑤职位所需要的技能：沟通能力、领导能力、决策能力、写作能力、外语水平、计算机水平、空间想象能力、创意能力等。⑥个性要求：这一项是选择性的。还有其他方面，例如这个职位要求的最佳年龄段、身体状况、身高等，也可以在其他要求里做注明。⑦与岗位培训有关的内容，也有的在培训需求中体现。

(8) 职位的工作条件。例如职位的体力消耗程度，压力、耐力、精神紧张程度等；是不是需要经常出差，出差的频率；这个工作是不是接触有毒、有害、有污染物质等；用电、爆炸、火警等安全性方面也要写明；有的还要对经济和政治上的危险进行列举。

(9) 职位需使用的设备和工具。例如从事工作需要机床、计算机、扫描仪等。

(10) 劳动强度和工作饱满的程度。例如说工作姿势，是坐着还是站着，有没有弯腰等。对耐力、气力、坚持力、控制力、调整力的要求，是否要执行倒班制度，实行弹性的工作时间还是固定的工作时间，或是综合的计时制等，工作饱满程度是指是否要经常超负荷工作，要不要经常加班，还是刚刚达到饱满程度，或是半负荷，甚至说超低负荷。可以听一听任职者的建议，从而确定人员编制。

(11) 工作特点。一是工作的独立性程度，有的工作独立性很强，需要自己做决策，不需要参考上一级的指示或意见，而有的工作需要遵从上级的指示，不能擅自做主。二是复杂性,要分析问题、提出解决办法,还是只需要找出办法,需要创造性还是不能有创造性。

(12) 职业发展道路。这个职位可以晋升到哪些职位,可以转换到哪些职位,以及哪些职位可以转换到这个职位,这些有助于未来做职业发展规划时使用。

(13) 被调查人员的建议。向被调查人员提出一些开放式的问题,例如"你认为这个岗位安排的工作内容是否合理,在业务上是否需要做一些调整?"请任职者提出一些建议,这也是一个很好的收集建议的途径。

2.2.3 内创业企业职位分析的步骤

在内创业人力资源管理体系中,职位分析是一项技术性非常强的工作,为了确保实施的效果,在实际操作过程中必须要遵循一定的步骤并注意相关问题。一般来说,职位分析的整个过程要经过以下几个步骤来完成:准备阶段、调查阶段、分析阶段、完成阶段。

1. 准备阶段

准备阶段主要完成以下几项任务。

(1) 明确职位分析的目的。基于内创业活动涉及的项目和人员开展职位分析工作,确定职位分析的目的和用途,也就是说要明确分析的资料到底是要用来干什么的,是要解决什么问题的;职位分析的目的不同,所要收集的信息和使用的方法也会不同。

(2) 成立职位分析小组。为了保证职位分析的顺利进行,在准备阶段还要成立一个职位分析小组,从人员上为这项工作的开展做好准备。小组的成员一般由以下三类人员组成:企业的高层领导;职位分析人员,主要由人力资源管理专业人员和熟悉本部门情况的人员组成;外部的专家和顾问,他们具有这方面的丰富经验和专门技术,可以防止职位分析的过程出现偏差,还有利于结果的客观性和科学性。

(3) 对职位分析人员进行培训。为了保证职位分析的效果,还要由外部专家和顾问对本企业参加职位分析小组的人员进行业务培训。

(4) 做好其他必要的准备。例如由各部门抽调参加职位分析小组的人员,部门经理应对其工作进行适当调整,以保证他们有充足的时间进行这项工作;同时企业需要对这项工作进行宣传,消除员工不必要的误解和紧张。

2. 调查阶段

调查阶段需要完成的任务主要有以下几项。

(1) 制定计划进度表。制定职位分析的时间计划进度表,以保证这项工作能够按部就班地进行。

(2) 选择收集方法及背景资料。根据分析目的,选择收集工作内容及相关信息的方法,并收集工作的背景资料。背景资料包括公司的组织结构图、工作流程图、国家的职位分类标准等。组织结构图指明了某一职位在整个组织中的位置以及上下级隶属关系和工作关系。工作流程图指出了工作过程中信息的流向和相关的权限,这些都有助于更加全面了解职位的情况。

(3) 收集职位分析的相关信息。一般来说,职位分析中需要收集的信息主要有以下几类。一是工作活动,包括承担工作必须进行的与工作有关的活动和过程;活动的记录;进行工作所运用的程序；个人在工作中的权力和责任等。二是工作中人的活动，包括人的行为，如身体行动以及工作中的沟通；作业方法分析中使用的基本动作，工作对人的要求，如精力、体力的耗费等。三是在工作中所使用的机器、工具、设备以及工作辅助用品，例如电话、电脑、传真机、汽车、对讲机、仪器、车床等。四是与工作有关的有形和无形因素，包括完成工作所要涉及或者要运用的知识，例如公司的会计需要运用会计方面的知识，法律事务主管需要懂得法律知识等；工作中所加工处理的材料；所生产的产品或所提供的服务。五是工作绩效的信息，例如完成工作所耗费的时间、所需要投入的成本，工作中出现的误差等。需要注意的是，这里只是收集与绩效相关的信息，并不是要制定出与各项工作相对应的绩效目标，后者是分析阶段所要完成的任务。六是工作的背景条件，包括工作时间、工作地点，例如是在室内还是在室外；工作的物理条件，例如有没有噪音、是不是在高温条件下等。七是工作对人的要求，包括个人特征，如个性和兴趣；所需要的教育与培训水平，工作经验等。

上述信息，一般要从以下几个渠道来获得：工作执行者本人、管理监督者、顾客、分析专家、职业名称辞典、以往的分析资料。在通过这些渠道收集职位分析所需的信息时需要注意，由于各种主客观原因，不同的信息源提供的信息会存在一定差异，例如工作执行者本人在提供信息时往往会夸大工作的难度；而顾客在提供信息时也往往会从自己的利益出发，从而导致某些信息特别是与绩效有关的信息不符合实际的情况，因此职位分析人员应站在中立的立场来听取各方面不同的意见，条件允许或者必要的时候还要亲自实践一下有关的工作活动，以期掌握比较准确可靠的信息。

3. 分析阶段

在收集完与职位相关的信息之后，就要进入职位分析的下一个阶段，即分析阶段，在分析阶段需要进行以下几项工作。

（1）整理资料。将收集到的信息按照职位说明书的各项要求进行归类整理，看是否有遗漏的项目，如果有则返回上一个步骤，继续进行调查收集。

（2）审查资料。资料进行归类整理以后，职位分析小组的成员要一起对所获得的工作信息的准确性进行审查，如有疑问，就需要寻找相关人员进行核实，或者再返回上一个步骤，重新进行调查。

（3）分析资料。如果收集的资料没有遗漏，也没有错误，那么接下来就要对这些资料进行深入分析，也就是说要归纳总结出职位分析的必需材料和要素，揭示出各个职位的主要成分和关键因素。

4. 完成阶段

这是整个职位分析过程的最后一个阶段，完成阶段的任务如下。

（1）编写职位说明书。根据对资料的分析，要按照一定的格式首先编写职位说明书的初稿；然后反馈给相关的人员进行核实，意见不一致的地方要重点进行讨论，无法达成一致的还要返回到分析阶段，重新进行分析；最后，形成职位说明书的定稿。

（2）总结职位分析过程。对整个职位分析过程进行总结，找出其中成功的经验和存在的问题，以利于以后更好地进行职位分析。

（3）职位分析的结果应用。将职位分析的结果运用于人力资源管理以及企业管理的相关方面，真正发挥职位分析的作用。近几年，随着人力资源管理的逐渐升温，很多企业也投入了大量的人力、物力来进行职位分析，但是这几项工作结束后，将形成的职位说明书束之高阁，根本没有加以利用，这无疑是一种极大的浪费。

作为内创业人力资源管理的一项活动，职位分析是一个连续不断的动态过程，企业绝不能有一劳永逸的思想，而应当根据企业的发展变化随时进行这项工作，使职位说明书能及时地反映职位的变化情况。

2.2.4 内创业企业职位分析的方法

在内创业实践过程中，进行职位分析有很多种方法，这主要是针对收集与职位有关的信息而言的。依据不同的标准，可以将这些方法划分成不同的类型，例如按照收集信息的方式可以划分为结构性的方法和开放性的方法；按照收集信息的手段，可以划分为直接的方法和间接的方法。这里，按照收集信息的性质，将这些方法分为定性方法和定量方法。

1. 定性方法

定性方法主要是一些传统的方法，包括访谈法、非定量问卷调查法、观察法、关键事件法、工作日志法、工作实践法等。

（1）访谈法

访谈法是指通过面对面的交谈来获取职位信息的一种方法。访谈法是目前国内外企业运用较为广泛、相对比较成熟和有效的方法。采用这种方法，一般需要根据情况对任职者、该职位的直接上级及其他对该职位比较了解的人员进行访谈。根据访谈对象数量的不同，可以将访谈法分为两种类型：个别访谈法和集体访谈法。个别访谈法就是一次只对一个人访谈；集体访谈法就是一次同时对多人访谈。个别访谈法主要是在各职位的工作职责之间有明显差别时使用；集体访谈法则主要在多名员工从事同样的工作时使用。

（2）非定量问卷调查法

非定量问卷调查法有些类似于访谈法，只是不与工作者直接见面访谈，而是将需要回答的问题制作成问卷发给员工，让他们当场或在一定时间内填写，通过这种方式来收集信息。这种方法成败的关键在于问卷设计的质量，一定程度上，一份设计良好的问卷可以将员工回答问题时可能出现的误差减至最小。一般来说，为了保证信息收集的效果，提问题时要尽量简单易懂，避免理解上的偏差；问题的范围要尽量广泛，避免出现遗漏；问卷的设计要尽量结构化。

（3）观察法

观察法就是由职位分析人员直接观察所需分析的工作，记录某一时期该职位工作的内容、形式、过程和方法，并在此基础上进行分析的方法。观察法是最为简单的一种方法，它的优点是职位分析人员能够比较全面、深入地了解工作的要求和内容。但是这种方法通常只适用于利用身体活动来完成而且重复性较大、重复期较短的工作，例如，装配线工人、保安人员；不适用于脑力劳动成分较高的工作或处理紧急情况的间歇性工作，例如，律师、教师、急救站的护士等。

（4）关键事件法

关键事件法是通过一定的表格，专门记录工作者工作过程中特别有效或特别无效的行为，以此作为将来确定任职资格的一种依据，记录的内容大致包括以下方面：①导致事件发生的原因；②有效和无效行为的特征现象；③行为的后果；④工作者可以控制的范围及努力程度的评估。关键事件的记录可由任职者的直接主管或其他目击者去完成，按照行为发生的顺序来记录。为了给确定任职资格提供事实依据，往往需要大量的有效和无效的关键事件，并把它们划分成不同的类别和等级。

（5）工作日志法

工作日志法就是由职位的任职者本人按照时间顺序记录工作过程，然后经过归纳、提炼、取得所需资料的一种方法。这种方法适用于工作循环周期短、工作状态稳定的职位；适用于确定工作职责、工作关系、劳动强度等方面的信息。用于工作分析时，工作日志法很少作为唯一的、主要的信息收集技术，常与其他方法相结合。实际工作中，工作分析人员通常会将企业已有的工作日志作为问卷设计、准备访谈或对某一项工作初步了解的文献资料来源。

（6）工作实践法

工作实践法就是由职位分析人员亲自从事研究的工作，以收集相关信息的方法。工作实践法的优点：①相对于面谈询问、书面调查等方法，能获得更真实可靠的数据资料；②可以准确地了解工作的实际任务和体力、环境、社会方面的要求，适用于短期内可以掌握的工作。工作实践法的缺点：①由于工作分析人员本身知识与技能的局限，使工作实践法运用范围很窄；②不适用于在现代化大生产条件下，对操作技术难度大、工作频率高、质量要求高及有危险性的工作。

2. 定量方法

针对定性的方法存在的问题，为了收集到更加量化和客观的信息，在这些方法的基础上又发展出来一些新型的职位分析方法。这类方法主要是一些量化的方法，其中包括职位分析问卷（Position Analysis Questionnaire，PAQ）、管理职位描述问卷（Management Position Description Questionnaire，MPDQ）、通用标准问卷（Common Metrics Questionnaire，CMQ）、O*Net（Occupational Information Network）系统、弗莱希曼职位分析系统、职位分析计划表（Job Analysis Schedule，JAS）等。

（1）职位分析问卷

职位分析问卷是由心理学家麦考米克（1972）耗费10年时间所设计的一种利用清单的方式来确定工作要素的一种方法，该问卷包括194个标准化的问项，这些问项代表了从各种不同的工作中概括出来的各种工作行为、工作条件以及工作本身的特点，可以分为6个方面：①信息投入，员工从哪里以及如何获得完成工作所必需的信息；②脑力过程，完成工作时需要完成的推理、决策、计划以及信息加工活动；③体力过程，在执行工作时所发生的身体活动以及所使用的工具和设备；④同他人的关系，在执行工作时同他人之间发生的关系；⑤工作环境，执行工作过程中所处的物理环境和社会环境；⑥其他特点，其他与工作有关的内容，比如工作时间安排、报酬等。

对某项工作进行分析时，分析者首先要确定每一个问项是否适用于被分析的工作。然后要根据6个维度来对有效问项加以评价，这6个维度是：信息使用度、耗费时间、对工作的重要性、发生的可能性、适用性、特殊计分。将这些评价结果输入计算机中，会产生一份报告，说明某项工作在各个维度上的得分情况。

【职位分析问卷中包括的关于职位的若干总体维度】

（2）管理职位描述问卷

管理职位描述问卷是专门针对管理性工作而设计的职位分析问卷。该问卷由沃尔特·托尔诺和帕特里克·平托所编制，早期的 MPDQ 从 13 个方面对管理者的工作进行评定，共有 193 个项目。经过 20 多年的发展，已形成从如下 9 个方面对管理工作进行评定的新版管理职位描述问卷：①人员管理；②计划和组织；③决策；④组织发展；⑤控制；⑥代言人；⑦协调；⑧咨询；⑨行政管理。

（3）通用标准问卷

通用标准问卷是美国学者罗伯特·哈维编制的标准化职位分析问卷，与以前的职位分析问卷相比，CMQ 不论是在内容方面，还是在形式方面都弥补了以前标准化职位分析问卷的一些不足，同时也应用了最新的测量理论，因此是现在比较流行的标准化职位分析问卷之一。该问卷从如下 13 个方面对工作进行评定：接受管理和实施管理、知识和技能、语言的运用、利用视觉信息或其他感觉信息、管理和业务决策、内部联系、外部联系、主持或发起会议、参与会议、体力活动、设备、机器和工具的使用、环境条件及其他特征。

（4）O*Net 系统

O*Net 系统是一项由美国劳工部组织开发的职位分析系统，O*Net 系统吸收了多种职位分析问卷（如 PAQ，CMQ 等）的优点，目前 O*Net 系统已取代了职业名称词典，成为美国广泛应用的职位分析工具。O*Net 系统能够将工作要求（如工作活动、组织情境和工作特征等）和任职者特征（如工作风格、能力、兴趣等）统合在一起，不仅是工作导向的职位分析和任职者导向的职位分析的结合，考虑到组织情境、工作情境的要求，还能够体现职业的特定要求。

（5）弗莱希曼职位分析系统

弗莱希曼职位分析系统是弗莱希曼专门分析工作对人的能力提出的要求，是一种对工作者的特点要求的工作分析技术。这一系统是建立在一种能力分类法基础之上，能对工作的能力要求提供一个量化的全景描述，具有广泛的实用性。该方法认为能力是引起个体绩效差异的原因，因此在分析时主要是对与工作有关的 52 个能力维度进行评价。

【弗莱希曼职位分析系统法包含的能力因素】

（6）职位分析计划表

职位分析计划表是美国劳工部创立的一种职位分析法，结合了定性和定量两种方法，实施时要由训练有素的职位分析人员负责收集信息。

此外，在企业人力资源管理中，经常使用的定量职位分析方法还有职位分析调查表、职位要素调查表等。职位分析的方法还有很多，在实践中，往往要根据不同的目的选择不同的方法；同时，由于每种方法各有利弊，因此要将有关的方法结合起来使用，以保证收集的信息准确、全面，为信息分析以及职位说明书的编写奠定良好的基础。

2.3　内创业企业职位说明书的编写

职位说明书是职位分析的直接结果之一，不管格式如何变化，职位说明书都要包括两方面内容：一是职位描述，反映职位的工作情况，是关于职位所从事或承担的任务职责以及责任的目录清单；二是职位要求，反映职位对承担这些工作活动的人的要求，是人们为了完成这些工作活动所必须具备的知识、技能、能力和其他特征的目录清单。

2.3.1 职位说明书的概念及主要内容

1. 职位说明书的定义

职位说明书是人力资源管理的基础性文件，它是明确职位目的、主要职责、工作关系、基本任职要求等的说明性文件。通俗来讲，职位说明书实际上就是以规定的格式定义一个职位为什么存在？该做什么事？需要什么样的人来做？如何考核评价？职位说明书不仅是保证公司的每项工作都能按管理要求进行分工，也是帮助员工掌握对自己的职责、任务和能力要求的关键。职位说明书是开展绩效管理、培训、职位定编、职位评估、招聘、职业发展规划等一切人力资源管理活动的起点。

2. 职位说明书的主要内容

一般来说，一个内容比较完整的职位说明书需要包括以下几个具体的项目。

（1）职位标识。职位标识就如同职位的一个标签，让人们能够对职位有一个直观的印象，一般包括以下几项内容：职位编号、职位名称、所属部门、直接上级、职位薪点。职位编号主要是为了方便职位的管理，企业可以根据自己的实际情况来决定应包含的信息，例如在某企业中，有一个职位的编号为 HR0306，其中 HR 表示人力资源部的顺序编号，03 表示主管级的顺序编号，06 表示人力资源部全部员工的顺序编号。

职位名称确定时应当简洁明确，尽可能地反映职位的主要职责内容，让他人一看就能够大概知道这一职位主要是干什么的，职位名称中还要反映出这一职位的职务，例如销售副总经理、人力资源经理、招聘主管、培训专员等。在确定职位名称时，最好按照社会上通行的做法，这样既便于理解，也便于在薪资调查时进行比较。

（2）职位概要。职位概要就是要用一句或几句比较简练的话来说明这一职位的主要工作职责，要让一个对这职位毫无了解的人一看职位概要就知道大概要承担哪些职责，例如人力资源部经理的职位概要可以这样描述：制订、实施公司的人力资源战略和年度规划，主持制定完善人力资源管理制度以及相关政策，指导解决公司人力资源管理中存在的问题，努力提高员工的绩效水平和工作满意度，塑造一支敬业、团队协同的员工队伍，为实现公司的经营目标和战略意图提供人力资源支持。而公司前台的职位概要应这样描述：承担公司前台服务工作接待安排客户的来电、来访，负责员工午餐券、报刊的发放、管理等行政服务工作，维护公司良好的形象。

（3）履行职责。履行职责就是职位概要的具体细化，要描述出这一职位承担的职责以及每项职责的主要任务活动。在实践过程中，这一部分是相对比较难的，要经过反复的实践才能准确地把握，首先要将职位所有的工作活动划分为多项职责，然后将每项职责进行进一步细分，分解为不同的任务。

（4）业绩标准。业绩标准就是职位上每项职责工作业绩的衡量要素和衡量标准，衡量要素是指对于每项职责从哪些方面来衡量它，是完成得好还是完成得不好；衡量标准则是指这些要素必须达到的最低要求，这一标准可以是具体的数字，也可以是百分比。

(5) 工作关系。工作关系主要是指某一职位在正常工作的情况下主要与企业内部哪些部门和哪些职位发生工作关系,以及需要与企业外部哪些部门和人员发生工作关系。这个问题比较简单,需要注意的问题是偶尔发生联系的部门和职位一般不列入工作关系的范围之内。

(6) 使用设备。使用设备就是工作过程中需要使用的各种仪器、工具、设备等。

(7) 工作的环境和工作条件。这项包括工作的时间要求、地点要求、物理环境条件等。

以上的内容属于职位描述的范畴,职位描述是否清楚明了,可以用一个简单的方法来测试,编写职位描述的分析人员可以问自己:"一个从来没有接触过这一职位的人看了职位描述之后,如果让他来从事这一职位,他是否知道自己要干什么以及如何去干?"如果不能得到肯定的回答,说明这份职位描述还需要继续修改。

(8) 任职资格。这属于职位要求的范畴,对于任职资格的具体内容看法是不一致的。一般来说任职资格应包括以下几项内容:所学的专业、学历水平、资格证书、工作经验、必要的知识和能力、身体状况。需要强调的是,不管任职资格包括什么内容,其要求都是最基本的,即承担这一职位工作的最低要求。

任职资格要求的确定,有些内容是硬性的,必须遵守国家和行业的有关规定。例如电焊工,必须要持有劳动部门颁发的焊工证书;再如司机,不能是色盲,同时还必须持有相应车型的驾驶执照。其他内容的要求,则可以根据工作的内容和工作的绩效通过两种方法来确定:一是判断的方法,就是根据实际的情况或者主管人员的经验判断来确定任职资格要求;二是统计的方法,就是首先设定影响工作绩效的要素,然后利用统计分析的方法验证这些要素与绩效之间的关系,依此来确定任职资格要求。一般来说与工作内容有关的要求,例如专业、学历水平、身体状况等,应当通过第一种方法来确定;与工作绩效有关的内容,例如能力、知识、素质等,应当通过第二种方法来确定。但是由于第二种方法比较复杂,因此在实践中,与工作绩效有关的内容的要求,也大多是用第一种方法确定的,不过随着人力资源管理在我国的深入发展,使用第二种方法来确定任职资格的要求会越来越普遍。

(9) 其他信息。这属于备注的性质,如果还有其他需要说明但是又不属于职位描述和职位要求范围的可以在其他信息中加以说明。

2.3.2 内创业企业职位说明书的编制流程

内创业职位说明书的编制流程主要包括根据组织架构进行职位梳理和工作分析,明确职位职责,确定工作权限和工作关系,申报审批实施,职位说明书的调整五部分内容。

1. 根据组织架构进行职位梳理和工作分析

组织架构是职位设定的基础,制定招聘职位说明书,需要根据组织架构,对各工作职位进行梳理和分析;新增工作职位需要确定其在组织架构中的位置和岗位设定的目的。可以采用问卷调查、职位总结分析、员工记录、直接面谈等方法,明确招聘职位目标。

2. 明确职位职责

职位职责就是工作说明,即该职位应该做什么、怎样做、需要达到什么样的工作标准。一般采取先由各部门负责人将职位职责进行梳理后,填报在统一的模板中上报的方法,再经过组织相关部门进行反复考虑和论证后,确定最终的职位职责描述。

3. 确定工作权限和工作关系

根据组织架构、工作分析和职位职责,确定该职位的所属部门、具体工作权限和管辖权限,直接负责的上下级关系和管辖人数等内容;确定职位任职资格。根据该职位胜任能力确定职位任职资格,具体内容含年龄工龄、资格证书、工作经验、技术技能、管理能力、学历学位、工作业绩等必备的入职条件。

4. 申报审批实施

初步框架出来后,人力资源部、用人部门就职位说明书进行细则讨论和补充,最后由人力资源部进行提炼总结后,填写进统一模板,报企业总经理进行审批后实施。

5. 职位说明书的调整

随着企业的发展和情况变化,职位说明书使用过一段时间后,可能需要对一些内容进行调整。调整可以由业务部门提出调整申请、人力资源部进行调整,调整按规定流程进行。

2.3.3 职位说明书在内创业企业中的重要作用

职位说明书对于内创业企业而言是基础管理文件,对于内创业企业的基础、公平、规范和量化管理有着非常重要的作用。

1. 职位说明书有助于实现组织优化

在编写职位说明书之前,有一个职位分析的过程,即对部门职责进行列举和归类,对工作流程、各职位间的职责分配进行分析和规划,从而最大限度地发挥组织效力。在此过程中,重点思考的是:人员配置是否冗余?职责是否相互重叠?部门职能是否细化到每个岗位上?是否忙闲不均?职责接口是否得当?工作流程是否顺畅而且简易?

2. 职位说明书使员工各司其职,上下目标一致

一份好的职位说明书可以使员工了解组织的目标、自己在组织中的作用、相应的责任和职权。特别是对于新员工,如果在他上岗之际就能拿到一份详尽的职位说明书,不仅能给他留下公司管理规范的印象,而且有助于他尽快了解工作的全貌,顺利进入角色,同时便于主管和下属共同拟定试用期的考核目标与考核方式。拥有员工和主管共同签字的职位说明书,意味着双方对工作内容达成了共同的理解,意味着一种对工作目标和规范的承诺。

3. 职位说明书是各部门制订绩效管理标准的依据之一

好的职位说明书,既要按照重要性的先后顺序,列明每项职责的主要内容,又要说明该职责是全责,还是部分责任,抑或是辅助支持性的工作;同时,也要列明相应的考核方法。考核指标可以是反映质量的,也可以是反映数量的。例如,在成本方面,可以用预算与实际之比、人工成本与销售额之比、单位成本等指标;在时限方面,可以用交货时间、投放市场时间、客户响应时间等指标;在数量方面,可以用利润率、产量、增长率、市场占有率、顾客保有率、新顾客数量、新产品比例、投资回报率、每股收益等指标。

4. 职位说明书是进行职位评估从而确定职位级别的前提条件

职位评估的内容通常包括职责范围、工作复杂难易程度、劳动强度、劳动条件等。有了职位等级和薪酬调查结果，才便于确定每个职位的薪酬水平。

5. 职位说明书是进行人员招聘、制订培训计划和个人发展计划的依据

一线经理提出用人申请，人事部门在发布招聘启事、甄选面试、确定培训内容、设计员工的职位升迁路线时，都离不开职位说明。

本 章 小 结

本章首先对内创业企业职位分析的内涵进行了介绍，又剖析了内创业职位分析的目的、作用和独特性。内创业企业职位分析的主要作用体现在有利于卓越创业团队的组建，内创业人力资源管理其他职能的实施，以及管理者和企业员工对于岗位的分析和评价。内创业企业职位分析的独特性则体现在职位分析开展更具便捷性、科学性和灵活性。其次，归纳概括了内创业中职位分析的基本原则、内容、实施步骤和分析方法。内创业企业职位分析的基本原则有系统分析原则、关注职位原则和以当前工作为依据原则。内创业企业职位分析的内容主要包括基本信息、设立岗位的目的、工作职责和内容、职位的组织结构图、职位的权力与责任、与工作关联的信息、职位的任职资格、职位的工作条件、职位需使用的设备和工具、劳动强度和工作饱满的程度、工作特点、职业发展道路、被调查人员的建议等13项内容。实施步骤共分为四个阶段，分别为准备阶段、调查阶段、分析阶段和完成阶段。列举了内创业职位分析的定性和定量方法。定性方法包括访谈法、非定量问卷调查法、观察法、关键事件法、工作日志法和工作实践法等。定量方法包括职位分析问卷、管理职位描述问卷、通用标准问卷、O*Net系统、弗莱希曼职位分析系统和职位分析计划表等。最后，详细阐述了内创业企业职位说明书的概念及主要内容，编制流程及其在内创业企业中的重要作用。其中内创业企业职位说明书的编制流程包括根据组织架构进行职位梳理和工作分析，明确职位职责，确定工作权限和工作关系，申报审批实施以及职位说明书的调整。

思 考 题

1. 内创业企业职位分析的概念是什么？其独特性体现在哪些方面？
2. 内创业企业职位分析应遵循哪些方面的基本原则和步骤？
3. 请简单阐述职位说明书对内创业企业的价值体现。

【拓展资料】

Game Changer：壳牌的创意孵化器[①]

1. Game Changer 的诞生

Game Changer（"游戏规则颠覆者"）是一种简单、灵活、实时的创新流程，它由壳牌公司一个独立的小组负责运作，目的是通过投资来帮助人们将他们的创意从原始想法推向实证概念。创意可以是任何人任何时候在任何地方提出，包括公司内部和外部。通过评估的创意或者进入研发流程，或者商业授权，或者进行孵化。

Game Changer 于 1996 年在壳牌公司内部创建。

创建 Game Changer 是在一个油气价格低迷的商业环境下，用于研发的额外现金流非常有限，壳牌公司高级管理层认为应该首先关注那些紧急的问题，但他们也睿智地意识到这也会存在很多富有创新性和价值的创意可能没有机会启动。创建 Game Changer 是一种管理创新，将决策方式由"或者"转为"都"，通过分出一块空间，采取不同的工作机制，不设定太多界限。于是在 1996 年 Game Changer 在研发部门内部作为一个新的小组创建，由一组独立的人员负责，他们由管理层亲自筛选，一般知识面宽，创新能力高。公司提供数目比较可观的预算（研发预算的 10%），用于创新项目。

2. Game Changer 成功的秘诀

正如盖瑞·哈默在他的哈佛商业评论文章《将硅谷带到公司内部》中讲到的那样，Game Changer 就是按照"资源吸引"的原则，模拟硅谷创新生态的一些基本要素，只不过是在公司内部实施（比如多种资助渠道，同行审议，关注早期）。然而员工是名牌企业中很重要的元素，一个现代企业如何通过人力资源管理手段，来建立企业的团队精神和发挥企业的凝聚力？Game Changer 的做法如下。

一是明确一个企业所需的四类人力资源。企业包括四类不同的人力资源：①企业家型的人才。企业家的定义是敢于超越自己的资源去开拓事业。这样的人做事时，首先想到的是建立联系，想到的不是自己的亲戚、自己的朋友，想到的是对自己的事业有用的人，即使不认识，也要设法认识他，和他建立关系，这样的人具有企业家精神。②职业经理人。职业经理人能充分利用现有资源，最大限度使其发挥作用。他能在自己力所能及的范围内做出成绩。这是他和企业家最大的区别。③专业技术人员。他是一个能够出色完成专业工作的人，包括工程技术人员、管理人员、执行人员。④基层操作人员。最基层、最具体的操作人员，包括辅助人员、工人等。

二是确定关键岗位和关键人员。企业必须清楚短期、长期的关键岗位和关键人员。这二者有时是一致的，有时又不一致，就是关键人员并没有承担关键的岗位，但这种人很有潜质，也许这样的人是经理人才的后备人选，或者是具有企业家精神的人，那么从现在起就要重视他，为他制订特别的培养计划。

三是促进企业的变革和管理发展。人力资源部门负责这项工作的人，应经常考虑一下，企业目前面临的外部环境是什么，它会发展成什么样子，今后长期发展的挑战是什么。同时要不断去创新，开拓出新的项目，推动组织变革和组织发展。

四是将人力资源融入企业整体发展规划。通过人力资源规划和人力资源战略管理，把人力资源纳入企业的整个经营发展规划中，而不是把自己简单地理解为一个独立的人事部门，一个执行部门。

通过明确企业所具体需要的人力资源，可以有效地发挥员工的工作积极性，提高工作效率。除了做好招聘工作，招聘到适合本企业的高素质的优秀人才之外，职位说明书也是非常重要的一环，它是建立组织

[①] 资料来源：基于"Game Changer：壳牌的创意孵化器 搜狐网 https://www.sohu.com/a/128020104_610719：2020 - 11 - 3"等网络公开资料整理。

体系的基础性资料。每一职务的目标、主要职责范围、连接系统、报告系统等，在岗位说明上一清二楚，这就保证了工作的延续性。职位说明书的具体内容，除上述要素外还包括职务的挑战以及职务需求描述。职务需求描述，主要包括知识、工作经历、能力、技能、潜能、潜质（开拓性、发展性、可塑性、流动性等）。

3. Game Changer 的开放创新平台

作为壳牌公司开放式创新的重要模块之一，Game Changer 主要是发现和孵化那些对未来能源具有潜在巨大影响的原始创意。虽然投资一些看起来非常有趣的创意对于大型能源公司来说风险很高，但壳牌还是通过 Game Changer 这一开放式创新平台，对那些具有巨大潜力的好的创意，包括未经验证或看起来非同寻常的提供支持。壳牌公司自 1996 年开始创建 Game Changer 平台以来，长期开展开放式创新，征集外界各种创意，并与他们合作。Game Changer 平台主要着力于验证技术上的可行性以及商业上的可行性。截止到 2017 年 3 月它已经和 1700 名创新者或发明人合作，将 100 多个创意变成现实，有一些已经产生了广泛的影响。针对各种创意，壳牌 Game Changer 的专家委员会主要通过以下三步进行筛选。

第一步，预先评选。如果创新者来自壳牌外部，一位 Game Changer 专家委员会成员会先做出事前评估，然后和创新者联系，为其介绍一位来自壳牌的技术伙伴，作为创意的共同提议者，帮助创新者一起通过评选流程。

第二步，正式评选。评选委员会一般包括 Game Changer 小组的两名成员，他们会倾听创新者关于创意的陈述，以便更全面理解创意。评选委员会成员会考虑创意的优点，并在 48 小时内决定该创意是否有潜力且足够成熟，是否既能够成为 Game Changer 项目，如果是，那么创意者将被邀请准备更详细的陈述报告，提交给终选委员会。

第三步，最终评选。终选委员会包括 Game Changer 的三名成员，另外还有至少三名外部专家。该小组将听取详细报告，提出一系列问题，并现场就其特点给出见解。然后 Game Changer 委员会将做出决策，是否继续对创意进行资助开发，并在 48 小时内和创意者及其合作伙伴进行沟通。

如果被资助，一般会是 2~3 年期限，创意者利用该资助，按照确认的计划进一步开发其创意，在预定的节点，和合作伙伴及委员会专家进行沟通进展情况。总之，一旦创意被 Game Changer 评估通过，它将不再被雪藏，而是通过各种可能的方式确保其成功商业化。

案例思考题

1. 壳牌公司为何创建 Game Changer？
2. Game Changer 如何通过人力资源职能实现企业成长的目的？
3. 对于 Game Changer 而言，职位说明书"扮演"着什么样的角色？
4. Game Changer 的开放创新平台是如何建构和发展的？

第3章

内创业企业招聘录用

思维导图

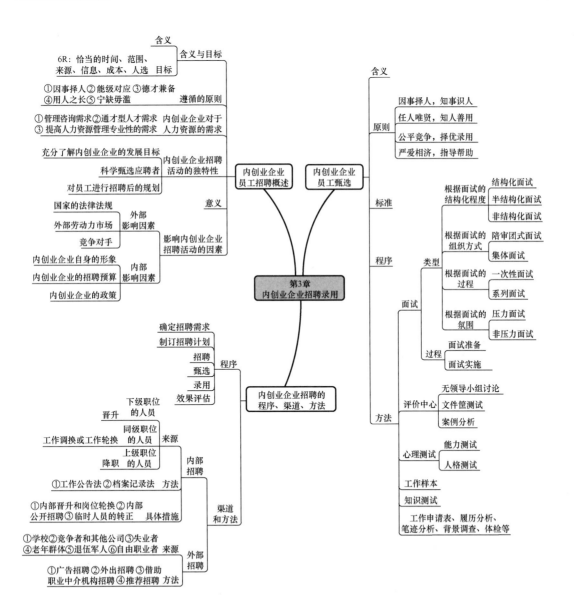

学习要点

- 内创业企业员工招聘的含义及遵循的原则
- 影响内创业企业员工招聘的内、外部因素
- 内创业企业招募的渠道与方法
- 内创业企业员工甄选的主要方法

美的巨资搭建"美创平台"[①]

美创平台是美的集团投入 11 亿元资金与浙江大学联合开发的一个面向全球企业和个人的开放式创新平台。美的集团提供集团资源,用户可以在该平台发布新创意、参与产品众创、发布需求与解决方案、共享技术方案、申请创业项目等。美的集团副总裁胡自强表示:"短期目标是希望借助这个平台更广泛地吸引外部创新力量来提升美的内部的创新能力;但长期来看,因为平台本身也是一个公司,可以独立于美的运行,当它发展壮大到一定阶段时,可以依靠自己生存获利来推动创新,成为一个真正的开放式平台。"

从项目来看,美创平台不限定于产品的类型,比如"葡萄找车"汽车平台项目。从体制来看,美创平台和国外创业平台一样,有一个很完整的机构。其特点就是,可以做很多的配套、实验室、供应商资源、市场方面、人力资源等,美的集团的整个体系都可以为它服务,一般外部的一些孵化器,是很难做到的。

美的集团总裁何享健提出的口号是:"宁可放弃 100 万元销售收入的生意,也不可放弃一个对企业发展有用的人才。"在这样的人才观的指导下,美的集团的管理层非常重视每年招聘工作。首先,深入大学中招纳人才,与全国 17 所重点院校合作,设有美的奖学金。每年拿出 60 余万元奖励成绩优秀的在校生,既支持了教育事业,也扩大了美的在高校的影响力。其次,同一岗位如有两个以上的人看中就以"打擂"方式确定谁上,而胜利者也只是暂时的。半年以后(最多一年),如果有新的挑战者出现,那么再"打擂",美的集团内部把这叫作"改相马为赛马"。在新引进的人才中,以科研技术人员为主,还有一部分来自国内著名高校的企业管理和市场营销人才。最后,建立"能者上,庸者下"的用人机制。如果只把人才引进来,而不能合理使用,不仅不能发挥人才的作用,还会造成人才的浪费。

3.1 内创业企业员工招聘概述

人力资源管理的一项重要功能就是要为企业获取合格的人力资源,尤其是在人才竞争激烈的今天,对于内创业企业而言,能否吸引并甄选到优秀的人才已成为内创业企业生存

[①] 资料来源:基于"美的开放式创新平台正式上线搜狐网 https://www.sohu.com/a/31621307_162758:2020 - 11 - 3","美的人力资源管理百度文库,https://wenku.baidu.com/view/c68c697b1711cc7931b71699.html:2020 - 11 - 3"等网络公开资料整理。

和发展的关键。人力资源管理的吸纳功能因此愈发显得重要，而这项功能正是通过员工招聘来实现的。作为人力资源管理的一项基本职能活动，员工招聘是人力资源进入内创业企业或者具体职位的重要入口，它的有效实施不仅是人力资源管理系统正常运转的前提，也是整个内创业企业正常运转的重要保证。

3.1.1 内创业企业员工招聘的含义与目标

员工招聘是指在内创业企业总体发展战略规划的指导下，制订相应的职位空缺计划，并决定如何寻找合适的人员来填补这些职位空缺的过程，它的实质是让潜在的合格人员对本企业的相关职位产生兴趣并且前来应聘这些职位。准确地理解招聘的含义，需要把握几个要点，即良好的招聘活动必须要达到 6R 的基本目标。

（1）恰当的时间（Right Time）。就是要在适当的时间完成招聘工作，以及时补充企业所需的人员，这也是对招聘活动最基本的要求。

（2）恰当的范围（Right Area）。就是要在恰当的空间范围内进行招聘活动，这一空间范围只要能够吸引到足够数量的合格人员即可。

（3）恰当的来源（Right Source）。就是要通过适当的渠道来寻求目标人员，不同的职位对人员的要求是不同的，因此要针对那些与空缺职位匹配程度较高的目标群体进行招聘。

（4）恰当的信息（Right Information）。就是在招聘之前要对空缺职位的工作职责内容、任职资格要求以及企业的相关情况做出全面而准确的描述，使应聘者能够充分了解有关信息，以便对自己的应聘活动做出判断。

（5）恰当的成本（Right Cost）。就是要以最低的成本来完成招聘工作，当然这是以保证招聘质量为前提条件的，在同样的招聘质量下，应当选择费用最少的方法。

（6）恰当的人选（Right People）。就是要把最合适的人员吸引过来参加企业的招聘，并通过甄选挑选出最合适的人选。

3.1.2 内创业企业招聘录用应遵循的原则

为把招聘工作做好，真正选用到内创业企业所需人员，在招聘工作中，必须按照人力资源管理客观规律办事，遵循反映这些客观规律的科学原则去开展工作。

1. 因事择人的原则

因事择人就是以事业的需要、岗位的空缺为出发点，根据岗位对任职者的资格要求来选用人员。只有这样，才可以做到事得其人，人适其事，防止因人设事、人浮于事现象。

2. 能级对应的原则

不同的内创业企业有不同的文化和价值观，形成了各自的"水土"。因此，不能融入和适应内创业企业文化和管理风格的人，即使很有能力，对本企业的发展也会有不利之处。此外，由于人的知识、阅历、背景、人格、能力等方面存在差异，人力资源选择应量才录用，不一定是最优，但尽量选到最合适的，要尽量做到人尽其才，用其所长。

3. 德才兼备原则

德才兼备是我们历来的用人标准。司马光说过：德才兼备者重用，有才无德者慎用，无德无才者不用。通用电气公司前总裁韦尔奇在他的"框架理论"中也说过此事。他以文化亲和度（品德）为横坐标，以能力为纵坐标，坐标内画十字，把员工分成四类。在谈到对这四类不同员工的政策时，韦尔奇唯独对有能力但缺少文化亲和度（品德）的人提出了警告。因为无德无才的人没有市场和力量，并不可怕，唯独有才无德的人是最有迷惑力和破坏力的，许多内创业企业失败都与用错这种人有关。

4. 用人之长的原则

知人善任，用人之长。每个人都有优缺点和长短处，在招聘活动中，要克服求全责备的思想，把寻找人的长处和优点作为选人的目标。看一个人，主要是看他能做什么，看他的资格条件是否符合空缺岗位的资格要求。"宁用无瑕之石，不用有瑕之玉"的做法，仍是用人之大忌。当然，用人之长的同时，也要正确对待其短处。如果短处直接影响其长处的发挥，则要采取积极的措施和态度，使其在发挥所长的过程中，把短处的干扰降到最低限度。

5. 坚持"宁缺毋滥"原则

可招可不招时尽量不招，可少招可多招时尽量少招。招聘来的人不一定能充分发挥其作用，制定招聘决策时一定要树立"宁缺毋滥"的观念，一个岗位宁可暂时空缺，也不要让不适合的人占据。①

3.1.3 内创业企业对于人力资源的需求

【阅读材料】

内创业企业及其人力资源管理的特点表明，内创业企业的人力资源管理面临着与大中型企业不同的环境与任务。要帮助内创业企业提高其人力资源管理水平，需要首先了解内创业企业对人力资源有何种需求，然后"对症下药"，才能最大限度地发挥价值。

1. 管理咨询需求

内创业者本人能否尽快成长为合格的企业家，是关乎内创业企业能否生存下去并快速发展的重要影响因素。内创业者本人及初始团队正是内创业企业最核心的人力资源。内创业者在经营和管理企业时难免遇到各种各样的问题，由于经验欠缺等因素，容易在处理问题方面不成熟，使得企业陷入困境。

2. 通才型人才需求

内创业企业需要高素质的通才型人才。内创业企业人员虽然数量少，但是对人才的质量要求较高。比如，普遍的"一人多用""身兼数职"现象意味着内创业企业需要通才型的高素质人才，高效合理地处理多方面的工作问题。同时，内创业企业的工作压力往往偏大，特别是对于创业初期的骨干人员来说，加班可能是常见现象，工作和生活的规律性较差，较难实现二者的平衡。因而，内创业企业特别需要有奉献精神、认同创业理念和企业价值观的人才。

3. 提高人力资源管理专业性的需求

内创业企业需要以尽可能低的成本提高人力资源管理的专业性和规范性。鉴于内创业

---

① 董克用. 人力资源管理概论［M］. 2版. 北京：中国人民大学出版社，2007：251-253.

企业的现实特点和人员配备情况，内创业企业的人力资源任务往往是比较基础性的，并不需要在某个或多个人力资源管理模块领域进行深入研究。因而内创业企业较为迫切的需求，是以尽可能低的成本实现规范化管理。

3.1.4 内创业企业招聘活动的独特性

市场竞争越来越激烈，人才流动越来越频繁，这使得组织的员工招聘必须具有战略眼光，要求招聘人员能够从组织的长远发展角度看问题。新员工的招聘活动对于内创业企业的长远发展有着重要的作用，企业应做好招聘的基本功，努力将内创业企业的长远发展目标与员工招聘目标结合，从而保障内创业企业的长远发展，内创业企业招聘活动应具有以下独特性。

1. 充分了解内创业企业的发展目标

新员工招聘活动的首要目标就是与内创业企业的总体发展战略相结合，这样才能够更好地规划内创业企业人力资源管理战略，从而促进内创业企业的长远发展。因此，内创业企业的招聘人员，首先，要对本企业的关键技术岗位和重要管理岗位的需求进行深入的思考，了解各类人才在企业中的构成比重对企业发展战略的影响。其次，内创业企业的招聘人员要对岗位进行透彻的分析，找到岗位与企业发展战略的共同点，并将主要目光集中在挖掘专业型人才方面。最后，内创业企业的招聘人员应注重对企业长远发展人才目标的制定，为企业进行人才储备，从而帮助企业能够获得源源不断的有用之才。

2. 科学甄选应聘者

随着时代的发展，当前应聘者应聘的途径很多，不仅有传统的招聘市场投递简历、报纸杂志上刊登求职信息，还可以发送电子邮件到企业，也可以在招聘网站上填写职位申请表。在这个甄选的过程中，内创业企业的招聘人员对应聘者信息不断地收集，并且进行筛选，对应聘者的最终录取起到重要的参考作用。首先，招聘者要对应聘者资料的完整程度、真实情况进行审查，分析应聘者是否符合岗位需求。其次，内创业企业的招聘人员要对应聘者的心理情况及专业技术水平进行考核，分析其专业技能是否符合岗位要求。最后，内创业企业的招聘者通过面试来更好地对应聘者的求职动机、形象、个人表达能力、专业素养进行深入了解，从而决定是否录用应聘者。

3. 对新员工进行招聘后的规划

在招聘的过程中，企业有可能遇到优秀人才，但是暂时没有合适的岗位予以安置，因此难免造成人才流失的现象。为了企业的长远发展，内创业企业的招聘人员应该对这部分人才进行跟踪，并制定招聘后的规划，与这部分人才保持联络，建立企业的人才信息库，一旦出现适合的岗位，就可以填补企业这部分的空缺。这虽然看似增加了企业的长期招聘成本，但是能够加快招聘速度，提高招聘的准确度，实际上是降低了招聘成本。对于已经加入公司的新员工，应使其快速融入企业的环境中，关心新员工在企业中面临的问题，使新员工能够尽快地适应工作内容。

3.1.5 内创业企业招聘活动的意义

人力资源管理的一项重要功能就是为企业获取合格的人力资源。招聘工作的有效实施对于人力资源管理本身和整个内创业企业具有非常重要的作用，这主要表现在以下四个方面。

1. 招聘工作决定了内创业企业能否吸纳到优秀的人力资源

人力资源，尤其是优秀的人力资源对于企业的重要性是不言而喻的。如果我们将内创业企业看成是一个输入输出系统的话，那么人力资源就是这个系统的转换器。没有人力资源，内创业企业就无法将原始的资源输入转换为有效的产品输出，因此内创业企业需要人力资源的输入。招聘工作则是人力资源输入的起点，没有对优秀人力资源的吸引，内创业企业就不可能实现对他们的吸纳，所以说招聘工作的质量直接决定着人力资源输入的质量。从这个意义上讲，招聘工作对于内创业企业今后的成长和发展具有重要的意义。

2. 招聘工作影响着内创业企业人员的流动

内创业企业的人员流动是受到多种因素影响的，招聘活动就是其中很重要的一个因素，招聘过程中信息传递的真实性，会影响到应聘者进入企业以后的流动。如果向外部传递的信息不真实，只展现企业好的一面，隐瞒不好的一面，那么员工进入企业后就会产生较大的失落感，这会降低他们的工作满意度，从而导致人员较高的流动率。相反，如果传递的信息比较客观真实，就会有助于降低人员的流动率。

3. 招聘工作影响着内创业企业人力资源管理的费用

作为人力资源管理的一项基本职能，招聘活动的成本构成了人力资源管理成本的重要组成部分。招聘成本主要包括广告的费用、宣传资料的费用、招聘人员的工资等，全部的费用加起来一般是比较高的。例如，在美国，每雇用一个员工的招聘成本通常等于这名员工年薪的 1/3。因此，招聘活动的有效进行能够大大降低它的成本，从而降低人力资源管理的成本。

4. 招聘工作是内创业企业进行对外宣传的一条有效途径

招聘，尤其是外部招聘，本身就是内创业企业向社会宣传自身的一个过程，为了实现招聘的目的，内创业企业要向社会发布自己的基本情况、发展方向、方针政策、企业文化、产品特征等各项信息。这些都有助于企业更好地展现自身的风貌，使社会更加了解企业，营造良好的外部环境，从而有利于企业的发展。研究表明，公司招聘过程质量的高低会明显地影响应聘者对企业的看法，招聘人员的素质和招聘工作的质量在一定程度上被视为公司管理水平和公司效率的标志。正因如此，现在很多外企对校园招聘都给予高度的重视，一方面是要吸引优秀的人才，另一方面也是在为企业做广告。

招聘作为人力资源输入机制的起始点，直接决定内创业企业员工的素质与质量，也是整个企业人力资源管理得以有效运行的重要前提。

3.1.6 影响内创业企业招聘活动的因素

在现实中，招聘活动的实施受到多种因素的影响，为了保证招聘工作的效果，必须要对这些因素有所了解。归纳起来，影响招聘活动的主要因素包括外部影响因素和内部影响因素两大类。

1. 外部影响因素

(1) 国家的法律法规

由于法律法规的本质是规定人们不能做什么事情，因此在一般意义上，国家的法律法规对企业的招聘活动具有限制作用，它往往规定了企业招聘活动的外部边界。例如，西方国家的法律规定，企业在招聘信息中不能涉及性别、种族、年龄的特殊规定，除非证明这些是职位所必需的。《中华人民共和国就业促进法》第二十七条规定：国家保障妇女享有与男子平等的劳动权利。用人单位招用人员，除国家规定的不适合妇女的工种或者岗位外，不得以性别为由拒绝录用妇女或者提高对妇女的录用标准。用人单位录用女职工，不得在劳动合同中规定限制女职工结婚、生育的内容。

(2) 外部劳动力市场

由于招聘特别是外部招聘，主要是在外部劳动力市场进行的，因此市场的供求状况会影响到招聘的效果。当劳动力市场的供给小于需求时，企业吸引人员就会比较困难；相反，当劳动力市场的供给大于需求时，企业吸引人员就会比较容易。在分析外部劳动力市场的影响时，一般要针对具体的职位层次或职位类别来进行。例如，现在技术工人的市场比较紧张，企业招聘这类人员就比较困难，往往要投入大量的人力、物力。

(3) 竞争对手

在招聘活动中，竞争对手也是非常重要的一个影响因素，应聘者往往是在进行比较之后才做出决策的。如果企业的招聘政策和竞争对手存在差距，就会影响到企业的吸引力，从而降低招聘的效果。因此，在招聘过程中，取得针对竞争对手的比较优势是非常重要的。

2. 内部影响因素

(1) 内创业企业自身的形象

一般来说，内创业企业在社会中的形象越好，对招聘活动就越有利。良好的形象会对应聘者产生积极的影响，吸引他们对企业空缺职位的兴趣，从而有助于提高招聘的效果。例如，一些形象良好的内创业企业，比如，华为、海尔、阿里巴巴等，往往是大学生毕业后择业的首选。而企业的形象又取决于多种因素，例如，公司的发展趋势、薪酬待遇、工作机会、企业文化等。

(2) 内创业企业的招聘预算

由于招聘活动必须要支出一定的成本，因此内创业企业的招聘预算对招聘活动有着重要的影响。充足的招聘资金可以使企业选择更多的招聘方法，扩大招聘的范围，可以花大量的费用来进行广告宣传，选择的媒体也可以是影响力比较大的；相反，有限的招聘资金会使内创业企业进行招聘时的选择大大减少，这会对招聘效果产生不利的影响。

(3) 内创业企业的政策

内创业企业的相关政策对招聘活动有着直接的影响，内创业企业在进行招聘时一般有内部招聘和外部招聘两个渠道。选择哪个渠道来填补空缺职位，往往取决于内创业企业的政策，有些企业可能倾向于外部招聘，而有些企业则倾向于内部招聘。在外部招聘中，内创业企业的政策也会影响到招聘来源的选择，有些愿意从学校进行招聘，而有些更愿意从社会上进行招聘。

3.2 内创业企业招聘的程序、渠道和方法

3.2.1 内创业企业招聘的程序

为了保证招聘工作的科学规范，提高招聘的效果，招聘工作程序一般要按照下面几个步骤来进行：确定招聘需求、制订招聘计划、招募、甄选、录用、效果评估，如图3.1所示。

图 3.1 招聘工作的程序

1. 确定招聘需求

确定招聘需求是整个招聘活动的起点，招聘需求包括数量（空缺职位）和质量（所需要具备的任职资格与胜任素质等）两个方面。只有明确获知招聘需求，才能够开始进行招聘，招聘需求的确定，要以人力资源规划、职位分析和胜任素质模型为基础。

由于内创业企业填补职位空缺的方法有很多，招聘只是其中的一种。因此只有当内创业企业选择使用这种方法时，整个招聘工作的程序才会开始运作，否则即便存在职位空缺，招聘也不会转化为现实的工作。比如，内创业企业决定通过增加其他职位工作职责的办法来解决职位空缺问题，就没有必要进行招聘录用。

2. 制订招聘计划

招聘需求明确后，人力资源管理部门需要与用人部门共同制订招聘计划及具体措施。招聘计划的内容一般来说主要包括：招聘的规模、招聘的范围、招聘的时间和招聘的预算，当然内创业企业还可以根据自己的情况再增加其他内容。

（1）招聘的规模

招聘的规模是指企业准备通过招聘活动吸引多少应聘者，招聘活动吸引的人员数量既不能太多也不能太少，应当控制在一个合适的规模。一般来说，企业是通过招聘录用的金字塔模型来确定招聘规模的，也就是说将整个招聘录用过程分为若干个阶段，以每个阶段参加的人数和通过的人数比例来确定招聘的规模。

【招聘录用的金字塔模型】

（2）招聘的范围

招聘的范围是指企业要在多大的地域范围内进行招聘活动。从招聘的效果考虑，范围越大，效果相应也会越好，但是随着范围的扩大，企业的招聘成本也会增加。因此对于理性的企业来说，招聘的范围应当是适度的，既不能太大也不能太小。

内创业企业在确定招聘范围时，总的原则是要在与待聘人员直接相关的劳动力市场上进行招聘，这通常需要考虑以下两个主要因素：一是空缺职位的类型。一般来说，层次较高或性质特殊的职位，需要在较大的范围内进行招聘；而层次较低或者比较普通的职位，在较小的范围内进行招聘即可。二是企业当地的劳动力市场状况。如果当地的劳动力市

比较紧张,相关职位的人员供给比较少,那么招聘的范围就要扩大;相反,当劳动力市场宽松时,在本地进行招聘就可以满足需求。

(3) 招聘的时间

由于招聘本身需要耗费一定的时间,再加上甄选录用和岗前培训的时间,因此填补一个职位空缺往往需要相当长的时间。为了避免企业因缺少人员而影响正常的运转,企业要合理地确定自己的招聘时间,以保证空缺职位的及时填补。

(4) 招聘的预算

在招聘计划中,还要对招聘的预算做出估计,招聘的成本一般由以下几项费用组成。

① 人工费用,就是公司招聘人员的工资、福利、差旅费、生活补助、加班费等。

② 业务费用,包括通信费(如电话费、上网费、邮费、传真费),专业咨询与服务费(如获取中介信息支付的费用),广告费(在电视、报纸等媒体发布广告的费用),资料费(公司印刷宣传材料和申请表的费用),办公用品费(如纸张、文具的费用)等。

③ 其他费用,包括设备折旧费、水电费、物业管理费等。

在计算招聘费用时,应当仔细分析各种费用的来源,把它们归入相应的类别中,以避免出现遗漏或重复计算。

3. 招募

招聘计划完成以后,下一个步骤就是招募,具体包括选择招聘来源和招聘方法。招聘来源是指潜在的应聘者所在的目标群体,招聘方法则是指让潜在的应聘者获知内创业企业招聘信息的方式和途径。

招聘来源及招聘方法的选择,对招聘活动的效果具有非常重要的影响。如果选择的招聘来源不当,目标群体中的人员并不适合从事空缺职位,那么招聘活动就无法吸引到合适的应聘者。例如,企业本来准备招聘熟练技术工人,但是选择的招聘来源却是技校,由于学校的学生普遍缺乏实际操作经验,因此招聘的效果就会不理想。招聘方法同样如此,如果企业选择的招聘方法并不能让潜在的应聘者及时获知招聘信息,那么也无法吸引到应聘者。例如,企业要招聘一般的勤杂人员,选择的招聘方法却是互联网,招聘的效果就不会很好。对于不同的招聘渠道来说,招聘来源和招聘方法也是不同的。

内创业企业通过有关的途径把招聘信息发布出去后,还要对应聘者的应聘资料进行回收,以便进行下一步的甄选录用。招聘人员在回收应聘资料的过程中,并不只是被动地收取,还应当进行初步的筛选,剔除那些明显不符合要求的人员,从而减轻甄选录用的工作量。初步筛选剔除的人员不一定就不优秀,只是不符合此次招聘的要求而已,对于这些人员的信息,企业还是应当保留起来并建立一个专门的招聘信息库,以后进行招聘时还可以使用这些信息,避免重复工作,也可以提高招聘的效率。

4. 甄选

甄选是人员招聘中最为关键的一个环节,甄选质量的高低直接决定选出的应聘者是否满足内创业企业的要求。甄选也是技术性最强的一个环节,涉及心理测试、无领导小组讨论等诸多方法。甄选的最终目的是将不符合要求的应聘者淘汰,挑选出符合要求的应聘者供企业进一步筛选。

5. 录用

人员录用决策对招聘有着极其重要的影响，如果决策失误，则可能使整个招聘过程功亏一篑。这个阶段涉及的主要工作包括：录用决策、通知录用者及未录用者、员工入职、试用和正式录用等。

（1）录用决策

录用决策主要是对甄选过程中产生的信息进行综合评价与分析，明确每个求职者的胜任素质和能力特点等。根据预先设计的人员录用标准对所有候选人进行客观、公正的评价，确定最符合企业要求的人选。

（2）通知录用者及未录用者

做出录用决策后，企业应该及时通过正式信函、电话或邮件等方式通知录用者，让录用者了解具体的职位、职责、薪酬等，并知会报到时间、地点、方法及报到应携带的资料与注意事项。除了通知录用者，企业还应该在第一时间以礼貌的方式通知未录用者，让他们了解到最终的结果，避免盲目等待。

（3）员工入职

在这一阶段员工需要完成烦琐的入职手续。第一，新员工要到人力资源管理部门报到，填写新员工档案登记表，签订劳动合同，办理各项福利转移手续。第二，新员工所在部门的管理者还需要帮助新员工明确职责，熟悉与工作相关的各类事情。第三，企业还应该开展新员工培训，帮助新员工了解企业的历史、现状和未来发展计划、工作流程等。第四，新员工要到相关部门办各类手续，比如，要到行政部门领取办公设备、门卡等日常办公用品。

（4）试用和正式录用

新入职的员工，在签订劳动合同后，根据劳动合同法的规定，有一段试用期。如果试用合格，试用期满需要根据劳动合同法办理转正手续。在办理完转正手续后，员工就成为企业的正式员工，开始承担正式员工的责任与义务，同时也开始享受正式员工的各项权利。

6. 效果评估

整个招聘过程的最后一个步骤就是评估招聘的效果，对这一点很多企业以前并不重视。对招聘效果进行评估，可以帮助内创业企业发现招聘过程中存在的问题，对招聘计划以及招聘方法和来源进行优化，提高以后招聘的效率。

同时，在内创业企业招聘过程中，传统的人事管理与现代人力资源开发与管理的职责分工不同。过去员工招聘的决策与实施完全由人事部门负责，用人部门的职责仅是负责接收人事部门招聘的人员及其安排，完全处于被动的地位。在现代企业中，起决定性作用的是用人部门，它直接参与整个招聘过程，并在其中拥有计划、初选与面试、录用、人员安置与绩效评估等决策权，完全处于主动地位。人力资源部门只在招聘过程中起到组织和服务的功能，招聘过程中用人部门与人力资源部门的工作职责分工，如表3-1所示。

表 3-1 招聘过程中用人部门与人力资源部门的工作职责分工[①]

用人部门	人力资源部门
1. 招聘计划的制订与审批	2. 招聘信息的发布
3. 招聘职位的职位说明书及录用标准的提出	3. 招聘职位的职位说明书及录用标准的提出
4. 应聘者初选,确定参加面试的人员名单	5. 通知参加面试的人员
7. 负责面试、考试工作	6. 面试、考试工作的组织
9. 录用人员名单,人员工作安排及试用期待遇确定	8. 个人资料的核实、人员体检
12. 正式录用决策	10. 试用合同的修订
14. 员工培训决策	11. 试用人员报到及生活方面的安置
16. 录用员工的绩效评估与招聘评估	13. 正式合同的签订
17. 人力资源规划修订	15. 员工培训服务
	16. 录用员工的绩效评估与招聘评估
	17. 人力资源规划修订

说明:表中的数字表示招聘工作中各项活动的顺序。

3.2.2 内创业企业招聘的渠道与方法

内创业企业的招聘渠道有两个:一是内部招聘;二是外部招聘。这两种渠道相辅相成,共同为内创业企业获取人员提供支持与保障。

1. 内部招聘的来源与方法

(1) 内部招聘的来源

内创业企业在进行内部招聘时,从理论上讲招聘的来源有三个:一是下级职位上的人员,主要通过晋升的方式来填补空缺职位;二是同级职位上的人员,填补空缺职位的方式是工作调换或工作轮换;三是上级职位上的人员,主要通过降职的方式来填补空缺职位。但是在实践中,几乎没有企业会使用第三种方式,因此内部招聘的来源主要通过前两种方式来填补职位空缺。晋升的方式有利于调动员工的积极性并有助于他们个人的发展,但是容易造成"近亲繁殖"现象。工作调换或工作轮换有助于员工掌握多种技能,提高他们的工作兴趣,但不利于员工掌握某一职位的深度技能,一定程度上影响工作的专业性。

内创业企业的不同项目需要具有不同专长的人一起工作来完成,通过内部招聘能够集中各种专业的知识和技能,集思广益,满足内创业项目对人力资源的要求。

(2) 内部招聘的方法

内部招聘的方法主要有两种:一是工作公告法,二是档案记录法。

① 工作公告法。这是最常用的一种内部招聘方法,它是通过向员工通报现有工作空缺,从而吸引相关人员来申请这些空缺职位。工作公告中应包括空缺职位的各种信息,例

---

① 郑晓明. 人力资源管理导论 [M]. 3版. 北京:机械工业出版社,2011,60-128.

如工作内容、资格要求、上级职位、工作时间、薪资等级等。发布工作公告时应注意，公告应置于企业内部人员都可以看到的地方，以便有资格的人员有机会申请这些职位；公告应保留一定的时间，避免有些人因工作外出而看不到；应使所有申请人都收到有关的反馈信息。

② 档案记录法。在企业的人力资源管理部门，一般都有员工的个人资料档案，从中可以了解到员工在教育、培训、经验、技能、绩效等方面的信息。通过这些信息，内创业企业的高层和人力资源管理部门就可以确定出符合空缺职位要求的人员。使用这种方法进行内部招聘时，要注意两个问题：一是档案资料信息必须真实可靠、全面详细并且更新及时，这样才能保证挑选人员的质量；二是确定出人选后，应当征求本人的意见，看其是否愿意进行调整。

随着计算机和网络技术的发展，现在很多内创业企业都建立起了人力资源信息系统，对员工的个人信息进行动态化和规范化的管理，利用档案记录进行内部招聘的效率和效果都得到了大幅度提升。

（3）内部招聘的具体措施

① 内部晋升和岗位轮换。内部晋升和岗位轮换需要建立在职位管理和员工职业生涯规划管理体系的基础之上。首先，建立一套完善的职位体系，明确不同职位的关键职责、职位级别、职位的晋升轮换关系，即指明哪些职位可以晋升到哪些职位，哪些职位之间可以轮换。其次，在员工的绩效管理基础之上建立员工的职业生涯管理体系。在每次绩效评定的时候不仅要对员工的工作目标完成情况进行评定，还要对员工的工作能力进行评估，建立员工的能力档案。最后，还需要不断地了解员工的职业发展愿望，帮助员工一起建立职业生涯规划，根据组织中员工的发展愿望和发展可能性进行岗位的有序轮换，并对有潜力的、业绩优秀的员工加以提拔。

② 内部公开招聘。在企业内部有职位空缺时，可以通过内部通告的形式公开招聘。一般来说，可以在企业内部网站主页、公告栏或以电子邮件的方式告诉全体员工，符合条件的员工可以根据自己的意愿自由应聘。为了保证内部招聘的质量，参加内部招聘的员工同样也要像外部招聘的应聘者一样接受选拔、评价的过程，只有经过选拔、评价符合任职资格的员工才能予以录用。为了保证正常的工作秩序，员工应聘内部职位必须经过原主管的同意，一旦应聘成功，应该给予一定时间进行工作交接。对应聘内部职位的员工的条件也应有一定的界定，例如，应该在现有的职位上工作满一定的时限，绩效评定的结果应该满足一定的标准等。

③ 临时人员的转正。企业有时会临时雇用人员，这些临时人员也可以成为补充职位空缺的来源。正式岗位出现空缺，而临时人员的能力和资格又符合所需岗位的任职资格要求时，可以考虑临时人员的转正问题，以补充空缺。临时人员的转正要注意在各项手续上符合人事管理的政策法规规定，以免引起不必要的麻烦。

2. 外部招聘的来源与方法

（1）外部招聘的来源

相比内部招聘，外部招聘的来源相对较多，外部招聘主要有以下几个来源。

① 学校。学校是企业招聘初级岗位的重要来源。在中学和职业学校可以招聘办事

员和其他初级操作性员工;在大学里,企业则可以招聘潜在的专业人员、技术人员和管理人员。由于学生没有任何工作经验,因此让他们接受企业的理念和文化相对比较容易。

② 竞争者和其他公司。对于要求具有工作经验的职位来说,竞争者或同一行业的其他公司可能是最主要的招聘来源。在美国,约有5%的工人随时都在积极寻求或接受岗位的变化,在经理和专业人员中,每3个人中,每隔5年就要有1个人变换工作。此外,从这一来源进行招聘也是企业相互竞争的一种重要手段。

③ 失业者。这也是企业招聘的一个重要来源,由于失业者经历过失去工作的痛苦,因此当他们重新就业后会更加珍惜现有的工作机会,工作努力程度比较高,对企业的归属感也比较强。

④ 老年群体。包括退休员工在内的老年群体也构成了一个宝贵的招聘来源,虽然老年人的体力可能有所下降,但是他们却具有年轻人不具备的工作经验。此外,由于老年人的生活压力比较小,因此他们对薪资待遇的要求并不是很高,这些对企业都非常有利。

⑤ 退伍军人。退伍军人有真实的工作历史,个人品质可靠,具有灵活、目标明确、纪律性强以及身体健康等特点,对企业来说也是非常重要的一个来源。

⑥ 自由职业者。这也是很好的一个招聘来源,对于要求具备企业内部技术、专业管理或者企业专门知识的各种工作来说,这些人也构成了一个招聘来源。

(2) 外部招聘的方法

由于外部招聘的来源都在企业外部,因此招聘方法的选择就非常重要,否则潜在的应聘者就无法获得企业的招聘信息。外部招聘的方法主要有以下几种。

① 广告招聘。广告是企业进行外部招聘时最常用的方法,借助广告进行招聘时需要考虑两个问题:一是广告媒体的选择,二是广告内容的构思。

目前,常用的广告媒体有报纸、杂志、广播电视、互联网、印刷品、微信等,各广告媒体分别具有自己的优缺点,企业应当根据具体的情况来选择最合适的媒体。

【主要广告媒体的比较】

为了使广告达到预期的目的,还要注意广告内容的设计。一般来说,广告的设计要遵循 AIDA 原则:A,即 Attention,就是说广告要引起人们的注意;I,即 Interest,就是说广告要激起人们对空缺职位的兴趣;D,即 Desire,就是说广告要唤起人们应聘的愿望;A,即 Action,就是说广告要能够促使人们采取行动。

② 外出招聘。外出招聘就是指由企业的招聘人员直接外出到学校(校园招聘)或参加各种招聘会来进行招聘,与其他方法相比,外出招聘具有非常明显的优势。首先,这种招聘是由企业自己的招聘人员直接实施的,因此可以有效避免信息传递过程中的"漏斗现象"和失真现象,使潜在的应聘人员能够得到真实的信息。其次,在这种招聘方法中招聘人员可以和应聘人员直接见面交流,这实际上是一种初步的筛选机制,在一定程度上可以减轻甄选录用的负担。最后,通过这种招聘方法,企业可以很好地进行自我形象的宣传。但是外出招聘也存在一些缺点,一是招聘的费用比较高,需要投入大量的人力、物力;二是由于学生毕业具有周期性,招聘会也是定期召开的,因此这种招聘方法在时间上会受到很多限制,企业不能自主掌握。

③ 借助职业中介机构招聘。职业中介机构承担着双重角色，既为企业择人，又为求职者择业。借助这些机构，企业与求职者均可以获得对方的大量信息，同时也传播各自的信息。职业中介机构有很多种类型，比如职业介绍所、人才交流中心、猎头公司等。由于职业中介机构是专门从事人员招聘工作的，掌握有大量的信息，因此借助这些机构进行招聘，不仅可以使招聘活动更有针对性，而且可以代替企业完成很多工作，为企业节省大量时间，现在有一些企业就是将自己的招聘工作外包给这些机构来做。但是这种方法也存在问题，由于中介机构对企业的情况并不完全熟悉，招聘的人员可能会不符合企业的要求；而且，这些机构的收费往往比较高，会增加企业的招聘成本，例如，猎头公司的收费标准通常相当于企业支付给应聘人员年薪的 30%～40%。

④ 推荐招聘。推荐招聘就是指通过企业的员工、客户或者合作伙伴的推荐来进行招聘，这也是外部招聘的一种重要方法。这种招聘方法的好处是招聘的成本比较低；推荐人对应聘人员比较了解；应聘人员一旦被录用，离职率比较低。它的缺点是，容易在企业内部形成非正式的小团体；如果不加控制，会出现"任人唯亲"的现象；由于推荐的应聘人员不可能太多，因此选拔的范围比较小。

总之，招聘人才的方法五花八门，不同类型的工作可以采用不同的招聘方法。例如，招聘一般员工可以通过技校、报纸杂志、员工推荐或求职者自荐的方式；招聘销售人员则多采用招聘广告、推荐和职业中介机构的方式；招聘专业技术人员常通过大中专院校、报纸刊物或电子招聘；而招聘高层管理人员和高级专业人员可以通过猎头公司、管理顾问公司等。

外部招聘与内部招聘各有优缺点，企业应根据具体的情况来选择合适的招聘方式。这两种渠道各有优劣，企业在选择从内部招聘还是从外部招聘时，往往需要综合考虑这些利弊后才能够做出决策。而且对于这一问题，也没有什么标准的答案，有些企业倾向于从外部招聘，有些企业则更倾向于从内部招聘。例如，通用电气公司几十年来一直都从内部选拔 CEO，而 IBM、HP 等公司的 CEO 大多从外部招聘。一个不变的原则是，人员的招聘最终要有助于提高企业的竞争能力和适应能力。研究表明，应该有 10% 的中高层职位选择从外部招聘。这样，既可以给内部员工提供足够多的晋升职位，也可以促使外部新鲜血液的输入，并产生"鲶鱼效应"。总之，企业应该将这两种方法结合起来使用，对于基层的职位主要从外部进行招聘，对于高层的或关键的职位则以从内部晋升或调配为主。

【内部招聘与外部招聘的比较】

3.3 内创业企业员工甄选

3.3.1 内创业企业员工甄选的含义

内创业企业员工甄选，是指在内创业企业中通过运用一定的工具和手段来对已经招聘到的求职者进行鉴别和考察，区分他们的人格特点与知识技能水平、预测他们的未来工作绩效，从而最终挑选出企业所需要的、恰当的职位空缺填补者。准确地理解员工甄选的含义，要把握以下几个要点。

(1) 内创业中员工甄选应包括两个方面的工作：一是评价应聘者的知识、能力和个性，二是预测应聘者未来在企业中的绩效。很多企业在员工甄选时将注意力过多地集中在前者，往往忽视了后者，其实后者对企业来说才是更有意义的。

（2）内创业中员工甄选要以空缺职位所要求的任职资格条件和所要求具备的胜任素质为依据来进行，只有那些符合职位要求的应聘者才是企业所需要的。

（3）内创业中员工甄选是由人力资源部门和直线部门共同完成的，最终的录用决策应当由直线部门来做出。

一个高质量的招聘录用决策，应同时满足两个要求：既没有录用不符合要求的人员，又没有遗漏符合要求的人员。

3.3.2 内创业企业员工甄选原则

内创业企业在招聘过程中对人员的录用原则充分体现了企业的人才观，只有遵循了这些原则企业才能获得最有效的人力资源。

1. 因事择人，知事识人

因事择人强调人员录用必须根据企业人力资源规划工作中的人员供需计划，满足企业的实际人员需要，而不是根据领导的意志或个人的喜好随意地进行人员招聘和录用。而且，在招聘录用过程中，对空缺岗位的特点和需要任职者具备的任职资格与胜任素质必须非常清楚，这样才能保证录用到真正适合岗位的员工。

2. 任人唯贤，知人善用

在招聘过程中，要以企业利益为重，杜绝任人唯亲，录用人才时应做到大贤大用，小贤小用，不贤不用。同时，要对应聘者进行客观公正的评价，录用时应充分考虑每个应聘者的能力、人格、知识、技能，做到知人善用。

3. 公平竞争，择优录用

对待应聘者，应该做到公平对待，一视同仁，不得人为制造不平等的限制。当然要树立竞争原则，通过严格的考试、筛选程序，科学地确定最适合企业的录用人选。

4. 严爱相济，指导帮助

员工在试用期间，管理者必须为其制定工作标准与绩效目标，对其进行必要的考核。同时，对在试用期的员工在生活上应当给予更多的关怀，尽可能地帮助员工解决后顾之忧，在工作上帮助员工取得进步，用情感吸引他们留在组织中。

3.3.3 内创业企业员工甄选系统的标准

作为对应聘者的筛选机制，一个有效的员工甄选系统应达到以下几项标准。

（1）员工甄选的程序应该标准化，要保证每位参加员工甄选程序的应聘者都经历同样数量和类型的甄选测试和面试。

（2）员工甄选的程序以有效的顺序排列，那些费用较高、大量增加内创业企业成本的程序，比如与企业高层面谈、体检等要放在系统的最后，使这些程序只用于那些最有可能被录取的应聘者。

（3）员工甄选的程序要能提供明确的决策点。决策点指那些能明确做出淘汰或保留决策的时点，例如笔试成绩、体检结果等。关于应聘者通过决策点所必须具备的资格，管理者应有明确的标准。由于在前面的决策点上淘汰了不合要求的应聘者，因此可以将更多的时间和精力放在那些更有可能获得该职位的应聘者身上。

（4）员工甄选的程序应能保证充分提供可以确定应聘者是否胜任空缺职位的信息。一个好的系统不仅要保证不遗漏空缺职位的工作内容，而且要保证能从应聘者那里收集到与决策有关的充足信息。

（5）员工甄选的程序应可以防止在了解应聘者背景情况时出现重复的意外。一个好的系统应对参与员工甄选的人员的职责做出清晰的界定，这样就可以防止两个评价人员分别与应聘者面谈时重复提问同样的问题，却同时忽略了其他重要的问题。

（6）员工甄选的程序应能够突出应聘者背景情况中的重要方面，有效的系统应能根据需要多次核实和检查最重要的情况。

（7）员工甄选的程序应防止提供企业和工作的信息时出现不必要的重复。一个好的系统还应该对参与员工甄选的人员提供相关信息的职责做出清晰的界定，这样就可以避免不必要的重复。

3.3.4　内创业企业员工甄选的程序

为了保证员工甄选的效果，按照上面所提到的几项标准，员工甄选工作一般来说要按照下面的程序进行：首先评价应聘者的工作申请表和简历，然后进行选拔测试和面试，接下来审核应聘者材料的真实性，再接着就要进行体检，应聘者被录用后还要经过一个试用期的考察，最后才能做出正式录用的决策，如图3.2所示。

从图3.2可以看出，整个员工甄选过程是由六个步骤组成的，其中的每个步骤都是一个关键决策点，应聘者如果达不到该决策点的要求就要被淘汰，只有通过该决策点的应聘者才能继续参加之后的选拔。至于每个决策点的标准应该是什么，企业要根据自己的情况来确定，但总的原则是要以空缺职位所要求的任职资格条件为依据。

需要强调的是，在员工甄选过程的每一个步骤，都会有一些应聘者因不符合要求而被淘汰。如何正确地对待这些落选者对内创业企业来说也是一项非常重要的工作。如果不能妥善地处理与这些人的关系，可能会影响到企业的形象，从而不利于以后的招聘工作。正确的处理方法应当是当面或以书面的形式向落选者解释清楚原因。

3.3.5　员工甄选的方法

现代企业为了获得竞争优势，需要不断地吸收新生力量，为组织不断适应市场和发展需要，提供可靠的人力资源保障。在当前复杂多变的竞争环境中，企业员工不但要能满足组织当前岗位的要求，帮助组织达成当前目标，还要能够帮助组织实现未来战略意图，适应组织发展的需要。因此企业在寻找、吸引人才时，需要对候选人进行认真甄选。采用合适的甄选方法，有助于企业招聘到优秀人才，获得核心竞争力，保持竞争优势。

1. 面试

面试是测查和评价人员能力素质的一种考试活动。面试是一种经过组织者精心设计，在特定场景下，以考官对考生的面对面交谈与观察为主要手段，由表及里测评考生的知

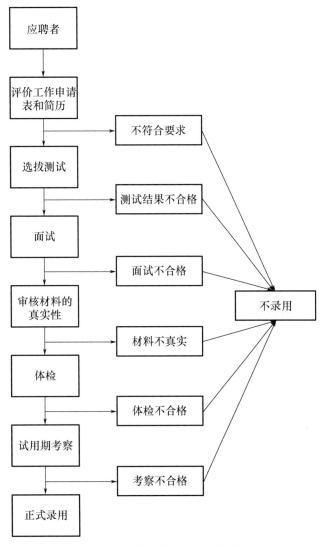

图 3.2 员工甄选程序示意图

识、能力、经验等有关素质的一种考试活动。虽然学者们对于面试的看法并不一致，但是在实践中却是企业最常用的一种员工甄选方法。

(1) 面试的类型

按照不同的标准，可以将面试划分为不同的类型。

① 根据面试的结构化程度，可以分为结构化面试、非结构化面试和半结构化面试三种类型。结构化面试，又称标准化面试，是根据特定职位的胜任素质要求，遵循固定程序采用事先命好的题目、评价标准和评价方法，通过考官（或考官小组）与应聘者面对面的言语交流，评价应聘者胜任特征的人才测评过程和方法。这种面试可以避免遗漏重要的问题，同时还可以对不同的应聘者进行比较，但是缺乏灵活性，不利于对问题进行深入了解。非结构化面试是指根据实际情况随机进行提问的面试，这种面试方法的优缺点和结构化面试正好相反。半结构化面试是指将前两种方法结合起来进行的面试，它可以有效地避

免结构化和非结构化面试的缺点。

② 根据面试的组织方式，可以分为陪审团式面试、集体面试两种类型。陪审团式面试是指由多个面试者对一个应聘者进行面试，这种方法可以对应聘者做出比较全面的评价，但比较耗费时间。集体面试是指由一个面试者同时对多个应聘者进行面试，它虽然可以节省大量的时间，但是由于面试者要同时观察多个应聘者的表现，容易出现观察不到的情况。

③ 根据面试的过程，可以分为一次性面试和系列面试两种类型。一次性面试是指对应聘者只进行一次面试就做出决策。系列面试则是要对应聘者依次进行几轮面试才能做出决策。

④ 根据面试的氛围，可以分为压力面试和非压力面试。压力面试是指将应聘者置于一种人为的紧张气氛中，考官以富有压力的问题让应聘者接受诸如挑衅性、刁难性或攻击性的提问，以考察应聘者的压力承受能力、情绪调节能力，以及应变和解决紧急问题的能力等。非压力面试是在没有人为制造压力情境下的面试。

在实践过程中，企业往往将上述类型的面试结合起来使用，一般会采取一次性的陪审团式面试方式。

（2）面试的过程

不同的企业对面试过程的安排也会有所不同，但是为了保证面试的效果，一般来说，要按照下面几个步骤来进行面试。

① 面试准备。面试准备阶段要完成以下几项工作。

第一，选择面试考官。这是决定面试成功与否的一个重要因素，有经验的面试考官能够很好地控制面试进程，能够通过对应聘者的观察做出正确的判断。面试考官一般由人力资源部门和业务部门的人员共同组成。

第二，明确面试时间。这不仅可以让应聘者充分做好准备，更重要的是可以让面试者提前对自己的工作进行安排，避免与面试时间发生冲突，以保证面试的顺利进行。

第三，了解应聘者的情况。面试考官应提前查阅应聘者的相关资料，对应聘者的基本情况有一个大致的了解，这样在面试中可以更有针对性地提出问题，以提高面试的效率。

第四，准备面试材料。这包括两个方面的内容：一是面试评价表，这是面试考官记录应聘者面试表现的工具，一般由应聘者信息、评价要素以及评价等级三个部分组成；二是面试提纲，对于结构化和半结构化面试来说，一定要提前准备好面试的提纲，即使是非结构化面试，也要在面试之前大致思考一下准备提问的主题，以免在面试过程中离题太远，面试提纲一般要根据准备评价的要素来制定。

第五，安排面试场所。面试场所是构成面试的空间要素，企业在安排面试场所时应尽可能让应聘者便于寻找。此外，面试场所应该做到宽敞、明亮、干净、整洁、安静，为应聘者提供一个舒适的环境。

② 面试实施。这是面试的具体操作阶段，也是整个面试过程的主体部分，一般又可以分为以下三个阶段。

阶段一：引入阶段。应聘者刚开始进行面试时往往比较紧张，因此面试考官不能一上来就切入主题，而应当经过一个引入阶段，问一些比较轻松的话题，以消除应聘者的紧张情绪，建立起宽松、融洽的面试气氛，比如问，"你今天是怎么过来的呀？""我们这里还好找吧?"等。

阶段二：正题阶段。经过引入阶段，面试就可以切入正题，正式开始。面试考官要按照事先准备的提纲或者根据面试的具体进程，对应聘者提出问题，同时对面试评价表的各项评价要素做出评价。提问的方式一般有两种：一是开放式提问，让应聘者可以自由发挥回答的提问，比如"你认为一个人成功需要具备什么条件?"；二是封闭式提问，就是让应聘者做出"是"与"否"选择的提问，比如"你是否能够经常出差?"

在这个过程中，面试考官要特别注意提问的方式，提问应当明确，不能含糊不清或产生歧义；提问应当简短，过长的提问既不利于应聘者抓住主题，也会挤占他们的回答时间；提问时尽量不要带感情色彩，以免影响应聘者的回答；提问时尽量不要问令人难堪的问题除非是某种特殊需要。此外，面试者还要注意自己的态度举止，尽量不要出现异常的表情和行动，例如点头、皱眉等，这些体态语言会让应聘者感到面试考官在肯定或否定自己的答案，从而影响应聘者的回答。

阶段三：收尾阶段。主要问题提问完毕以后，面试就进入了收尾阶段，这时让应聘者提出一些自己感兴趣的问题由面试考官解答，以自然的方式结束面试谈话，不能让应聘者感到突然。

2. 评价中心

评价中心是基于多种信息来源对个体行为进行的标准化评估。它使用多种测评技术，通过多名经过训练的评价者对个体在特定的测评情境表现出的行为做出评价。评价者将各自的评价结果集中在一起进行讨论以达成一致或用统计方法对评价结果进行汇总，得到对求职者行为表现的综合评价，这些评价是按照预先设计好的维度或变量来进行。评价中心其实就是通过情景模拟的方法来对应聘者做出评价，它与工作样本比较类似，不同的是工作样本是用实际的工作任务来进行测试，而评价中心则是用模拟的工作任务来进行测试。评价中心技术主要包括无领导小组讨论、文件筐测试、案例分析、搜索事实、管理游戏，其中最常用的是无领导小组讨论、文件筐测试和案例分析。

(1) 无领导小组讨论

无领导小组讨论，又叫作无主持人讨论、无领导小组测试，是评价中心中应用较广的测评技术。无领导小组讨论就是把几个应聘者组成一个小组，给他们提供一个议题，事先并不指定主持人，让他们通过小组讨论的方式在限定的时间内给出一个决策，评价者通过对被评价者在讨论中的言语及非言语行为的观察来对他们做出评价的一种测评形式。在无领导小组讨论测试中，可以不给被评价者指定特别的角色（不定角色的无领导小组讨论测试），也可以指定一个彼此平等的角色（定角色的无领导小组讨论测试），但都不指定领导，也不指定每个被评价者应该坐在哪个位置，而是让所有被评价者自行安排和组织。无领导小组讨论比较独特的地方在于它能考察出应聘者在人际互动中的能力和特性，比如人际敏感性、社会性和领导能力。同时，通过观察讨论过程中每个人自发承担的角色可以对应聘者的计划组织能力，分析问题和创造性地解决问题的能力，主动性、坚定性和决断性等意志力进行一定的考察。已有的研究和管理实践表明，无领导小组讨论对于评定被评价者分析问题的能力、解决问题的能力，衡量他们的社会技能，尤其是"领导"素质有很好的效果。

【无领导小组讨论的特点列表】

在进行无领导小组讨论时，应注意的问题有：①适当控制小组的人数，一般以6个人左右为宜；②保证适宜的现场环境，一般以圆桌会议为佳；③可以每隔一定时间增添一些新的变化信息，以增加讨论的深入程度和充分性；④评委事先应该制定统一的评分标准。

(2) 文件筐测试

文件筐测试，也称公文筐测试，是评价中心技术中最主要的活动之一，也是对管理人员潜在能力最主要的测评方法。在文件筐测试中，被评价者假定要接替某个领导或管理人员的职位，每个人都发到一篮子文件，文件筐测试因此得名。测试要求受测人员以领导者的身份模拟真实生活中的情景和想法，在规定条件下（一般是比较紧迫而困难的条件，如时间较短、提供信息有限、独立无援、外部环境陌生等），对各类公文材料进行处理，写出一个公文处理报告。公文可以包括信函、电话记录、命令、备忘录、请示报告、各种函件等，内容涉及人事、资金、财务、合同、工作程序突发事件等诸多方面。文件筐所包含的文件是根据这个职位经常会遇到的各种典型问题而设计的，从日常琐事到重要大事都会有所涉及。文件可多可少，一般不少于5份，不多于30份。每个被评价者要批阅的文件可以一样，也可以不一样，但难度要相似。根据文件的难度和数量，规定完成的时间。测试时间通常为2~3小时，并且还要以文字或口头报告他们处理的原则与理由，说明自己为什么这样处理。如果评价者不清楚或想深入了解某部分内容，还可以与被评价者交谈，以澄清模糊之处。考官根据被评价者的处理情况把有关行为逐一分类，再予以评分，对其相关能力素质做出相应的评价。通过这种方法，可以对应聘者的规划能力、决策能力、分析判断能力等做出评价。

(3) 案例分析

案例分析通常是让应聘者阅读一些关于组织中存在问题的材料，然后让其准备出一系列建议，提交给更高层的管理部门。这种方法可以考察应聘者的综合分析能力和判断决策能力，既包括一些一般性技能，也涵盖一些特殊性的技能。如果案例分析结果是采取书面报告形式，那么还可以对应聘者所撰写报告的内容及形式进行评价。这种测量方法着重于考察应聘者的计划组织能力、分析问题的能力、决断性等。案例分析与文件筐测试有些类似，都是让被评价者对文件材料进行分析。但文件筐测试中所提供的材料可能相对稍显零散，而且是原始文件；而案例分析中所提供的文件大多是经过加工的，例如一些图表。文件筐测试要求应聘者针对文件提出一系列具体的问题；而案例分析则是要求应聘者撰写分析报告。评价者可以根据分析报告对其综合分析能力或者管理及业务技能做出判断，但案例分析的一个不足之处是很难找到客观的记分方法。其优点是操作非常方便，分析结果既可以采取口头报告也可以采取书面报告。

案例分析主要适用于中高层管理者的选拔。有研究表明，不同职业背景、不同职位、不同学历、不同经历的人在案例分析的得分上存在明显差异，因此如果试题编制得当，案例分析完全可以用于管理者的选拔。案例分析既适合于个别施测，也适用于团体施测，尤其是在有条件限制、其他测评方法不便使用或不能使用的场合，如知识测验、心理测试、面试、无领导小组讨论等。在实际应用中，案例分析不仅可以作为领导干部的测评手段，也可以作为领导干部的培训手段。

3. 心理测试

(1) 能力测试

能力测试是用来衡量应聘者是否具备完成职位职责所要求的能力。能力测试有两种功能：一是判断应聘者具备什么样的能力，即诊断功能；二是测定在从事的活中，成功的可能性，即预测功能。能力测试包括一般能力测试（也就是我们通常所说的智力测试）、能力倾向测验和特殊能力测试三种。

① 一般能力测试。科学测验源于智力测验，同时智力测验也是最早运用于人员的测评和选拔中的。常用的智力测验有：韦科斯勒智力量表（Wechsler-Bellevue）和瑞文推理测验（包括瑞文标准推理测验和瑞文高级推理测验）。

② 能力倾向测验。在招聘选拔中最经常测量的一些能力倾向有：言语理解能力、数量关系能力、逻辑推理能力、综合分析能力、知觉速度和准确性等。为了能方便地对能力倾向进行评价，一些机构编制了成套的能力倾向测验，其中比较有代表性的有：一般能力倾向测试与鉴别能力倾向测试。

③ 特殊能力测试。特殊能力指那些与具体职位相联系的不同于一般能力要求的能力，例如，人力资源管理职位，就要求具备较强的人际协调能力；再比如，保安职位对反应能力的要求就比较高。特殊能力测试的方法主要有：明尼苏达办事员测试、西肖音乐能力测试、梅尔美术判断能力测试等。在使用特殊能力测试时，企业要根据空缺职位的类别，选择相应的测试方法。

(2) 人格测试

人格是指个人对现实的稳定态度和习惯的行为方式，按照不同的标准可以将人们的人格划分成不同的类型。由于人们的人格在很大程度上决定着他们的行为方式，而不同的职位所要求的行为方式又不同，因此对应聘者的人格进行测试有助于判断他们是否胜任所应聘的职位，例如，销售职位需要经常与人打交道，因此要求应聘者的人格应当比较外向。目前对人格测试的方法有很多，主要可以归结为以下两大类。

一是自陈式测试，就是向被试者提出一组有关个人行为、态度方面的问题，被试者根据自己的实际情况回答，测试者将被试者的回答和标准进行比较，从而判断他们的人格。常用的方法有：卡特尔16种人格因素问卷（16PF）、明尼苏达多项人格量表（MMPI）、加州心理调查表（CPI）、爱德华个人爱好量表（EPPS）、梅耶-布里斯类型指标（MBTI）、NEO个性问卷、DISC人格测试等。

二是投射式测试，就是向被试者提供一些刺激物或设置一些刺激情景，让他们在不受限制的条件下自由地做出反应，测试者通过分析反应的结果，从而判断被试者的人格。罗夏墨迹测试、主题统觉测试（TAT）是两种常用的投射测试方法。

4. 工作样本

工作样本（Work Sample）就是要求应聘者完成职位中的一项或若干项任务。依据任务完成情况来做出评价，这种方法强调直接衡量工作的绩效，因此具有较高的预测效度。工作样本的优点在于它测量的是实际工作任务，应聘者很难伪装，给出假答案；缺点是需要每个应聘者单独进行测试，实施

【心理投射式测试：房树人游戏】

成本比较高，不适用于那些完成周期比较长的任务。在实施工作样本时，首先要挑选出职位中的关键任务；然后让应聘者来完成这些任务，同时由测试者对他们的表现进行监测并记录下任务的执行情况；最后由测试者对应聘者的表现和工作完成情况做出评价。

5. 知识测试

这种测试主要是用来衡量应聘者是否具备完成职位职责所要求的知识，虽然具备职位所要求的知识并不是实际工作绩效良好的充分条件，但往往是它的一个必要条件，因此员工甄选中要对应聘者的相关知识进行测试。不同的职位，知识测试的内容也不一样，例如，录用会计人员，就要测试与会计有关的知识；录用人力资源管理人员，就要测试人力资源的知识。这种测试方法的好处是比较简单，便于操作，不需要特殊的设备；可以同时对很多应聘者进行测试，因此费用也比较低，同时也可以节约大量的时间；相对来说比较公平，受主观因素影响较小。这种测试方法的缺点在于主要考察的是应聘者的记忆能力，对实际工作的能力考察不够，因此知识测试往往作为一种辅助手段和其他的方法一起使用。

除了以上这些方法，员工甄选的方法还有工作申请表、履历分析、笔迹分析、背景调查、体检等。

目前的人力资源市场虽然表面火爆，但内创业企业要挑选符合自己标准的求职者并不容易，同时考虑到具备创业潜力人才的特殊性，这就要求内创业企业不仅需要采取一定的行动，多元化招聘渠道，而且有时还需要一些创新形式，用以提高那些符合企业要求的求职者接受企业所提供工作的可能性。如企业文化的宣传、广告宣传的力度、薪酬待遇的设定、招聘者的行为、职业路径设计和多级的职业阶梯等，这些都会被求职者视为企业组织人格延伸，因此在招聘选拔的过程中每个环节都必须引起内创业企业的高度重视。

本 章 小 结

本章首先对内创业企业员工招聘的含义、目标、应遵循的原则、影响因素等进行了介绍。招聘录用应遵循的原则为因事择人原则、能级对应原则、德才兼备原则、用人之长原则和"宁缺毋滥"原则。归纳概括了影响内创业员工的内外部因素，内部因素包括企业的自身形象、招聘预算及相关政策，外部因素包括国家的法律法规、外部劳动力市场和竞争对手。其次，列举了内创业企业招聘的程序、渠道和方法。招聘程序一般分为六步，依次为确定招聘需求、制订招聘计划、招聘、甄选、录用和效果评估；招聘渠道分为内部招聘和外部招聘，内部招聘的方法主要有工作公告法和档案记录法，外部招聘的方法主要有广告招聘、外出招聘、借助职业中介机构招聘和推荐招聘。最后，界定了内创业企业员工甄选的含义、原则和标准，刻画了内创业员工甄选的程序和方法。其中员工甄选的五种方法分别为面试、评价中心、心理测试、工作样本和知识测试。

思 考 题

1. 请简单阐述内创业员工招聘的含义与目标。
2. 内创业招聘活动的独特性体现在哪些方面?
3. 影响招聘活动的因素有哪些方面?
4. 请简单介绍内、外部招聘的来源与方法。
5. 内创业中员工甄选的方法有哪些?

【拓展资料】

欧莱雅：做美妆的科技公司①

欧莱雅，作为一家世界级化妆品集团，在近一个世纪的历程里，不遗余力地追求着美，创造着美。而其拥有的世界知名品牌如巴黎欧莱雅、美宝莲、兰蔻、薇姿、卡诗和赫莲娜等，已为众多时尚女性所钟爱。2019年7月30日公布的2019年上半年财报，欧莱雅在2019年上半年实现销售额148.1亿欧元，同比增长7.3%。值得注意的是，亚太市场已成为欧莱雅集团的第一大市场，其中欧莱雅在中国电商渠道的销售额占比已达到35%。如今欧莱雅已有100多年的历史，它能够发展至今的一个重要原因就是不断进行变革与创新。

1. 欧莱雅创建创新孵化中心及数字化转型进程

欧莱雅早在2012年就在美国加州成立了创新孵化中心，培育和支持各类尖端创新技术和科学研究。这个部门的研究包括利用增强现实技术让用户在移动端体验彩妆产品的上妆效果，大数据找到最适合的指甲油颜色，用3D打印技术快速做出测试用的人造皮肤等。

近年来，全球开始数字化进程，数字化已经成为零售行业最明显的趋势之一。2016年欧莱雅在中国首次设立首席数字营销官职位。欧莱雅根据市场反馈，将部分消费者和市场洞察的实时查询功能搭载在企业微信上，针对"2.5次元消费者"的个性化需求，欧莱雅内部员工创新出一系列数字化产品。所谓的2.5次元是指虚拟与现实相交的地带。巴黎奥奈地区的欧莱雅内部创业中心（Make Your Technology，MYT），通过数据化平台不断鼓励技术人员研发具有本公司特色的产品以满足不同类型消费者的需求。满足消费者需求的基础是具备产品研发能力。欧莱雅满足用户个性化需求的重要一步就是用科技赋能研发。2018年，欧莱雅集团研发总投入9.14亿欧元，占销售额3.4%，注册了505项专利。

2. 欧莱雅"诗人+农民"的招聘特色

"像诗人一样富有激情，像农民一样努力实干"。在欧莱雅，没有人关心你的国籍，中国人、意大利人、德国人、希腊人、法国人，都是一样的员工。在欧莱雅集团内部，也很流行互相推荐，像美国和法国员工在区域之间，在国与国之间的调动也是很正常的事情，换岗的活跃是因为要资源共享。对于一直以来都在推崇"美无疆界"理念的欧莱雅来说，人才亦无疆界，欧莱雅的发展与其人才的扩充是分不开

---

① 资料来源：基于"欧莱雅向'美妆科技公司'转型，美妆和科技如何结合？搜狐网 https://www.sohu.com/a/339618973_281571.2020-11-3"，"欧莱雅招聘人才 集诗人与农民于一体_新浪教育_新浪网 https://edu.sina.com.cn/l/2002-11-06/33650.html.2020-11-3"等网络公开资料整理。

的。与许多跨国公司一样，欧莱雅将人才招聘的着重点放在了校园，但是与已经在中国的著名大学里具有根深蒂固关系的老牌跨国公司相比，欧莱雅要想在每年的毕业生中招聘到自己满意的人才，绝对不是一件容易的事情。将"诗人"和"农民"结合在一起作为招聘人才的标准是欧莱雅的一大特色。欧莱雅中国区人事总监史晓白说："之所以提出这种口号，是因为希望招聘的人才像诗人一样富有激情和创造力，又要像农民一样勤恳、脚踏实地。"

为了实现自己的招聘目标，欧莱雅的纳才计划基本上没有季节性。和许多跨国公司招聘要过五关斩六将不同，欧莱雅不崇尚笔试，更在乎直觉和求职者的实际能力，每次招聘就像是寻宝一样，不是说计划招几个人，而是看能找到几个合适的人。欧莱雅的纳才计划，在沿海一带主要是通过校园招聘和网上招聘来实现的，在内地则更注重报纸招聘。区别于每年毕业季各种公司在校园的招聘会，欧莱雅对人才的物色更显示出开放的态度。2000年，欧莱雅在中国区举办"欧莱雅校园企划大赛"，受到了大学生们的欢迎，复旦和北大队员并列头奖，他们被邀请到巴黎的欧莱雅总部参观，欧莱雅相信这一系列活动一定会给学生们留下先入为主的印象。2001年年底，欧莱雅推出了全球在线商业策略游戏，让参加游戏的大学生们在互联网上模拟商战，并许以重奖。史晓白说，这是欧莱雅培育自己后备力量的策略之一，已经成为欧莱雅人才良性循环的法宝。

3. 欧莱雅的"招聘会现身说法"

在欧莱雅的招聘会上，现身说法总能给人最直接的印象。毕业仅仅一年的张桃，从初级实习生升为兰蔻产品经理的经历吸引着每一位试图走进欧莱雅的毕业生。"欧莱雅相信年轻人，公司给了我们极大的上升空间，从进公司开始，我们每个人都会从自己的老板手中接过一份详细的培训计划，可以说，我这一年中，就是一路的'培训'，伴随着一路的升职。"

张桃的第一个培训项目就是实实在在地走上街头，从最开始的商场促销开始。在刚进公司的时候，张桃怎么也不会想到，自己的第一份工作竟然会是站柜台。可是张桃就是在这种锻炼中，清楚地知道了欧莱雅的顾客都是些什么人；哪些在柜台前稍做停留的人可能成为其潜在客户；哪些产品是奢侈品；哪些是大众档的牌子；各品牌的差别在哪里。张桃最直接地知道了欧莱雅的口红是什么红，香水到底是什么样的味道，这些简单的事其实就是很多复杂问题的答案。"慢慢地，我开始感觉到，每一天我都在学习，每一天都会有新的东西在我的脑子里生根发芽，这种感觉真的很好！就是通过一层又一层的培训，有国内的，也有国外的，我才有了今天的成绩。回头看看这才发现这一年里，我去了那么多的地方，真是不敢想象。"

在欧莱雅，张桃的经历只是其用人策略的一个缩影，人员的年轻化在欧莱雅已经初具规模。在上海地区的200多名员工中，平均年龄只有28岁，而在欧莱雅的整个公司中50%的品牌总经理不满40岁，25%甚至是不满35岁的后起之秀。如今公司将近80%的入职员工均为应届毕业生或工作经验在两年以下的新人。这种明显倾向新人的招聘策略，不但为公司的发展储备了生力军，更不断地让年轻人的新潮观念和创意冲出公司已有的概念，给公司注入新鲜血液，带动长远的发展。欧莱雅公司总裁欧文认为，理想的欧莱雅人应该是"集诗人和农民于一体"，而在如今的年代里，能将诗人的才智和农民的实干融合在一起的人才，最集中的地方恐怕就是学校，所以欧莱雅的主要目标就是校园。

案例思考题

1. 你认为欧莱雅选择招聘渠道的原因是什么？
2. 校园招聘有什么不足？欧莱雅是如何克服这些不足的？
3. 欧莱雅招聘为什么采取明显倾向新人的招聘策略？
4. 欧莱雅是如何将"诗人"和"农民"完美融合的？

第4章

内创业企业培训与开发

> 思维导图

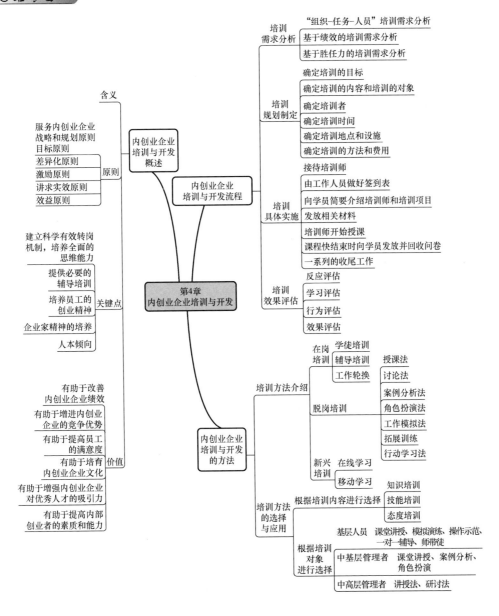

- 内创业企业培训与开发的含义及原则
- 内创业企业培训与开发的关键点及价值
- 内创业企业培训与开发工作的具体流程和主要方法

 引例

中国电信：Mini 创新创业训练营孵化创新人才[①]

"大众创业、万众创新"的号召一出，各个行业都纷纷坐不住了，尤其是运营商。内有传统业务下滑压力，外有 OTT（"Over The Top"的缩写，是指通过互联网向用户提供各种应用服务）企业猛烈冲击，运营商转型的步伐更加快速。中国电信于 2012 年年初成立了孵化基地（Mini 创新创业训练营），以"人"为核心，从评价、培养、设计、价值 4 个维度，来培养创新创业人才。借鉴外部孵化器以实战为主、为每个团队匹配创业导师的做法，Mini 创新创业训练营（以下简称训练营）在策划时侧重实战，每一期的创业必备知识和技能课程都结合学员的需求进行设计。同时，训练营较为关注人际互动，强化团队之间、团队与导师之间的互动，通过互动学习运用所学知识，产生新的成果。

开营前布置作业，要求学员进一步明确参训目的，并在"易信群"（Mini 创客营群组）中发布自己的创业项目和特长技能，提前开展项目团队组建。营中强调训练，一方面，让学员带着项目参加课程学习与互动，即时运用所学知识，并将研讨成果粘贴在训练营现场，与其他学员分享，并倾听同学的建议；另一方面，学院为学员匹配外部导师资源，给予项目团队逐个辅导，帮助他们进一步完善项目方案。在项目申报路演时，第 1 期共有 8 个项目，第 2 期共诞生了 17 个项目。营后注重跟踪，要求学员撰写行动计划，明确未来目标。学院还积极参与"易信群"的学习圈互动，组织老师、内外部专家与学员围绕共性重点问题展开群聊，帮助学员解决实际问题。值得一提的是，无论是营前、营中还是营后的评估，训练营始终以结果为导向。评价学员不依据模型，而通过成果检验；评价项目按照业界通用标准，从团队、产品、技术、商业模式、发展前景等方面进行。

4.1　内创业企业培训与开发概述

4.1.1　内创业企业培训与开发的含义

培训，是企业为了有计划地帮助员工提升与工作有关的综合能力而进行的教育训练；其关注点是目前工作所需要的知识和技能。开发，是指有助于员工为未来工作做好准备的正规教育、工作实践、人际互动以及人格和能力评价等所有活动，是依据组织发展要求对员工潜能进行挖掘和对其职业发展进行系统设计与规划的过程。内创业企业培训与开发是

[①] 资料来源：基于"谭雄鹰. 中国电信：Mini 创新创业训练营孵化创新人才 [J]. 培训，2016（8）：53-59."等资料整理。

指内创业企业通过各种方式使员工具备完成现在或者将来工作所需要的知识、技能并改变他们的工作态度,以改善员工在现有或将来职位上的工作业绩,并最终实现内创业企业整体绩效提升的一种计划性和连续性的活动。

培训和开发是两个既有重叠又有区别的概念,重叠在于两者的出发点是一样的,都是要通过提高员工的能力来提升员工的工作业绩,进而提高企业的整体绩效;实施的主体都是企业,接受者都是企业内部的员工;两者使用的方法也是相同的。但是,两者之间也存在一定的区别。

【内创业企业的人才需求】

第一,关注点不同,培训关注现在,而开发关注未来。培训更多是一种具有短期目标的行为,目的是使员工掌握当前所需的知识和技能。例如,教会一名新工人如何操作机器,教会管理人员如何进行生产调度等,这些都是典型的培训。开发则更多的是一种具有长期目标的行为,目的是使员工掌握将来所需的知识和技能,以应对将来工作所提出的要求。在实践中,培训更多是一种滞后的弥补行为,而开发更多地与员工职业发展联系在一起。第二,培训的内容多与现在的工作内容相关,开发则可能与现在的工作内容联系并不紧密。第三,培训对于工作经验要求更多,而开发主要针对新的工作,对经验要求较少。第四,有些培训活动是员工必须参加的,带有一定的强制性,开发活动则更多与员工的发展意愿相关。虽然培训与开发存在一定的区别,但是由于培训变得越来越具有战略性,培训与开发的界限越来越模糊。因此在管理实践中,一般对培训和开发不做严格的区分。

对培训与开发含义的准确理解,需要把握以下几个要点。

1. 培训与开发的对象是企业的全体员工

企业中的全体员工均可以看作是培训与开发的对象,而不只是某部分员工。这并不意味着每次培训的对象都必须是全体员工,而是说应当将全体员工都纳入培训体系中,不能将有些员工排斥在体系之外。

2. 培训与开发的内容应当与员工的工作相关

企业选择的培训与开发的内容应该基于工作内容开展,与工作无关的内容不应当包括在培训与开发的范围之内。此外,培训与开发的内容还应当全面,与工作有关的各种内容都要包括进来,例如,知识、技能、态度、企业的战略规划、企业的规章制度等。过去有些企业在进行培训时往往不注意这个问题,只重视"硬内容"的培训,比如,业务知识、工作技术等,而忽视了"软内容",比如,工作态度、企业文化等。这里所指的工作既包括员工现在从事职位的工作,也包括将来可能从事职位的工作。

3. 培训与开发的目的是改善员工的工作业绩并提升企业的整体绩效

应当说这是企业进行培训与开发的初衷和根本原因,这也是衡量培训与开发工作成败的根本性标准。如果不能实现这一目的,培训与开发工作就是不成功的。

4. 培训与开发的主体是企业,即培训与开发应当由企业来组织实施

有些活动虽然客观上也实现了培训与开发的目的,但实施主体并不是企业,因此也不属于培训与开发的范畴。例如,员工进行自学,即使同样会改善工作业绩,也不能算作培训与开发。但如果这种自学是由企业来组织实施的,就属于培训与开发。

4.1.2 内创业企业培训与开发的原则

内创业企业在实施培训与开发活动时,应当遵循以下几项基本原则,这样才能保证并充分发挥培训与开发的效果。

1. 服务内创业企业战略和规划原则

战略和规划作为内创业企业的最高经营纲领,对内创业企业各方面的工作都具有指导意义。培训与开发作为人力资源管理系统的一个组成部分,自然也要服从和服务于内创业企业的战略和规划。培训与开发工作的实施,应当从内创业企业战略的高度来进行,决不能将两者割裂开来,单就培训与开发来谈培训与开发,是很多内创业企业在进行培训与开发时最容易忽视的一个问题。服务内创业企业的战略和规划,要求培训与开发不仅要关注眼前的问题,更要立足于长远的发展,从未来发展的角度出发来进行培训与开发,这样才能保证培训与开发工作的积极主动,而不是仅充当临时"救火员"的角色。

2. 目标原则

目标对人们的行为是具有明确导向作用的,因此在培训与开发的过程中也应该贯彻目标原则。在培训之前为受训人员设置明确的目标不仅有助于在培训结束之后进行培训效果的衡量,而且有助于提高培训的效果,使受训人员可以在接受培训的过程中具有明确的方向并且有一定的学习压力。为了使培训目标更有指导意义,目标设置应当明确、适度,既不能太难也不能太容易,要与每个人的具体工作相联系,使受训人员感受到培训的目标来自工作但又高于工作。

3. 差异化原则

培训与开发不同于学校教育,在普遍性的基础上更要强调差异化。差异化原则有两层含义。一是内容上的差异化,由于培训的目的是要改善员工的工作业绩,因此培训的内容必须要与员工的工作有关。而在内创业企业中每个职位的工作内容都是不一样的,每个员工的工作业绩也是不同的,因此在培训时应当根据员工的实际水平和所处职位确定不同的培训内容,进行个性化的培训,这样培训与开发才更有针对性。二是人员上的差异化,虽然培训与开发要针对全体员工来实施,但这绝不意味着在培训过程中就要平均使用力量。按照"二八原则"的解释,企业中80%的价值是由20%的人员创造的,加上内创业企业资源的短缺,因此在培训中应当向关键职位进行倾斜,特别是中高层管理和技术人员。正如德国企业家柯尼希所指出的:"由于企业中领导人员的进修和培训太重要了,所以应由企业上级谨慎计划并督导其实现。"

4. 激励原则

为了保证培训与开发的效果,在培训过程中还要坚持激励原则,这样才能更好地调动员工的积极性和主动性,以更大的热情参与到培训当中,增强培训效果。这种激励的内容是广泛的,既包括正向激励,也包括负向激励。激励还应当贯穿整个培训的过程,例如在培训前对员工进行宣传教育,鼓舞员工学习的信心。在培训过程中及时反馈,增强员工学习的热情。在培训结束后进行考核,增强员工学习的压力。对培训考核成绩好的予以奖励,对考核成绩差的给予惩罚等,这些都属于激励的内容。

5. 讲求实效原则

培训与开发的目的在于员工个人和内创业企业的绩效改善，因此培训与开发应当讲究实效，不能只注重培训的形式，而忽视培训的内容。培训内容应当结合实际，要有助于绩效改善，要注重培训转化，学以致用。培训结束后，内创业企业应当创造一切有利条件帮助员工实践培训的内容，要将培训和工作结合起来，不能只学习而不使用，这样不仅造成培训资源的严重浪费，而且也失去了培训与开发本来的意义。因此，培训活动要从实际的工作需要出发，结合员工年龄、知识、能力、思想等实际情况进行明确目的的培训，确保培训收到实效。

6. 效益原则

内创业企业作为经济组织，它从事任何活动都是讲求效益的，要以最小的投入获得最大的收益。对于理性的内创业企业来讲，进行培训与开发同样需要坚持效益原则，也就是说在费用一定的情况下，要使培训效果最大化；或者在培训效果一定的情况下，使培训的费用最小化。因此，在实施培训的过程中，在确保培训效果的前提下，必须要考虑培训的方式、方法，采取适当的培训措施，以期获取最佳的培训效益。

4.1.3 内创业企业培训与开发的关键点

【阅读材料】

随着内创业思潮的发展，部分内创业者在前期会进行创业的培训与开发。内创业培训与开发主要是对于内创业者进行创办能力、市场经营素质等方面的培训与开发，并对他们在内创业的开办、经营过程中给予一定的政策指导。其目的是通过提高内创业者创业的心理、管理、经营等素质，增强参与市场竞争和驾驭市场的应变能力。内创业中培训与开发的关键点主要包括以下方面。

1. 建立科学有效转岗机制，培养全面的思维能力

对于一些精英人才，尤其是处于管理岗位上的人才，内创业企业家很少去让他们轮岗学习，更倾向于让管理岗位上的人才做好自己岗位上的工作，不要把精力浪费在别的岗位上。这种思维方式在移动互联网时代有着很大的弊端。如果精英人才只做好自己工作上的事，不去关心他人的事情，那么这些人的价值又将采用什么机制去衡量呢？能让管理层上的人才获得团队意识与大局观，重点在于内创业企业的培养机制。从基层成长起来的员工，对于内创业企业中的业务及项目操作流程会比较熟悉，做事情不容易出现失误，工作的执行力会相对较高，内创业者对于这样的员工应该给予充分的支持与信任。

2. 提供必要的辅导培训

将优秀的人才聚集在一起，可以共同创造出内创业企业的核心竞争力；建立合理有效的机制，能够有效地提升员工的工作热情、使命感以及责任感；以全员持股的方式，可以培养员工的个人创新创业意识。培训辅导部门的成立具有重要意义，因为有创新创业意向的员工还需要有专门的机构，对他们的创业成长之路进行全程的规划和指导，将一些成功的案例讲述给内创业员工，让他们在这一个个案例中获取成功的经验，并将这些经验运用到创新创业过程中，不断壮大内创业企业的规模。

3. 培养员工的创业精神

研究已经证实：创新能力不只是一个人的天赋，更多的是一个人后天的主动学习、不断进步的技能。纽约公关公司 Prosek Partners 培养员工创业精神的做法堪称业内的典范——员工参加新兵训练营，并讲授公司的业务流程及内部创业机制。Prosek Partners 采用这种方法使得员工工作变得更加主动，创新氛围更为浓郁，相比其他企业更具竞争力。同时，培养员工的创业精神还需要接受冒险和失败，一些公司的员工往往过于保守，在他们看来失败意味着自己职业生涯的严重受挫，这是他们所不能接受的事情。而作为有着长达 150 多年历史的全球领先的教育集团培生公司（Pearson，以下简称培生）就并非如此，培生要求员工"勇敢、富有创新精神，并且要优秀"。培生十分注重教育科技的创新能力培养，甚至专门准备了一项种子资金。2010 年，培生旗下的 Alleyoop（主要经营教育软件）公司成立，意在帮助一些青少年在未来更好地融入大学生活。Alleyoop 公司独立运营，直接向由培生的高管组成的委员会汇报工作。Alleyoop 公司的总裁苏潘克表示："这是一个冒险行为，但是企业要在员工所面对的困境之中给予员工足够的权利以及资源上的帮助来培养员工的创业精神。"

4. 企业家精神的培养

公司内部的企业家精神因为种种因素遭到了扼杀，其中重要的人员因素是新业务对员工的新知识与技能的快速掌握形成了考验，而且一些无法及时调整的员工可能要面临被辞退的风险，这就造成了公司的员工对新业务存在恐惧。这时候就需要通过培训来消除员工对新业务的恐惧。通过培训，使员工快速掌握新知识和新技能，快速调整员工状态，逐步培养员工的企业家精神。欧莱雅作为知名品牌，所建立的内部创业制度对推动内部创业卓有成效，其中的培训中心制度更有利于企业家精神的培养。欧莱雅引入人才之后，就开始对他们进行培训，培训的重点不是知识技能，而是欧莱雅企业文化——"独立企业家精神"的文化。就像盖保罗所说："只有对欧莱雅的企业文化有认同感的人，才会对自己的事业富有激情和勇气，他们才会自然而然地融入欧莱雅，积极学习怎样去经营一个部门或者一个企业，准备迎接未来的挑战。经过一两年的磨炼，这批人才就会为各个部门带来生机与活力。"

5. 人本倾向

随着社会和时代的发展进步，个性化、人性化、多元化等"人本"特质越来越受到内创业企业的重视。内创业的本质就是赋予员工更多的自主性和创新空间，通过员工的创新行为增强企业的持续发展能力。因此，内创业企业文化是一种具有人本倾向的文化，注重对员工能动性的挖掘和创新精神的培养。在当今的商业竞争中，人力资本是企业最重要的资产，也反映着企业的核心竞争力。内创业企业文化的人本倾向，使其注重对员工自主能力的开发培养、职业生涯的设计规划，以及对创新行为的鼓励，以此来吸引和培养出更多的人才，建立有序的人才梯队，实现企业人力资本的保值、增值。具体而言，通过培训，企业可以引导员工明确地认识内创业的实质，激发他们进行创新活动的热情。同时还能够挖掘、培育员工的内企业家特质，增强他们的内创业能力。实际上，内创业是一种敏锐把握市场机会。在未知领域进行创新冒险的行为。因此，需要通过对员工的培训引导，增强他们对不确定性的承受能力、快速把握机会的能力,以及从错误和失败中学习改进的能力等。

4.1.4 内创业中培训与开发的价值

内创业中培训与开发作为人力资源管理的一项基本职能,之所以越来越被重视,是因为具有非常重要的作用和意义,主要体现在以下几个方面。

1. 培训与开发有助于改善内创业企业绩效

内创业企业绩效的实现是以员工个人绩效的实现为前提和基础的,有效的培训与开发工作能够帮助员工提高他们的知识、技能,改变他们的态度,增进对企业战略、经营目标、规章制度、工作标准等的理解,不断提高工作积极性,从而有助于改善他们的工作业绩,进而改善内创业企业绩效,这可以说是培训与开发最为重要的意义。尤其是在员工个人的工作绩效低于需要达到的水平时,这种意义就更加突出。

2. 培训与开发有助于增进内创业企业的竞争优势

构筑自己的竞争优势,这是任何企业在激烈的竞争中谋求生存和发展的关键所在。当今时代随着知识经济的迅猛发展和科学技术的突飞猛进、企业的经营环境日益复杂多变,"未来唯一持久的优势,是有能力比你的竞争对手学习得更快"[①]。通过培训与开发,一方面可以使员工及时掌握新知识、新技术,确保内创业企业拥有高素质人才队伍;另一方面也可以营造出鼓励学习的良好氛围,这些有助于提高内创业企业的学习能力,增进内创业企业的竞争优势。所以,内创业企业要想在激烈竞争中立于不败之地,就必须重视员工的培训与开发。

3. 培训与开发有助于提高员工的满意度

应当说,员工的满意度是内创业企业正常运转的必要条件之一,而培训与开发则有助于提高员工的满意度。对员工进行培训与开发,可以使他们感受到内创业企业对自己的重视和关心,这是满意度的一个重要方面。此外,对员工进行培训与开发,可以提高他们的知识技能水平,而随着知识技能水平的提高,员工的工作业绩能够得到提升,这有助于提高他们的成就感,这也是满意度的一个方面。

4. 培训与开发有助于培育内创业企业文化

在21世纪竞争日益激烈的市场环境里,企业家们越来越意识到文化管理同样是企业管理的一个重要部分。学者们的研究表明,良好的企业文化对员工具有强大的凝聚、规范、导向和激励作用,这些对内创业企业来说有着非常重要的意义,因此很多内创业企业在重视规章制度建设的同时,也越来越重视内创业企业文化的建设。作为企业成员共有的一种价值观念和道德准则,内创业企业文化必须要得到全体员工的认可,这就需要不断地向员工进行宣传教育,而培训与开发就是其中非常有效的一种手段。

---

① 彼得·圣吉. 第五项修炼1:学习型组织的艺术与实践[M]. 张成林,译. 北京:中信出版社,2018,1-30.

5. 培训与开发有助于增强内创业企业对优秀人才的吸引力

知识经济时代，内创业企业对优秀人才的竞争日趋激烈，而知识员工作为一个特殊的群体具有特殊的地方，如他们看重发展的机会和自身的进步，因此他们对于内创业企业能否提供培训机会就特别关注。内创业企业如果能够给他们提供相应的培训与开发，就能满足他们的需求，留住这部分员工，并对外部人员产生较强的吸引力。

6. 培养与开发有助于提高内部创业者的素质和能力

对内创业者实施心理、管理、经营素质的培训，可以帮助其转变创业观念，树立创业的自信心。除此之外，对他们实施市场分析能力、市场竞争意识、组织管理能力的培训，提高他们驾驭市场的应变能力。

4.2 内创业企业培训与开发流程①

培训与开发是一项较为复杂的活动，为了使活动顺利的实施，在实施中需要遵循一定的步骤。一般来说，在内创业企业中，培训与开发应当按照以下流程来实施：首先要进行培训需求分析；其次就是培训规划制定；再次是培训的具体实施；最后是培训的效果评估。

4.2.1 内创业企业培训需求分析

培训需求分析是指在规划与设计每项培训活动之前，由培训部门、主管人员、工作人员等采取各种方法和技术，对各种组织及其成员的目标、知识、技能等方面进行系统的鉴别与分析，以确定是否需要培训及培训内容的一种活动或过程。本书将主要介绍三种培训需求方式。首先介绍两种传统的培训需求分析方法："组织-任务-人员"培训需求分析以及基于绩效的培训需求分析，然后介绍培训需求分析方法的理论新进展——基于胜任力的培训需求分析。

1. "组织-任务-人员"培训需求分析

Goldstein 模型提出培训需求分析评价应该从三个方面着手，即组织分析、任务分析和人员分析（如图 4.1）。

（1）组织分析。组织分析的是系统描述组织中可影响培训项目的因素，例如，公司经营的内、外部环境，战略目标以及组织提供的可利用的资源，组织对培训效果转化

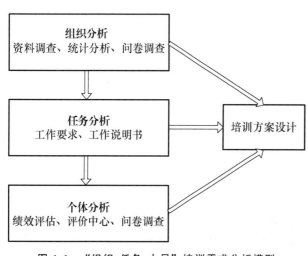

图 4.1 "组织-任务-人员"培训需求分析模型

---

① 董克用．人力资源管理概论［M］．2 版．北京：中国人民大学出版社，2007：298-312．

的限制与支持。事实也证明，许多培训项目没能达到预计的目标是因为组织因素的制约，或与组织因素形成冲突，而这些组织因素本应该在培训项目实施之前被识别并予以改善。组织分析的主要手段是资料调查、统计分析、问卷调查等。

（2）任务分析。任务分析的目的是用来识别必需的信息，从而创建学习目标的过程。其主要工作是建立执行标准，说明任务需要怎样执行，以及所需要的知识、技能、个人特质等，来进一步确定培训的内容。在进行任务分析的时候，应该掌握以下三方面的信息：任务描述具体化之后的信息，完成这些任务所需要的知识、技能、经验、个人特质等（来自工作说明书、工作资格表、技能规范、标准等），衡量该任务的绩效标准。接着对该任务岗位上的员工的工作现状进行评价，评价可以通过以下方式获得：资料调查、行为观察、表现记录分析、访谈、关键事件分析、技能考核等。

（3）人员分析。人员分析的目的是确定参加培训的人员。其主要考量三个方面的内容：一是员工知识掌握程度，比如产品知识，专业知识；二是员工心态方面，比如工作状态是否良好，团队氛围是否融洽等；三是综合素养方面，比如学历是不是需要整体提升，穿着打扮是否需要整体提升等。

2. 基于绩效的培训需求分析

基于绩效的培训需求分析模型（如图4.2）聚焦于识别造成期望绩效与实际绩效之间差别，并识别其原因，或者聚焦于模范执行者与一般执行者的差别。应用这种模型的一个基本原则就是造成绩效差别的原因是缺少完成此项任务的知识或者技能，而非其他与工作行为相关的原因，例如奖惩、不充分反馈、不清楚的任务目标等。基于绩效进行员工培训需求分析的最大的优势是，通过实现任务目标与理想岗位绩效行为的因果联系，员工培训需求被严格地置于"组织整体战略-部门业务目标-员工个人绩效"的架构中，并得到系统的评估。

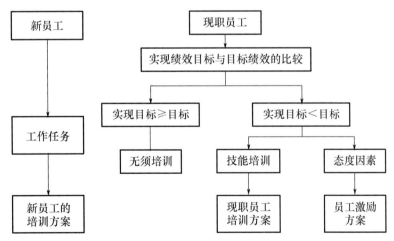

图 4.2 基于绩效的培训需求分析模型

3. 基于胜任力的培训需求分析

基于胜任力的培训需求分析是以胜任力为基本框架，通过对组织环境、组织变量与表现优异者的关键特征来确定岗位的培训需求，是一种战略导向的分析方法。与传统的培训需求分析相比，基于胜任力的培训需求分析具有以下几个特点：①与组织的经营目标和战略紧密相连，不仅仅关注当今的任务需求，更具有未来导向，将对人员培训放到了"人员-职位-组织"匹配的框架中进行，并且是一种长期的匹配；②基于胜任力的培训需求分析更具有积极的导向，传统的需求分析方法多关注"绩效差距"，属于缺口分析的方式，比较消极，而具有未来导向的胜任力则是一种积极的分析方式；③从表现优异者的关键特征出发，而非任务理论的要求出发，具有更高的表面效度，更易于被培训者接受；④注重培训方法的分析，因为管理胜任力更注重的是内隐知识的学习，是一种经验学习，应该区别于传统的教育模式。

在培训需求分析中，胜任力模型的导入是十分必要的，胜任特征的可测量性可以使分析过程更加标准化，而且使培训需求更加具体化。基于胜任力的培训需求分析模型，主要通过组织环境变化的判断，识别企业的核心胜任力，并在这个基础上确定企业关键岗位的胜任素质模型，同时对比员工的能力水平现状，找出培训需求所在。基于胜任力的培训需求分析模型如图4.3所示。

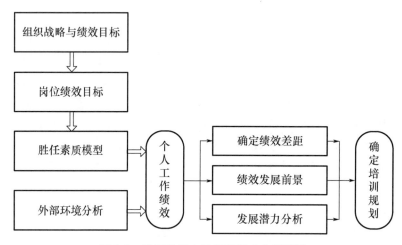

图4.3 基于胜任力的培训需求分析模型

4.2.2 培训规划制定

培训需求确定后，第二步工作就是做好培训规划。规划制定的好坏，很大程度上决定了未来工作的成功与否。缺乏培训规划不仅会影响培训效果，也容易造成资源浪费、低效等不良后果。为了保证培训活动的顺利实施，需要制定出一个培训规划，以此来指导培训的具体实施。

1. 确定培训的目标

培训目标是指培训活动所要达到的目的，从受训者角度理解就是培训活动结束后应该掌握什么样的内容。培训目标的制定不仅对培训活动具有指导意义，而且也是培训评估的一个重要依据。设置具体的培训目标应包括以下三个构成要素。

（1）内容要素：即内创业企业期望员工做什么事情。内容要素主要可以分为三大类：一是知识的传授，通过培训使员工具备完成职位工作所必需的基本业务知识，了解内创业企业的基本情况，例如，公司的发展战略、经营方针、规章制度等；二是技能的培养，通过培训使员工掌握完成职位工作所必备的技术和能力，例如，谈判技术、操作技术、应变能力、沟通能力、分析能力等；三是态度的转变，通过培训要使员工具备完成职位工作所要求的工作态度，例如，合作性、积极性、自律性、服务意识等。

（2）标准要素：即内创业企业期望员工以什么样的标准来做这件事情。对于标准要素，一定要界定的具体、清楚，这样员工在接受培训时才会明确努力的方向，在培训结束后也才能准确地对培训效果做出评估。

（3）条件要素：即在什么样的条件下达到什么样的标准。对于培训目标的三个要素可以举个例子来更好地理解，在对某平台客服所进行的服务培训中，培训目标就应当这样设置：培训结束后，客服应当能够在不求助他们和不借助资料的情况下（条件要素），在一分钟到两分钟之内（标准要素），回答客户所咨询的问题（内容要素）。

2. 确定培训的内容和培训对象

培训的内容是指应当进行什么样的培训。培训的对象是指哪些员工需要接受培训。实际上，这两个项目都是培训需求分析的结果。

3. 确定培训者

培训者的选择是培训实施中的一项重要内容，培训者选择的恰当与否，对于整个培训活动的效果和质量有直接的影响，优秀的培训者往往能够使培训工作更加富有成效。

（1）培训者的来源。培训者的来源一般有两个渠道。一是外部渠道。外部渠道的优点是培训者比较专业，具有丰富的培训经验；并且没什么束缚，可以带来新的观点和理念；与内创业企业没有直接联系，员工比较容易接受。其缺点是需要花费的费用比较高；对内创业企业不了解，培训的内容可能不实用，针对性不强；培训者的责任心可能不强。二是内部渠道。内部渠道的优点是培训者对内创业企业情况比较了解，培训更有针对性；责任心比较强；花费的费用比较低；可以与受训人员进行更好的交流。其缺点是培训者可能缺乏培训经验；受内创业企业现有状况的影响比较大，思路可能没有创新；员工对培训者的接受程度可能比较低。

这两个渠道的培训者各有优缺点，内创业企业应当根据培训的内容、培训的对象等具体情况，来选择恰当的培训者。通用性的培训可以从外部选择培训者，专业性的培训可以从内部选择培训者，也可以将两种方法结合起来使用。

（2）对培训者的基本要求。内创业企业在选择培训者时，应该从以下几个方面来对培训者进行考察：①良好的品质。一个优秀的培训者，应该具备三个优秀的品质，即关心、创造、勇气。关心是指培训者要善于从受训人员的角度思考问题，关心受训人员的感受。创造是指培训者具有创造性，要善于尝试新的事物，要能够给受训人员以启发。勇气是指培训者要具有激情，要能够感染受训人员，使他们保持高昂的学习热情。②完备的知识。这是对合格的培训者的最基本要求。③丰富的经验。一个合格的培训者应当具备丰富的培训经验，这也是影响培训效果的一个重要因素。④有效的沟通。培训的过程就是一个信息的传递过程，因此具备良好的沟通能力也是对合格培训者的基本要求。

4. 确定培训时间

培训的时间是指培训在什么时候进行。培训时间的确定需要考虑两个因素：一是培训需求；二是培训人员。培训的时间确定要科学合理，一方面可以保证培训及时的满足培训需求；另一方面也有助于受训人员安心地接受培训，从而保证培训效果。

5. 确定培训地点和设施

培训的地点就是指培训要在什么地方进行。培训地点的选择也会影响培训效果，合适的地点有助于创造有利的培训条件，建立良好的培训环境，从而增进培训效果。培训地点应当根据培训的方式进行选择，例如，采取授课法，应当在教室进行；采取讨论法，应当在会议室进行；采取游戏法，应当选择有活动空间的地方。此外，培训地点的选择，还应当考虑培训人数、培训成本等因素。在培训规划中，还应当清楚地列出培训所需要的设备，例如，座椅、音响、投影仪、白板、文具等。

6. 确定培训的方法和费用

培训的方法有很多种，不同的培训方法具有不同的特点，内创业企业应当根据不同的培训内容选择不同的培训方法。由于培训都是需要费用的，因此，在培训规划中还需要编制出培训的预算，例如，培训地点的场租、教材费、授课费、设备费等。

4.2.3 培训具体实施

在确定了培训项目、培训时间、培训地点以及参与者以后，便进入培训实施阶段。针对不同的培训项目，会有不同的具体实施的工作。一般而言，授课类的都包括如下几个方面的工作：①接待培训师，不管是企业内部的培训师还是外部的培训师，在授课的当日最好都能够提前做好准备，这样可以使授课过程更加从容；②由工作人员做好签到表，请参加培训的员工签字，一方面更好地管理培训，另一方面为以后的培训效果评估收集信息；③由工作人员向学员简要介绍培训师和培训项目，帮助大家从整体上把握培训，有助于增强培训效果；④发放相关材料，也可以提前让员工自行准备培训材料；⑤培训师开始授课；⑥在培训课程快要结束的时候，向学员发放并回收问卷，用作培训效果评估的依据；⑦一系列的收尾工作，主要包括向培训师支付培训费用、教室打扫、设备整理、培训资料归类整理等。培训工作人员在培训过程中要随时准备处理各种应急突发状况，并且要做好课间的服务工作等，耐心解答学员的各种疑问。

对于室外类培训项目，如户外拓展之类，具体的实施步骤与室内培训项目有一定的差别。如首先要统一安排员工抵达拓展目的地，然后详细介绍拓展项目和活动的地区范围，更重要的是要详细告知员工安全注意事项，以防出现意外事故；在开始实施户外活动或比赛时，确保参与者按要求进行活动；在学员活动过程中，要有工作人员随时对学员的行为进行监控和保护；活动结束后，由参与者进行感受描述，总结启发和感悟，并与所有学员进行沟通和交流；最后，护送学员安全返回。

总之，培训过程的实施是针对不同的培训项目而言的，不同的项目需要工作人员从事不同的工作内容和工作流程。培训可以采用的方法在下一节会有详细的介绍。

4.2.4 培训效果评估

柯氏培训评估模型主要内容：反应（Reaction）评估，评估被培训者的满意程度；学习（Learning）评估，测定被培训者的学习获得程度；行为（Behavior）评估，考察被培训者的知识运用程度；效果（Result）评估，计算培训创出的经济效益。

1. 反应评估

在培训结束时，内创业企业向学员发放满意度调查表，征求学员对培训的反应和感受。调查表问题主要包括：对讲师培训技巧的反应、对课程内容设计的反应、对教材挑选及内容、质量的反应、对课程组织的反应、是否在将来的工作中能够用到所培训的知识和技能。学员最明了他们完成工作所需要的是什么，如果学员对课程的反应是消极的，就应该分析是课程开发设计的问题还是实施带来的问题。这一阶段的评估还未涉及培训的效果，学员是否能将学到的知识技能应用到工作中还不确定，但这一阶段的评估是必要的。培训参加者的兴趣，受到的激励，对培训的关注对任何培训项目都是重要的。同时，在对培训进行积极的回顾与评价时，学员能够更好地总结所学习的内容。

2. 学习评估

确定学员在培训结束时，是否在知识、技能、态度等方面得到了提高。实际上要回答一个问题："参加者学到东西了吗？"这一阶段的评估要求通过对学员参加培训前和培训结束后的知识技能测试结果进行比较，以了解他们是否学习到新的东西，同时也是对培训设计中设定的培训目标进行核对。这一评估的结果也可体现出培训师的工作是否是有效的。但此时，我们仍无法确定参加培训的人员是否能将他们学到的知识与技能应用到工作中去。

3. 行为评估

这一阶段的评估要确定培训参加者在多大程度上通过培训而发生的行为上的改进。可以通过对参加者进行正式的测评或非正式的方式（如观察等行为）来进行。总之，要回答一个问题："人们在工作中使用了他们所学到的知识、技能和态度了吗？"尽管这一阶段的评估数据较难获得，但意义重大。只有培训参与者真正将所学的东西应用到工作中，才达到培训的目的，才能为开展新的培训打下基础。需要注意的是，因为这一阶段的评估只有在学员回到工作中才能实施，所以这一评估一般要求与参与者一同工作的人员（如督导人员等）参加。

4. 效果评估

这一阶段的评估要考察的不再是受训者的情况，而是从部门和组织的大范围内，了解因为培训而带来的组织上的改变效果。即要回答："培训为企业带来了什么影响？"答案可能是经济上的，也可能是精神上的，如产品质量得到了改变，生产效率得到了提高，客户的投诉减少了等。这一阶段评估的费用和时间，难度都是最大的，但对内创业企业的意义也是最重要的。

【柯式评估模型】

4.3 内创业企业培训与开发的方法

4.3.1 培训方法介绍

内创业企业在进行培训与开发时，应当根据培训的内容、培训的对象、培训的目的以及培训的费用等各种因素来选择合适的方法。培训的方法，按照不同的标准可以划分为不同的类别。按照培训的实施方式将培训的方法划分为三大类：一是在岗培训；二是脱岗培训；三是新兴培训。

1. 在岗培训

在岗培训就是指员工不离开自己的职位，在实际工作岗位和工作场地进行的培训。这种方法优点在于：员工工作不会受到影响，可以一边接受培训一边工作；培训的实用性比较强，培训时的环境就是实际工作时的环境；员工可以立即将培训的内容运用到实际工作中去，可以及时得到反馈；培训的费用比较低，不用专门购买设备。其缺点是员工的培训过程容易受到外界因素的干扰，造成培训的间断，从而影响培训的效果；会影响正常的工作，可能导致工作效率降低；有些工作本身的特点决定了不能使用这种方法，例如，司机、飞行员的培训。在岗培训的方法主要有以下几种。

（1）学徒培训。简单地说，学徒培训是一种"师傅带徒弟"的培训方法，由经验丰富的老员工和新员工结成比较固定的"师徒关系"，由师傅对徒弟的工作进行指导和帮助，这种培训方法大多用于那些需要一定技能的行业，例如，电工、美发师、木匠等。这种方法比较节约成本，而且有利于工作技能的迅速掌握。问题是培训的效果受师傅因素的影响比较大；会影响师傅的正常工作，降低工作效率；还容易形成固定的工作思路，不利于创新。在高新科技企业，这种形式又称"导师制"，例如，华为公司就采用了这种培训方法。

（2）辅导培训。辅导培训也叫导师指导，这是受训者以一对一的方式向经验丰富的组织成员进行学习的方法，辅导者通常是年长或有经验的员工，可以是内创业企业中任何职位的人。这种方法类似于学徒培训，不同的是辅导者的身份不一定就是师傅，可以以朋友、知己或者顾问的身份来对受训者进行辅导，两者的关系也不像学徒培训中师傅与徒弟的关系那样紧密。通常来说，指导关系是以非正式的形式形成的，为了保证辅导的效果，辅导者与受训者的兴趣最好一致，必须相互理解对方的心理。导师的挑选以人际关系技能和技术能力作为依据，为了帮助导师更好地指导被指导者，内创业企业应该对导师进行培训。大学毕业生的在职业务培训就是一种辅导培训。

（3）工作轮换。工作轮换是指让员工在特定时期内变换职位，以获得不同职位工作经验的培训方法。通过工作轮换可以丰富员工的工作经验，扩展他们的知识和技能，使他们了解其他职位的工作内容，从而能够胜任多方面的工作。工作轮换虽然有利于员工熟悉不同职位的工作情况，掌握不同职位所要求具备的知识、技能与能力，但是并不利于员工在某一专业领域的提升。因此工作轮换常用于培训管理人员，而较少用于培训职能专家。

此外，在岗培训还有教练培训、实习培训等其他的方法。一般来说，正式的培训采用在岗培训的比较少，大多采用脱岗培训。

2. 脱岗培训

脱岗培训就是指员工离开自己的工作岗位，专门参加的培训。这种培训方法的优缺点与在岗培训恰恰相反。脱岗培训的方法主要有以下几种。

（1）授课法。这是最为普遍也是最为基本的一种培训方法，就是通过培训者讲授或演讲的方式来对受训人员进行培训。这种方法的优点在于：可以同时对一大批受训人员进行培训，成本比较低；培训者能够对培训过程进行有效的控制。同时，它的缺点也非常明显：由于讲课的内容往往比较概括和一般，因此要求受训人员同质程度比较高，例如，文化程度和工作要求要比较相似，以便使培训者有可能讲得更为具体和实用；这种方法主要是一种单向沟通的方式，很少有对话、提问和讨论的机会，缺乏反馈、练习，受训人员比较被动；没有练习的机会，不适用于技能的培训。这种方法大多用于一般性的知识培训。

（2）讨论法。这种方法就是指由培训者和受训者共同讨论并解决问题的一种培训方法。实践中，首先由培训者综合介绍一些基本的概念和原理，然后围绕某一主题进行讨论，这也是应用比较广泛的一种方法。讨论法的优点在于：受训者能够参与到培训活动中，可以提高学习兴趣；有利于受训者积极思考，加深对学习内容的理解；在讨论中可以相互学习，有利于知识和经验的共享。此外，还可以培养受训者的口头表达能力。这种方法的缺点是：为了保证讨论的效果，参与人数不能太多；不利于对基本知识和技能的系统掌握；讨论过程中容易偏离主题，因此对主持人的要求比较高。

（3）案例分析法。案例分析法是指给受训者提供一个现实的案例，首先让他们自己独立地去分析这个案例，然后和其他受训者一起讨论，从而提出自己对问题的解决办法。案例分析法的好处是：案例大多来自现实，通过对案例的分析，有助于解决类似的实际问题；案例分析强调个人的独立思考，对培训者的依赖程度比较低，因此有助于培养受训者独立分析问题、解决问题的能力；它的最终目的不是给出一个确定性的答案，而是要借助这种方式，教会受训人员如何分析问题和解决问题。这种方法的缺点是：案例的收集和提炼往往比较困难，案例虽然要来自现实但又不是现实的直接反映，而要经过一定的加工，这种方法对培训者的要求比较高，要求能够给受训者以启发。

（4）角色扮演法。角色扮演法就是指给受训人员提供一个真实的情景，让他们在其中分别扮演不同的角色，做出他们认为适合于每一种角色的行为和情感。在扮演过程中培训者随时加以指导，在结束后组织大家讨论，各自对扮演角色的看法发表意见，这其实就是通常所说的"换位思考"。角色扮演法的优点在于受训人员可以体会到与自己工作有关的其他角色的心理活动，从而有助于改正过去工作中的不良行为，以利于建立良好的人际关系。例如，让一个售货员扮演顾客角色，让其体会顾客受到冷落时的心理感受，从而改善自己的服务态度。这种方法的缺点在于操作起来比较麻烦，更多地用于态度改变的培训，对知识和技能的培训往往不太适用。

（5）工作模拟法。工作模拟法就是指利用受训者在工作过程实际使用的设备或者模拟设备，根据实际要面临的环境来对他们进行培训的一种方法。这种方法的优点在于：由于和实际的工作比较接近，因此培训效果比较好；能够对培训的过程加以有效的控制；可以避免因在实际工作中进行培训而造成的损失。这种方法的缺点在于：培训的费用比较高；不可能做到与真实的工作完全一样；也存在培训的转化问题。这种培训特别适用于那些出现错误的代价和风险比较高的工作，例如，飞行员的培训、管理决策的培训等。

（6）拓展训练。拓展训练也叫冒险性学习法，是利用户外活动来开发团队协作和领导技能的一种培训方法。拓展训练最适合开发与团队有效性相关的一些技能，例如，加强团队成员的自我意识、提高解决问题的能力、冲突管理能力和风险承担能力等。拓展训练一般通过一些户外的、耗费大量体力的、高难度的、具有挑战性的体育活动来实现，通常还会把参与者分为不同的小组，让他们进行比赛，例如，攀岩比赛、徒步负重跑、信任跳、沙盘演练等形式，主要是让参与者在这种高难度的活动中，学会相互合作、相互信任，同时也更加了解彼此，从而有助于未来团队工作顺利、有效地开展。需要注意的是，拓展训练由于从事的大都是一些具有挑战性的体育活动，而且在室外举行，存在很多危险因素，因此进行户外拓展时定要注意安全因素，最好由专业的户外拓展机构或工作人员全程给予保护，同时也能够使拓展训练的效果最大化。

（7）行动学习法。行动学习法是指给团队或工作小组一项在实际工作中会真实遇到的难题，让他们想办法解决这一难题，团队成员需要制订行动计划并实施。一般而言，团队包括 6~30 人，成员的构成可以不断变化，并且最好多元化，来自不同的领域。成员可以从自己所从事的工作领域角度贡献自己的意见和想法，以帮助团队达成最终的解决方案。有时候，该小组成员还包括客户和经销商。行动学习法最早起源于英国，后来在欧洲得到了普遍的使用。行动学习法更多是为各级管理人员提供培训，实际解决的问题也都是公司内部会实际遇到的困难。如果大规模复制，行动学习法还有助于公司变革得以实现。尽管对行动学习法这种方法尚未进行正式的评估，但它将学习和培训成果转化为现实的能力确实是最大的，因为它解决的问题本来就是组织或员工实际面临的问题，可以实现"学"和"用"的紧密结合。

此外，脱岗培训还有公文处理训练、行为模拟法、敏感性训练等方法。

3. 新兴培训

新兴培训也称网络教学法，是新时代互联网发展的一种新型的在线培训方法。新兴培训的方法主要有以下几种。

（1）在线学习。通过应用信息科技和互联网技术进行内容传播和快速学习的方法。在线学习有电子化的学习、有效率的学习、探索的学习、经验的学习、拓展的学习、延伸的学习、易使用的学习、增强的学习等。这种方式依托多媒体网络学习资源、网上学习社区及网络技术平台构成的全新的网络学习环境。在网络学习环境中，汇集了大量数据、档案资料、程序、教学软件、兴趣讨论组、新闻组等学习资源，形成了一个高度综合集成的资源库。在线学习有以下特点。

① 知识的网络化。学习的知识不再是一本书，也不再是几本参考书，而是有关的专业知识和数据库。在数据库的支持下，知识体系将被重新划分，学习内容将重新组合，学习与研究方法也将发生新的变化。

② 学习的随意性。分散在各地的员工比以往更为忙碌，他们企盼适合于他们需要的学习时间表和解决方案。学习必须能全年全体地进行，时间逐渐成为学习的关键因素。员工也需要依据他们的行程表学习，而不是培训机构的日程。

③ 学习内容保持及时、持续地更新。短期来说，内创业企业不必再担心员工可能会按照上周或上个月的资讯行动，还以为它们是正确可用的。长期来说，包括学习教材在内的各种学习资源能保持在更新、与业务相关技术的状态，会让资源对员工更具价值。

④ 培训的即时性。传统的培训人员要制订培训教材，安排培训场地，并组织考试、后勤，宣布培训结束之后又投入下一个培训的准备工作。采用在线学习解决方案可以将周期缩短到几乎让员工在即时模式中工作，这并不表示严谨的现场培训方案不再适用——它可能还是

【培训破冰小游戏】

最佳的解决方案,只是在工作节奏越来越快的今天,学习本身所需的时间已经超过个人和企业所能支出的时间。如果内创业企业想要跟上环境的变化,就必须使用更先进的教学和信息设计技术。

(2) 移动学习。移动学习是指在终身学习的思想指导下,利用现代通讯终端,如手机等设备进行远程学习。移动学习的优势表现在以下几个方面。

① 移动化。无论是在出差路上,还是在机场车站;无论是等候间歇,还是片段时间,随时随地,打开智能手机和平板电脑登录企业移动学习平台,都可以方便地浏览最新资讯、阅读新书、学习课程。

② 碎片化。通过对学习内容或者学习时间进行分割,使学员对学习内容进行碎片化的学习,在分割学习内容后,每个碎片的学习时间变得更可控,提高了学员掌握学习时间的灵活度;在分割学习内容后,学员可重点学习对自己更有帮助或启发的那部分内容;在分割学习内容后,由于单个碎片内容的学习时间较短,保障了学习兴趣,对于知识的吸收率会有所提升。

③ 学习资源免费。依靠互联网强大的技术支持,实现在线资源的同步共享,如MOOC学习、云课堂等,这些形式都实现了学习资源的免费共享。

④ 学习方式灵活。学习方式不再局限于固定的时间、地点、场合,而是以便捷的移动电子设备为依托,可以随时随地采用学习者偏爱的方式进行。

⑤ 学习内容定制化。根据实际需要,移动学习开发商可以为内创业企业提供定制终端方案,在基础平台大模块的前提下,为内创业企业专门制作整体UI设计、上传内创业企业资讯、内创业企业定制课程等,满足内创业企业推广品牌、传播内创业企业文化、专业化员工培训的需要。

移动学习依赖于App等工具与技术,提高了学习的即时性和便捷性,充分满足了学习者的个性化需求,但在学习过程中也需充分把握以下要点。第一,"长与短"——周期增长,课时缩短。移动学习借助移动平台和微信平台等功能,可以增加学员的学习周期与时长,缩短单次学习时间,内容"微"化,充分体现出碎片化学习在时间上的便捷性与即时性。第二,"高与低"——提高效率,降低成本。由于App学习所提供的学习内容和采用的学习手段,满足了个性化需求,因此大大提高了学习的效率,而移动平台对授课讲师、培训项目等及时评估,降低了培训成本。第三,"大与小"——数据大增,工具变小。依托于互联网时代丰富的信息资源,各行各业的数据在一夜间飞速增长,逐渐占领了大大小小的移动设备,而如此浩瀚的数据海洋,全凭手掌大小的手机或电子设备实现随时随地学习的可能。第四,"快与慢"——快速迭代,缓慢遗忘。移动互联网的出现,加快了人们接受知识的速度和进度,而移动互联网平台实现了知识的储存和重复学习,又使学习的遗忘曲线减缓。[①]

4.3.2 培训方法的选择与应用

针对不同的培训课程和培训对象,内创业企业应该采用不同的培训方法。为了达到培训的效果,可以多个培训方法综合使用。培训方法主要根据培训内容、组织形式、培训对

---

① 潘平. 老HRD手把手教你做培训[M]. 北京:中国法制出版社,2015:214-234.

象来选择。

1. 根据培训内容进行选择

（1）知识培训。涉及理论和原理、概念和术语、产品和服务、规章制度等的介绍。知识培训可以促进员工对实际学习理论的掌握并扩大其知识面，是员工获取持续提高和发展的基础。员工只有具备一定的基础及专业知识，才能为其在各个领域的进一步发展提供坚实的支撑。

（2）技能培训。涉及生产、销售的实际工作和操作能力。这类培训要求内创业企业员工自己动手实践并能够及时发现不正确或者不规范的做法，以便及时更正。知识只有转化成技能，才能真正产生价值，我们常说的"知识就是力量"，应该在这里得到充分体现；"科技是第一生产力"，只有当科技转化成为生产力的时候，它才能成为第一生产力；员工的工作技能，是企业产生效益、获得发展的根本源泉。因而，技能培训也是企业培训中的重点环节。

（3）态度培训。涉及观念和意识的改变，以及言行和心态的改变。员工具备了扎实的理论和过硬的技能，但如果没有正确的价值观、积极的工作态度和良好的思维习惯，那么，他们给企业带来的很可能不是财富，而是损失。而态度较好的员工，即使暂时在知识和技能存在不足，但他们会为实现目标而主动、有效地去学习和提升自我，从而最终成为企业所需的人才。因此，此类培训是企业必须持之以恒进行的核心重点。

培训内容与之对应的培训方法见表4-1。

表4-1 培训内容与培训方法表

培训内容	培训方法
知识	课堂讲授、演示法、视听法、多媒体教学、参观法、小组讨论
技能	角色扮演、操作演示、模拟演练、一对一指导、学徒培训
态度	游戏互动、拓展训练、角色扮演、教练技术

实际上，知识培训使员工基本具备完成本职工作所必须具备的知识；技能培训使员工掌握完成本职工作所必需的技能；态度培训的作用是建立起企业与员工之间相互信任，培养员工对企业的忠诚度，培养员工应具备的精神准备和心态。通过这三方面的培训来激发员工的潜能。

2. 根据培训对象进行选择

选择培训方法除了要考虑培训对象的成熟度以外，还应考虑他们的职位要求和所承担的职责。培训实质上是一种系统化的智力投资，企业投入人力、物力对员工进行培训，员工素质提高，人力资本升值，公司业绩改善，获得投资收益。它区别于其他投资活动的特点在于它的系统性。基层人员主要负责一线的具体操作，其工作性质要求其接受的培训内容具体且实操性强，因此可采用课堂讲授、模拟演练、操作示范、一对一辅导、师带徒等方法对基层人员进行培训。对中基层管理者进行培训在提高劳动生产率、增强企业竞争能力、规划员工职业生涯、储蓄后备人才等方面起着重要作用。中基层管理者在一线负责管理工作，其工作性质要求其接受如何与一线工作人员和上层管理者进行有效沟通的培训，因此可通过课堂讲授、案例分析、角色扮演等方法对其进行培训。实际上，管理者不仅仅需要有良好的情商以及良好的社交能力,更重要的是良好概念技能。对于中高层管理者来说,其培训主要包含组织的计划、控制、决策和领导工作,其工作性质要求其接受新观念和新理念,制定战略和应对环境变化,因此,中高层管理者可以通过了解行业最新动态的讲授法和激发新思想的研讨法,以及激发创新思维的拓展培训法进行培训。

【培训对象与培训方法列表】

本 章 小 结

本章首先界定了内创业企业培训与开发的含义、原则、关键点及价值。培训与开发的原则为服务内创业企业战略和规划原则、目标原则、差异化原则、激励原则、讲求实效原则、效益原则;培训与开发的关键点在于"以人为本",不仅要建立科学有效的转岗机制,培养全面的思维能力,还要提供必要的辅导培训,培养员工的创业精神和企业家精神;培训与开发的价值体现在不仅有利于培育内创业企业文化、改善内创业企业绩效、增进内创业企业竞争优势,而且还有利于提高员工满意度、提升内部创业者的素质和能力以及增强内创业企业对优秀人才的吸引力。其次,描述了内创业企业培训与开发流程。内创业企业培训与开发流程包括四个步骤,分别为培训需求分析、培训规划制定、培训具体实施和培训效果评估。最后,列举了内创业企业培训与开发的三类方法,分别为在岗培训、脱岗培训和新兴培训,其中新兴培训主要包括在线学习和移动学习两种方式,而且还在随着科技的进步而不断发展。深入剖析了培训方法的选择和应用过程,可以根据培训内容、组织形式和培训对象的不同来选择不同的培训方法。

思 考 题

1. 内创业企业如何进行培训与开发?
2. 内创业企业培训与开发有何独特性?
3. 内创业企业以怎样的方法开展培训与开发?

【拓展资料】

富士通:一箭双雕的安排①

富士通株式会社(以下简称富士通)成立于1935年,是世界排名第五的ICT(信息、通信和技术)供应商,产品从基础设备到最终使用者,包括电子器件解决方案、泛在解决方案及相关技术解决方案,

---

① 资料来源:基于"富士通给员工当老板的机会——新浪财经,https://finanle.sina.com/leadership/case/20060108/18332257671.shtml. 2020 - 11 - 3","贾德臣. 富士通人事管理的特色[J]. 中国行政管理,2004(6):57 - 59." 等网络公开资料整理。

产品涵盖计算机、半导体、中间件，提供大数据、智能制造和众多行业解决方案。富士通发展至今得益于其不断进行创新，支持员工进行内部创业。1995年9月，经过重重审查和验定，身为富士通通讯营销部门的核心骨干员工梁钢最终得到了公司100万美金的创业基金，创立了通力（日本）公司，致力于研制数码相机软件产品。根据双方签订的协约，作为出资方，富士通占有通力（日本）公司35%的股份，并为后者提供创业过程中的咨询帮助；作为受资方，梁钢必须保证，自己所从事的创业项目不会对富士通构成直接竞争。

1. 夹缝中的火花

"富士通设立员工内部创业基金，最开始是从西方引进来的观念。"梁钢回忆道。1994年，富士通的业务早已渗透到了欧美国家，当时风险投资在欧美发达国家已非常流行。而在日本，这种收益颇高的投资方式还没有一家企业在做。在欧美工作过或接触过风险投资的富士通高层领导，对风险投资的理念颇为赞同。风险投资的重要功能，就是帮助一部分优秀的小企业迅速成长，从中获得高额的投资收益。当时，富士通决定引进风险投资方式，面临的第一个问题就是：把钱投给谁。

当时，富士通在全球已经拥有15万员工，"大企业病"的各种症状正在逐渐显现：员工不愠不火，对待工作没有危机感和激情。而且，随着公司组织架构的逐步完善，一大批骨干员工的职业发展失去了进一步上升的空间。一方面公司的投资基金找不到出路，另一方面内部的员工突破不了职业天花板。富士通在夹缝中撞出了火花：何不出资让优秀员工自己创业？整个企业进入一个全新领域的风险太大了，而让有创业理念的员工领取这部分创业基金，按资入股，岂不是一举两得？富士通随即成立了一个风险投资基金小组，号召各领域内在富士通工作三年以上的优秀员工（不限国籍）提交创业计划。富士通还规定，这种征集活动每半年进行一次。

2. 严格审查

既然意在风险投资，富士通就严格地按照风险投资的运作模式进行内部创业的实践。刚开始，所有想要申请创业基金的员工必须要先向自己所在部门的直接领导提出申请，然后在公司内部的网站上下载一张报名表，按照规定提交给员工内部创业评定机构。富士通的员工内部创业管理机构大概有40多人，统管所有员工内部创业的工作。

基本上，创业计划的评定指标是按照项目评估的程序走的：该创业项目想要进入的领域是不是最新、该计划的可行性分析怎样、投入产出分析如何等。在项目评定小组评定合格后，该小组会形成一套分析报告，递交创业基金管理机构的负责人。紧接着，创业管理机构就会通知该计划的发起人，也就是内部创业者员工，要求该员工在申请大会上做陈述，考查该创业员工的思想和心理素质。只有具备敏锐的市场嗅觉、有创业激情和较强的抗风险的心理素质的员工才会得到创业管理机构的进一步审核。这些纵向的审核评定都结束以后，创业管理机构还要对员工的创业计划进行横向的比较，优中选优，在许多可行的创业计划里面挑选3~5个风险相对较小，而收益相对稳定的方案。基本上被选中的投资方案就可以立即进入前期工作的准备阶段了。创业管理机构会和该内部创业员工签订一份协议。在这份协议里，该内部创业计划需要多少资金、该资金在新创立的公司中占有多少股份等相关问题都一一罗列清楚。

3. 母公司的帮助

富士通对员工的培训有一套自己在培训模式、培训设施、投入方式等方面的严格规范和长效机制。富士通实行教育培训与事业战略联动，为追求智能资本价值最大化，采取了超乎平常的举措。

一是升级必训。企业人员升级必须经过规制式的培训，这是富士通多年以来的强制性做法。升级的人被所在部门的上司选拔出来后，都要提前参加培训。结业时，主管领导要亲自测试。比如由8级升为9级的高级管理人员，社长要亲自询问，根据能力和过去成果，一并考虑，需要时从中选用。

二是组建大学。富士通的培训机构很多，各类研修中心很多，不少研究机构也开展培训教育工作，还有不少分散在富士通的海外机构如在英国、加拿大、印度、法国等。为了整合资源，统一管理，发挥教育培训的更大作用，2002年成立了富士通大学，统揽整个教育培训资源和教育培训的实施工作。

三是学研结合。学习知识和研究项目结合是富士通有效解决培训针对性、有效性的办法。培训中，以现场需要的知识为出发点,开展研究式的培训,也就是针对用户、服务对象的需求,先查找问题,然后共同研讨,提出解决办法。培训场所有先进的计算机设备系统,并有宽带网络系统输入,也有很好的资料,就像是研究开发场所。学习的方式,常常先是个人埋头搞方案,然后集中讨论;学习的过程,既是更新、提高的过程,往往也是解决问题、形成方案的过程,学习的内容和实践的需要结合得很紧。

四是舍得花钱。富士通教育培训的硬件都很到位,富士通大学一建立,就确立每年的费用保证在200亿日元。培养一名高级职员,时间一年,可以到富士通在世界各地的任一家分公司或子公司去调研或学习,一个人学下来,大约要花1000万日元,可见富士通在培养高层次人才上花钱是很慷慨的。正是由于富士通强化规制培训,使人才开发战略得到了具体实施;也正是通过自己的规制培训,使富士通拥有了一大批中坚人才,从而形成了令世人赞叹的"信誉高、善于创造"的富士通精神,并使富士通自己"梦想得以实现"。

4. 共享创业成果

富士通成立员工创业基金的出发点之一就是利润再分配的需要,当然就不是无偿赠予。梁钢介绍,富士通的创业小组会根据投入的创业基金、创业者的智力和技术等划分股份,作为合资方入股新创立的企业。当然,新创立的企业一旦赢利就必须按照比例与富士通分成。"富士通所占创业公司的股份比例不固定,根据出资的多少确定,但一般不会超过50%。"梁钢说,为了确保自己的收益,富士通每个财年都会派出相关的财务管理人员审查内部创业公司的赢利情况。由于创业员工已经和富士通脱离了劳工关系,而根据协议,富士通无权干涉新创立企业的任何管理。因此,富士通对内部创业员工的管理也仅限于每年一度的查账,赢利了共同分成,而亏损了则代表投资失败。

这种"有福同享、有难同当"的合作方式看起来很有安全感,但在实际操作中仍存在诸多问题。由于创业基金是一次性发放的,因此,不能很好地监督创业者资金的用途,不参与管理给予了内部创业者空间的同时也增大了投资的风险,最重要的是对创业失败的员工没有一定的职业规划,在一定程度上降低了内部创业者的热情。如何规范内部员工创业计划的远程跟踪和管理,也正是富士通的创业管理机构急需解决的问题。

案例思考题

1. 富士通在培训的过程中,采用了哪些方法?这些方法有什么优势?又有什么不足?
2. 富士通的培训有什么特色?对你有什么启示?
3. 富士通的培训体系对富士通的内创业具有什么作用?
4. 如果让你来优化富士通内部创业机制,你打算如何优化?

第 5 章

内创业企业绩效管理

思维导图

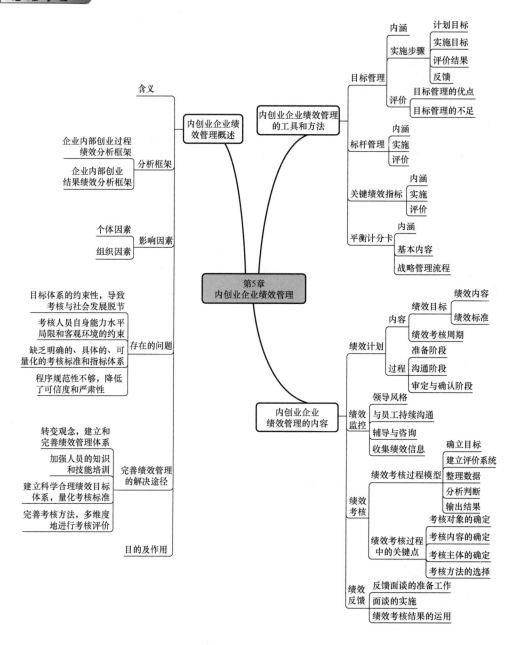

> **学习要点**
> - 内创业企业绩效管理的内涵
> - 内创业企业绩效管理的工具与方法
> - 内创业企业绩效管理的内容

 引例

思科：明天一定是比今天好[①]

作为美国最成功的公司之一，思科（Cisco）公司（以下简称思科）是 1984 年由斯坦福大学的一对教授夫妇创办的。在过去 20 多年中，思科几乎成为"互联网、网络应用、生产力"的同义词。思科在其进入的每一个领域都能够成为市场的领导者，实际上这主要得益于思科宽容的内部创业政策以及有效的绩效管理。

为了激励老员工的工作积极性，并使企业能够不断发展新业务，思科极力支持和鼓舞内部人员进行再次创业，甚至一旦他们开发新产品，思科就不再以管理者的身份干预，而是作为投资者降低他们的创业风险。一方面，如果这些与网络设备相关的内部创业公司成功了，思科具有优先购买权，也就是等同于买断了技术开发的主要来源，从而通过技术的绝对优势来获得市场上的绝对地位。另一方面，这些内部创业人员创建的公司能够并入思科，使其获得实质性利益，而且这种方式对保持思科本身的创造动力也极为有利。在思科成长的关键时期，无论是对公司本身还是内部创业者，这显然都是共赢的策略。

为促进企业的长远发展，思科将个人收入和业绩紧密挂钩，而且绩效评估不是一年一次，而是每周、每月、每季度都评，通过三个方面的评估，构成了员工个人业绩。思科每年的薪资调整计划根据年度薪资调整考核进行，整个公司的总体加薪比例是根据业绩和竞争性条件因素来制定的。销售人员除了业绩评估外，还要做目标管理，因为思科认为过程会导致最终的结果。思科中国公司 HR 总监关迟先生介绍说："思科对于绩效抓得很严，执行着严格的绩效管理制度，定期进行业绩评估。而且我们相信人是有潜力的，我们不断追求更好的业绩，明天一定是比今天好。"

5.1 内创业企业绩效管理概述

5.1.1 内创业企业绩效的含义

绩效源自管理，是绩与效的组合，其基本含义是"成绩"与"效果"。在内创业企业中，绩就是业绩，是一种结果，体现内创业的利润目标；效就是效果，是一种行为，体现内创业企业的管理成熟度。绩效就是结果，就是收获，是投入要素之后的产出，付出成本

---

① 资料来源：基于"追求工作与生活的有效性——访思科系统（中国）网络技术有限公司 HR 总监关迟，HRoot，https://www.hroot.com/contents/5/129574.html；2020-11-3"等网络公开资料整理。

之后的收益。实际上，所谓内创业绩效就是内创业企业中的员工在工作过程中所表现出来的与内创业企业目标相关的，并且能够被评价的工作业绩、工作能力和工作态度。其中工作业绩就是工作的结果，工作能力和工作态度是指工作中的行为。

理解内创业企业绩效需要把握以下几点。

一是绩效是基于工作产生的，与员工的工作过程直接联系在一起，工作之外的行为和结果不属于绩效的范围。

二是绩效与内创业企业的目标有关，对内创业企业的目标应当有直接的影响作用。例如，员工的心情就不属于绩效，因为它与内创业企业的目标没有直接的关系。由于内创业企业的目标最终都会体现在各个职位上，因此与内创业企业目标有关就直接表现为与职位的职责和目标有关。

三是绩效还应当是表现出来的工作行为和工作结果，没有表现出来的就不是绩效，这一点和招聘录用时的选拔评价是有区别的。选拔评价的重点是可能性，也就是说要评价员工是否能够做出绩效，而绩效考核的重点则是现实性，就是说要评价员工是否做出了绩效。

四是绩效既包括工作行为，也包括工作结果，是两者的综合体，不能偏废。将绩效看作过程和结果的综合体，既强调了内创业企业管理中的结果导向，同时也强调过程控制的重要性。

5.1.2　内创业企业绩效管理分析框架

内创业企业绩效管理就是指在内创业企业中，制定员工的绩效目标并收集与绩效有关的信息，定期对员工的绩效目标完成情况做出评价和反馈，以确保员工的工作活动和工作产出与组织保持一致，进而保证组织目标完成的管理手段与过程。

1. 企业内部创业过程绩效分析框架

内部创业绩效主要包括过程绩效和结果绩效两个方面的内容。过程绩效主要是在绩效评价的过程中强调创业的执行过程，重点对创业实施过程中的工作任务、工作流程、岗位职责进行考核。结果绩效主要在绩效评价过程中强调创业的执行结果，重点对创业结果，如经济效益、产品质量、客户满意度等进行考核。

企业内部创业过程绩效分析的指标主要包括：项目甄别与遴选、团队构建、风险控制、分配与激励。

(1) 项目甄别与遴选。一个企业用于内部创业资源是有限的，如何将有限的资源用于企业内部创业，企业内部创业项目的甄别与遴选就十分关键，也是企业内部创业过程的起点。项目甄别与遴选主要考核项目的遴选标准、遴选组织的中立性及遴选过程的合理性。

(2) 团队构建。团队构建是企业内部创业成败的关键，组建一支"人心齐，泰山移"的团队才能做到"万夫一力，天下无敌"的创业效果。对创业团队的绩效分析主要包括团队分工与协作、团队知识结构、团队集体活动等。

(3) 风险控制。创业具有不确定性，具有较大的风险。通过进行风险绩效管理将企业内部创业的风险控制到最小，资产权责控制、项目风险评估、项目管理、市场竞争等都是风险控制的重点。

（4）分配与激励。激发和调动内部创业人员的积极性的关键是设计合理的利益分配和激励制度。分配与激励机制的绩效考核主要包括三种制度设计：目标激励机制、过程激励机制、团队主体间利益关联机制。

2. 企业内部创业结果绩效分析框架

企业内部创业的过程绩效和结果绩效是一个钱币的两个方面，既要强调过程绩效的重要性，也要重视结果绩效。强调过程绩效的重要，同时也要重视企业内部创业结果的分析，通过企业内部创业结果的分析，使得企业能够进一步明确企业内部创业的方向和目的，促进企业的持续改进。在企业内部创业的结果分析过程中，又可以分为企业内部创业的财务指标和非财务指标。其中，财务指标主要包括：资产回报率、销售增长率、投资回报率等相关指标；非财务指标主要包括：新产品设计与开发、产品生产质量、产品市场占有率、客户满意度等相关指标。

5.1.3 内创业企业绩效的影响因素

1. 个体因素

领导者风格对内创业企业绩效存在影响，其中变革型领导风格与内创业企业绩效呈正相关。变革型领导往往具有理想化的影响力、精神鼓舞、智力激励和个人关怀的特征。具有这些因素的领导者通常具有强烈的价值观和理想，能成功地激励员工超越个人利益，为团队的目标而合作。而交易型领导风格的相关性要低于变革型领导风格，交易型领导风格与内创业企业绩效的作用未得到支持。这可能是因为交易型领导风格强调权宜酬赏，领导者通过与员工交换有价值的事物而激励下属为团队的目标而努力。这种领导风格使团队成员更加关注于所得到的报酬，而不是团队绩效目标的实现。

2. 组织因素

不同的组织文化对内创业企业绩效也存在不同影响。官僚型文化，是以等级、权威和自上而下管理方式为特点，通常强调高度的组织性和层级控制，有明确的授权及责任划分，工作有一定程序，系统化和有秩序，信息与权力的流露具有等级性，依赖于权力的控制。这样的文化特点会导致内创业企业内官僚气息严重，不利于创新性思想的产生，从而不利于创业导向的产生，因此也不利于内创业企业绩效，尤其是长期的成长性绩效。官僚型的组织文化中，员工更多地遵从于权威，来自内在的激励不显著，因此也不利于内创业企业的长远发展。实际上，创新型文化的氛围激励组织成员持续不断地创新和变革，接受挑战及承担风险是组织的信念，这和创业精神是不谋而合的，正是这种鼓励创新的氛围才会激发出新的管理思想，生产出新的产品和服务，也会提高员工创新的积极性，从而产生较高的内创业企业绩效。支持型文化强调支持、鼓励、开放、宽松、信任、和谐的工作环境，在这样的工作环境中，员工会快乐轻松地工作，有利于提升员工个人绩效，从而间接提高内创业企业绩效。

5.1.4 内创业企业绩效管理存在的问题

1. 内创业企业绩效目标体系的约束性，导致对员工的考核与社会发展相脱节

要建立内创业企业员工的绩效考核体系，首先要明确组织的绩效目标，再将组织

目标层层分解到部门、岗位，从而将组织目标分解为可以考察的员工行为绩效指标。因此，内创业企业的绩效目标体系是否科学、合理、可持续，直接影响内创业企业员工的绩效方向。现阶段，有些内创业企业受到市场竞争以及经济发展的压力，对环境保护等方面有所忽视，从而导致内创业企业员工的绩效考核标准和指向与社会发展需要相脱节。

2. 从绩效考核的主体来看，考核人员具有自身能力水平的局限性和客观环境的约束性

当前内创业企业的绩效考核工作是由人力资源管理部门牵头负责，由于部分人力资源管理人员缺少现代人力资源管理知识，即使有些员工经过 MPA（公共管理硕士）核心课程的培训，但是客观上缺乏人力资源管理训练指导和实操经验，会在一定程度上影响绩效考核的科学性。另外，人力资源管理人员对内创业企业业务部门的业务工作不熟悉，更有"多一事不如少一事"的思想，不愿去了解和介入业务部门的工作，因此无法进行客观、公正、全面、有效的评价。被考核人员往往认为考核是针对自己的，有时造成对立情绪，甚至引起纠纷、矛盾，影响内创业企业组织团结，进而影响绩效考核的具体实施。

3. 从绩效考核的标准来看，缺乏明确的、具体的、可量化的考核标准和指标体系

在内创业企业绩效考核的过程中，定性考核由于简便易行，长期以来在实践中广为运用。但是这种考核对考核人的依赖性大，缺乏客观的标准，主观随意性大，会受到考核人的心理因素的影响而出现考核偏差，考核结果容易失真。由于缺乏定量指标，没有明确的、具体的、可度量的指标体系，使得考核难以实际操作，造成了考核者与被考核者对标准的理解存在严重的偏差，结果造成了员工自我评价与组织评价结果差异很大。实际上，当今世界社会发展速度很快，内创业企业每年的工作内容具有一定的变化，如果考核标准不变，无法与内创业企业的工作计划和工作内容相结合，会造成个人绩效与组织绩效之间的脱节。

4. 从绩效考核的程序来看，规范性不够，降低了考核结果的可信度和严肃性

内创业企业在进行绩效考核时，可能会设立绩效考核委员会或者考核评定小组，按照一定程序进行绩效考核。但是在实际的绩效考核过程中，绩效考核委员会或者考核评定小组不能严格按照规定进行考核，可能会出现前紧后松的评价，甚至敷衍了事的现象，这可能会出现极端现象。即部分内创业企业领导在考核中并不认真了解工作实绩，凭个人好恶搞内定考核结果，使考核工作流于形式，既不能客观反映实际绩效，也影响了员工参与的积极性。

5.1.5 内创业企业完善绩效管理的解决途径

1. 转变观念，建立和完善内创业企业人力资源绩效管理体系

当前，大多数内创业企业在绩效管理中往往只注重绩效考核或绩效评价阶段，而忽略了整个绩效管理的过程。建立完善的绩效管理，必须改变只注重绩效考核结果，改变仅以各种表格和文字的形式进行"纸上"考核，忽视与员工进行面对面沟通交流的做法，应该是内创业企业的管理者与员工之间沟通、反馈、指导和支持的持续活动，在对员工绩效的评价、原因分析基础上，有针对性地绩效面谈和反馈，有效地提高员工知识、技能和素

质,从而形成组织与员工之间良好的互动关系。

2. 加强内创业企业人力资源管理人员的知识和技能培训

绩效考核制度再健全、系统再完善、方法再科学,最终还得靠具体的人来实施。因此要挑选和调整人力资源管理人员,并且加强专业培训。人力资源管理既是一门科学,专业性很强,又是一门艺术,需要讲求沟通技巧和方式方法,同时还具有技术性,实际操作性很强。通过对人力资源管理人员及其他参与绩效考核的人员进行知识培训、案例分析和操作训练,提高他们对绩效考核的整体认识和实际操作能力,并且主动、自觉、努力地避免晕轮效应、近因效应、类我效应、比较偏差等心理效应造成的影响,将考核的偏差降到最低。同时,内创业企业可以考虑建立考核责任制,对在考核中不负责任、造成严重失误的考核人员追究责任,以保证考核人员尽已所能地做好考核工作。

3. 建立科学合理的绩效目标体系,细化、量化考核标准

内创业企业在考虑本企业的战略与实际发展情况的基础上,建立科学合理的绩效目标体系,真正细化、量化每个职位的考核标准。制定科学合理的考核标准体系必须做到人力资源管理专家与内创业企业业务负责人员相结合。人力资源管理专家具有专业的理论知识和丰富的实践经验。内创业企业的业务负责人员对实际工作任务、工作目标、工作标准、完成时限和所需资源有清楚的认识。只有二者的高度结合,才能使制定出的考核标准既具有人力资源管理的专业性又与实际工作紧密结合。

4. 改进和完善考核方法,多时段、多维度地进行考核评价

要采取灵活多样的考核方法,考核的时段要由"一年一度"转变为"贯穿始终",包括每天的作息考勤,每周、每月、每季度的工作进度和效果督察。管理者要观察、收集和记录下属的绩效数据和关键事件,这样可以随时发现问题,随时反馈调整,随时帮助指导,同时也为公正、客观地评价员工的绩效表现提供事实证据。绩效评价的方向应该是多维的,比较通用的是360度评估方法,一个是系统内进行多向评估:即在内创业企业内,上下级之间、同级各部门之间、部门内工作人员之间的相互评估;另一个是系统外进行多向评估:即外部考评专家对工作人员的评价。360度评估方法可以有效提高评估结果的可信度和客观性。

5.1.6　内创业企业绩效管理的目的及作用

绩效管理的目的主要体现在三个方面:战略、管理与开发。绩效管理能够把员工的努力与组织的战略目标联系在一起,通过提高员工的个人绩效来提高企业整体绩效,从而实现组织战略目标,此为绩效管理的战略目的。通过绩效管理,可以对员工的行为和绩效进行评估,以便适时给予相应的奖惩以激励员工,其评价的结果是企业进行薪酬管理、做出晋升决策以及保留或解雇员工的决定等重要人力资源管理决策的重要依据,此为绩效管理的目的。在实施绩效管理的过程中,可以发现员工存在的不足,在此基础上有针对性地进行改进和培训,从而不断提高员工的素质,达到提高绩效的目的,此为绩效管理的开发目的。

【阅读材料】

关于绩效管理的作用,在大多数人的概念中就是进行奖金的分配,不可否认,这是绩

效管理的一个重要作用,但这绝不是它唯一的作用。绩效管理是整个人力资源管理系统的核心,绩效考核的结果可以在人力资源管理的其他各项职能中得到运用,不仅如此,绩效管理还是企业管理的一个重要工具。

5.2 内创业企业绩效管理的工具和方法

绩效管理工具作为管理实践与管理理论之间的桥梁与纽带,直接来源并应用于管理实践。绩效管理工具的革命性创新始于 20 世纪 50 至 70 年代。在 20 世纪 50 年代之前,不论是绩效管理的理论还是工具,都仅限于表现性评价。之后的几十年,绩效管理逐渐发展成为人力资源管理理论研究的重点。本节将具体阐述学者们先后提出的目标管理、标杆管理、关键绩效指标、平衡计分卡绩效管理理论和工具。

5.2.1 目标管理

1. 目标管理内涵

目标管理,是一种程序或过程,它使组织中的上下级一起协商,根据组织的使命确定一定时期内组织的总目标,由此决定上下级的责任和分目标,并把这些目标作为组织经营、评估和奖励的标准。

2. 目标管理的实施步骤

目标管理包括以下两方面的重要内容:第一,必须与每一位员工共同制定一套便于衡量的工作目标;第二,定期与员工讨论其目标完成情况。具体来说,目标管理的实施过程主要有计划目标、实施目标、评价结果、反馈四个步骤。

(1) 计划目标

计划目标就是建立每位被评价者所应达到的目标。这一过程是通过目标分解来实现的,通常是评价者与被评价者共同制定目标。在此需要明确的是:本部门的员工如何才能为部门目标的实现做出贡献。通过计划过程可以明确期望达到的结果,以及为达到这一结果所应采取的方式、方法及所需的资源。同时,还要明确时间框架,即当他们为这一目标努力时,了解自己目前在做什么、已经做了什么和下一步还要做什么,以及合理安排时间。

计划目标是目标管理最重要的步骤,是目标管理的关键环节。该环节需要高度重视如下两个方面。①需要明确目标的类型。按照不同的分类标准,目标通常有三种分类方式:一是按照作用不同,可将目标分为经营目标和管理目标,其中经营目标通常包含销售额、费用额、利润率等指标,管理目标则包含客户保有率、新产品开发计划完成率、产品合格率、安全事故控制次数等指标;二是按照组织结构的层级不同,可将目标分为组织目标、部门目标和个人目标;三是按评价方法的客观性与否分为定量目标和定性目标,如定量目标包含销售额、产量等,定性目标包含制度建设、团队建设和工作态度等。②需要明确各种分类在管理实践中往往是相互交叉的。因此需要具体问题具体分析,建立适合组织管理实际的目标体系。

(2) 实施目标

实施目标是对计划实施的监控,保证制订的计划按预想的步骤进行,掌握计划进度,及时发现问题,如成果不及预期,应及时采取适当的矫正行动,如有必要还可对计划进行修改。同时通过监控,也可使管理者注意到组织环境对下属工作表现产生的影响,从而帮助被评价者克服这些他们无法控制的客观环境。

(3) 评价结果

评价结果是将实际达到的目标与预先设定的目标相比较。这样做的目的是使评价者能够找出未能达到目标,或实际达到的目标远远超出了预先设定的目标的原因,有助于管理者做出合理的决策。

(4) 反馈

反馈就是内创业企业管理者与员工一起回顾整个周期,对预期目标的达成和进度进行讨论,从而为制定下一绩效周期的目标及战略制定或战略调整做好准备。凡是已成功实现目标的被评价者都可以而且愿意参与下一次新目标的设置过程。

目标管理理论特别重视员工对组织的贡献。在目标管理的过程中,评价者起的是顾问和促进者的作用,而员工也从消极的旁观者转变成为积极的参与者。员工同他们的部门主管一起建立目标,在如何达到目标方面,管理者给予员工一定的自由度,参与目标建立使得员工成为该过程的一部分。在评价后期,员工和部门主管需要进行一次评价面谈。部门主管首先审查实现目标的程度,然后审查解决遗留问题需要采取的措施。在目标管理下,管理者在整个评价时期要保持联系渠道公开。在评价会见期间,解决问题的讨论仅仅是另一种形式的反馈面谈,其目的在于根据计划帮助员工进步。与此同时,就可以为下一个评价期建立新的目标,并且开始重复评价过程的循环。

3. 对目标管理的评价

(1) 目标管理的优点

① 重视激发员工内在潜力。目标管理重视人的因素,强调"目标管理和自我控制"。在工作中实行自我控制,通过让下属参与、由上级和下属经过协商共同确定绩效目标,来激发员工的工作兴趣和价值,满足员工自我实现的需要。实施目标管理还可以提高个人的能力,由于目标管理所制定的目标是以个人能力为基础的,要达成这个目标,必须经过一番努力。因此,员工实现目标的过程也是其不断挖掘自身潜力和提高个人能力的过程。

② 有利于组织目标的实现。目标管理可以帮助管理者理清思路,有利于组织目标的顺利实现。目标管理通过专门的过程,使组织各级管理者及所有员工都明确了组织的目标、组织的结构体系、组织的分工与合作及各自的任务。在目标制定的过程中,通过明确权力和责任,将个人的需求和组织目标结合起来,有利于目标实施过程中的相互配合和既定目标的顺利实现。目标管理还迫使管理者仔细思考实现目标所应采取的方式和方法、所需的时间和资源以及行动计划的效果和可能遇到的问题等,从而可以确保行动计划的切实可行。许多着手实施目标管理的组织通常会在目标管理实施的过程中发现组织体系存在的缺陷,从而帮助组织对自己的管理实践进行改造。

③ 有利于改进管理方式和改善组织氛围。有效实施目标管理,还能改进管理方式和改善组织氛围。目标管理以目标制定为起点,以目标完成情况的评价为重点,以评价结果反馈为终点,其中工作结果是评价工作绩效的最主要依据。这样使得在实施目标管理的过程中,监督的成分较少,而控制目标实现的能力却大大增强。由于目标的制定和执行过程

中强调上下级充分沟通，能够有效地改善人际关系和营造良好的组织氛围；再加上重视员工激励，可以使员工的向心力大为增强。

（2）目标管理的不足

① 对目标管理人性假设的质疑。目标管理假定人们对成就动机、能力与自治有强烈的需求，员工愿意接受有挑战性的目标，因此，允许员工制定自己的目标与绩效标准。但是，组织中的员工并非都具有高成就动机、愿意参与决策和承担挑战性任务，它忽视了组织中的本位主义及员工的惰性和成熟程度，对人性的假设过于乐观，使目标管理的效果在实施过程中大打折扣。正是由于这个原因，当今许多组织将目标管理的应用范围仅局限于中高层管理者或技术人员。

② 实施目标管理的成本过高。目标管理实施过程中，上下级为目标制定和统一思想必须进行的反复沟通，要耗费大量的时间和成本。罗伯特·斯科法（Robert Schaffer）指出："值得嘲讽的是，目标管理经常制造纸片风景，计划越来越长，文件越来越厚，焦点散乱，质量因目标标准过多而混乱，能力都花在机制上而不是结果上。"这容易使目标管理流于形式。

③ 目标及绩效标准难以确定。目标管理过分强调通过量化指标来衡量绩效，然而组织中的许多工作却是难以量化的，并且绩效标准也因人而异，因而采用目标管理的组织无法提供一个相互比较的平台。目标管理的公平性因此受到质疑。

④ 容易导致短视行为。目标管理实施过程中，强大的考核压力使得员工倾向于选择短期目标，即更加注重在评价周期内必须衡量的目标，从而导致组织内部员工为了达到短期目标而牺牲长期目标。这最终会导致组织长期利益受到忽视，不利于组织的可持续发展。无论如何，目标管理在管理思想史上仍具有划时代的意义。它不仅作为一种绩效管理工具，为未来绩效管理的发展奠定了基础，而且作为一种先进的管理思想，对后期的很多管理学理论产生了重大影响。

5.2.2　标杆管理

20 世纪 70 年代末 80 年代初，日本企业借助其产品质量和成本控制的优势，在世界范围内取得了举世瞩目的成就。在此背景下，美国企业掀起了学习日本的运动。1979 年，美国施乐公司首创标杆管理法，后经美国生产力与质量中心系统化和规范化，标杆管理发展成为一种重要的支持企业不断改进和获得竞争优势的管理工具。

1. 标杆管理内涵

在施乐公司推行标杆管理取得明显成效之后，很多大型企业纷纷效仿。研究表明，1996 年世界 500 强企业中有近 90% 的企业在日常管理活动中应用了标杆管理，其中包括柯达、AT&T、福特、IBM 等。随着研究的深入和管理实践的探索，标杆管理的内涵逐渐明晰。

施乐公司将标杆管理定义为：一个将产品、服务和实践与最强大的竞争对手或者行业领导者相比较的持续流程。美国生产力与质量中心则将标杆管理定义为：一个系统的、持续的评估过程，通过不断地将企业流程与世界上居领先地位的企业相比较，获得帮助企业改善经营绩效的信息。其实这个定义并不全面深刻，标杆管理不仅是一个信息过程和评估过程，还是设计规划和组织实施的过程。

实际上，标杆管理是通过不断寻找和研究同行一流公司的最佳实践，并以此为基准与本企业进行比较、分析、判断，从而使本企业不断得到改进，进入或赶超一流公司，创造优秀业绩的良性循环过程。其核心是向业内外最优秀的企业学习。通过学习，内创业企业重新思考和改进经营实践，创造自己的最佳实践，这实际上是模仿创新的过程。

2. 标杆管理的实施

标杆管理的实施有一整套逻辑严密的步骤，大体可分为以下五步。

(1) 确认标杆管理的目标。在实施标杆管理的过程中，首先要坚持系统优化的思想，不是追求组织某个局部的优化，而是着眼于组织总体的最优；其次要制定有效的实践准则，以避免实施过程中的盲目性。

(2) 确定比较目标。比较目标就是能够为内创业企业提供借鉴信息的组织或部门，比较目标的规模和性质不一定与本企业相似，但应在特定方面为组织提供良好的借鉴。

(3) 收集与分析数据，确定标杆。分析最佳实践和寻找标杆是一项比较烦琐的工作，但对于标杆管理的成效非常关键。标杆的寻找包括实地调查、数据收集、数据分析、与自身实践比较找出差距、确定标杆指标。标杆的确定为内创业企业找到了改进的目标。

(4) 系统学习和改进。这是实施标杆管理的关键，标杆管理的精髓在于创造一种环境，使组织成员在战略愿景下工作，自觉地学习和变革，创造出一系列有效的计划和行动，实现组织的目标。另外，标杆管理往往涉及业务流程的重组和行为方式的变化。这时组织就需要采用培训、宣讲等各种方式，真正调动员工的积极性。

(5) 评价与提高。实施标杆管理不能一蹴而就，而是一个长期渐进的过程。每一轮完成之后都有一项重要的后续工作，即重新检查和审视标杆研究的假设、标杆管理的目标和实际达到的效果，分析差距，找出原因，为下一轮改进打下基础。

标杆管理在内创业企业发展中的重要作用已经逐渐被认同，其使用范围也从最初衡量制造部门的绩效发展到不同的业务职能部门，包括客户满意度、产品配送等方面。标杆管理也被应用于一些战略目的，如衡量一个内创业企业在创造长期股东价值方面与产业内其他公司的差距等。标杆管理已经成为改善内创业企业经营绩效、提高全球竞争优势最有用的一种管理工具。标杆管理作为一种管理思想，还可以与其他管理工具结合在一起使用，比如在设置绩效目标或者提炼关键绩效指标的时候，都可以用标杆管理的思想或方法。

3. 对标杆管理的评价

(1) 标杆管理的优点

标杆管理有很多优越性，它为内创业企业提供了优秀的管理方法和管理工具，具有较强的可操作性，能够帮助内创业企业形成一种持续追求改进的文化。标杆管理的优点主要表现在以下几个方面。

① 标杆管理有助于改善绩效。标杆管理作为一种管理工具，在绩效管理中发挥着重要作用，特别适合作为绩效改进的工具。在管理实践中，实施标杆管理的组织通过辨识行业内外最佳企业的绩效及其实践途径，确定需要超越的标杆，然后制定需要超越的绩效标准。同时制定相应的改善措施，进而实施标杆超越，最后制定循环提升的超越机制，从而实现绩效的持续提升。

② 标杆管理有助于内创业企业的长远发展。标杆管理是内创业企业挖掘增长潜力的工具，经过一段时间的运作，组织内部与全面标杆进行比较，使个人、部门甚至组织的潜力得到充分的激发，克服组织内部短视现象。组织内在潜能的充分激发有利于形成固定的内创业企业文化，实现外在动力转化为内在发展动力，为组织长期健康发展打下坚实的基础。

③ 标杆管理有助于建立学习型组织。学习型组织实质上是一个能熟练地创造、获取和传递知识的组织，同时也要善于修正自身的行为，以适应新的知识和见解。标杆管理的实施有助于内创业企业发现其在产品、服务、生产流程及管理模式方面存在的不足，通过学习标杆企业的成功之处，结合实际情况将其充分运用到内创业企业当中。同时随着内创业企业经营环境和标杆的变化，这一过程也在持续更新。

(2) 标杆管理的不足

标杆管理是一种片段式的、渐进的管理工具。因为所有的业务、环节和具体的工作都可以作为比较的对象，都能够实施标杆管理，很多组织在实施标杆管理的时候不一定能从整体最优的角度出发实施标杆超越，虽然可能也会取得一定的效果，但是在很多时候会遇到困难和挫折。在我国的企业管理实践中，标杆管理的经典案例还非常匮乏，因此标杆管理工具通常要与其他管理工具一起配合使用才更能发挥其作用。

5.2.3 关键绩效指标

1. 关键绩效指标的内涵

所谓关键绩效指标（KPI），是指将组织战略目标经过层层分解而产生的、具有可操作性的、用以衡量组织战略实施效果的关键性指标体系。其目的是建立一种机制，将组织战略转化为内部流程和活动，从而促使组织获取持续的竞争优势。关键绩效指标作为一种战略性绩效管理工具，其核心思想是根据"二八"原则，认为找到组织的关键成功领域，洞悉组织的关键绩效要素，有效管理组织的关键绩效指标，就能以少治多、以点带面，实现组织战略目标，进而打造持续的竞争优势。

2. 关键绩效指标的实施

设计一个完整的基于关键绩效指标的绩效指标体系通常包含如下六个步骤：确定关键成功领域、确定关键绩效要素、确定关键绩效指标、构建组织关键绩效指标库、确定部门关键绩效指标（KPI）和一般绩效指标（PI）以及确定个人关键绩效指标和一般绩效指标六个步骤。其中，组织关键绩效指标的制定涉及关键绩效指标体系建立的前面四步，这四步是设计关键绩效指标体系的关键和核心内容。

(1) 确定关键成功领域

建立关键绩效指标体系的第一步就是根据组织的战略，寻找组织实现战略目标或保持竞争优势所必需的关键成功领域，即对组织实现战略目标和获得竞争优势有重大影响的领域。确定组织的关键成功领域，还必须明确三个方面的问题：一是这个组织为什么会取得成功，成功依靠的是什么；二是在过去那些成功因素中，哪些能够使组织在未来持续获得成功，哪些会成为组织成功的障碍；三是组织未来追求的目标是什么，未来成功的关键因素是什么。这实质上是对组织的战略制定和规划过程进行审视，对所形成的战略目标进行反思,并以此为基础对组织的竞争优势进行剖析。

(2) 确定关键绩效要素

关键绩效要素提供了一种描述性的工作要求,是对关键成功领域进行的解析和细化。主要解决以下几个问题:第一,每个关键成功领域包含的内容是什么;第二,如何保证在该领域获得成功;第三,达成该领域成功的关键措施和手段是什么;第四,达成该领域成功的标准是什么。

(3) 确定关键绩效指标

对关键绩效要素进一步细化,经过筛选,关键绩效指标便得以确定。选择关键绩效指标应遵循三个原则:①指标的有效性,即所设计的指标能够客观地、最为集中地反映要素的要求;②指标的重要性,通过对组织整体价值创造业务流程的分析,找出对其影响较大的指标,以反映其对组织价值的影响程度;③指标的可操作性,即指标必须有明确的定义和计算方法,容易取得可靠和公正的初始数据,尽量避免凭感觉主观判断的影响。

(4) 构建组织关键绩效指标库

在确定了组织关键绩效指标之后,就需要按照关键成功领域、关键绩效要素和关键绩效指标三个维度对组织的关键绩效指标进行汇总,建立一个完整的关键绩效指标库,作为整个组织进行绩效管理的依据。

(5) 确定部门关键绩效指标和一般绩效指标

部门绩效指标一般由关键绩效指标和一般绩效指标构成。关键绩效指标绝大部分来源于对组织关键绩效指标的承接或分解,也有一部分是部门独有的指标。一般绩效指标通常来源于流程、制度或部门职能。

(6) 确定个人关键绩效指标和一般绩效指标

个人关键绩效指标的确定方式同部门关键绩效指标的设计思路一样,主要是通过对部门关键绩效指标的分解或承接来获得,个人绩效指标体系同样包括关键绩效指标和一般绩效指标两类指标。其中一般绩效指标通常来源于员工所承担职位的职责,也有部分来源于对部门一般绩效指标的承接和分解。

3. 对关键绩效指标的评价

(1) 关键绩效指标的优点

关键绩效指标作为一种有效的绩效管理工具,在绩效管理实践中得到了广泛应用。善于运用关键绩效指标对组织进行绩效管理,有助于形成对员工的激励和约束机制。具体来讲,关键绩效指标主要有以下优点。

① 推行基于关键绩效指标的绩效管理,有利于实现组织战略目标。一方面,关键绩效指标体系直接源于组织战略,有利于组织战略目标的实现。通过分解战略找出关键成功领域,然后确定关键成功要素,最后通过对关键成功要素的分解得到关键绩效指标,这个过程有助于在组织系统内形成一致的行动导向,从而助推组织战略目标的实现。另一方面,通过使关键绩效指标体系与组织战略保持动态一致性,确保在组织环境或战略发生转变时,关键绩效指标会相应地进行调整以适应组织战略的新重点,确保组织战略对绩效管理系统的动态化牵引,有利于提升绩效管理系统的适应性和操作性。

② 推行基于关键绩效指标的绩效管理,有利于促成协调一致。个人关键绩效指标是

通过对组织关键绩效指标的层层分解获得的,员工努力达成个人绩效目标就是助推组织绩效实现的过程,也是助推组织战略目标实现的过程。因此,关键绩效指标有利于确保个人绩效与组织绩效保持一致,有利于实现组织与员工的共赢。

③ 推行基于关键绩效指标的绩效管理,有利于抓住关键工作。关键绩效指标强调目标明确、重点突出、以少带多。关键绩效指标一般可以克服由于指标庞杂、工作重点不明确而影响关键工作受忽视或执行不到位的现象。

(2) 关键绩效指标的不足

虽然关键绩效指标为管理者提供了一个新的思路和途径,为以后绩效管理思想和工具的发展提供了一个新的平台,受到了理论界和实践界的肯定与认可。但随着管理实践的不断深入,关键绩效指标也暴露出不足和问题,主要体现在以下几个方面。

① 关键绩效指标的战略导向性不明确。关键绩效指标强调战略导向,但是具体的"战略"到底指的是公司战略、竞争战略还是职能战略,在关键绩效指标里面并没有明确指出。虽然绝大多数人将这里的战略理解为竞争战略,但是同样没有提供可供选择的战略基本模板。另外,关键绩效指标没有关注组织的使命、核心价值观和愿景,这种战略导向是不够全面的,也缺乏战略检验和调整的根本标准。在面对不确定性环境的时候,或在战略调整和修正的过程中,使用关键绩效指标的局限性尤为明显。

② 关键成功领域相对独立,各个领域之间缺少明确的逻辑关系。关键成功领域是根据战略的需求确定的对战略有贡献的相互独立的领域,这就会忽略领域间横向的协同和合作,相互之间没有逻辑关系,并直接导致关键绩效指标间缺乏逻辑关系。在管理实践中,关键成功领域没有数量的限制,不同的设计者可能提出不同的关键成功领域,最终就会导致不同的关键绩效指标。

③ 关键绩效指标对绩效管理系统的牵引方向不明确。各关键绩效指标之间相对独立并且缺乏明确的因果关系,可能导致关键绩效指标对员工行为的牵引方向不一致。关键绩效指标对资源配置的导向作用不明确,甚至出现指标间相互冲突,容易导致不同部门和不同员工在完成各自绩效指标的过程中,对有限的资源进行争夺或重复使用,造成不必要的耗费和损失。

④ 关键绩效指标过于关注结果,而忽视了对过程的监控。科学高效的绩效管理系统不仅需要关注最终的结果,还需要对实现路径予以全面的关注,便于在过程中加强监控和管理,从而保障组织获得持续稳定的高绩效。

5.2.4 平衡计分卡

1. 平衡计分卡内涵

平衡计分卡(The Balanced Score Card,BSC)是于1992年由美国哈佛商学院的罗伯特·卡普兰和戴维·诺顿集团创始人兼总裁戴维·诺顿所从事的"未来组织绩效衡量方法"的一种绩效评价体系。平衡计分卡是根据企业组织的战略要求而精心设计的指标体系。按照卡普兰和诺顿的观点,"平衡计分卡是一种绩效管理的工具。它将企业战略目标逐层分解转化为各种具体的相互平衡的绩效考核指标体系,并对这些指标的实现状况进行不同时段的考核,从而为企业战略目标的完成建立可靠的执行基础"。

2. 平衡计分卡的基本内容

平衡计分卡中的目标和评估指标来源于组织战略，它把组织的使命和战略转化为有形的目标和衡量指标。平衡计分卡中的客户方面，管理者们确认了组织将要参与竞争的客户和市场部分，并将目标转换成一组指标。如市场份额、客户留住率、客户获得率、顾客满意度、顾客获利水平等。平衡计分卡中的内部经营过程方面，为吸引和留住目标市场上的客户，满足股东对财务回报的要求，管理者需关注对客户满意度和实现组织财务目标影响最大的那些内部过程，并为此设立衡量指标。在这一方面，平衡计分卡重视的不是单纯的现有经营过程的改善，而是以确认客户和股东的要求为起点、满足客户和股东要求为终点的全新的内部经营过程。平衡计分卡中的学习和成长方面确认了组织为了实现长期的业绩而必须进行的对未来的投资，包括对雇员的能力、组织的信息系统等方面的衡量。组织在上述各方面的成功必须转化为财务上的最终成功。产品质量、完成订单时间、生产率、新产品开发和客户满意度方面的改进只有转化为销售额的增加、经营费用的减少和资产周转率的提高，才能为组织带来利益。因此，平衡计分卡的财务方面列示了组织的财务目标，并衡量战略的实施和执行是否在为最终的经营成果的改善做出贡献。平衡计分卡中的目标和衡量指标是相互联系的，这种联系不仅包括因果关系，而且包括结果的衡量和引起结果的过程的衡量相结合，最终反映组织战略。

3. 基于平衡计分卡的战略管理流程

卡普兰和诺顿通过对实践的深入研究，形成了一套独立的、全面的管理体系，构建了基于平衡计分卡的战略管理流程。该流程是一个六阶段环形图，依次为：开发战略、诠释战略、协同组织、规划运营、监控和学习、检验与调整，如图5.1所示。这六个阶段的工作几乎覆盖了综合管理的所有重要方面，以此为主线谋划和带动组织的全局工作，无疑会带来管理水平的大幅提升。同时，通过对六阶段流程的全面贯彻，助推组织实现战略的流程化管理，使组织获得持续稳定的高绩效，不会因为领导者的更替而导致业绩的波动。下面从开发战略开始，探讨这一战略管理流程。

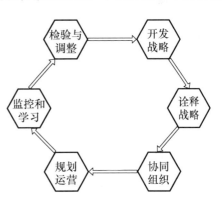

图 5.1　基于平衡计分卡的战略管理流程

（1）开发战略

战略管理流程始于管理层的战略开发。开发战略阶段的主要任务是回顾组织的使命、核心价值观以及愿景，分析环境信息，完成战略开发或对组织战略变革。在这个过程中，组织主要通过全面回答如下三个问题来完成。

① 我们做的业务是什么，为什么？回答这个问题主要是为了明晰组织的使命核心价值观和愿景，即明确组织存在的目的，为组织内部的行为提供指导原则，以及确立令人鼓舞的未来目标。

② 获取竞争优势的最关键因素是什么？回答这个问题需要进行全面的战略分析，即从外部环境分析、内部环境分析以及现有战略执行情况三个方面入手，审视组织竞争与运营环境，尤其需要重点关注上一轮战略制定之后发生的重大变化，将具体开发战略时需要

注意的重要问题列出来。对战略分析中的重大问题向组织成员进行沟通或说明，强调必须变革才能实现挑战性目标或赢得竞争优势，营造出变革的氛围，必要时可以启动"战略变革日程"的管理工具来为变革提供动力。所谓战略变革日程，是指为达成愿景所确定的组织最高层面的宏伟的战略目标，组织必须对现有的结构、能力、流程、文化等方面的状况与未来3~5年后组织想要达成的状况进行分项对比，指明组织将在何种范围、规模、领域进行必要变革。

③ 我们如何做到最好地参与竞争？最后一步就是完成战略开发或战略调整。在这个阶段我们必须明确组织的竞争领域，明确在该领域我们应当确定的客户价值战略，明确什么样的关键业务流程能带来战略上的差异化，清楚什么样的人力资源、信息技术及组织资本才能支撑战略等问题。

(2) 诠释战略

诠释战略是将战略转化为可操作的行动的重要环节。诠释战略的主要任务就是将战略转化为基于战略主题的战略地图，为战略地图中每一个战略目标设定相应的平衡计分卡指标和目标值，以及开发达成战略目标的行动方案和资源计划。诠释战略过程是平衡计分卡理论对战略管理领域的重要贡献之一，犹如在传统的战略制定和战略规划之间增加了一个显微观察的环节，放大了战略所包含的细节元素，从而使人们对战略有更微观、深入和透彻的理解。从这个意义上讲，诠释战略可以说是整个战略管理流程的关键一环，是开发战略过程的拓展和延伸。这一阶段主要围绕如下五个典型的问题展开。

① 我们应如何描述战略？回答这个问题主要是为了开发战略地图，用直观的战略地图展示所有的战略主题，并对每个战略主题进行规划和管理，保障每个战略主题协同运作。

② 我们应该如何衡量战略？回答这个问题主要是为了制定绩效指标和确定目标值，将战略地图确定的绩效目标转化为可衡量的具体规划。

③ 我们应该采取什么样的行动才能实现战略？回答这个问题主要是为了达成战略地图上的绩效目标，明确我们需要选择什么样的战略行动方案，确定系统的、具体的和相互协同的行动计划。

④ 我们如何为行动方案配置资金？由于传统的预算管理是按照既有的组织机构的部门或业务单元进行资金分配的，而跨部门、跨业务单元的战略性的行动方案常常得不到足够的资金支持，因此高层管理者需要特别保障所有重要的战略行动方案都有相应的预算支持。

⑤ 由谁来牵头制定战略？回答这个问题主要是为了使每个战略主题都有负责人，一般需要由一个高层管理者来牵头组建主题团队，对每个战略主题负责。

(3) 协同组织

平衡计分卡认为组织创造的价值不仅包括来自客户的价值，还包括来自内创业企业的价值。按照系统论的观点，平衡计分卡从技术角度全面深入地阐述了组织中不同管理层级之间、不同业务单元之间、业务单元和职能部门之间以及与外部利益相关者之间实现协调一致的思路和方法。如果说诠释战略是从组织层面对战略进行可视化分析，使组织成员对共同的战略目标和竞争方式达成共识，那么组织协同则是进一步将战略逐层推向管理一线和市场前沿，使每一个部门、员工和利益相关者都能理解自身的战略角色和工作任务，进而实现密切配合和协同作战。在协同过程中，组织需要回答如下三个问题。

① 如何确保组织的所有业务单元都理解战略并达成一致？回答这个问题主要是为了实现总部与业务单元的协同。对组织价值主张的清晰阐述和有效管理是总部的首要责任。总部与战略业务单元不同，它没有自己的客户，也没有能够提供产品和服务的操作流程。归根到底，总部的全部工作就是协同不同业务单元的价值创造活动，使其能够为客户创造更多的价值或降低总体运营成本，从而超越每一个业务单元独立运作所能够达到的程度。在管理实践中，通过战略地图，通常可以清晰地描述和显示各种系统优势的来源，管理者需要将战略地图纵向分解到每一个业务单元，确保每个业务单元都能反映战略。同时，还需要特别注意组织协同的差异和组织价值主张的统一这两个方面的问题。

② 如何实现支持单元与业务单元、组织层面的战略协同？回答这个问题主要是为了实现协同支持单元与业务单元。组织的支持和服务单元，其员工通常具有专业知识和技能，承担支持业务部门从事产品生产和服务提供的职能性和辅助性工作。由于支持单元不直接创造经济价值，其产出是无形的且难以量化，因此在组织中经常被称作"纯费用中心"。同时，支持单元的工作人员通常是某一领域的职业经理人，他们的观念意识与长期在一线工作的业务经理往往有较大差异，由此导致的结果是，支持单元与业务单元常常各行其是，业务经理总是指责他们置身职能壁垒中，不能响应业务需求。为此，组织的高层管理者一直都在努力寻找有效的方法来监控和评估组织的支持单元，以确保它们带来的收益大于所花费的成本。平衡计分卡的问世不仅能够通过因果关系清晰描述支持单元为实现股东长期价值所做的贡献，而且为有效地整合与协同业务单元和支持单元提供了管理平台。

③ 如何激励员工帮助组织实施战略？最后一个问题主要是实现员工协同。战略的成功执行离不开员工的积极参与，再完美的战略只有转变成员工日常工作的一部分才具有现实意义。在明确了组织战略并且制定了总部机构、业务单元、支持单元，乃至外部合作伙伴的战略地图和平衡计分卡之后，就必须落实到协同员工上。运用平衡计分卡协同员工和战略的流程有三个步骤：向员工传授和沟通战略；将员工的个人目标和激励与战略相连接；协同个人培训和发展计划，培养员工执行战略所需的各种知识、技能和能力。

(4) 规划运营

战略和运营虽然是组织体系的两个不同功能模块，但两者都非常重要，并且需要融为一体。如果不能解决战略执行和运营管理之间的整合与协同问题，那么组织的战略和运营出现脱节就在所难免。平衡计分卡从改进关键流程和制定运营规划两个方面探讨了连接战略与运营的机制和方法，有助于内创业企业在实现战略软着陆上迈出至关重要的一步。在规划运营阶段，管理者需要回答如下两个问题。

① 哪些业务流程的改进对战略执行最关键？回答这个问题主要是改进关键流程。从管理思想发展的历史脉络可以看到，关于流程改进的主张及研究成果主要分为两大类：一类是渐进式流程改进；另一类是激进式流程改进。这些理论自问世以来，对组织的管理思维和流程业绩产生了深刻的影响。但是，无论是全面质量管理还是流程再造运动，在协同流程改进计划与战略目标上都存在明显不足。这些理论要么缺乏关联性的流程改进，要么拘泥于策略性的流程变革，往往是孤立地看待运营短板和进行资源配置，因此难以获取持续性的流程改善。作为一个连接战略和运营的封闭性综合管理体系，平衡计分卡在流程改进与客户价值和股东价值创造之间建立了清晰的因果关系，可以帮助组织围绕战略进行关

键流程识别、衡量和改进。平衡计分卡的流程改进主要包括识别战略性流程、改进战略性流程和衡量战略性流程三个方面。

② 如何将战略与运营规划、预算联系起来？除了改进关键业务流程之外，连接战略与运营的另一项重要任务就是把高层的战略规划转化为具体的运营计划和预算。虽然公司在战略行动方案和流程改进项目上的投入对于有效实施战略至关重要，但是通常公司的战略性支出和流程改进费用只占公司预算总额的10%左右，剩下的90%都用于具体的运营计划。为了将战略规划与资源分配、财务预测及动态预算有效连接起来，平衡计分卡提供了一个基于时间驱动作业成本模型的管理框架。

（5）监控和学习

在实现战略和运营的有效连接之后，组织就进入具体的战略执行过程，包括实施战略行动方案、流程改进项目以及销售和运营计划。为确保战略目标顺利达成，组织需要在战略执行过程的不同阶段，通过不同的反馈机制，把握执行的进展和效果，以便采取相应的控制措施纠正各类偏差。组织的战略监控和调整机制主要是一套结构化的会议，会议主要是回顾组织的运营和战略，并根据需要调整和改变战略。这就是基于平衡计分卡的战略管理流程中通过运营回顾会和战略回顾会进行监控和学习。这个过程主要需要回答如下两个问题。

① 组织的运营受控吗？回答这个问题主要通过召开运营回顾会解决，主要讨论短期内必须马上解决的问题。运营回顾会的频率与运营数据产生的频率是一致的，主要监控的是仪表盘指标。

② 战略执行有效吗？回答这个问题主要通过每月召开的战略回顾会解决，主要监控战略制定过程中存在的问题，并找出原因、提出修正意见和明确责任人。

（6）检验与调整

运营回顾会和战略回顾会都是在不质疑战略本身的情况下，对战略执行情况的监控。但是战略本身所含的假设和推理是否正确和有效也需要进行验证。由于战略制定和战略选择本身就是艺术，不一定是完全科学的，因此在管理实践中还需要深入分析内部运营数据和外部环境信息，通过运营到战略的反向连接，对战略进行检验。召开战略检验与调整会是战略检验与调整的主要形式。高层管理者通过运营数据的分析和环境的分析，并积极倾听来自组织内部关于战略修订和调整的想法及行动方案，来保障战略能获得及时的修正和调整，而不是引入新战略或进行战略转型。

5.3　内创业企业绩效管理的内容

绩效管理发挥效果的机制是，对组织或个人设定合理目标，建立有效的激励约束机制，使员工向着组织期望的方向努力，从而提高个人和组织绩效；通过定期有效的绩效评估，肯定成绩并指出不足，对组织目标达成有贡献的行为和结果进行奖励，对不符合组织发展目标的行为和结果进行一定的约束；通过这样的激励机制促使员工自我开发提高能力素质，改进工作方法从而达到更高的个人和组织绩效水平。过去人们总是把绩效管理等同于绩效考核，事实上完整意义上的绩效管理是一个系统，它包括四个部分，分别为绩效计划、绩效监控、绩效考核和绩效反馈。

5.3.1 绩效计划

绩效计划是整个绩效管理过程的开始,这一阶段主要是要完成制订绩效计划的任务,需要通过上级和员工的共同讨论,确定出员工的绩效考核目标和绩效考核周期。对绩效计划的定义,可以做如下理解。

一是绩效计划是对整个绩效管理过程工作的指导和规划,是一种前瞻性的思考。

二是绩效计划包含如下内容:员工在考核周期内的绩效目标体系(包括绩效目标、指标和标准)和绩效考核周期;为实现最终目标,员工在绩效考核周期内应从事的工作和采取的措施;对绩效监控、绩效考核和绩效反馈阶段的工作做出规划和指导。

三是绩效计划必须由员工和管理者双方共同参与,绩效计划中有关员工绩效考核的事项,如绩效目标等,需要经过双方共同确认。

四是绩效计划应该随着外界环境和内创业企业战略的变化而随时调整,不能墨守成规。

1. 绩效计划的内容

(1) 绩效目标

绩效目标是对员工在绩效考核期间工作任务和工作要求所做的界定,是对员工进行绩效考核时的参照系。绩效目标由绩效内容和绩效标准组成。

① 绩效内容。绩效内容界定了员工的工作任务,也就是说员工在绩效考核期间应当做什么样的事情,它包括绩效项目和绩效指标两个部分。绩效项目是指绩效的维度,也就是说要从哪些方面来对员工的绩效进行考核,按照前面所讲的绩效的含义,绩效的维度有三个:工作业绩、工作能力和工作态度。绩效指标则是指绩效项目的具体内容,它可以理解为对绩效项目的分解和细化,例如对于某职位,工作能力这一考核项目就可以细化为分析判断能力、沟通协调能力、组织指挥能力、开拓创新能力、公共关系能力及决策行动能力这六项具体的指标。对于工作业绩,设定指标时一般要从数量、质量、成本和时间这四个方面进行考虑;对于工作能力和工作态度,根据各个职位不同的工作内容来设定不同的指标。绩效指标的确定,有助于保证绩效考核的客观性。

② 绩效标准。设定了绩效指标之后,就要确定绩效指标达成的标准。绩效标准是对员工工作要求的进一步明确,也就是说对员工绩效内容做出明确的界定。员工应当怎样来做或者做到什么程度,例如,"产品的合格率达到90%""接到投诉后两天内给客户以满意的答复"等。绩效标准的确定,有助于保证绩效考核的公正性。确定绩效标准时,应当注意以下几个问题。

第一,绩效标准应当明确。按照目标激励理论的解释,目标越明确,对员工的激励效果越好,因此在确定绩效标准时应当具体清楚,不能含糊不清,这就要求尽可能地使用量化的标准。量化的绩效标准,主要有以下三种类型:一是数值型的标准,例如,"销售额为50万元""成本平均每个20元""投诉的人数不超过5人次"等;二是百分比型的标准,例如,"产品合格率为95%""每次培训满意率为90%"等;三是时间型的标准,例如,"接到任务后要求3天内按要求完成"等。

第二,绩效标准应当适度。就是说制定的标准要具有一定的难度,但是员工经过努力是可以实现的，通俗地讲就是"跳一跳可以摘到桃子"。这同样是源于目标激励理论的解释，目标太容易或者太难，对员工的激励效果都会大大降低，因此绩效标准的制定应当在员工可以实现的范围内确定。

第三，绩效标准应当可变。这包括两个层次的含义：一是指对于同一个员工来说，在不同的绩效周期，随着外部环境的变化，绩效标准有可能也要变化。例如，对于空调销售员来说，由于销售有淡季和旺季之分，因此在淡季的绩效标准就应当低于旺季。二是指对不同的员工来说，即使在同样的绩效周期，由于不同的工作环境，绩效标准也可能不同。仍以空调销售员为例，有两个销售员，一个在昆明工作，一个在广州工作，由于广州人对空调需求比较大，因此这两个销售员的绩效标准就应当不同。

（2）绩效考核周期

绩效考核周期指多长时间对员工进行绩效考核，由于绩效考核需要耗费人力、物力、时间，因此考核周期过短，会增加内创业企业管理成本。但是，绩效考核周期过长，又会降低绩效考核的准确性，不利于员工工作绩效的改进，从而影响绩效管理的效果。因此，在准备阶段还应当确定恰当的绩效考核周期。绩效考核周期的确定，要考虑到以下几个因素。

① 职位的性质。不同的工作职位其工作的内容是不同的，因此绩效考核的周期也应当不同。一般来说，如果职位的工作绩效比较容易考核，考核周期就相对短些，例如，工人的考核周期相对比管理人员的要短。而如果职位的工作绩效对内创业企业整体绩效的影响比较大，考核周期就相对短些，这样有助于及时发现问题并进行改进。

② 指标的性质。不同的绩效指标，其性质是不同的，考核的周期也应当不同。一般来说，性质稳定的指标，考核周期相对要长一些；相反，考核周期相对则要短一些。例如，员工的工作能力比工作态度相对要稳定些，因此能力指标的考核周期相对于态度指标就要长一些。

③ 标准的性质。在确定考核周期时，还应当考虑绩效标准的性质，就是说考核周期的时间应当保证员工经过努力能够实现这些标准，这其实是和绩效标准的适度性联系在一起的。例如，"销售额为50万元"这一标准，按照经验需要2周左右的时间才能完成，如果将考核周期定为1周，员工根本无法独立完成；如果定为4周，又非常容易实现，在这两种情况下，员工的考核都是没有意义的。

【不同岗位绩效考核周期比较】

2. 绩效计划的过程

在制订计划时，管理人员需要根据上级部门并围绕本部门的职责、业务重点及客户（包括内部各个部门）对本部门的需求来制定本部门的工作目标。然后根据员工所在职位的职责，将部门目标分解到具体责任人，形成员工的绩效计划。因此绩效目标大致有三个主要来源：一是上级部门的绩效目标，二是职位职责，三是内外部客户的需求。管理人员在制订绩效计划时，一定要综合考虑以上几个方面的来源。一般来说，绩效计划包括三个阶段：准备阶段，沟通阶段，绩效计划的审定与确认阶段。

（1）在准备阶段，管理人员需要了解组织的战略发展目标和计划、内创业企业年度经营计划、部门的年度工作重点、员工所在职位的基本情况、员工上一绩效周期的绩效考核结果等信息,同时管理人员还需要决定采用什么样的方式来进行绩效计划的沟通。

(2) 在沟通阶段,管理人员与员工主要通过对环境的界定、能力的分析,确定有效的目标,制订绩效计划,并就资源分配、权限、协调等可能遇到的问题进行讨论。

(3) 在绩效计划的审定与确认阶段,管理人员需要与员工进一步确认绩效计划,形成书面的绩效合同,并且管理人员和员工都需要在该文档上签字确认。需要补充的是,在实际工作中,绩效计划一经订立并不是不可改变,由于环境总是在不断发生变化,因此在计划的实施过程中往往需要根据实际情况及时对绩效计划进行调整。

5.3.2 绩效监控

管理者和员工经过沟通达成一致的绩效目标后,还需要不断地对员工的工作表现和工作行为进行监督管理,监控过程中的绩效能够有效帮助员工获得最终的优秀绩效。在整个监控绩效期内,管理者使用恰当的领导风格,积极指导下属工作,与下属进行持续的绩效沟通,预防或解决实现绩效时可能发生的各种问题,以期更好地完成绩效计划,这个过程就是绩效监控。在绩效监控阶段,管理人员需要选择自己的领导风格、与员工持续的沟通、辅导与咨询、收集绩效信息等,这几个方面也是决定绩效监控过程中的监管是否有效、跟进是否成功的关键点。

1. 领导风格

在绩效监控阶段,领导者需要选准恰当的领导风格指导下属的工作,与下属进行沟通。在这一过程中,管理者处于极为重要的地位,管理者的行为方式和处事风格会极大地影响下属工作的状态,这要求管理者能够在适当的时候采取适当的管理风格。涉及领导风格的权变理论主要有领导情景理论、路径-目标理论、领导者-成员交换理论等。

2. 与员工持续沟通

绩效管理的根本目的是通过改善员工的绩效来提高内创业企业的整体绩效,只有每个员工都实现了各自的绩效目标,内创业企业的整体目标才能实现。因此在确定完绩效目标后,管理者还应保持与员工的沟通,帮助员工来实现这一目标。

在绩效监控过程中,管理者需要与员工进行持续的沟通:①通过持续的沟通对绩效计划进行调整;②通过持续沟通向员工提供进一步的信息,为员工绩效计划的完成奠定基础;③通过持续沟通与客观的评估,同时也在绩效计划执行发生偏差的时候及时了解相关信息并采取相应的调整措施。

3. 辅导与咨询

(1) 辅导是一个改善个体知识、技能和态度的技术。辅导的主要目的是:第一,及时帮助员工了解自己的工作进度,确定哪些工作需要改善,需要学习哪些知识和掌握哪些技能;第二,在必要时指导员工完成特定的工作任务;第三,使工作过程变成一个学习过程。

(2) 有效的咨询是绩效管理的一个重要组成部分。在绩效管理实践中,进行咨询的主要目的是:当员工没能达到预制的绩效标准时,管理者借助咨询来帮助员工克服工作过程中遇到的障碍。在进行咨询时,应该做到:第一,咨询应该是及时的,问题出现后立即进行咨询。第二，咨询前应该做好计划，咨询应在安静、舒适的环境中进行。第三，咨询是双向的交流，管理者需要扮演"积极的倾听者"的角色，这样能使员工感到咨询是开放的，并鼓励员工多发表自己的看法。第四，不要只集中在消极的问题上，谈到好的绩效时，应具体并说出相应依据，对不好的绩效应给予具体的改进建议。第五，要共同制订改进绩效的具体行动计划。

4. 收集绩效信息

在绩效监控阶段，还是很有必要对员工的绩效表现做些观察和记录，收集必要的信息。这些信息的主要作用体现在：①为绩效考核提供客观的事实依据。收集这些信息以后，在下一阶段对员工绩效进行考核的时候，就有了事实依据，有助于我们对员工的绩效进行更客观的评价。②为绩效改善等提供具体事例。进行绩效考核的一个目的就是，不断提升员工的能力水平。通过绩效考核，可以发现员工还有哪些需要进一步提升的地方，而这些收集到的信息则可以作为具体事例，用来向员工说明他们为什么还需要进一步提升。

5.3.3 绩效考核

绩效考核，是内创业企业绩效管理中的一个环节，主要是指考核主体对照工作目标和绩效标准，采用科学的考核方式，评定员工的工作任务完成情况、员工的工作职责履行程度和员工的发展情况，并且将评定结果反馈给员工的过程。

1. 绩效考核过程模型

绩效考核就是指在考核周期结束时，选择相应的考核主体和考核方法，收集相关的信息，对员工完成绩效目标的情况做出考核。绩效考核结果会对人力资源管理其他职能产生重要影响，也关系着员工的切身利益，受到全体员工的重视，为了确保绩效考核结果的公正性、客观性和科学性，内创业企业应建立一套科学的绩效管理流程。

（1）确立目标。这一步骤需要明确组织的战略目标、选择考核对象。这一过程主要在绩效计划中实现：使用平衡计分卡（BSC）和关键绩效指标（KPI）两种考核工具，考核指标体系的建立都是发源于组织的使命和战略目标。同时，BSC和KPI都是对组织战略目标的层层分解，由组织目标到部门目标再到员工个人目标，利用这些目标分别对组织层面、部门层面和员工层面的绩效进行评价。

（2）建立评价系统。建立评价系统包括三个方面的内容：确定评价主体，构建评价指标体系，选择适当的考核方式。其中构建指标体系即通过BSC和KPI进行指标体系的构建。

（3）整理数据。把在绩效监控阶段所收集到的数据进行整合与分析，按照考核指标和标准进行界定、归类。在这一过程中，要尽量减少主观色彩，以客观事实和客观标准来进行，以保证最终考核结果的公正客观。

（4）分析判断。在这一阶段，需要对信息进行重新整合，按照所确定的评价方式对评价对象进行最终的判断。

（5）输出结果。考核结束后，需要得出一个具体的考核结果。考核结果既要包括绩效得分和排名，同时也应该对绩效结果进行初步的分析，找出优秀或不足的原因，以供后面的绩效反馈和改进之用。

2. 绩效考核过程中的关键点

绩效考核是一项系统工程，其中包括多项工作，只有每一项工作都落实到位，考核工作才能有实效。具体而言，主要有以下四个方面的工作：考核对象的确定、考核内容的确定、考核主体的确定、考核方法的选择。

（1）考核对象的确定。在内创业企业中，考核对象一般包括组织、部门和员工三个层面。针对不同的对象，考核内容也会有所不同。平衡计分卡和关键绩效指标这两种绩效考核工具，很好地将三个层面的绩效考核指标结合起来。一般来说，内创业企业在绩效管理过程中，应该优先考虑组织层面的考核，然后关注部门层面的考核，最后关注员工层面的考核。

（2）考核内容的确定。根据绩效考核的定义，可以发现，考核主要针对三部分内容：工作能力、工作态度和工作业绩，所以考核的内容应包括这三部分。其中，工作能力和工作态度主要通过胜任素质来考核。

（3）考核主体的确定。考核主体是指对员工的绩效进行考核的人员。由于内创业企业中岗位的复杂性，仅凭一个人的观察和评价很难对员工做出全面的绩效考核，为了确保考核的全面性、有效性，在实施考核的过程中，应该从不同岗位、不同层次的人群中，抽出相关成员组成考核主体并参与到具体考核中来。考核主体一般包括五类成员：上级、同事、下级、员工和客户。

（4）考核方法的选择。实践中，进行绩效考核的方法有很多，这些方法可以归为三类：一是比较法，二是量表法，三是描述法。各种方法都有自己的优缺点，内创业企业在进行考核时应当根据具体情况选择合适的考核方法。

5.3.4 绩效反馈

考核阶段结束以后，就是绩效反馈阶段，这一阶段主要是完成绩效反馈的任务，上级需要基于绩效考核的结果和员工进行面对面的沟通，指出员工在绩效考核期间存在的问题并与其一起制订出绩效改进计划。为了保证绩效的改进，还要对绩效改进计划的执行效果进行跟踪，此外，还需要根据绩效考核的结果对员工进行相应的奖惩。

1. 反馈面谈的准备工作

为了确保绩效反馈面谈达到预期的目的，管理者和员工双方都需要做好充分的准备工作。

（1）管理者的准备工作

对于管理者来说，应做好以下几方面的准备。

① 选择适当的面谈主持者。面谈主持者，应该由人力资源部门或高层管理人员组成，而且最好能够选择那些参加过绩效面谈培训、掌握相关技巧的高层管理人员作为面谈主持者。因为他们在内创业企业中处于关键位置，能够代表内创业企业组织的整体利益，而且能够满足员工吐露心声的需要，从而有助于提高面谈的质量和效果。

② 选择适当的面谈时间和地点。由于面谈主要是针对员工绩效结果来进行的，所以一般情况下，选择在员工的绩效考核结束后，在得出明确的考核结果且准备较充分的情况下及时地进行面谈，时机最佳。具体的面谈地点，可以根据情况需要灵活地掌握，可以选择在管理者的办公室、会议室或

【典型的绩效考核误差】

者类似咖啡厅之类的休闲场所等。当然，在面谈过程中营造良好的面谈氛围也是重要的，比如避免面谈中电话、访客等影响。

③ 熟悉被面谈者的相关资料。面谈之前，面谈者应该充分了解被面谈员工的各方面情况，包括教育背景、家庭环境、工作经历、性格特点以及职务和业绩情况等。

④ 计划好面谈的程序和进度。面谈者事先要将面谈的内容、顺序和时间、技巧等计划好，自始至终掌握好面谈的进度。

(2) 绩效反馈员工需要的准备工作

对于员工来说，应做好以下的准备。

① 对自己在一个绩效期内的行为态度与业绩重新回顾，收集、准备好自己相关绩效的证明数据材料。

② 对自己的职业发展有一个初步的规划，正视自己的优缺点。

③ 总结并准备好在工作过程中遇到的相关的疑惑问题，将其反馈给面谈者，请求组织的理解和帮助。

2. 面谈的实施

(1) 面谈的内容

面谈的内容主要是讨论员工工作目标考核完成情况，并帮助其分析工作成功与失败的原因及下一步的努力方向，同时提出解决问题的意见和建议，求得员工的认可和接受。谈话中应注意倾听员工的心声，并对涉及的客观因素表示理解和同情，对敏感问题的讨论应集中在缺点上，就事论事，而不应集中在个人，最大限度地维护员工的自尊，使员工保持积极的情绪，从而使面谈达到增进信任、促进工作的目的。

(2) 面谈结束后的工作

为了将面谈的结果有效地运用到员工的工作实践当中，在面谈结束后，要做好两方面的工作：第一，对面谈信息进行全面的汇总记录。绘制出一个员工发展进步表，帮助员工全面了解自己的发展状况；第二，采取相应对策提高员工绩效。经过面谈，一方面员工可以正确了解到自己的绩效影响因素；另一方面，内创业企业全面掌握了员工心理状况，据此进行综合分析，有的放矢地制订员工教育、培养和发展计划，真正帮助员工找到提高绩效的对策。

3. 绩效考核结果的运用

绩效考核结果是组织花费大量成本获得的，对于改进内创业企业的绩效和强化内创业企业管理都具有重要的价值，但是目前却有很多内创业企业不重视对绩效考核结果的运用，止步于考核结果的得出，这不仅造成了大量的浪费，而且容易在内创业企业内部形成流于形式和不公平的企业文化，不利于内创业企业的良性发展。总体而言，绩效考核结果的运用包括两个层次的内容：一是改进作用，即对绩效考核的结果进行分析，诊断员工存在的绩效问题，找到产生问题的原因，制订绩效改进计划，帮助员工提高绩效；二是管理作用，即根据绩效考核结果做出相关的人力资源管理决策。

为了便于考核结果的运用，往往需要计算出最后的考核结果并将结果区分成不同的等级。若用于不同的方面，绩效项目在最终结果中所占的权重也应当有所不同。一般来说，用于第一个方面时，工作业绩和工作态度所占的比重应当相对较高；用于第二个方面时工作业绩和工作能力所占的比重要相对较高。此外，内创业企业还要将最终计算出的考核结果划分成不同的等级，据此给予员工不同的奖惩，绩效越好，给予的奖励就要越大；绩效越差，给予的惩罚就要越大。

本 章 小 结

本章首先对内创业企业绩效管理的含义、影响因素、存在的问题以及解决途径等进行了介绍。影响因素包括个体因素和组织因素两个方面；内创业企业绩效管理目前存在四个方面的问题，企业需要通过转变观念以构建绩效管理体系、加强知识和技能培训、建立合理的绩效考核标准以及改进和完善考核方法四个方面予以解决内创业企业绩效管理问题。其次，界定了目标管理、标杆管理、关键绩效指标和平衡计分卡四种绩效管理工具的内涵。分析了各个工具的实施步骤，随后给出了对四种工具的评价。最后，对内创业企业绩效管理的内容进行了系统地分类，将其分为绩效计划、绩效监控、绩效考核与绩效反馈。

思 考 题

1. 如何理解内创业企业绩效管理的含义？
2. 对于内创业企业而言，如何提高绩效管理？
3. 内创业企业绩效管理的工具如何应用？
4. 内创业企业中绩效管理的内容包括哪些方面？

【拓展资料】

朗讯科技：3×3 绩效考核矩阵[①]

1995 年，美国通信行业的龙头老大——美国电报电话公司（AT&T）进行战略重组，整个公司一分为三，朗讯便是其中之一，它集合了原 AT&T 公司所有的通信设备部门和贝尔实验室。由于从事公司传统和核心业务的公司同时继承了 AT&T 的名称，负责通信设备的新公司只能另立炉灶，连名字都是新的，新公司名称为"朗讯"，英文是"Lucent"。

朗讯于 1997 年 10 月建立了 New Venture Group（NVG），针对旗下著名的贝尔实验室内部技术发展所带来的新的技术和商业机会，在企业内部引入风险投资机制，激励公司内部员工通过创业来实现他们新的想法和技术。经过严格筛选接受 NVG 投资的人在 NVG 帮助下组建自己的创业团队，成立风险企业。这些风险企业的固定成本很低、管理层少，拥有自己的董事会，内部创业者在其中拥有较大比例的股权，能够有效地激发其内部创业的热情。

---

① 资料来源："基于朗讯公司的业绩考评激励 https://www.globrand.com/2006/27061.shtml. 2020-11-3"，"张帏，陈耀刚. 大企业内部借鉴风险投资机制的探讨 [J]. 科技导报，2000（9）：47-48, 64."等公开资料整理。

朗讯发展至今离不开其优良的绩效考核系统。其绩效考核系统是一个闭环反馈系统，这个系统有一个形象的模型就是一个3×3的矩阵，员工在工作绩效的最后评定，会通过这个矩阵形象地表达出来，这就像一个矩阵形的"跳竹竿"游戏，如果跳得好就不会被夹脚出局，而且会升迁涨工资。朗讯的员工每年要"跳矩阵"一次，但是考核过程从目标制定之日起就已经开始了，可以说是做到考核每一天。

每年年初，员工都要和经理一起制定这一年的目标，经理要和更高层经理制定自己的目标。这个目标包括员工的业务目标、GROWS行为目标和发展目标。在业务目标里，一个员工要描叙未来一年里的职责是什么，具体要干一些什么；如果你是一名主管，还要制定对下属的帮助目标。在GROWS目标里，员工必须根据朗讯的GROWS文化分别指出自己在G、R、O、W、S上该怎么做。在发展目标里，则可以明确提出自己在哪些方面需要培训。当然并不是自己想学习什么就能得到什么培训，这个要求需要得到主管的同意。下属的每一个目标的制定，都是在主管的参与下进行的。主管会根据你的业绩目标、GROWS行为方面的差距、自己能力不足三个方面提出最切实的发展参考意见。

在主管的协助下，将这三大目标制定完毕，员工和主管双方在目标表上签字，员工、主管各保留一份，在将来的一年中员工随时可以以此参照自己的行为。在制定了目标后的一年里，每个员工在执行目标时会有来自三个方面的互动影响：反馈、指导和认可。反馈通常是在员工与员工，员工与主管，主管和员工之间常用的一种沟通方式，朗讯的每位员工在工作中都有可能充当教师的角色；指导主要指主管对员工的激励和指导的反馈；认可是一种特别的反馈，用来表示对其工作成绩的认可。这三种方式是员工和主管沟通的三种常见方式，每位员工有义务通过这三种方式履行自己目标的日常行为。朗讯将员工的评估，通过这些方式细化到每天的工作中。

朗讯的每个员工都非常重视这些互动反馈的信息，因为业绩评估中反馈是一项重要的依据。每位员工要收集好反馈信息并记录一些重要的反馈，而且要与主管讨论这些反馈，这样能够不断提高员工的效率和沟通技巧的工作方式，将业绩评估贯彻到日常工作中的每一天。对于有培养员工职责的主管来说，还必须执行好指导职责，这个职责简单来说需要指出对员工行为的看法，量化员工工作的一些指标，员工与经理要协商一致；员工能够实现的效率以及要及时给员工提出反馈信息。每个主管都要记录自己在指导方面所做的事，这些是其年终评估的一项。认可是一种良好的文化，无论是员工与员工之间，还是主管和员工之间都存在工作的认可，认可甚至越出公司内部延伸到客户中。朗讯公司鼓励用一些简单的认可方式来鼓励员工，这些认可可能是一封感谢信，一个表扬奖状，或者一个停车位，订一份杂志，甚至还有送电影票、戏票。认可形式多种多样，只是表达一种正向的反馈，但是能够让员工在工作中获得好的情绪。

这种相互鼓舞的机制可以使得管理者与员工分享新的思想，也能鼓励不同的观点，共享信息，减少官僚作风，为做重大决策打基础。朗讯的考核过程非常精细和严谨，目的是使绩效考核尽可能的公平，尽可能体现每一位员工和主管在过去的一年里的作为。朗讯的绩效考核主要围绕三个方面进行：一个是当前的业务结果，这是针对当初的业务目标进行的，通过比较每位员工设定的目标和完成的目标，以决定其工作效果；第二个评估内容是GROWS，朗讯的文化行为模式；第三个是员工知识与技能的发展情况。

案例思考题

1. 如何评价朗讯公司的绩效考核管理？
2. 朗讯公司的绩效反馈是通过何种方式实现的？
3. 朗讯公司为何如此重视绩效考核？
4. 朗讯公司进行绩效评估的独特性有哪些？对其他公司有何启示？

第 6 章

内创业企业薪酬管理

思维导图

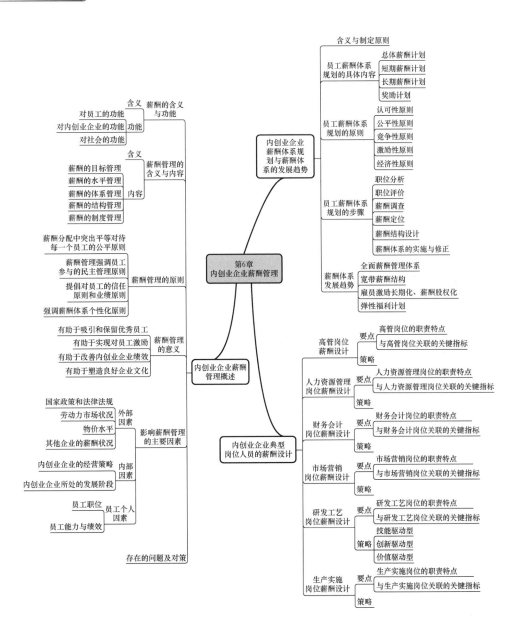

> **学习要点**
> - 内创业企业薪酬管理的内涵
> - 内创业企业薪酬体系规划的内涵
> - 内创业企业典型岗位人员的薪酬设计

 引例

西贝总裁揭秘：为何竞争对手的卧底都不愿回去了？[①]

2017年，西贝莜面村实现销售收入43亿元，作为一匹餐饮黑马，西贝莜面村的一举一动都受到诸多关注。西贝这几年的迅猛发展让人刮目相看，其背后的管理方法也在摸索中取得了巨大的成就。众所周知，西贝拥有独特的"创业分部"。西贝共设置13个创业分部，以每个分部的总经理为核心创建，甚至分部名称也以总经理名字命名。西贝的每一个创业团队，都是西贝的合伙人，拥有分红权。13个创业分部打破了传统企业按地域划分的方法，即使在同一区域，也可以有两个创业分部同时开展业务。但这种业务开展，一定是在总部协调选址下的良性竞争。

西贝的使命中有一条：成就员工。打造公平竞赛机制，构建职业发展、创业平台，让员工实现物质和精神的人生梦想。西贝总裁贾国慧说："梦想是一个人最大的资源，每一个人都值得拥有。"点燃员工的梦想，是西贝成就员工的第一步。如何点燃员工的梦想？其中较为突出的是西贝的领先薪酬策略：通过高投入（包括员工薪酬、福利、学习与发展等的高投入），利润在公司内部分享，保持公司、门店主要管理人员的领先薪酬，超配工匠厨师等方式，帮助员工获得丰厚的薪酬。西贝的店长有四份收入：18万元的年薪、公司内部PK赛奖金、门店利润四成留店、公司股份的分红。在2017年的年度最佳雇主调查中，西贝一线员工的收入，比同行的收入要高50%～100%，甚至高于他们总部人员的收入。因为这些高于同行的薪酬、福利配置，竞争对手的卧底都不愿回去了，因为福利太好了。

6.1 内创业企业薪酬管理概述

6.1.1 内创业企业薪酬的含义与功能

1. 内创业企业薪酬的含义

在内创业企业中，薪酬是员工因向内创业企业提供劳务而获得的各种形式的酬劳。一般来说，在内创业企业中，薪酬主要包含三部分，分别是：基本薪酬、可变薪酬、间接薪酬。

（1）基本薪酬

内创业企业中的基本薪酬是指内创业企业根据员工所承担的工作或者所具备的技能而

[①] 资料来源：基于"西贝总裁揭秘：为什么竞争对手的卧底都不愿回去了？，搜狐网，https://www.sohu.com/a/150548708-378278：2020-11-3"等网络公开资料整理。

支付给他们的较为稳定的经济收入。基本薪酬根据其确定的基础不同,可以分为职位薪酬体系与能力薪酬体系。职位薪酬体系是指根据对每一职位价值的评价来确定其基本薪酬,是以"职位"为中心的薪酬体系。能力薪酬体系则是指根据对每一员工能力(或者技能、胜任特征)的评价来确定基本薪酬,是以"人"为中心的薪酬体系。根据薪酬等级的数量及宽窄程度,能力薪酬体系可以分为窄带薪酬体系与宽带薪酬体系。窄带薪酬体系是指薪酬等级数量较多,每一等级的薪酬幅度较小的薪酬体系。宽带薪酬体系是指薪酬等级数量较少,每一等级的薪酬幅度较大的薪酬体系。

(2)可变薪酬

可变薪酬是指内创业企业根据员工、部门或团队、内创业企业自身的绩效而支付给他们的具有变动性质的经济收入。可变薪酬包括现金激励、短期激励和长期激励,是根据员工个人绩效的变化而追加的额外激励,为员工创造机会、提高工作积极性等方面提供有力的物质保证,有利于维护内创业企业内部优秀员工的利益,增强内创业企业凝聚力,对增强内创业企业竞争力有重要作用。根据支付的依据,可变薪酬可以分为个人可变薪酬与群体可变薪酬。个人可变薪酬是指根据个人的绩效来确定其可变薪酬;群体可变薪酬是指根据部门或团队、组织的绩效来确定个人的可变薪酬。实际操作过程中,还有可能同时考虑个人与群体的绩效。根据支付周期的不同,可变薪酬可以分为短期可变薪酬与长期可变薪酬。短期可变薪酬指在一年之内兑现的可变薪酬,而长期可变薪酬兑现的时间一般会超过一年。

(3)间接薪酬

间接薪酬就是给员工提供的各种福利,与基本薪酬和可变薪酬不同,间接薪酬的支付与员工个人的工作和绩效并没有直接的关系,往往具有普遍性,通俗地讲就是"人人都有份"。福利可以分为国家法定福利与企业自主福利。国家法定福利是国家法律法规规定的福利,在我国目前一般指"五险一金"(基本养老保险、基本医疗保险、失业保险、工伤保险、生育保险、住房公积金)。自主福利是指企业自主确定给员工提供的福利。

2. 内创业中薪酬的功能

薪酬的功能不单单是指员工个人,还对内创业企业以及社会有重大的意义,薪酬的功能主要体现在以下几方面。

(1)对员工的功能

① 保障功能。内创业企业所支付的薪酬是大多数员工的最主要经济来源,对员工个人及其家庭衣食住行等各方面的基本生存需要,有着无可替代的保障作用,同时也能满足员工个人及其家庭教育、培训、娱乐等发展方面的需要。这项功能主要对应马斯洛五大需求层次中最基本的生理需要,只有满足其生理需要,员工才能获得维持其生存所必要的物品与服务,才会转而追求更高层次的需求。

② 激励功能。就像老话说的"拿多少钱,办多少事",薪酬就好像员工和内创业企业之间的一种心理契约。员工经常会把自身对内创业企业所做的贡献与内创业企业所发放的薪酬进行对比,从而感知自己的工作是不是得到了有效的认可和回报。员工这种心理感受直接影响员工接下来的工作态度以及最终的工作绩效。如果员工觉得自己的付出与所获得的回报基本平衡,甚至回报超过了付出,那么就会对员工产生激励作用,使其感觉自身的

价值得到了体现,对内创业企业的认同感也会激增,有利于调动员工的积极性,促进能力的发挥。反之,如果付出与回报不成比例,员工就会觉得内创业企业不认可自己,情绪低落,从而影响工作效率。

(2) 对内创业企业的功能

① 增值功能。薪酬可以当作是雇佣劳动力的成本,内创业企业之所以用薪酬来购买劳动力,是因为劳动力给内创业企业带来的收益远远大于它所花费的成本。成本与收益之间的差额正是内创业企业聘用人员的动力机制,这也正是薪酬增值功能的体现。内创业企业的经营,实际上就是通过控制成本、扩大收益进行的,而员工薪酬是在内创业企业成本支出占据了相当的比例,不容忽视。

② 引导行为。内创业企业通过发放不同的薪酬来向员工传达什么样的行为、工作态度、工作业绩才是内创业企业所需要的,是受到鼓励的,从而引导着员工的工作行为、工作态度和工作成果朝着内创业企业所期望的方向前进,进而最终达到内创业企业所制定的目标。

(3) 对社会的功能

社会是由企业以及企业中的员工组成的,薪酬的多少会直接影响人们的生活水平,进而影响企业的效益,最终影响到经济形势的走向、国民经济的发展、社会的安定繁荣等。

6.1.2 内创业企业薪酬管理的含义与内容

1. 内创业企业薪酬管理的含义

内创业企业薪酬管理是指内创业企业在经营战略和发展规划的指导下,综合考虑内外部各种因素的影响,确定薪酬体系、薪酬水平、薪酬结构、薪酬构成,明确员工所应得的薪酬,并进行薪酬调整和薪酬控制的过程。薪酬调整是指内创业企业根据内外部各种因素的变化,对薪酬水平、薪酬结构和薪酬形式进行相应的变动。薪酬控制指内创业企业对支付的薪酬总额进行测算和监控,以维持正常的薪酬成本开支,避免给内创业企业带来过重的财务负担。全面理解薪酬管理的含义,需要注意以下几个问题。

(1) 薪酬管理要在内创业企业发展战略和经营规划的指导下进行。作为人力资源管理的一项重要职能,薪酬管理必须服从并服务于内创业企业的经营战略,要为战略的实现提供有力的支持,绝对不能狭隘地进行薪酬管理。

(2) 薪酬管理需要达到激励员工的目的。薪酬管理不仅是让员工获得一定的经济收入,使他们能够维持并不断提高自身的生活水平,而且还要引导员工的工作行为、激发员工的工作热情,不断提高他们的工作绩效,这是薪酬管理更为重要的目的。

(3) 薪酬管理涉及系统整体决策和复杂活动。内容不单是及时准确地给员工发放薪酬,这只是薪酬管理最低层次的活动,薪酬管理还涉及一系列整体决策,是一项非常复杂的活动。

2. 内创业企业薪酬管理的主要内容

内创业企业薪酬管理的主要内容,可以总结为以下五个。

【阅读材料】

(1) 薪酬的目标管理。目标管理是指内创业企业薪酬管理人员在制定薪酬体系时,首先要确认的是:薪酬管理为了实现什么目标、这个目标是否符合内创业企业的发展战略、是否与内创业企业目前所处的环境和发展阶段一致、是否能够满足员工需要、该如何满足员工需要,总之要尽量在内创业企业利益和员工利益中求得平衡点,实现利益最大化。薪酬的目标管理是开展薪酬管理工作的前提,因为只有方向正确了,设计出的薪酬管理体系才会有实际意义。

(2) 薪酬的水平管理。水平管理指在制定内创业企业的薪酬体系时,既要保证对内一致,又要保证与其他同类企业相比具有竞争力,否则无法留住员工;同时,内创业企业的薪酬体系不应该是一成不变的,随着员工绩效、员工能力、行为态度,以及内创业企业发展时期的不同,内创业企业的薪酬体系应该能够进行调整。对内创业企业来说,薪酬的水平管理占据着比较重要的位置,因为水平管理决定了内创业企业的薪酬制度是否科学、是否对每个员工公平,以及与外部企业相比是否具有竞争力。薪酬的水平管理包括:确定内创业企业不同类型员工的薪酬水平,包括管理者、技术人员、销售人员、服务人员等;如果内创业企业有特殊人才,要确定这类人才与竞争对手相比,薪酬水平如何等。

(3) 薪酬的体系管理。体系管理是指内创业企业的薪酬体系由哪几部分组成。一般来说,内创业企业薪酬体系中,通常包括基本工资、绩效、奖金、分红、股票期权等。现在越来越多的内创业企业会加入一些能够帮助员工长远发展的部分,例如,给员工提供职业规划、能力培训,给员工外出交流、进修的机会,通过一些团队活动来提高员工的工作积极性和成就感等。

(4) 薪酬的结构管理。结构管理是指针对内创业企业众多的员工,合理划分等级,并确立每个等级的薪资水平,合理地确定工资宽带等。例如,很多企业会有多级薪资等级,每一级之间有明确的薪酬水平,各级之间与级差合理,既保证了员工能够有足够的积极性,为了更好等级努力发展,又能够很好地适应越来越扁平化的企业结构,同时也能在需要员工进行轮岗时,对其薪酬水平进行合理的管理。薪酬的结构管理体现了对内创业企业和员工发展的长远规划,对员工未来职业发展和晋升有很大激励作用。

(5) 薪酬的制度管理。制度管理是指薪酬体系的所有内容需要形成制度,例如,薪酬制度由谁负责设计、谁来管理、谁来审计,内创业企业薪酬的预算是多少,内创业企业薪酬的执行由谁监督等。这一方面保证员工能够充分了解内创业企业的薪酬制度,另一方面保证薪酬制度的执行质量和执行标准。薪酬的制度管理是薪酬体系能够得到良好实施的重要依据。

6.1.3 内创业企业中薪酬管理的原则

薪酬理念的改变必然带来薪酬管理原则的变化,表现在以下几个方面。

1. 薪酬分配中突出平等对待每一个员工的公平原则

公平性作为薪酬激励功能的基础和提高绩效的重要机制,历来都是薪酬管理中重点强调的一个宗旨和原则。但传统的公平观念认为,只要组织内部实现同工同酬,就实现了公平。现代薪酬管理中,不仅要求组织内部的分配要公平,而且强调组织分配的外部公平性;不仅要同工同酬,而且要求对不同性质的工作按"可比价值"进行评价,实现同等可比价值同酬;更为重要的,是把承认员工的剩余索取权作为薪酬分配公平性的重要内容,员工不仅要取得补偿劳动力再生产性质的工资,而且要参与内创业企业利润的二次分配过程。这些变化表明公平性原则已经被建立在更广泛的基础上，包含着更深刻的人文精神内容。

2. 薪酬管理强调员工参与的民主管理原则

传统的薪酬管理中，员工作为被管理者，被排斥于薪酬方案的设计制定过程之外，被动地接受组织对其的薪酬安排。现代薪酬管理则非常重视员工参与薪酬管理，把员工视为管理的主体，认为薪酬的决策方式与决策结果同等重要，在薪酬决策和薪酬方案设计中充分听取和采纳员工的意见和建议，提高薪酬分配的透明度。有些国家还以立法形式，规定员工（工会）代表参与薪酬决策的合法地位和权益。员工参与薪酬管理不仅是薪酬管理程序的改变，更重要的是体现了民主管理的人本主义要求；不仅有助于集思广益提高决策的正确性，更重要的是能使员工了解组织薪酬方案的依据及其合理性，从而以一种积极和理解的态度去接受能体现出员工价值的薪酬。

3. 提倡对员工的信任原则和业绩原则

坚持以人为本的管理思想，就要尊重员工的主体意识，激发员工的创新精神，提倡对员工的信任原则和业绩原则。信任员工，是充分肯定员工在组织中的主体地位、培育员工主体意识的先决条件。如果连对员工的基本信任都没有，就无从奢谈员工的主体意识。业绩原则要求根据员工的业绩使员工获得应有的薪酬，保证员工劳动力所有权和人力资本所有权在经济上得以实现，使员工的物质利益和自我价值在薪酬中得到充分体现，这是激发员工创新精神的重要动力。

4. 强调薪酬体系个性化原则

传统薪酬体系（薪酬战略、薪酬制度）的设计缺乏个性特点。计划经济国家全国实行基本统一的薪酬体系，西方市场经济国家虽然存在权变学派（主张采用不同的薪酬战略和政策、实行个性化薪酬体系）与最佳实践学派（认为实践中存在一种普遍适用于各个企业的最佳薪酬体系）的争论，企业的薪酬体系设计也有一定差异，但总体而言，20 世纪 80 年代以前大都从属于固定的、集体的、按工定酬的薪酬体系。20 世纪 80 年代以后产生的新的薪酬理论十分重视薪酬体系设计的个性化原则，使个性化的薪酬体系在西方各国得到广泛的推行。薪酬应该从业务战略和机构构架出发开始设计，反对那种认为必须把最佳实践组合进企业薪酬体系的假设。薪酬体系设计个性化成为现代主流薪酬理论的重要原则，原因在于：各个企业的发展目标和经营战略不同，薪酬战略必须服从和服务于每个企业特定的发展目标和战略；企业之间的组织结构和生产经营特点不同，员工个人偏好和对薪酬的需求不同，需要有不同的薪酬制度与之相适应；除此之外，个性化的薪酬体系不易被竞争对手仿效，有助于保持企业的竞争优势也是一个重要因素。由于个性化薪酬体系的优势明显，事实上，即使声称采纳最佳实践学派薪酬理论的企业，相互之间也没有一个相同的薪酬体系。

6.1.4 内创业企业中薪酬管理的意义

在内创业企业中，薪酬管理作为人力资源管理的一项重要职能活动，具有十分重要的作用，主要表现在以下几方面。

1. 有效的薪酬管理有助于吸引和保留优秀的员工

这是薪酬管理最为基本的作用,内创业企业支付的薪酬,是员工最主要的经济来源,是他们生存的重要保证。薪酬管理的有效实施,能够给员工提供可靠的经济保障,从而有助于吸引和保留优秀的员工。

2. 有效的薪酬管理有助于实现对员工的激励

按照心理学的解释,人的行为都是在需要的基础上产生的,对员工进行激励的支点就是要满足他们没有实现的需要。马斯洛的需求层次理论指出,人们存在五个层次的需求,有效的薪酬管理能够不同程度地满足这些需求,从而可以实现对员工的激励。员工获得的薪酬,是他们生存需求满足的直接来源,因为没有一定的经济收入,员工就不可能有安全感,也不可能具有与他人进行交往的物质基础。此外,薪酬水平的高低也是员工绩效水平的一个反映,较高的薪酬表明员工具有较好的绩效,这可以在一定程度上满足尊重和自我实现需求。

3. 有效的薪酬管理有助于改善内创业企业的绩效

薪酬管理的有效实施,能够对员工产生较强的激励作用,提高他们的工作绩效,而每个员工个人绩效的改善将使内创业企业整体的绩效得到提升。此外,薪酬管理对内创业企业绩效的影响还表现在成本方面:对于内创业企业来说,薪酬是一项非常重要的成本开支,在通常情况下,有效的薪酬管理能够降低内创业企业的成本,从而提高产品和服务的利润空间,提升内创业企业的经营绩效。

4. 有效的薪酬管理有助于塑造良好的企业文化

良好的企业文化对于内创业企业的正常运转具有重要的作用,而有效的薪酬管理则有助于企业文化的塑造。首先,薪酬是进行企业文化建设的物质基础,员工的生活如果不能得到保障,企业文化建设就是空谈。其次,企业的薪酬政策本身就是企业文化的一部分,例如,奖励的导向、公平的观念等。最后,内创业企业的薪酬政策能够对员工的行为和态度产生引导作用,从而有助于企业文化的建设,例如,内创业企业推行以个人为基础的计件工资制,就会强化个人主义的企业文化;相反,如果内创业企业的可变薪酬以团队为基础来计发,就有助于建立集体主义的企业文化。

6.1.5 内创业中影响薪酬管理的主要因素

在当前市场经济影响下,内创业企业的薪酬管理活动会受到诸多因素的影响,影响薪酬管理的因素可以从内创业企业和个人两个主体来找,可以分为三类:内创业企业外部因素、内创业企业内部因素和员工个人因素。

1. 内创业企业外部因素

(1) 国家政策和法律法规。国家法律法规与政策对内创业企业行为具有强制性的约束作用,因此内创业企业在进行薪酬管理的时候首先应该注意这一点。内创业企业的薪酬管理前提是要遵守国家相关的政策和法律法规,不能以违反相关政策和法律规定为代价来吸引留住优秀人才。

（2）劳动力市场状况。当劳动力市场对劳动力需求很大时，要适当增加员工的薪酬水平。但要注意适度增加，因为薪酬具有刚性，一旦提高薪酬水平，就很难在保证人才不流失的前提下再降低下来。在市场对劳动力需求下降时，如果降低薪酬可能会导致人才流失。

（3）物价水平。薪酬最基本的功能是保障员工的基本生活，因此对于员工而言，更有意义的是实现薪酬与物价水平的比率。对于员工来说，物价上涨时，意味着员工的实际薪酬水平降低了，此时为了留住人才，内创业企业应适当根据物价上涨水平来调整薪酬水平。

（4）其他企业的薪酬状况。其他企业的薪酬状况对内创业企业薪酬管理的影响是最为直接的，这是员工进行横向公平性比较时，非常重要的一个参照系。当其他企业，尤其是竞争对手的薪酬水平提高时，为了保证外部的公平性，内创业企业也要相应地提高自己的薪酬水平，否则就会造成员工的不满意甚至流失。

2. 内创业企业内部因素

（1）内创业企业的经营战略。内创业企业薪酬的设计目的是实现本企业的经营发展战略目标。因此，内创业企业的经营战略会影响员工的薪酬，薪酬的设计要以内创业企业的经营战略为出发点，对优秀人才予以薪酬水平和薪酬政策方面的倾斜，来吸引留住人才，实现内创业企业的发展目标。

（2）内创业企业所处的发展阶段。内创业企业处于不同的发展阶段，采取的薪酬体系设计也应不同。在初创期，内创业企业薪酬的竞争性要强，有利于留住人才，但刚性要小，为以后薪酬的调整提供增长空间；在快速成长期，绩效奖金方面要突出，有利于激发员工的积极性和创造力；在发展稳定期，基本工资、福利、长期薪酬都要保持一个高水平，这样有利于内创业企业的持续发展；在衰退期，绩效工资就不需要再保持高水平了，相反应降低绩效工资；在再造期，又需要强烈激发员工的积极性、创造性，因此要制定高水平的绩效工资，基本工资和福利可相对低一些。

3. 员工个人因素

在内创业企业中，薪酬管理要想有效发挥其作用，不能只靠内创业企业的努力，还需要员工个人自身的努力。

（1）员工职位。在目前主流的薪酬管理理论中，职位是决定员工个人基本薪酬以及内创业企业薪酬结构的重要基础，也是内部公平性的主要体现。职位对员工薪酬的影响并不完全来自它的级别，而主要是职位所承担的工作职责以及对员工的任职资格要求。

（2）员工能力与绩效。能力是员工完成工作的关键因素之一，一般而言，能力越高，薪酬相应也就应该越高。内创业企业在设计员工的薪酬时，必须考虑员工的能力。员工的绩效是决定其可变薪酬的重要基础，在内创业企业中，可变薪酬往往都与员工的绩效联系在一起，具有正相关关系。总的来说，员工的绩效越好，其可变薪酬就会越高。此外，员工的绩效表现还会影响绩效加薪，进而影响基本薪酬的变化。

6.1.6 内创业企业薪酬管理存在的问题及对策

1. 内创业企业薪酬管理存在的问题

（1）设计难度大。当内创业企业刚刚起步，薪酬支付能力有限，面对的难题是如何利用非常极少的资金,招聘到意气相投的主要成员。这时的资金和人力还不足以规划一套完整的薪酬结构。当内创业企业进行融资,并且扩大了业务范围之后,之前简单原始的薪酬管理可能会出现成本失控和员工流失的难题。这时就必须重新构建一个契合内创业企业实际发展状况的薪酬体系。

(2) 执行效果差。鉴于内创业企业在初始成长阶段没有足够的资金和人力去推行健全的体系,常常会致使员工不重视绩效考核,不了解薪酬制度,导致最初设定好的规则执行效果不佳,最后内创业企业陷入一个考核与薪酬无序的混乱状态。

(3) 员工满意度积极性低。在薪酬安排不是完全公开的情况下,员工不清楚本企业的薪酬框架,不了解考核指标,就会对自己和他人的薪酬水平产生怀疑,不仅引发了员工的不满,还影响到内创业企业内部团结。另外内创业企业长时间不进行薪酬调整,即便员工进入内创业企业时的收入较高,但工资在一两年内没有上涨还是会严重影响员工的积极性,并且影响内创业企业的整体工作氛围。

2. 内创业企业薪酬管理的对策

内创业企业的薪酬制度应该跟随内创业企业业务的发展,从空白开始不断完善。内创业企业在不同阶段的薪酬方案必须要有不同的侧重点,并且相对灵活,方便调整。

(1) 创立初始期

在内创业企业成立初期,往往没有资金和能力来组建一个管理团队,通常由CEO根据市场标准来决定薪酬。CEO应和HR表明内创业企业职位等级和职能权责划分,以及对各个岗位的投资比重。HR负责和CEO商议薪酬市场的状况,根据内创业企业自身状况制定合理的薪酬。HR应尽可能让员工薪酬保持透明,这可以降低内创业企业内部不和的可能性,建立起诚实的工作环境。当HR设计完成基础的薪酬结构后,把考核制度和薪酬方案传达到中层管理者,让他们合理建设个人的团队。随着内创业企业规模扩大,岗位数量逐渐增加,之前的薪酬设计不再合理,提前找出问题,可以迅速调整对应的内容,在某种程度上降低损失。但对于新的团队,不能只靠薪酬吸引人才,内创业者应该使应聘人员和就职员工了解内创业企业的愿景和项目规划,从而对内创业企业的前景抱有信心,提高积极性。

① 工资。如何确保固定薪酬和可变薪酬的合理分配?参考同类型企业是设定固定工资的最佳方法,将内创业企业的薪酬水平放到当地市场上进行比较,设计一个合理并且有竞争力的薪酬规划,典型的处理方式是把固定工资的20%设置为可变薪资。一般建立在内创业企业的收益情况上,并且和对应职位的绩效标准相联系,但是要避免尝试量化一切,有些任务可以量化,但是奖金需要酌情考量,当员工的贡献价值和企业的整体战略挂钩,这时的可变薪酬方案才会更加合理。弗雷德·威尔森说过:"为企业的所有职位都找到对应的市场薪酬参考,并随时保证企业的薪酬水平符合市场薪酬或者更加理想地高于市场薪酬,并且对团队的薪酬水平进行定期检查,适当地提薪,这是相当重要的。"

② 股权。股权作为内创业者和早期员工的主要动力,不仅可以成为内创业企业激励文化的一部分,股权还有保证忠实度的作用。股权起码需要包括内创业者和员工负担较低工资并且经受较高风险时的机会成本。当内创业企业处于创业早期,需要核心技术人员时,若没有充足的资金支付较高的薪酬,那最好的解决方式就是提供大量股权。并且当同

处于创业初期的企业为应聘者给出更高的现金待遇时，内创业企业提供的股权不应该低于其他企业。在面试过程中提供给应聘者一些参考数字以及足够的信息，他们就能够根据公开市场的等价物估算出自己可能拥有的股权到底有多大价值，从而改变对于内创业企业股权的认知，提高内创业企业的竞争力。同时，还要考虑另一个不可忽视问题：对绩效驱动与平等主义两种企业文化的选择。如果内创业企业对员工个人的绩效非常重视，而且在最高薪酬和最低薪酬的差距相当大的情况下，不对称的股权分配方法更加适合。但是如果内创业企业比较重视平等，想要个人绩效和队伍处于均衡，这时的股权分配需要注重公平。

（2）创立稳定期

在初始期，内创业企业的最佳做法是从咨询内创业企业收集市场信息和岗位报价，通过参照市场标准可以避免一些决策失误。一旦有比较充裕的资金进入后，内创业企业进入一个稳定的发展阶段时，原本简单的薪酬设定已经不再适合内创业企业情况，这个阶段的内创业企业从内创业企业的发展战略、规模效益以及职位的职能要求出发建立一套正确的薪酬体系。由于咨询机构通常都是瞄准行业内做得最好的案例，在处理稳定期的内创业企业的项目里会更有经验，会帮助内创业企业将薪酬管理操作得更加完善。

首先对职位展开分析。对不同岗位的工作内容、时间、要求、负责人等内容进行分析与归类，确定这个时期企业内部的职位类别，根据结果制作出一张岗位族系图。然后进行职位评价。在把握全面信息的基础上，下一步去和不同部门的负责人沟通，使用量化和非量化的混合模式对不同职位的重要性和岗位之间的关系进行评价。这种方法的优势在于量化便于操作，减少人为因素造成的失误，非量化使得考察更加全面。根据华恒智信专家团的建议，职位评估应该从组织影响、监督管理、任职资格、工作职责、沟通关系、环境条件、市场稀缺性这七个方面展开。由于不同行业和企业状况不一，这些评估要素的权重需要进行不同的细化和量化。随后基于公平性将完成后的岗位族系图设置分层分类的薪酬分配体系。薪酬管理的公平法则相当重要，企业不仅在工作强度相近的岗位设置相近的薪资，并且需要合理加大不同层次、不同类别、不同职位、不同能力的员工之间的收入差距，提高核心人才的薪酬水平。即分别设置静态收入和动态收入，静态收入应该涵盖职位工资和工龄工资等，动态收入包括绩效工资和奖励福利等，不同的职位层级要采用不同的浮动比例，同时应该控制幅度范围。对于企业外部，应该调查市场内相同情况下的薪酬水平，确保自身具有竞争力。

6.2 内创业企业薪酬体系规划与薪酬体系的发展趋势

6.2.1 内创业企业薪酬体系规划的含义与制定原则

内创业企业薪酬体系规划主要是指内创业企业根据其内外部环境，并结合内创业企业的发展需要，为了有效地激励员工的工作积极性和创造性，确保内创业企业的目标能够得以实现，运用科学的规划方法对内创业企业的薪酬系统进行综合规划、系统安排的过程。科学、合理的薪酬计划系统是有效地实施薪酬管理的基础，也是制定内创业企业各项薪酬制度和各项具体薪酬计划的依据。员工薪酬规划对于增强薪酬管理的科学内涵，减少薪酬管理中的不确定性和随意性，保证薪酬管理的效率和效果，支持内创业企业目标的实现等，都具有重要的意义。

在内创业企业中，员工薪酬规划的制定原则，比较常见的有"3P"原则，即职位薪酬、绩效薪酬和个人薪酬。

1. 职位薪酬

员工的职位薪酬，就是根据某一职位的重要性、风险性及有关劳动力市场的供求状况等来确定的薪酬。不同的职位，对内创业企业有不同的重要性，也意味着不同的风险承担程度、工作的难易程度。同时，对适合担任不同职位的人来说，劳动力市场也会有不同的供求状况。因此，在做薪酬规划的时候，内创业企业必须参照具体的工作分析和劳动力市场状况，对担任每一职位的员工制定特定的薪酬。除此之外，员工的职位支付薪酬还必须考虑内创业企业的经济条件和行业的有关薪酬水平，以及该职位过去的工资状况和将来的工资升降趋势。对职位支付薪酬，重点是对职位而不是对人，职位薪酬在一定的时期内具有相对的稳定性。不过，对职位支付薪酬也绝不能是设定之后就固定不变的，如果在内创业企业的经济实力发生了变化或劳动力市场发生了变化等情况下，就可能需要重新设定职位薪酬，通常职位薪酬是一种基本薪酬。

2. 绩效薪酬

员工的绩效薪酬，就是根据员工的工作成果和工作贡献来确定的薪酬，其依据是对员工进行的绩效评估。一般来说，对员工的绩效支付薪酬都会事先确定一个目标，作为员工获得一定绩效薪酬的条件，比如完成一定的销售利润指标、完成一定的工作任务等。在支付绩效薪酬时，要参照事先确定的绩效目标，评估员工的实际工作绩效，再确定该员工应该得到的绩效薪酬的份额。对不能完成预定目标的员工来说绩效薪酬就低，对超过了预定目标的员工来说绩效薪酬就高，还可能获得额外的奖金。因此，绩效薪酬是根据员工的绩效高低而上下浮动的，它是一种可变薪酬。绩效薪酬是员工短期薪酬中最重要的组成部分，它能够在工作绩效和工作报酬之间提供一种更加直接的联系，并且能使内创业企业更为灵活地控制和调节劳动力成本，还能有效地吸引并留住绩效较高的员工，为内创业企业增加人力资源优势。因此，绩效薪酬越来越受到内创业企业与员工的重视。

3. 个人薪酬

个人薪酬是根据员工个人的不同具体情况而支付的不同的薪酬。这种薪酬一方面依据员工个人的具体情况，例如，员工的技能或技巧、员工的工龄、员工对内创业企业的忠诚、员工的发展潜力、员工的工作经验和工作胜任程度等。另一方面，这种薪酬又依据不同类型员工薪酬的市场状况。例如，考虑这类员工在劳动力市场上是供大于求还是供不应求、考虑这类员工的市场平均工资、考虑内创业企业对这类员工的市场竞争力与激励政策等。对个人支付的薪酬，会在发展中与劳动力市场工资水平的变动中有所调整，但是它基本上是相对稳定的。个人薪酬与对职位支付的薪酬一样，属于基本薪酬的范畴。

掌握薪酬规划的制定原则，根据员工的职位、绩效和个人具体情况来制订具体的薪酬计划，是内创业企业人力资源管理系统中薪酬管理的一项具体工作。

6.2.2 内创业企业员工薪酬体系规划的具体内容

在内创业企业中，员工的薪酬体系规划一般包括两个层次，即内创业企业的总体薪酬规划与分类的员工薪酬计划。内创业企业总体的薪酬规划是本企业薪酬管理的总目标、总战略、总政策和总的实施步骤以及总预算。分类的员工薪酬计划则包括内创业企业的短期薪酬计划、长期薪酬计划和奖励计划。

1. 内创业企业总体薪酬规划

内创业企业总体薪酬规划的目标是：通过内创业企业的薪酬管理包括薪酬规划的实施，提高内创业企业员工的满意度和对内创业企业的归属感，稳定员工队伍，吸引内创业企业所需人才，保持员工高涨的士气和良好的内创业企业氛围，增进内创业企业员工的工作绩效和内创业企业的总体效益。为了达到内创业企业总体薪酬规划的目标，内创业企业所要考虑的政策有内创业企业总体薪酬政策、薪酬改革政策、人才吸引及有关薪酬政策、员工队伍稳定及其薪酬政策等。实施内创业企业总体薪酬规划的步骤，则由内创业企业从总体上具体加以考虑，同时内创业企业要做出内创业企业实施总体薪酬规划的总预算及其相关细节。

2. 内创业企业短期薪酬计划

内创业企业短期薪酬计划的目标是：控制内创业企业劳动力成本，保证员工的基本劳动所得，同时实行员工的工作绩效与员工的薪酬挂钩，在短期内保持对员工的激励，提高内创业企业的凝聚力。为了实现内创业企业的短期薪酬计划，内创业企业所考虑的政策有：薪酬结构及其调整政策、薪酬计量政策、激励倾斜政策等。

3. 内创业企业长期薪酬计划

内创业企业长期薪酬计划的目标是：用有效的长期薪酬计划来激励并吸引内创业企业的核心人才，创造内创业企业的高效益。在高效益的基础上，再实现内创业企业长期的有效高薪酬，形成良性循环，以此保证内创业企业的长期效益和长期发展，保证内创业企业的市场竞争力和风险承受力，创建优秀的内创业企业和培养一流的企业人才。

4. 内创业企业奖励计划

内创业企业奖励计划的目标是通过有效的内创业企业奖励计划，进一步调动员工的积极性，重点奖励高绩效员工，强化内创业企业向上的氛围。与之相关的奖励政策有：奖励水平或额度、奖励面和奖励标准、提成政策等。有关的内创业企业预算应重点考虑与内创业企业利润或销售额等绩效指标有关的奖励份额。

6.2.3 内创业企业员工薪酬体系规划的原则

1. 认可性原则

【薪酬激励价值自测问卷】

如果内创业企业设计出来的薪酬体系不能为员工所认可和接受，那么无论其技术方面做的是多么的出色，也是没有任何成效的。因此要让员工明白现行的薪酬决策是怎样做出的，工资结构为什么要设计成某种形式，内创业企业为什么要对工资结构做出某种调整等。可以采用让员工参与到薪酬决策中来以及运用有效的方式与员工进行沟通等方法，使员工认可和赞同薪酬体系。

2. 公平性原则

公平性是指内创业企业员工对薪酬分配的公平感，也就是对薪酬发放是否公正的认识与判断，是设计薪酬制度和进行薪酬管理时首要考虑的因素。公平的赏罚是取得员工的信任，争取员工支持并为内创业企业做出更大贡献的基础。一般来说，合理的薪酬应满足以下三个条件。①外部公平性。同一行业、同一地区或同等规模的不同企业中类似职务的薪酬应基本相同。因为此类职务对员工的知识、技能与经验要求相似，付出的脑力和体力也相似，薪酬水平也应大致相同。②内部公平性。即同一企业不同职务的员工所获得的薪酬应正比于其各自对企业做出的贡献，只要比值一致便是公平。③自身公平性。即同一企业中占据相同职位的员工，其所获得的薪酬应与其贡献成正比。同样，不同企业中职位相近的员工，其薪酬水平也应基本相同。

3. 竞争性原则

竞争性是指在社会上和人才市场中，内创业企业的薪酬标准要有吸引力，才足以战胜竞争对手，招聘到所需人才并留住人才。因此内创业企业要想获得市场竞争力，就必须为其员工提供高于同行业其他企业的薪酬水平。

4. 激励性原则

激励性是指要在内创业企业内部各类、各级职务的薪酬水准上，适当拉开差距，真正体现薪酬的激励效果，为每个员工提供公平、均等的机会，提倡和鼓励竞争，让富有聪明才智和诚实肯干者在竞争中脱颖而出并获得高报酬，激励员工为追求本企业效益最大化做贡献，反对平均分配主义。

5. 经济性原则

提高内创业企业的薪酬水准固然可以提高其竞争性与激励性，但同时不可避免地导致内创业企业人力成本的上升。因此，薪酬水平的高低不可能不受经济性的制约，也就是说，要考虑内创业企业的实际承受能力的大小。

总之，在进行薪酬体系设计过程中，要综合考虑以上原则，灵活地制定出最有效的薪酬方案，将员工的利益与内创业企业的目标和发展前途有机地结合起来。

6.2.4 内创业中员工薪酬体系规划的步骤

建立一套合适的薪酬体系，是目前我国很多内创业企业的当务之急。薪酬设计的要点在于对内具有公平性，对外具有竞争力。设计出一套合理科学的薪酬体系和薪酬制度，一般要经历以下几个步骤，如图 6.1 所示。

图 6.1 内创业企业薪酬体系规划步骤

1. 职位分析

职位分析是确定薪酬的基础，结合内创业企业经营目标，内创业企业管理层要在业务分析和人员分析的基础上，明确各部门职能和职位关系，人力资源部和各部门主管合作编写职位说明书。

2. 职位评价

职位评价重在解决薪酬的对内公平性问题，即达到内创业企业的内部均衡。内创业企业内部均衡失调有两种情况：差距过大和差距过小。差距过大是指优秀员工与普通员工之间的薪酬差异大于工作本身的差异，也有可能是做同等工作的员工之间存在着较大的差异。前者有助于稳定优秀员工，后者会造成员工的不满。差异过小是指优秀员工与普通员工之间的薪酬差异小于工作本身的差异，它会引起优秀员工的不满。当内部均衡适当时，员工可以达到正常的工作效率，当内部均衡不适当时，则会大大降低员工的工作效率，而薪酬体系中的职位评价正是为了解决内创业企业内部均衡失调这个问题。

3. 薪酬调查

薪酬调查重在解决薪酬的对外竞争力问题，内创业企业在确定一个或更多职位的薪酬水平时，需要参考劳动力市场的薪酬水平。内创业企业可以委托专业的咨询企业进行这方面的调查。薪酬调查的对象，最好是选择与自己有竞争关系的企业或同行业的类似企业，重点考虑员工的流失去向和招聘来源。薪酬调查的数据要有每年度的薪酬增长状况，不同薪酬结构对比，不同职位和不同级别的职位薪酬数据、奖金和福利状况，长期激励措施以及未来薪酬发展趋势分析等。

4. 薪酬定位

在分析同行业的薪酬数据后，需要做的是根据内创业企业状况选用不同的薪酬水平。影响内创业企业薪酬水平的因素有多种：从内创业企业外部看，国家的宏观经济、通货膨胀、行业特点和行业竞争、人才供应状况甚至外币汇率的变化，都对薪酬定位和工资增长水平有不同程度的影响；在内创业企业内部，决定薪酬水平的关键因素是工作的价值，内创业企业的盈利能力和支付能力、人员的素质要求；而在内创业企业发展阶段，人才稀缺度、招聘难度、内创业企业的市场品牌和综合实力，也是重要影响因素。

5. 薪酬结构设计

在进行完薪酬定位之后，内创业企业就可以根据自身的实际情况，确定一个合理的薪酬结构。薪酬结构又称薪酬构成，是关于薪酬的构成要素以及各要素在总量中所占的比重。薪酬的构成要素主要有基本工资、奖励工资、津贴、福利和服务、可变薪酬等。薪酬结构在不同国家、不同企业由于劳动特点、工作性质、工作任务以及薪酬支付、传统习惯的不同而不尽相同。在不同时期随着生产力的发展，经济管理体制的变动以及生产或工作需要的变化，薪酬结构也会不同。

6. 薪酬体系的实施与修正

在确定薪酬调整比例时，要对总体薪酬水平做出准确的预算。目前，大多数内创业企业是财务部门在做此测算，但大多数内创业企业的财务部门并不清楚具体工资数据和人员变动情况。因此，为准确起见，最好同时由人力资源部做此测算，人力资源部为此应建好工资合账，并设计一套较好的测算方法。另外，为保证薪酬制度的适用性，内创业企业应该对薪酬的定期调整做规定。为更好地发挥薪酬体系在人力资源管理中的作用，企业应做出企业薪酬体系模型设计。

6.2.5 内创业薪酬体系发展趋势

内创业企业内部管理中绩效考核与薪酬设计是人力资源管理部门使用最多的，其中薪酬设计是工资发放的重要依据，同时也是激励员工的重要手段。薪酬设计的激励能够有效调动员工的工作积极性，对于内创业企业发展尤为重要，现代薪酬体系建设呈现以下趋势。

【布朗德战略导向薪酬管理体系】

1. 全面薪酬管理体系

传统的薪酬管理体系从根本上说是以企业（雇主）为导向制度，企业薪酬体系缺乏与员工的沟通。而以薪酬管理历史演变的过程来看，现代管理阶段的薪酬管理趋势是越来越以员工为中心来设计企业薪酬，重视员工的参与与多元化要求，强化薪酬的激励作用，强调整体薪酬的效能。全面薪酬管理体系是以员工为导向的整体性的系统薪酬设计，它认为：从激励的角度来看，薪酬是员工个人行为所导向的目标和工作动机产生的源泉，有效的薪酬体系及其管理必须让员工明确知道什么样的行为是组织所倡导的。

（1）全面薪酬管理体系的主要内容

全面薪酬管理体系不仅能够提高薪酬的质量，同时，由于它扩大了薪酬的内容，通过经济和非经济手段帮助内创业企业与员工之间建立起伙伴关系，并让员工前所未有地享受到了个性化薪酬制度所带来的愉悦。

① 基本工资。基本工资是指员工因完成工作而得到的周期性发放的货币性薪酬，其数额相对固定。内创业企业通常是基于组织中岗位的相对价值来为特定职位确定相对价值，并根据工作或员工的技术水平，付出的努力程度，工作的复杂程度，完成工作所承担的责任和工作环境等薪酬因素来确定基本工资的金额。

② 可变薪酬。可变薪酬是指员工因部分或完全达到某一事先制定的工作目标来给予奖励的薪酬制度，这个目标是以个人或者团队或者内创业企业业绩或是三者综合的预定标准来制定的，其实质就是将薪酬与绩效紧密结合，可以看作是对基本工资的调整，不稳定性是可变薪酬的特征，它的潜在盈利与潜在风险是并存的。

③ 间接薪酬。间接薪酬（或称之为福利薪酬）是指员工作为内创业企业成员所享有的，内创业企业为员工将来的退休生活及一些可能发生的不测事件（如疾病、事故）等所提供的经济保障，其费用部分或全部由内创业企业承担。福利薪酬中有一部分是具有政府强制性的法定福利，例如，失业保险、社会保险等；另外一部分是自愿性的非固定福利，可由内创业企业自行设置福利项目以作为对法定福利的补充。

④ 非货币性外在薪酬。非货币性外在薪酬包括安全舒适的工作环境、良好的工作氛围和工作关系、引人注目的头衔、主管的赞美和肯定等。这里的工作环境指的是与工作融为一体的那些有形的必需品。而内创业企业塑造良好的工作氛围，工作关系和体现内创业企业的认可和尊重等的常用形式包括：通过社交（例如，员工的交谈、组织员工业余活动等）增进感情、旅游奖励、象征性奖励（例如，勋章、奖杯、纪念品、T恤衫）等。

⑤ 内在薪酬。内在薪酬相对于外在薪酬，实际上就是员工从工作本身所获得的心理收入，即对工作的责任感、成就感、胜任感，富有价值的贡献和影响力等。内创业企业可以通过工作设计、制度、人力资本流动政策等来执行内在薪酬，让员工从工作本身中得到最大的满足。

（2）全面薪酬管理策略

全面薪酬管理体系的实施是一项艰巨而复杂的工程，这个体系既有程序性，也有非程序性，既是一种管理观念，也是一种管理思维。关键的问题是如何执行全面薪酬管理体系，因此，相应的管理策略就显得很重要。

① 构建将以工作为中心和以人为中心相结合的组织结构。全面薪酬管理应该是在开放的、扁平的、动态的组织结构中展开。组织结构应突显本位开放、横向开放、国际开放，这样的组织结构才能保持信息对称，全面薪酬管理的激励沟通作用才能达到。

② 设计以人为本全面发展为中心的职业生涯发展计划。全面薪酬管理是将"人力"看作"资本"，不断克服所有权支配劳动、物权支配人权的传统人力资源管理的弊端。

③ 以终身教育理念构建员工的培训体系。把受教育以及培训作为一种报酬手段，让员工得到智力资本，保证其"人力"成长为"资本"，达成内创业企业与员工的双赢。

④ 完善奖励机制。奖惩是全面薪酬管理的基本手段，奖励应遵循典型性、时效性、适度性，物质与精神奖励相结合，这使奖励成为正反馈效应，促进全面薪酬管理的各项工作。

⑤ 细化内在薪酬措施。一是使工作更富有吸引力，通过工作丰富化、岗位轮岗、工作扩大化等工作设计的手段使工作更具有趣味，从而满足员工的成就感需求；二是提供员工个人成长的机会；三是扩大工作自主权，使内创业企业从仅靠金钱激励员工、加薪、再加薪的循环中摆脱出来。

【传统窄带薪酬结构与宽带薪酬结构比较】

2. 宽带薪酬结构

宽带薪酬结构是相对于传统的窄带薪酬结构而言的，是适应组织结构扁平化的要求，对拥有大量薪酬等级的传统窄带薪酬结构进行改造的结果。宽带薪酬结构的最大特点是将传统窄带薪酬结构下的大量薪酬等级压缩成少数几个薪酬等级，同时拉大每个薪酬等级对应的薪酬范围。宽带薪酬结构的实施将形成更有利于市场竞争和组织发展的薪酬管理系统和薪酬管理流程。

3. 雇员激励长期化、薪酬股权化

雇员激励长期化是与短期激励相对而言的，它是指内创业企业通过一些政策和措施引导员工在一个较长的时期内自觉地关心内创业企业的利益，而不是只关心一时一事。短期性质的薪酬容易导致员工工作行为的短期化，而员工尤其是高层管理人员和骨干员工工作行为的短期化必然会导致组织发展过程的短期化，从而无法有效保证组织长期发展战略和远景目标的实现。同时，短期报酬的激励力度相对于长期激励而言较小，员工无法从组织的可持续发展中获取利益，也不利于对员工的约束。为了留住组织中关键的人才和技术，稳定员工队伍，采用业绩奖金延期支付计划、业绩股票、员工持股、股票增值权、虚拟股票计划、股票期权等薪酬形式成为近年来组织薪酬的发展选择之一。

目前，我国很多内创业企业都存在长期激励机制缺位的问题，致使人力资源管理处于低效状态，从而极大地影响了内创业企业发展的后劲。但是，也有一部分优秀的内创业企业向其高级管理人员授予了股票期权，还有一些内创业企业为了吸引和留住人才，在薪金之外又推出了优先认股权、送红股等手段，让员工参与分享经营成果。

4. 弹性福利计划

(1) 弹性福利计划的概念

福利设计是人力资源管理的一个重要内容。福利作为薪酬的一个重要组成部分，有时甚至比工资更能激励员工。因此，福利已经成为很多内创业企业吸引、保留和激励优秀人才的重要手段。随着对福利的重视，福利成本也随之迅速上升，员工福利的增加成为导致雇佣成本大幅提高的重要因素之一。Barringer & Milkovich[①]指出弹性福利计划的本质就是在固定的福利费用预算内，企业针对不同员工的需求和偏好，设计和实施多样化的福利项目以供员工选择，使得每个员工的福利需求得到最大满足。如果把传统福利比作计划经济，那么弹性福利就是市场经济。传统福利往往是"企业提供什么员工要什么"，而弹性福利则是在一定的成本预算内，"员工要什么企业就提供什么"。弹性福利计划相对于传统福利计划而言，具有以下几方面的优势：一是能够有效地控制福利成本；二是可以增加员工的福利满意度，从而激励员工更加努力地工作，达到组织期望的目标。

(2) 弹性福利计划的类型

在内创业企业的实际操作过程中，弹性福利计划逐渐演化为以下五种类型：核心加选择型、附加型、套餐型、弹性支用账户和选高择低型。内创业企业可以根据自身的实际情况和需要进行选择。

① 核心加选择型。核心加选择型弹性福利是由"核心福利"加"弹性选择福利"组成的。"核心福利"是每个员工都可以享有的基本福利，员工不能自由选择。选择福利则包括可以自由选择的项目，并附有价格，每个员工都有一个福利限额，如果福利总值超过了所拥有的限额，差额就要折为现金由员工支付。福利限额一般是未实施弹性福利前，员工所享有的福利水平。

② 附加型。这是最为常见的一种弹性福利，就是在现有福利计划的基础上，再提供一些不同的福利项目或提高原有福利项目的标准，由员工自由选择。员工根据自己分配到的限额去认购所需要的额外福利，有些企业甚至还规定，员工如果未用完自己的限额，余额可折发现金，但要和其他所得合并，而且还要缴纳所得税。此外，如果员工购买的额外福利超过了限额，也可以从自己的税前工资中抵扣。

③ 套餐型。套餐型是指由企业同时推出不同的福利组合，每一个组合所包含的福利项目或优惠水平都不一样，员工只能选择其中的一个。

④ 弹性支用账户。这是一种比较特殊的弹性福利计划。员工每一年可从其税前总收入中拨取一定数额的款项作为自己的"支用账户"，并以此账户去选择购买企业所提供的

---

① BARRINGER M W, MILKOVICH G T. *A theoretical exploration of the adoption and design of flexible benefit plans: a case of human resource innovation* [J]. Academy of Management Review, 1998, 23 (2): 305-324.

各种福利项目。拨入支用账户的金额无须扣缴所得税，不过账户中的金额如未能在年度内用完，余额就归公司所有，既不可在下一个年度中使用，也不能够以现金的形式发放。

⑤ 选高择低型。选高择低型弹性福利是在原有固定福利的基础上，提供几种项目不同、程度不一的"福利组合"供员工选择。这些福利组合的价值和原有的固定福利相比，有的高，有的低。如果员工选择比原有固定福利价值高的福利组合，那么他就需要用薪水来支付其间的差价；如果员工挑选了价值低于原有固定福利的福利组合，他就可以要求雇主发放其间的差额，但是必须对所得差额纳税。①

6.3 内创业企业典型岗位人员的薪酬设计

不同的岗位类别在组织的价值链中发挥着不同的作用，它们都以不同的形式直接或间接地影响着组织的正常运营和战略目标的实现。能不能通过薪酬设计最大化发挥各类岗位人才的物质激励效果，直接影响着内创业企业的经营发展。

各行业、各企业对各典型岗位的定位和分工对应薪酬设计的要点和策略有相似性，也有不同之处。限于篇幅，难以穷尽和包含所有行业或企业的特殊情况。本节定位在归纳这些岗位的一般特征和共同属性，并给出通用的薪酬设计要点和策略。

6.3.1 内创业企业高管岗位薪酬设计

在内创业企业中，高级管理者（简称高管）通常指的是拥有较高的管理权限和较大的责任的决策层，这类岗位通常包括总经理（CEO/总裁）、常务副总经理、分管某个模块的副总经理、子公司总经理等。

1. 内创业企业高管岗位薪酬设计要点

内创业企业之间的竞争不仅是产品、营销、设备等领域的竞争，也是高级管理人才资源之间的竞争。在内创业企业中，如果高管得不到相应的激励，没有基本的获得感和满足感，那么很难期待他们能够带领内创业企业健康发展。所以，对于内创业企业而言，最关键、最重要的薪酬设计环节就是高管的薪酬设计。

（1）高管岗位的职责特点

高管岗位的职责特点通常包括但不限于以下几点：①制订并实施内创业企业的总体战略；②制订并保证内创业企业的年度发展计划方案的实施；③为内创业企业的日常管理的各项经营管理工作作出重大决策；④负责处理内创业企业重大突发事件，建立良好的沟通渠道；⑤建立统一、高效、健全的组织体系和工作体系。在设计高管岗位的固定工资、岗位津贴和福利时，应考虑这些因素需要的能力价值。

（2）与高管岗位关联的关键指标

高管岗位通常直接影响着内创业企业的经营业绩，与高管关联比较紧密的指标包含以下几点：①内创业企业的业绩情况。如业务收入、主营业务增长率、利润总额、利润增长率等。②经营效率情况。如净资产收益率、总资产周转率、成本费用利润率

---

① 邱功英，龙立荣. 弹性福利计划研究述评［J］. 管理评论，2013，25（11）：65-73.

等计划。③完成情况。如年度战略计划完成率、投融资计划完成率等。④市场营销情况。如市场占有率、品牌市场价值增长率、新业务拓展完成率等。⑤顾客满意情况。如顾客满意度、顾客忠诚度、新顾客增长率等。⑥内部员工情况。如员工满意度、员工敬业度等。在设计高管岗位的激励工资时,应充分考虑这些因素的变化对浮动工资的影响。

2. 内创业中高管岗位薪酬设计策略

高管的存在是为了内创业企业的存续和长期稳定发展,因此对高管的物质激励应更偏向于长期激励而非短期激励或固定收益。有的内创业企业过分重视经营业绩,给高管设置的薪酬结构中,与经营业绩直接相关的绩效工资占比很高,这样做容易导致高管们"杀鸡取卵",为了高额的回报只追求短期的经营结果,不考虑内创业企业的长远发展。

高管人员的薪酬结构通常包括固定工资、各类津贴和福利、月度/季度年度绩效工资(短期激励)和股权/分红(长期激励),各部分的占比情况可参考表6-1。

表6-1 高管人员薪酬结构参考比例

固定工资	各类津贴或福利	短期激励	长期激励
10%~20%	10%~20%	20%~40%	30%~60%

与业绩直接相关的绩效工资设置时需要谨慎,适合激励销售人员的方法并不适合用来激励高管。相反地,正因为给销售人员的定位和设计是更重视短期的经营业绩,才更需要有一部分管理者与之形成管理上的制衡。

一般来说,除了本身就是销售型的企业,不建议对高管设置月度和季度绩效工资。最安全的做法,是高管直接采取年薪制,绩效工资按年度发放。高管的固定工资并不代表"一成不变",同样可以和其他岗位一样设置多级工资。当高管人员达到一定的能力、职级或年限等条件后,固定工资相应提升。高管的津贴往往偏向于住房、交通、保险、健康等花费较大或保障性较强的领域,津贴的金额标准通常比普通岗位更高。

6.3.2 内创业企业人力资源管理岗位薪酬设计

在内创业企业中,人力资源管理岗位是保证人才供应、促进人才能力发展、激发人才动力、维护人才稳定的重要岗位,一般包括担任招聘管理、培训管理、绩效管理、薪酬管理、员工关系管理等相关职责的岗位。

1. 内创业企业人力资源管理岗位薪酬设计要点

(1)人力资源管理岗位的职责特点

人力资源管理岗位的职责特点通常包括但不限于以下几点:①人力资源规划。如制订、实施人力资源规划;进行组织架构管理、部门职责、部门编制管理。②招聘管理。如制订并实施招聘计划;负责内外部员工的招聘、面试、入职、手续、上岗和入职后评估。③培训管理。如制订并实施年度培训计划;进行培训后的监控和评估;推动内创业企业人才素质和能力发展。④绩效管理。如建立、维护和评估、完善公司绩效管理体系;组织实施绩效管理。

⑤薪酬管理。如建立薪酬制度并保证实施；负责薪酬的核算与发放。⑥员工关系。如协调公司内部各单位、各部门与员工间的工作关系协助员工解决困难；协助解决员工的各类投诉。在考虑人力资源岗位的固定工资、岗位津贴和福利时，应考虑这些因素需要的能力价值。

（2）与人力资源管理岗位关联的关键指标

与人力资源管理岗位关联比较紧密的指标包括但不限于以下几点：①人力成本情况。包括人力费用达成率、人力资源费用控制等。②计划完成情况。包括人力资源计划完成率、招聘满足率、培训计划完成率、绩效考核计划完成率、员工任职资格达标率等。③员工关系情况。包括员工满意度、员工流失率、员工敬业度、员工投诉解决及时性、劳动争议解决及时性。在设计人力资源岗位激励工资时，应充分考虑这些因素的变化对浮动工资的影响。

2. 内创业企业人力资源管理岗位薪酬设计策略

随着社会的进步以及经济的发展，人力资源管理愈发引起内创业企业的重视，内创业企业的战略规划了企业的发展愿景、发展策略和发展过程设计，而人力资源的战略规划是企业战略规划的核心内容之一。实际上，人力资源管理岗位上的员工通过有效地利用与内创业企业发展战略相适应的管理和专业技术人才，最大限度地发掘他们的才能，可以推动内创业企业战略的实施，促进内创业企业的飞跃发展。员工的工作绩效是内创业企业效益的基本保障，内创业企业绩效的实现是通过向顾客有效地提供企业的产品和服务体现出来的。因此有效地发挥从事人力资源管理岗位员工的工作能力与工作积极性，可以有效地促进内创业企业的长远发展。人力资源管理人员的薪酬结构通常包括固定工资、各类津贴和福利、短期激励与长期激励。各部分的占比情况可参考表6-2。

表6-2 人力资源管理岗位薪酬结构参考比例

固定工资	各类津贴或福利	短期激励	长期激励
40%～60%	15%～25%	20%～40%	0%～10%

6.3.3 内创业企业财务会计岗位薪酬设计

财务会计岗位一般包括担任会计、出纳、财务管理、资金管理、审计、税务管理等相关职责的岗位。

1. 内创业中财务会计岗位薪酬设计要点

（1）财务会计岗位的职责特点

财务会计岗位的职责特点通常包括但不限于以下几点：①财务预算。如编制财务预算；制定有效的预算执行方案；对成本费用进行预测、计划、监督、控制；监控计划预算的执行情况并提供相关财务数据支持。②会计核算。如建立和规范整体的会计科目、会计政策和会计核算体系，并组织实施；配合内部和外部审计及各监管机构完成对内创业企业财务工作的审计检查；建立和处理每月会计账，根据审核完毕的原始单据填制会计凭证并审核。③税务管理。如进行合理的税收安排和税务筹划，提出建设性节税建议；负责各项税款的申报、缴纳及接受税务部门的税务检查工作。④资金管理。如组织编制整体资金使用计划；对资金筹集、资金调度、资金使用进行有效管理；统一调配资金；负责资金的平衡与风险管理监督；保障正常的经营资金需要；提出相应的对外投资可行性分析报告，供领导决策参考，进行银行存款、现金的日常收支管理。⑤资产管理。如定期进行资产核对；对资产实际价值进行审核和账务调整；对闲置和待报废设备物品价值进行审核。⑥成本管理。如负责公司内部员工的费用核实和报销工作；对成本费用进行监督和控制。⑦财务分析。如建立和完善财务分析和评价指标体系；编制各种财务报表和财务分析报告；为决策提供参考。在设计财务会计岗位的固定工资、岗位津贴和福利时，应考虑这些因素需要的能力价值。

(2) 与财务会计岗位关联的关键指标

与财务会计岗位关联比较紧密的指标包括但不限于以下几点：①财务管理情况。如内创业企业预算完成率、资金收支准确性、现金收支准确性、账务报告的及时性和准确性。②计划完成情况。如融资计划完成率、资金使用目标完成率。③财务指标情况。如财务费用管控、现金流、融资成本等。在设计财务会计岗位的激励工资时，应充分考虑这些因素的变化对浮动工资的影响。

2. 内创业企业财务会计岗位薪酬设计策略

当前对于内创业企业而言，经济业务主要以内部经济业务和外部经济业务为主，并在开展过程中遵循内创业企业制定的管理制度。在内创业企业经济活动中，财务会计发挥着监督的职能，并通过核算对内创业企业管理决策提供重要的信息支持。财务会计不仅监督内创业企业经济活动，还通过核算来反映内创业企业各种资产和财产的使用和保管情况，为内创业企业管理者提供可靠的会计信息，充分保障内创业企业财产的安全。而且通过强化内创业企业财务会计工作，能够使内创业企业管理工作及各项经济活动，在国家法律法规及内创业企业规章制度下进行。在绝大多数企业，财务会计的工资基本上都是固定的，每年根据企业经营效益多少增加工资，当然也会根据员工的能力增长、工作范围、职务变化增加等级工资或给予某种补助，财务会计人员的薪酬结构通常包括固定工资、各类津贴和福利、短期激励与长期激励，各部分的占比情况可参考表 6-3。

表 6-3 财务会计岗位薪酬结构参考比例

固定工资	各类津贴或福利	短期激励	长期激励
50%～60%	10%～20%	20%～30%	0%～5%

6.3.4 内创业中市场营销岗位薪酬设计

市场营销岗位一般包括担任品牌策划管理、广告策划、营销方案制订及实施、市场调查分析等相关职责的岗位。

1. 内创业中市场营销岗位薪酬设计要点

(1) 市场营销岗位的职责特点

市场营销岗位的职责特点通常包括但不限于以下几点：①市场调研。如国内外市场、供求、技术、质量指标、竞争对手信息、行业发展趋势等信息的收集、研究和分析。②营销规划。如根据当前产品的市场定位、外部市场情况，制定市场营销的规划，并保证营销计划的有效实施。③成本与定价分析。如根据市场信息，提出产品开发要求、产品成本要求和定价建议；制定定价策略，会同采购、财务、技术等相关部门进行定价分析。④品牌推广。如制定年度品牌维护及推广计划，并组织和实施推广计划；统一组织与各企业产品业务相关的大型展览会的参展工作。在设计市场营销岗位的固定工资、岗位津贴和福利时，应考虑这些因素需要的能力价值。

（2）与市场营销岗位关联的关键指标

与市场营销岗位关联比较紧密的指标包括但不限于以下几点：①销售收入情况。如销售收入增长额或增长率、毛利率等。②计划完成情况。如营销计划完成率、市场推广计划完成率等。③市场发展情况。如市场渗透率、市场占有率等。④客户满意情况。如顾客满意度、新增会员或客户数量等。在设计市场营销岗位的激励工资时，应充分考虑这些因素的变化对浮动工资的影响。

2. 内创业企业市场营销岗位薪酬设计策略

市场营销岗位与销售业绩存在一定的关联性，市场营销岗位的视角应较为宏观，视野更加长远。尤其是对于站在战略视角的高度看企业整体的品牌策划和建设的重要市场营销岗位来说，其重要性和长期性不亚于任何高管岗位。因此，对市场营销岗位的薪酬设计不应过分聚焦在较短期激励上，例如，市场营销岗位可做到半年度或年度。当然，行业和企业不同，也不可一概而论，市场营销岗位应该注重远期性激励。市场营销岗位的薪酬结构比例，可以参考表6-4。

表6-4 市场营销岗位薪酬结构参考比例

固定工资	各类津贴或福利	短期激励	长期激励
40%～60%	10%～20%	20%～40%	0%～5%

在市场营销岗位的薪酬设计中，不宜将固定工资部分设计得较低，目的是要给这类岗位一定的安全感。同时，激励工资比例也不宜设置得过低，目的是让这类岗位能够有一定盼头的同时感受到一定的压力，从而产生一定的动力。

6.3.5 内创业企业研发工艺岗位薪酬设计

研发工艺岗位掌握着企业技术和创新的命脉。尤其对于科技型企业来说，技术和工艺是这类企业的核心竞争力。

1. 内创业企业研发工艺岗位薪酬设计要点

（1）研发工艺岗位的职责特点

研发工艺岗位的职责特点通常包括但不限于以下几点：①技术调研。如对行业的技术调研和市场同类产品的技术调研。②技术战略。如编制并实施技术战略规划，确保产品的设计与开发工作的持续性。③技术创新。如开发设计新产品，对现有产品、工艺进行改进，寻找新型原材料等。在设计研发工艺岗位的固定工资、岗位津贴和福利时，应考虑这些因素需要的能力价值。

（2）与研发工艺岗位关联的关键指标

与研发工艺岗位关联比较紧密的指标包括但不限于以下几点：①技术研发情况。如产品技术的稳定性、产品质量合格率、产品废品率、科研成果转化次数、工艺改进次数等。②研发业绩情况。如技术创新使材料消耗降低率、新产品利润贡献率、技术创新或工艺改进使标准工时降低率、工艺改进成本降低率等。③技术费用情况。如研发成本控制率、技术改造费用控制率等。④计划完成情况。如技术改进项目完成率、研发项目完成率、科研项目申报数等。⑤风险控制情况。如技术研发资料归档率、实验事故发生次数等。⑥客户满意情况。如技术研发服务满意度、顾客满意度、顾客忠诚度等。在设计研发工艺岗位的激励工资时，应充分考虑这些因素的变化对浮动工资的影响。

2. 内创业企业研发工艺岗位薪酬设计策略

技术人才是内创业企业创新发展的核心动力，内创业企业经营过程的工艺改进、技术升级、产品研发等都离不开技术人才的支持。如果笼统地分类，可以把研发工艺岗位技术人才薪酬组成的计算公式归纳如下：

技术岗位薪酬＝固定工资＋技能工资＋各类津贴＋项目奖金＋绩效奖金（提成奖金）

按照重视技能工资、项目奖金或绩效奖金的程度的不同，可以把技术人才的薪酬类型分成如下三类。

（1）技能驱动型

技术人才薪酬类型为技能驱动型的企业更重视技术人才的能力发展，对这类企业来说，专业技能水平是确定技术人才薪酬水平不同的重要因素。如果企业中有部分技术人才的职责、绩效和贡献难以用数字量化，可以采用这种方法。在这种薪酬类型中，技能工资在技术人才的整个薪酬结构中占比相对来说较高。这种方法的原理是，根据技术人才的专业技术水平，划分出不同岗位的专业技术等级，不同的专业技术等级对应不同的薪酬水平。所有技术人才的岗位和薪酬都对应不同的专业技术等级，如表 6-5 所示。

表 6-5 技能驱动型技术人才薪酬举例　　　　　　　　　　　　　　　　　单位：元

专业技术等级	A 类岗位	B 类岗位	C 类岗位
专业技术等级 5 级	6 000	5 500	5 000
专业技术等级 4 级	5 000	4 500	4 000
专业技术等级 3 级	4 000	3 500	3 000
专业技术等级 2 级	3 000	2 500	2 000
专业技术等级 1 级	2 000	1 500	1 000

表 6-5 是根据专业职务、技术水平等因素将专业技术等级划分成 5 个等级；根据岗位的重要性和贡献度将岗位类型划分为 A、B、C 三个类型。不同的专业技术等级，所在的岗位类型不同，对应着不同的技能工资水平。

（2）创新驱动型

技术人才薪酬类型为创新驱动型的企业更重视技术人才的创新，对这类企业来说，创新的结果是确定技术人才薪酬水平的重要因素。如果企业非常重视创新，技术团队的创新能够被相对客观地衡量，可以采用这种方法。在这种薪酬类型中，通常项目奖金（创新项目）在技术人才的整个薪酬结构中占比较高。这种方法通常先由企业确立不同的技术研发或创新项目,每个项目由不同数量的技术人才负责。根据项目开发的成果交付情况,给予技术人才不同的项目奖励,项目奖励方式举例如表6-6所示。

表6-6 创新驱动型技术人才项目奖励方式举例　　　　　　　　单位:元

项目类型	项目完成结果A	项目完成结果B	项目完成结果C	项目完成结果D
A类项目	100 000	60 000	40 000	0
B类项目	80 000	50 000	30 000	0
C类项目	60 000	30 000	20 000	0
D类项目	40 000	20 000	10 000	0

表6-6是根据项目的难易程度、贡献程度和重要性等因素,将全企业的项目分成A、B、C、D四个类别,再根据项目完成的及时性、完整性、符合性等因素,将项目完成情况划分为A、B、C、D四类结果,A为项目完成最优,D为项目未完成或完成情况与预期严重不符。不同类别的项目对应不同完成结果有不同金额的项目奖励。

(3)价值驱动型

技术人才薪酬类型为价值驱动型的企业更重视技术人才创新后的价值结果,有的企业直接将其定义为技术相关产品的销售业绩或利润。如果内创业企业非常重视经营业绩,可以采用这种方法。在这种薪酬类型中,通常绩效奖金/提成奖金在技术人才的整个薪酬结构中占比较高。这种方法最常见的操作方式是直接根据技术团队、项目或人才对应的产品销售额区分绩效/提成奖金的计提比例,如表6-7所示。

表6-7 价值驱动型技术人才薪酬举例

项目产品对应销售额情况	项目团队绩效/提成将近计提比例
600万元及以上	2%
300万~600万元	1.5%
100万~300万元	1%

表6-7是根据项目产品对应的销售额情况,划分为100万~300万元、300万~600万元、600万元以上三个层级,随着销售额的增长,每个层级对应给技术团队的绩效/提成奖金比例分别为1%、1.5%、2%。

6.3.6　内创业企业生产实施岗位薪酬设计

生产实施岗位一般包括在生产一线担任生产管理、生产实施等相关职责的岗位。

1. 生产实施岗位薪酬设计要点

生产实施岗位是保证公司的产品能够顺利生产并交付的重要岗位。

(1)生产实施岗位的职责特点

生产实施岗位的职责特点通常包括但不限于以下几点:①计划管理。如制订和实施生产计划,统计相关生产数据分析和评估生产计划实施情况,做出及时的修正等。②生产管理。如监控原材料使用情况,合理调度各类生产资源,保证生产有序实施,提高生产效率等。③风险管理。如检查和解决生产安全隐患,对安全事故应急处置等。④质量控制。如严格按照工艺流程操作,抽查质量情况,及时解决质量问题等。在设计生产实施岗位的固定工资、岗位津贴和福利时,应考虑这些因素需要的能力价值。

(2) 与生产实施岗位关联的关键指标

与生产实施岗位关联比较紧密的指标包括但不限于以下几点:①计划完成情况。如生产计划完成率,生产计划延后率等。②生产效益情况。如生产成本控制、生产物料利用率等。③过程管控情况。如生产现场管理质量、生产设备利用率和生产设备完好率等。④质量控制情况。如产品质量合格率,产品废品率等。⑤风险控制情况。如工艺文件归档率、生产安全事故发生率、工伤数量和一线员工流失率等。在设计生产实施岗位的激励工资时,应充分考虑这些因素的变化对浮动工资的影响。

2. 生产实施岗位薪酬设计思路

生产人员最重要的使命是保证产品能够按时、保质、保量地完成并交付。因此,对生产人员的薪酬设计应充分体现对产品的时间、质量、数量三项因素的重视。如果条件允许,计件工资法更适合生产人员的薪酬设计。然而,由于产品特性、生产实际或统计能力的限制,许多内创业企业无法实施计件工资,只能采取计时的方式。如果采取计时工资的方式,生产人员的薪酬结构通常为以下内容:

生产人员工资=日工资×出勤天数+加班工资+岗位津贴+绩效工资

根据岗位性质、员工技能、工作表现、入职时间的不同,员工、组长、班长等的日工资应分不同的级别,并制定相应的级别工资(加班工资根据日工资标准和加班工资的计算规则计算)。

生产人员的岗位津贴通常包括夜班津贴(倒班需要)、满勤津贴(为了持续生产,鼓励出勤)、司龄津贴(为了降低离职率,保证生产人员的稳定性)、保健津贴(对健康可能存在一定影响的特殊岗位津贴)、残疾津贴(福利企业或吸纳残疾人企业提供的津贴)、职务津贴(生产管理者的岗位津贴)。当然,根据岗位的不同,津贴的标准可以有所不同。生产人员的绩效工资应与班组或车间生产计划的完成情况挂钩,其中最重要的三项指标应当是产品完成的时间是否达标、产品交付的数量是否满足要求和产品检验的质量是否符合标准。根据内创业企业不同时期导向的不同,三项指标的侧重点可以有所不同。[①]

本 章 小 结

本章首先对内创业企业薪酬管理的含义、内容、原则、意义、影响因素及存在的问题和对策等进行了介绍与分析。内创业企业薪酬管理的原则分别为公平原则、员工参与的民主管理原则、对员工的信任原则和业绩原则、个性化原则。内创业企业薪酬管理有多方面的意义,主要表现在有助于吸引和保留优秀员工、实现对员工的激励、改

---

① 任康磊. 人力资源管理实操从入门到精通 [M]. 北京:人民邮电出版社,2018:364-391.

善内创业企业绩效以及塑造良好的企业文化。内创业企业薪酬管理的主要影响因素包括三个方面,内创业企业外部因素、内部因素和员工个人因素。其次,介绍了内创业企业薪酬体系规划的含义、原则和步骤,并梳理了内创业薪酬体系发展的现状及四种发展趋势。员工薪酬体系规划的步骤依次为职位分析、职位评价、薪酬调查、薪酬定位、薪酬结构设计和薪酬体系的实施与修正。最后,阐述了内创业企业典型岗位人员的薪酬设计。典型岗位人员包括高管、人力资源管理、财务会计、市场营销、研发工艺、生产实施六类岗位的人员。

思 考 题

【拓展资料】

1. 内创业企业薪酬的含义是什么?其功能体现在哪些方面?
2. 内创业企业薪酬管理的含义是什么?主要内容有什么?具有何种意义?
3. 内创业企业影响薪酬管理的主要因素包括哪些?
4. 内创业企业薪酬体系规划的含义是什么?需要遵循什么原则?
5. 内创业企业中,如何进行员工薪酬体系规划?

亚马逊的薪酬哲学①

1999年12月,亚马逊网上书店的创始人贝索斯由于"革命性地改变了全球消费者传统的购物方式",被美国《时代》周刊评为"本年度封面人物"。贝索斯和他创建的电子商务帝国成为不容置疑的电子商务时代的领军人物。亚马逊的发展让每一个传统行业的总经理大吃一惊:短短四年时间,亚马逊从一个小小的网站,到今天最高市值达300亿美元,远远超出美国有上百年历史、分别拥有1 000多家连锁店的最大的两个书店的市值总和。实际上,亚马逊只有2 100名员工,正是这些人使亚马逊每年以十亿美元的营业额增长。亚马逊是怎么做到这一切的?究竟是何种魅力在二十年间持续吸引着顶尖人才,组成了它的麾下坚兵?新颖的内部孵化模式与科学的薪酬管理,也许是答案中的重要一环。

亚马逊采用一种比较新颖的内部孵化模式。正在努力提高其包裹递送速度的电商企业亚马逊于2019年5月宣布了一项新的激励政策,为鼓励其内部员工辞职并转向物流环节,承包该公司的包裹速递业务。离职的员工最高可获得1万美元的创业资金,并可获得3个月的工资补贴。而亚马逊全球运营高级副总裁戴维·克拉克表示,已经有员工表示了对该项目的兴趣,"过去有员工曾表示他们对成为亚马逊的快递合作伙伴有兴趣,但是苦于无法顺利过渡创业。现在公司为这些员工提供了一条路径,帮助他们建立自己的生意。"

亚马逊的薪酬哲学是"强调员工认可公司长期发展,而非当下的高薪酬",亚马逊的薪酬主要由以下

---

① 资料来源:基于"亚马逊的薪酬是怎么做的?搜狐网,https://www.sohu.com/a/258411096_704054;2020-11-3"等网络公开资料整理。

三部分构成。

基本薪酬（Base Salary）：亚马逊员工的基本薪酬主要是按职级区分的。

签字费（Signing Bonus）：一般应届生4万～5万元，分两年拿，算前2年的奖金，其他hi-tech公司也全有（为了弥补在前面公司股票没有拿完的奖金部分）。

限制性股票RSU（Restricted Share Units）：亚马逊员工的收入低于市场标准水平，甚至连短期奖金也没有，还要自己负担大部分医疗保险费。但1997年5月亚马逊股票上市，以每股9美元的价格开盘，现在已经破纪录地突破1 000美元。每个员工的认股权是公司对他们的一个美好承诺。只要公司一开始赢利，立即会创造出一大批富翁来，这就是亚马逊的未来利润分享制。

亚马逊的员工认股采用Cliff Vesting（悬崖式赋益），第一年5%，第二年15%，第三、第四年各40%。最后两年每半年可行权20%。亚马逊确实没有奖金，或者说奖金实际上是通过股票的方式下发的。只要在企业内工作两年后，看看亚马逊股价的势头，员工的薪水将令人咋舌，这种分配方式其实强调的是关注公司的整体发展跟整体利益。每年4～8月，亚马逊还会按照员工去年表现，在部门内部排名，根据绩效与职位发新的股票。新发的股票分为2年拿（各50%），这也是为了防止人员流动频繁现象的发生。

和其他公司的利润分享制不同的是，亚马逊的所有员工，包括仓库员工、公司职员以及最高主管、行政经理，全部纳入公司的该项计划。亚马逊的薪酬激励制度前两年比较少，后面就会越来越多。亚马逊要求员工对公司前景怀有热切信仰，所以需要保证队伍的纯粹性。在亚马逊，人人能感觉到自己的责任，自己的重要。亚马逊不断地在找人和筛人，所以最终留在亚马逊内部的都是认同亚马逊文化的同侪，在企业内待的时间越长就越会适应本企业的文化，那些适应不了企业文化的人员，在入职两年内可能就会离开，公司付出的成本也会相对低一些。

不同的公司结构，也密切影响着晋升和薪资。亚马逊各个部门与中高层每年会召开会议，讨论员工长处与不足，可能会提升一批员工的职位和薪资。公司组织结构采取扁平化管理，运营中心按照小时计算工资。亚马逊晋升并非容易，但也有不少员工的薪酬甚至比老板贝索斯多。

在亚马逊，薪酬不仅是薪酬。它是在借助薪酬体系，来筛选培养有进取心、聪明、善于思考的员工。

案例思考题

1. 亚马逊的内部孵化具有什么特点？
2. 如何看待亚马逊的薪酬哲学？
3. 亚马逊的薪酬管理体系在实施过程中会遇到什么样的困难？
4. 亚马逊的薪酬体系还有哪些需要完善的地方？

第三篇

实 务 篇

第7章 内创业机会与人力资源管理

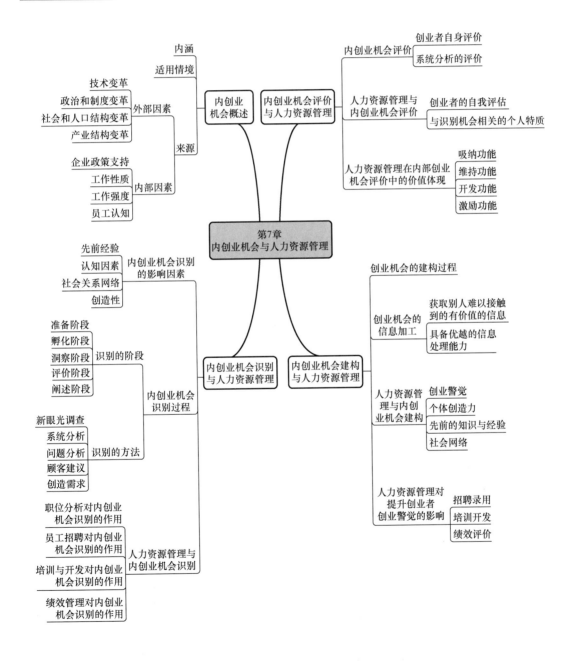

学习要点

- 内创业机会的内涵
- 内创业机会识别过程中的人力资源管理
- 内创业机会评价过程中的人力资源管理
- 内创业机会建构过程中的人力资源管理

微信是如何诞生的？[①]

2010 年 10 月，一款名为 Kik 的 App 因上线 15 天就收获了 100 万用户而引起业内关注。Kik 是一款基于手机通讯录实现免费短信聊天功能的应用软件。腾讯广州研发部张小龙注意到了 Kik 的快速崛起。一天晚上，张小龙在看 Kik 类的软件时，产生了一个想法：移动互联网将来会有一个新的 IM（即时消息传递），而这种新的 IM 很可能会对 QQ 造成很大威胁。他想了一两个小时后，给腾讯 CEO 马化腾写了封邮件，建议腾讯做这一类型的产品。马化腾很快回复了邮件表示对这个建议的认同。

2010 年 11 月 19 日，微信项目正式启动。最初的人员基本都来自腾讯广州研发部的 QQ 邮箱团队，开发人员没有做手机客户端的经验。2011 年 1 月 21 日，微信 1.0 的 iOS 版上线。微信对于腾讯广州研发部是个全新的领域，很多人并不看好这个项目。从 2 月份到 4 月份，用户的增长并不快，所有平台加起来每天也就增长几千人。2011 年 4 月份，Talkbox 突然火爆起来，张小龙敏锐地发现语音聊天一定有广阔的市场，当机立断决定在微信中加入语音功能。微信 2.0 的 iOS 版发布之后，用户增长量开始有一定的攀升，但并不是很大。2011 年 8 月 3 日，微信 2.5 版本发布，支持查看附近的人。这一功能使用户可以查看到附近微信用户的头像、昵称、签名及距离，使微信从熟人之间的沟通走向了陌生人之间的交友。查看附近的人功能出来之后，微信新增好友数量和用户数量第一次迎来爆发性增长。2011 年 10 月 1 日，微信发布 3.0 版本，支持"摇一摇"和漂流瓶。摇一摇可以让用户寻找到同一时刻一起在摇晃手机的人；漂流瓶则秉承了 QQ 邮箱漂流瓶的理念。"摇一摇"一推出就迅速成为许多微信用户非常喜爱的一个功能。2011 年 12 月 20 日，微信推出 3.5 版本，其中一个最重要的功能，是加入了二维码，方便用户通过扫描或在其他平台上发布二维码名片，拓展微信好友。同时，微信也推出了名为 WeChat 的英文版。2012 年 3 月 29 日，微信注册用户过一亿。2012 年 4 月 25 日微信在香港、澳门、台湾三地均登上社交类的榜首。2012 年 6 月 5 日，微信在越南、泰国、马来西亚、沙特阿拉伯、新加坡等地也登上 App Store 社交类的榜首。2012 年 4 月 19 日，微信 4.0 的 iOS 版发布，其中最重要的功能是朋友圈的加入。微信 4.0 版本支持把照片分享到朋友圈，让微信通讯录里的朋友看到并评论；同时，微信还开放了接口，支持从第三方应用向微信通讯录里的朋友分享音乐、新闻、美食等。

[①] 资料来源：基于"微信诞生记：张小龙当初写给马化腾的一封邮件 _ 搜狐网，https: // bschool. sohu. com/20140303/n395926078. shtml. 2020 - 11 - 3"等网络公开资料整理。

从 2010 年 11 月到 2012 年 4 月，仅一年半的时间，微信实现了从无到有的突破，同时实现快速的迭代升级，先后推出 1.0、2.0、2.5、3.0、3.5、4.0 版本，伴随产品功能的更新和升级，微信用户量也呈现出指数上升的趋势，腾讯对于微信的推出进一步奠定了腾讯在互联网行业的领军地位。

7.1 内创业机会概述

机会，是指具有时间性的有利情况。英国军事理论家托·富勒说："一个明智的人总是抓住机会，把它变成美好的未来。"英国剧作家威廉·莎士比亚说："好花盛开，就该尽先摘，慎莫待，美景难再，否则一瞬间，它就要凋零萎谢，落在尘埃。"哲学家歌德说："善于捕捉机会者方为俊杰。"创业者，也需要发现并抓住机会，否则就谈不上创业。那么，什么是创业机会呢？

7.1.1 内创业机会内涵

1. 机会

创业是建立在机会基础之上的，发现机会是创业的基础和前提。机会就是未明确的市场需求或未得到充分利用的资源和能力。机会究竟是客观存在，还是主观创造出来的，学术上尚存争议。但可以肯定的是：(1) 机会总是存在的，一种需求得到满足，又会有新的需求产生；一类机会消失了，又会有新的机会出现。(2) 大多数机会不是显而易见的，需要发现和挖掘。显而易见的机会往往会被过度开发利用而丧失价值。

2. 内创业机会

内创业机会主要是指具有较强吸引力的、较为持久的、有利于创业的商业机会，创业者据此可以为客户提供有价值的产品或服务，并同时使创业者自身获益。本质上，内创业机会就是预期能够产生价值的清晰的"目的-手段"组合。

【商业创意来源】

内创业机会的目的是满足顾客的需求，解决顾客意识到和没有意识到的实际问题，让人们生活得更好，这是价值来源的根本；而手段是价值实现的途径，在机会识别阶段产生有价值的创意和较为清晰的商业概念。

简言之，内创业机会是具有商业价值的创意，是一类特殊的商业机会。Zahra 认为内创业是在现有的组织内创造新事业，以改造组织的获利能力和提高公司的竞争地位，或者从战略的角度更新现有企业的过程。那么内部创业机会实质就是现有企业内部创造的新企业为顾客提供的具有吸引性、持久性、适时性的产品或服务。[①]

7.1.2 内创业机会的适用情境

大部分内创业机会都有利于现存企业的发展，或者说现存企业更容易发现创业机会。

---

① ZAHRA S A. Predictors and financial outcomes of corporate entrepreneurship: an exploratory study [J]. Journal of Business Venturing, 1991, 6 (4): 259-285.

因为现存企业在生产经营过程中具有学习曲线效应。学习曲线效应指的是随着从事某项工作时间的延长，成本会降低、质量会提高。此外，现存企业能够拿出一部分利润投入研究与开发工作，有更多的资源支持机会的开发，还会因为建立起声誉容易获得顾客的信任。现存企业与新企业创业机会识别的异同，如表7-1所示。

表7-1 现存企业与新企业创业机会识别的异同

机会的特点	有利于谁	理由	例子
非常依赖信誉	现存企业	人们更愿意从了解和信任的企业那里购买商品	珠宝商店
很强的学习曲线效应	现存企业	沿着学习曲线移动，更善于生产和销售产品	汽车制造商
需要大量资本	现存企业	可以使用已有现金流来生产新产品或服务	喷气式飞机制造商
需要规模经济	现存企业	随着生产数量增加，产品或服务平均成本下降	钢厂
营销需要互补资产	现存企业	满足顾客需求的能力可以获得零售分销渠道	跑鞋生产商
依赖对产品的改进	现存企业	现存企业能够更容易对产品进行改进	DVD播放器制造商
实施破坏性创新	新企业	现存企业的经验、资产和流程会受到威胁	计算机制造商
不满足主流顾客	新企业	新企业可以引入非主流顾客需求的产品和服务	计算机制造商
独立创新为基础	新企业	新企业能够独立创新而不必复制	药品生产商
存在于人力资本中	新企业	拥有知识的人能生产满足顾客需求的产品或服务	厨师

资料来源：巴隆，谢恩. 创业管理：基于过程的观点 [M]. 张玉利，谭新生，陈立新，译. 北京：机械工业出版社，2005.

据表7-1可以看出现存企业在信誉、学习经验、资本、产品方面比新成立的企业有巨大的优势，尤其像市场壁垒非常高的行业，例如，珠宝、汽车、服装等行业，品牌效应显著，现存企业本身竞争压力就大，留给新企业的创业机会更是少之又少。但是在现存企业进行内部创业机会会大大增加，并且竞争压力会因其母公司的知名度而呈直线下降。例如，阿迪达斯旗下有NEO、三叶草、Adidas三个系列，这三个系列涵盖了运动设计和运动需求的各个方面，所以阿迪达斯成为全球顶尖运动品牌商。在阿迪达斯进行的内部创业依托于其高知名度，成功率会大大增加。所以，想在运动领域进行新品牌的树立难度显而易见，新企业就算有很好的创意也会因为资本不足、品牌效应等问题而失败。实际上，在某些特殊行业，对创新、技术的要求比其他因素要高许多，例如，医药、计算机、食品等方面。一种新型药物的研发必然会有巨大的商业价值，利用商业价值创立新企业就简单许多；一款新颖App的上市也会带来许多消费群体，消费群体的喜爱就是创办新企业最大的筹码。

因此，相对于初创型公司，内部创业型公司，由于经验、资金、声誉等方面，更有利于其识别到创业机会。虽然对于某些特殊领域来说，创新和技术就是第一生产力，但是创新和技术人才在目前看来，现存企业的比例远大于初创型企业。所以，内部创业型公司比初创型公司更容易识别创业机会，更容易创造商业价值。

7.1.3 内创业机会的来源

内创业机会不仅产生于不断变化的环境和顾客需求中，还与企业政策的支持、工作性质、工作强度以及员工认知有关。实际上，在变革的节点会产生新的创业机会。重要的变革节点主要有以下几种。

1. 外部因素

（1）技术变革

技术变革是指生产过程的改变或新产品的引入，使得同样的一批投入能得到更多的或更进步的产出。技术变革是大势所趋，也是内创业企业做大做强的必由之路。但是在技术变革的路上，企业的各层领导，尤其是企业一把手要给予变化中的文化建设以足够的重视，系统地解决技术变革中的问题，只有这样，技术变革才能平稳过渡，成为企业发展强大的动力源泉，才能更为有效的识别新的创业机会。每一次技术变革，都存在海量的创业机会：蒸汽机的发明和应用启动了第一次技术革命，电力的发明和应用启动了第二次技术革命，计算机的发明是第三次技术革命中的重要标志。纵观历史，每一次新技术的出现，都会诞生大量的巨型企业，这些企业会打败老牌的企业，这就是新技术的出现所给予的机会。就像智能手机技术的出现，苹果打败了诺基亚。

（2）政治和制度变革

政治和制度变革有效地提升了企业高管对市场环境中新机会的识别，且在管制政策不确定的情境中得到进一步加强。创新企业能稳步向前的一个重要因素就是国家政策的大力扶持和市场经济制度的允许与支持，只有具备政治基础，才能有资格去谈论创新，去识别新的创业机会。国家政治制度的每一次更新都会催生一大批创业机会。例如，20世纪90年代住房制度改革，催生了庞大的房地产行业及相关的装修、建材行业的发展。2003年国家对太阳能产业的大力支持，催生了大批与太阳能相关的新材料、新能源类公司诞生。而国家近几年对文化创意产业的政策支持，则诞生了越来越多的文化创意产业园，促进了动漫产业的发展。

（3）社会和人口结构变革

创业的根本目的是满足顾客需求，需求的多样化源自人的本性，但人类的欲望很难得到满足。但在细分的市场里，可以发掘尚未满足的潜在市场机会：一方面，根据消费潮流的变化，捕捉可能出现的市场机会；另一方面，根据消费者的心理，通过产品和服务的创新，引导需求并满足需求，从而创造一个全新的市场。所以社会和人口结构的变革能使得人的需求得到改变，这种改变可能是产生一种新的需求，也可能是对原有的需求产生侧重点的变化。无论是哪种变化，都能为内创业者提供新的创业机会。从社会变化的因素来看：近几年随着国民收入水平的提高，人们对精神生活追求提升，白领阶层对休闲度假类旅行市场的需求增大，由于这些需求催生出很多个性化的旅游指导和旅游出行 App。从人口因素变化来看：一方面，随着国家经济的快速发展，老年人对晚年生活的品质要求越来越高，催生了老年旅游、老年大学等市场模式。另一方面，新一代家长消费观念升级，越来越多的家长重视孩子的早期教育，并且国家放开计划生育政策，在这样的背景下市场涌现了大量的幼教机构，幼教行业利好政策不断出台，驱动幼教市场规模持续扩容。

（4）产业结构变革

产业结构变革与经济增长具有内在联系。产业结构的高变换率会导致经济总量的高增长率，而经济总量的高增长率也会导致产业结构的高变换率。大量的资本积累和劳动投入虽然是经济增长的必要条件,但并非充分条件,因为大量资本和劳动所产生的效益在很大程度上还取决于部门之间的技术转换水平和结构状态,不同产业部门对技术的消化、吸收能力往往有很大不同,这在很大程度上决定了部门之间投入结构、产出结构的不同。这就说明不同的产业进行结构变革时所产生的效益与自身变革的状态有关,但在任何一个产业进行结构变革时,必然会产生新的经济增长,而经济的增长就会产生新的社会需求,随之带来新的创业机会。现如今,能源企业面临产能过剩、产品落后等问题,针对这种情况,应进行产品结构变革,比如生产平板玻璃、煤化工、多晶硅等新型产品,寻找新的创业机会。

2. 内部因素

（1）企业政策支持

企业可以通过资源重组的方式挖掘潜在的创业机会。在动荡多变、错综复杂的环境下,企业为降低环境不确定性带来的风险,试图突破发展制约以形成持续竞争优势,会在公司内部寻求新的发展机会、开拓新市场或者构建新型组织形式等。如果企业提供相应的政策支持内部创业,不仅可以满足员工的创业欲望,同时也能激发企业内部活力,改善内部分配机制,形成企业和员工双赢的局面。

（2）工作性质

实际上,不同的工作性质对创业机会的敏感程度存在着不同,每个人都有发现机会的可能性,但是由于创业者自身的差异,就导致只有一部分人能够发现机会。同时识别机会的信息是完备的,机会发现的个体是随机分布的,在获取信息的能量上创业者不存在多样性,并不是只有特定的创业者才能识别机会,但是由于工作性质的原因,从事本行业的员工发现创业机会的可能性更大。

（3）工作强度

适度的工作强度能够使人挑战自我,挖掘潜力,富有效率性,激起创造性,而如果工作强度过大,则会引起消极的后果,例如,焦虑、沮丧、发怒,从而造成各种生理方面的疾病,例如,心血管疾病、头痛等。现在很多企业员工因承受的工作强度过大,工作时间过长而疏于对自身、家庭等的管理,这部分员工往往会选择创业。

【阅读材料】

（4）员工认知

机会识别可能是一项先天技能或一种认知过程,具有创业意向的员工拥有的"第六感"使他们能够看到别人错过的机会,多数具有创业意向的员工以这种观点看待自己,认为他们比别人更"警觉"。"警觉"很大程度上是一种习得性的技能,拥有某个领域更多知识的人,倾向于比其他人对该领域内的机会更警觉。信息质量与获取能力是发现创业机会的关键,因为个体凭借创业警觉性能够敏锐地把握承载创业机会的有价值信息。

7.2　内创业机会识别与人力资源管理

7.2.1　内创业机会识别的影响因素

识别和选择合适的创业机会是创业者最为重要的能力。识别创业机会受到历史经验等多种因素的影响，因为从本质上说，机会识别是一种主观色彩浓厚的行为过程。根据现有的文献研究，影响机会识别的关键因素主要集中在创业者的先前经验、认知因素、社会关系网络和创造性四个方面。

1. 先前经验

创业者的先前经验是识别创业机会的基础，先前经验的积累受到创业者以往的工作经历、创业经历以及所接受过的教育培训等方面的影响。在特定产业中的先前经验有助于创业者识别出商业机会，这被称为"走廊原理"，它是指创业者一旦创建企业，他就开始了一段旅程，在这段旅程中，通向创业机会的"走廊"将变得清晰可见。这个原理提供的见解是，某个人一旦投身于某产业创业，这个人将比那些从产业外观察的人，更容易看到产业内的创业机会。

2. 认知因素

初始的创意形成后，创业者还需要收集更多的信息去论证创意的可行性。从中挑选出切实可行的、能够创造较高价值的、在现有技术条件下可开发的创业机会，创业机会识别是创业者与外部环境反复互动的过程，识别出其中蕴含的价值，这必然取决于创业者的认知因素。创业认知因素结构通常是由商机、资源、组织、管理、风险和创业警觉性等一系列相关因素的结构化知识所组成。创业者的创业认知因素结构一旦建立，就成为他学习新创业知识和感知市场信息的极为重要的能量或基础，从而促进创业者的创业警觉性与洞察力，使其更能敏锐感知到市场的变化，并迅速洞察这种变化所带来的商业价值。

3. 社会关系网络

社会关系网络能带来承载创业机会的有价值信息，个人关系网络的深度和广度影响着机会识别。研究已经发现，社会关系网络是个体识别创业机会的主要来源。社会关系网络不仅提供了孕育创意的土壤，其深度和广度也影响着机会的识别。社会交往面广、交往对象趋于多样化、与高社会地位个体之间关系密切的创业者更容易发现创新性更强的机会。而创业者先前经验调节着上述影响机制，相对于经验匮乏的创业者而言，经验丰富的创业者更容易从高度的网络结构中发现创新性更强的机会。

4. 创造性

认知过程需要产生创意，引发创造力。面对市场需求和环境变化，创业者需要以独具匠心的思维方式寻找实用的解决方案，以从中识别和把握创业机会。从这个意义上说，机会识别是一个不断反复的创造性思维过程，创造性思维在创业机会的识别和开发方面起到重要的作用。创造性是产生新奇或有用创意的过程，从某种程度上讲，机会识别是一个创造过程，是不断反复的创造性思维过程。在听到更多趣闻轶事的基础上，创业者会较为容易地看到创造性包含在许多产品、服务和业务的形成过程中。

7.2.2 内创业机会识别过程

面对具有相同期望值的创业机会，并非所有潜在创业者都能把握。成功的机会识别是创业者个人特征和创业环境变化等多因素综合作用的结果。机会识别是创业者与外部环境互动的过程，在这个过程中，创业者利用各种渠道和各种方式掌握并获取有关环境变化的信息，例如，经济变化、社会人口变化、技术变化、政治制度变化、产业结构变化等相关信息，再结合内创业者先前经验、认知因素以及社会网络等自身特征，发现现实世界中在产品、服务、原材料和组织方式等方面存在的差距或缺陷，找出改进或创造目的-手段关系的可能性，最终识别出可能带来的新产品、新服务、新原材料和新组织方式。如图 7.1 所示。

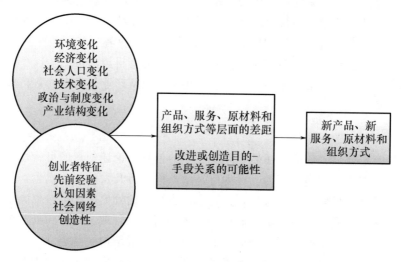

图 7.1 创业机会识别的过程①

1. 内创业机会识别的阶段

（1）准备阶段：主要指创业者带入机会识别过程中的背景、经验，知识和技能的准备，这些知识和技能可能来自创业者的个人背景、工作或学习经历、爱好以及社会网络。

（2）孵化阶段：这是个人仔细考虑创意或思考问题的阶段，也是对事情进行深思熟虑的时期。创业者的创新构思活动，这一过程并非有意识的解决问题或系统分析，而是对各种可能和选择的无意识考虑。

（3）洞察阶段：此时，问题的解决办法被发现或创意得以产生。此阶段指创意从潜意识中迸发出来，或经他人提点，被创业者意识到，这类似于问题解决的领悟阶段，可以用"豁然开朗"来形容。

（4）评价阶段：这是创业机会识别过程中仔细审查创意并分析其可行性的阶段。即有意识地对创意的价值和可行性进行评定和判断，评估的方式包括初步的市场调查、与他人进行交流以及对商业前景的考察。

（5）阐述阶段：这是创造性创意变为最终形式的过程，通过对创意进一步细化和精确，创意得以实现。

2. 内创业机会识别的方法

（1）新眼光调查

① 注重二级调查：阅读别人的发现和发表的作品、利用互联网搜索数据、浏览寻找

---

① 张玉利，薛红志，陈寒松，等.创业管理［M］.4 版.北京：机械工业出版社，2016：71-72.

包含所需要信息的报纸文章等都是二级调查的形式。

② 开展初级调查：通过与顾客、供应商、销售商交谈和采访，直接与这个世界互动，了解正在发生什么以及将要发生什么。

③ 记录想法：记录的一大好处就是你可以不断的回想起当时的想法，并且不断更新迭代你的答案。

（2）系统分析

实际上绝大多数的机会都可以通过系统分析得到发现。人们可以从企业的宏观环境（政治、法律、技术、人口等）和微观环境（顾客、竞争对手、供应商等）的变化中发现机会，借助市场调研等手段，从环境变化中发现机会，是机会发现的一般规律。

（3）问题分析

从一开始就要找出个人或者组织的需求和他们面临的问题，这些需求和问题可能很明确，也可能很含蓄。一个有效并有回报的解决方法对创业者来说是识别机会的基础。这个分析需要全面了解顾客的需求，以及可能来满足这些需求的手段。

（4）顾客建议

一个新的机会可能会由顾客识别出来，因为他们知道自己究竟需要什么。所以，顾客可能会为创业者提供机会。顾客多种多样，最简单的他们会提出一些诸如"如果那样的话不是会很棒吗"这样的非正式建议，留意这些，有助于发现创业机会。

（5）创造需求

这种方法在新技术行业中最为常见，它可能始于为了满足市场需求，积极探索相应的新技术和新知识。也可能始于一项新技术发明，进而积极探索新技术的商业价值。通过创新获得机会的难度比其他方式都大，风险也更高。同时，如果能成功，其回报也更大。这种情况下所产生的创新在人类所具有重大影响的创新中，属于压倒性的主导地位。索尼公司的随身听（Walkman）就是一个很好的例子。索尼公司觉察到人们需要一个听音乐的随身设备，并利用公司的微缩技术、核心能力从事该项目的研究，最终开发出划时代的产品——随身听，取得了巨大的成功。①

7.2.3 人力资源管理与内创业机会识别

1. 职位分析对内创业机会识别的作用

职位分析是人力资源管理的一个重要的子系统，是建立"以职位为基准的薪酬模式"的重要基础性工作。职位分析又称岗位分析、工作分析，主要是指通过系统地收集、确定与组织目标职位有关的信息，对目标职位进行研究分析，最终确定目标职位的名称、督导关系、工作职责与任职要求等的活动过程。

通过职位分析使得职位关系明确，职责、权限及工作依据明确，为工作提供有效指导；同时每个职位都建立具体、明确的任职条件，为人员招聘、调配、选拔、培养提供依据。在进行职位分析后，每个职位都有完整、明确的说明书，用来检查与评估职位设置的合理性，使每个职位都履行独立职能。

---

① 张玉利，薛红志，陈寒松，等. 创业管理 [M]. 4版. 北京：机械工业出版社，2016：72 - 74.

在内创业企业中，通过职位分析，有助于员工本身反省和审查自己的工作内容和工作行为，以帮助员工自觉主动寻找工作中出现的问题以及探寻问题解决方案。例如：海尔集团雷神团队的三个初始创始人，通过剖析自身工作出现的问题，想要改变现状，挖掘游戏笔记本电脑问题，创建雷神。通过职位分析，不仅能使员工进行自省，也能让企业的管理层能够充分了解各个工作岗位上人们所承担的工作，发现职位之间的职责交叉和职责空缺现象，便于制定相关政策来促进各个岗位之间的协同合作，提高协同效应。

2. 员工招聘对内创业机会识别的作用

对于内创业企业来说，团队领导人员是母公司的在职人员，而工作人员大部分也是由母公司的员工组成。所以内创业企业中员工招聘可以体现出竞聘上岗。

竞聘上岗就是组织为了实现人岗匹配达到最佳效果，依据公开、公平、公正的原则，根据组织的战略目标和发展规划，挑选竞聘岗位、制定竞聘流程、选择评审办法、公布竞聘结果，并辅以上岗人员的动态管理机制、落聘员工安置机制，以充分发挥组织人力资源价值和潜力的人才机制。

竞聘上岗有助于增强员工的危机意识和竞争意识，扩大企业的招聘视野，挖掘企业潜在的人才。具有创业精神和创新思想的员工在内部创业氛围下推动创业活动，会识别到更多的创业机会。推动内部创业政策落实、落地、落细的员工更利于其发挥价值，利用已有知识经验识别到创业机会。同时会帮助员工重新认识岗位职责，丰富工作思路；有利于员工认识自我，重新定位职业发展道路；以此为拐点转变员工对原有企业的依赖观念，调动员工的工作积极性；盘活企业的人力资源，优化企业的人力资源配置，推进内部创业的进程。

3. 培训与开发对内创业机会识别的作用

培训与开发活动能推动创业行为，因为培训项目涉及很广的工作范围，因此参加的人数也就更多。工作要求的不断改变、时刻掌握最新技术的需要，这些都说明了员工需要不断地参加培训，特别是针对个人需要的非结构化或标准化的培训。这种培训使员工能够以独特的方式应对新的挑战，适应动态环境以及模棱两可的事务。培训项目中还可能会涉及一些态度问题，例如，接受变革、愿意承担风险和责任、团队工作的价值和分享成功等，这些都是其中心主题。最后，向未来的创业家传授一些政治技巧也很有必要，其中包括如何找到资助人、如何建立资源网络以及如何避免过早地公开新概念或新项目的方法。

通过培训与开发改善老员工安于现状的工作状态，提升员工工作激情和动力，促进其对创业机会的识别，帮助员工及时掌握新的知识、技术，已有经验和新知识技能的结合促进员工形成新创意，营造浓厚的内部创业文化氛围，提升员工对内部创业政策的认识，促进员工开始创业活动。

4. 绩效管理对内创业机会识别的作用

组织会向员工传达组织希望达到的绩效水平，并通过绩效评估和报酬促进员工的行为，这两种手段都应围绕具体的标准来设计。组织应当在特定的环境下鼓励创业活动，其中的绩效评估和可自由支配的薪酬都是在长期结果和个人与团体绩效平衡的基础上进行的。此外，如果风险意味着失败，评估和报酬体系应当反映出对失败的包容性，提供一些就业保障。

员工可能会在创业型组织中接受不定期的评估，应当根据创业项目的生命周期进行相应的评估。因为创业活动需要一定的发展实践，在各个阶段会存在不同的障碍和项目。此外，创业活动的成败还与员工从新的途径或使用非传统的方式获得各种资源的能力，偶尔违反或忽略标准的公司策略和程序的能力有关。因此，绩效评估应当注重最终的目标或产物，而不是为了达到这些结果所采用的手段。对员工进行评估时，需要有详细的创新能力和风险承担力的测评值，这意味着在评估时使用了某种定性和主观的绩效测评值。

有效的绩效管理，促进员工的行为与企业的目标一致，明确的考核目标促使员工的内部创业行为有所保障，为员工内部创业活动的开展奠定基础，员工参与到创业企业的管理过程中，提升了成就感，实现了自我价值。

7.3 内创业机会评价与人力资源管理

7.3.1 内创业机会评价

1. 创业者自身评价

（1）创业者与创业机会的匹配：在创业机会识别的初始阶段，创业者只是从大量复杂的信息中搜寻自己所需要的信息，在这个过程中，是创业者运用自己已有的信息存量和知识库的一种理性的搜寻过程，当依据自己的经验判断出这个机会的潜在价值时，他会进入开发阶段；在机会开发利用的过程中，创业者开始寻求资源和需求之间的匹配以创造出足够的商业价值。识别并选择正确的创业机会是成功的创业者最重要的能力。

（2）创业者对创业机会的初始判断：创业机会的评价过程是一个从量变到质变的过程。在这个过程中，无时无刻不体现出创业者的个人特质与能力。创业机会评价的本质就是谋求特定的市场需求与特定资源之间的匹配。创业者先前的知识、工作经验以及社会关系网络构建了创业者庞大的信息库。在评价机会的过程中，创业者利用自己的知识、工作经验并运用价值判断能力寻求到最初的创业念头，继而发现和发展了潜在的机会。这一过程不仅仅是简单的有目的的寻找，还需要创业者具有周密的逻辑计算和演绎推理能力。

2. 系统分析评价

（1）蒂蒙斯创业机会评价指标体系。蒂蒙斯认为机会应该具有吸引力、持久性和及时性，机会根植于为消费者或者最终用户创造或者增加价值的产品或服务中。蒂蒙斯将机会定义为具有如下四种特征的构想：对消费者具有吸引力；能够在你的商业环境中实施；能够在现存的机会窗口中执行；你拥有创立企业的资源和技能，或者你知道谁拥有这些资源与技能并且愿意与你共同创业。

（2）通过市场测试评价创业机会。市场测试是指在比较小的范围内，展示和促销一个

【蒂蒙斯创业机会评价指标体系】

品牌。一般来说，新品牌总是在具有"领头羊"地位的市场上进行测试。如果该品牌在这些市场中销路很好，它们就可以在全国范围内投放市场或公开亮相。但是，如果产品的缺陷很快被发现，该品牌就需要加以改进，甚至有时也许不得不放弃。

（3）市场测试的方法。市场测试方法主要有三种：一是虚拟销售，是指企业或公司总部与下属销售网络之间的"产权"关系相互分离，销售虚拟化，促使企业的销售网络成为拥有独立法人资格的销售公司。二是控制销售，买方必须购买，销售可能是正式的也有可能是非正式的，但它是在受控制的环境下进行。三是全面销售，由公司决定将产品完全投放到市场上，除非有异常情况，产品将在整个市场一起上市，这方法也是传统营销测试的方法。

7.3.2　人力资源管理与内创业机会评价

1. 创业者的自我评估

在创业机会认知上，创业者常常遇到的一个问题是机会是否真的存在，因为机会并不总是跳到创业者或其他任何人身边。相反，他们通常在复杂的背景下难以发现。

信号察觉理论认为人们试图明确刺激是否存在时，存在以下四种可能性。

（1）机会存在而且觉察者认为它存在。

（2）机会存在但觉察者没有认识到它的存在。

（3）机会不存在但觉察者错误地认为它存在。

（4）机会不存在而且觉察者也正确地认为它不存在。

创业机会就是通过对资源进行创造性的组合以满足市场的需求从而实现超额价值的可能性，但事实上机会经常被描述为系列现象，而这些现象在最初的阶段并未被识别，它是随着时间的推移才被充分认识的。机会的本质就是"未被精确定义的市场需求，以及未充分利用的资源或能力"而这些能力则是尚未进入市场的技术以及关于产品或服务的想法。

2. 与识别机会相关的个人特质

（1）成就需求

成就需求是创业者想要把事情做好的一种欲望或倾向。在成就需求的研究中引用最多的是麦克利兰的成就需求理论。麦克利兰把成就需求作为区分创业者和非创业者的一个显著特质。他认为，成就需求是创业者对于成功的渴望程度，是事业成功的必备条件。一个渴望成功的人，会具有强烈的驱动力利用自己的知识、经验和能力去评估机会、挖掘机会，同时，具有成就需求的人更具备创业的热情，渴望成功并且有信心面对创业过程中的各种挑战，克服困难。

（2）风险倾向

风险倾向是创业者在创业过程中的冒险倾向。创业者本身就有风险承担者的意思。很明显，作为识别机会创办新事业的过程必然承担大量的风险或是不确定性。其实，创业者并非真正的喜欢冒险，而是他们在创业的过程中不得不承担风险，但是他们会尽量的寻找降低风险的方法。

(3) 自我效能

自我效能指个体对自己是否有能力去实施某一行为的期望,是个体对形成动机、认知资源、对有必要实施控制的事件采取一系列行动等方面能力的估计。所以,人的行为既受结果期望的影响,更受自我效能期望的左右,自我效能是人类行为的决定性因素。

个体对他们效能的信念影响他们的选择、期望、努力程度、遇到挫折时的忍耐时间。自我效能感高的人,常常倾向于选择适合于自己能力水平又富有挑战性的任务。一个人在某一方面的自我效能感越强,预测到的成功可能性越大,他就越会努力尝试去从事这些方面的活动,新行为持续的时间也越长。具有高度自我效能感的人,多富有自信,勇于面对困难和挑战,相信自己可以通过努力克服困难,因此,会竭力去追寻和实现自己的目标。有强烈自我效能感的人能把注意力集中在积极分析问题和解决困难上,他们知难而上、执着追求,在困难面前常常使得自己的思维与解决问题能力得以超常发挥,表现出优质的行为能力和行为效率[1]。因此说,拥有强烈自我效能的人更容易取得创业成功。

7.3.3 人力资源管理在内部创业机会评价中的价值体现

1. 人力资源管理的吸纳功能

吸引并让优秀的人员加入企业中,促进人员的知识技能与卓越的创业机会相匹配。针对人力资源的吸纳作用,可以采取以下几种做法。

(1) 打好"招聘牌"

招聘是一个人对企业的第一印象,规范的招聘流程、专业的面试方式以及礼仪等都可以在一定程度上吸引面试者,甚至面试环境的好坏也是面试者考虑是否要加入的一个重要方面。

(2) 合理的管理机制

想要留住人才,合理的企业管理机制至关重要,管理机制包括的面很广,主要有绩效管理机制、奖惩机制、晋升机制等,除了这些,管理者也要不断地提高自己的管理能力,不断地加强学习。

(3) 留人重在留心

留住人才的法则是制度优先,其四大原则是:约束原则、激励原则、适才原则和环境原则。在设计企业的留人系统时要考虑的关键要素包括:契约与退出成本、薪酬与晋升制度、定岗与培训机会、团队与人文关怀等。

(4) 人才开发与复制

只有这项工作做好了,企业才会有更多的人才,企业可以采用这三种方法来开发和复制人才:①导师制度,每个导师可带一两名学员进行专业辅导,培养职业技能。②班级式辅导,企业可根据不同人的不同特点、爱好等进行分班,每班由几名专业老师进行指导学习。③集中式培训,每周进行一次或两次集中培训,以解决员工专业技能不足问题。培养方式不同,效果也不一样,企业可以结合自身因素进行合理安排。

---

[1] 唐靖,姜彦福. 初生型创业者职业选择研究:基于自我效能的观点 [J]. 科学学与科学技术管理,2007 (10):180-185.

2. 人力资源管理的维持功能

让已经加入的员工继续留在本企业，增加员工的满意度，使其可以更好地发挥价值。人力资源管理维持的举措概括为以下几个方面。

(1) 用优厚的福利待遇留住人才

为优秀人才提供对内具有公平性，对外具有竞争性的薪酬福利待遇，即在企业外部，优秀员工的薪资高于同行业平均水平；而在企业内部，则根据岗位和贡献，适当拉开薪资分配差距。为员工办理社会保险，并补充商业保险，解决员工的后顾之忧；在严格考核的基础上，对优秀人才实行重奖，唯有突出贡献的人才向上级主管部门和政府部门推荐、申报奖励。福利待遇体现出对优秀人才的重视，福利待遇的价值不仅仅是满足优秀人才的需要，更是优秀人才价值的体现。

(2) 用事业留住人才

制定明确的发展战略，并使员工切身感受到他们的工作与实现企业的发展目标息息相关，优秀的人才不仅仅看重优厚的福利待遇，而且更看重个人的发展空间和事业平台。"天高任鸟飞，海阔凭鱼跃。"良好的事业，能够给予优秀人才良好的施展空间，能够充分发挥其个人价值。

制订科学合理的职业发展计划，明确优秀员工发展的职业通道，明确告诉员工从进入企业开始一级级向上发展的所有可选择职务和职级，并列明不同职务需具备的能力和经验，使员工看到自己的职业发展空间，感到个人的职业发展前景乐观、充满希望、很有奔头。指明其未来的发展方向，并为员工提供大量的晋升机会，在公司人才制度上，优秀人才进入公司之初就为其规划好职业发展的阶梯，不同的梯级对应不同的薪金水平，因而员工晋升的欲望强烈，员工的离职现象也比较少。要注意指导及协助员工参与和制定，以促进职业生涯规划的实现，对新员工形成良好的示范作用。

(3) 用感情留住人才

给予优秀人才应有的尊重，关心优秀人才的生活，创造良好宽松的工作氛围，让优秀人才参与决策，实行民主。随着企业的发展，薪酬福利制度、竞聘制度等进行相应的调整。在团队中，尊重老员工，爱护并关注年轻的新员工；成立并发挥工会的职能，定期组织员工开展集体活动、文化活动，随时了解员工的思想动态，重视并解决一线员工的吃、住、行等基本生活问题；创建公司内网、企业报刊，加强企业文化建设，以增强企业的凝聚力，发现重要人才思想波动有离职意向时，总经理亲自面谈沟通进行挽留等。

其实要真正地留住人才，用好人才，除要坚持落实成功有效的措施之外，还应做好以下几方面的工作。

① 把好离职面谈关。对于有离职倾向的员工，通过与用人部门、人力资源部和公司分管领导的多层次面谈，确实了解员工离职的真正原因，并根据这些原因制定相关改善措施。

② 建立畅通的沟通渠道。通过网络、热线电话、电子邮箱等信息平台，及时了解员工的心理动态，包括对公司的看法、意见和建议，以及工作状态、工作情绪、个人生活问题等，并及时给予反馈。

③ 加强公司的人文关怀。除了正常的节日、生日福利外，完善员工的医疗保健，并

定期组织开展体检，关心员工的身体健康，加强基础设施，改善职场环境，也是体现公司人文关怀的一项重要因素。

④ 为员工打造发展计划，许多新上岗员工为应届毕业生，对未来发展多处于迷茫状态，没有一个明确目标，帮助他们清晰客观的认识自己，抛弃不切实际的期望值太高的目标，建立切实可行的发展目标，加大培训力度，协助员工完成自我成长和规划。

⑤ 推行有效的个人考核机制。员工自身价值的体现最直接的体现是其薪酬的高低，制定科学完善的考核机制，使考核能达到"人尽其才、才尽其用、酬显其绩"理念，用科学公平的激励机制调动员工的内在动力，吸引人才、留住人才。

3. 人力资源管理的开发功能

提升员工工作所需的知识和技能，形成对创业机会客观的初始判断。

(1) 人力资源开发是现代化大生产的客观要求。随着现代化大生产的不断发展，对于创业公司来说，分工越来越细，劳动组织越来越复杂，专业化与协作化的要求越来越高。在现代化生产的过程中，职业技能的教育和培训已经成为现代企业进行生产经营活动的基础。对于创业企业来说，员工只有通过不断的培训与开发，才能熟悉并提高自己的生产技术和一定的创新思维，从而更好地完成创新创业。

(2) 人力资源开发是提高劳动生产率的主要手段。经济学家们早就观察到人的知识与技能的提高对于经济的重大价值。20世纪60年代，美国经济学家舒尔茨创立了人力资源理论，它促使这方面的研究产生一个质的飞跃，并在生产实践中得到验证。经过教育培训的员工，劳动熟练程度得到提高，掌握新知识、新技术的能力进一步加强。因而所提供的产品数量与质量都将取得明显的增长，反过来又带动了人才资本存量的增加。

(3) 人力资源开发是提高经济效益的重要手段。人力资源投资必然会产生收益，虽然投资周期长，但收益期也将持续很久。对企业来说，随着员工知识技能的提高，产出会增加，产品质量将得到改善，生产成本随之下降，从而提高了企业的经济效益，增强整体竞争实力。

(4) 人力资源开发是推动企业发展的基本动力。人才是企业发展的基础，人力资源开发的对象是企业中所有的员工。人力资源开发可以有效地进行潜能、才智的挖掘利用，不断地发挥人的主观能动性和聪明才智，为推动企业发展提供源源不断的动力。

4. 人力资源管理的激励功能

发掘员工的潜力，提高人的主观能动性，激发其创业激情，探索更具价值和可行性的创业机会。

(1) 人力资源管理的激励功能可以调动创业者员工工作积极性，提高企业绩效。作为企业，有效地运用激励手段，想方设法地调动创业者在工作中的主动性、积极性是管理的基本途径和重要手段。作为创业企业的员工，希望自己的能力得以施展，希望工作业绩得到认可，希望在一个公平公正的环境中竞争，希望工作、生活富有意义。

(2) 人力资源管理的激励功能可以挖掘创业者的潜能，提高其主观能动性。激励之所以有效，原因在于人们在遇到自己切身利益的时候，就会对事情的成败分外关注，而趋利避害的本能会使面临的压力变为动力。只有需要达到满足，员工才有积极性。有国外专家研究发现，在缺乏激励的环境中，人的潜力只能发挥20%～30%，如果受到充分激励，他们的能力可发挥80%～90%。

（3）人力资源管理的激励功能能够加强一个组织的凝聚力。行为学家们通过调查和研究发现，对一种个体行为的激励会导致或消除某种群体行为的产生。激励是保持和谐稳定劳动关系的重要因素。

7.4 内创业机会建构与人力资源管理

在建构主义视角下，创业机会开发是一个信息加工的过程，创业者应该采用试错或探索模式，通过诠释法来捕捉和加工信息，从而建构他们心目中的现实。

7.4.1 创业机会的建构过程

创业者是具有主动性、目的性和创造性的能动者；创业者能够按照自己规定或设置的目标行动，并且具有一定的创造性。

创业者在建构创业机会和创业企业的过程中伴随着与他人的互动和交流。与他人的互动交流，是信息来源的重要渠道，无论是亲密的朋友还是偶然接触的陌生人，都有时候能获得独一无二的信息。拥有更广泛社会关系网络的人会获得更多的机会，比那些单打独斗的创业者更容易取得创业的成功，所以与他人互动交流很重要。

创业者在社会性地建构创业机会和企业的过程中受到嵌入特定情境的规则和资源的影响。对于创业者来说，在创业过程中特定情境不尽相同，因此创业者应该根据当时特定的规则、场景来开展创业活动。创业者获取一定的创业资源的最终目的是获取这些资源追逐并实现创业机会，提高创业绩效并且获得创业的成功。

7.4.2 创业机会的信息加工

1. 获取别人难以接触到的有价值的信息

无论是市场需求还是尚未利用的资源，任何机会都可能为部分人而非所有人发现，这主要源自作为创业者的个体对于机会的敏感度不同，从而接触有价值的信息也不同。对于有些创业者来说，可能会因为自我效能、创造力、社会关系网络，以及他们得到的信息量和信息类别等不同，存在个体差异性，从而获得有价值信息的程度不同。比如说有些创业者对市场的需求异常敏感，然而有些则对未被开发利用的资源非常敏感等。先前的知识和经验以及社会关系网络为创业者感知机会提供了可能，他们更容易感知到机会的价值，以及已经存在的机会，从而获得有价值的信息。

2. 具备优越的信息处理能力

从资源利用的角度出发，当创业者认识到可以通过重新配置资源来获得机会时，他就会决定创建一个新视野或者开拓一个新的市场。他认为创业者销售的不仅是产品，更多的还有他们的知识、整合资源以及利用信息的能力，因此对于创业者个体而言，需要具备优越的信息处理能力。

信息处理主要包括两个步骤：第一步是通过对整体的市场环境，以及一般的行业分析来判断该机会是否在广泛意义上属于有利的商业机会；第二步是考察对于特定的创业者和投资者来说，这一机会是否有价值，也就是信息处理的过程。

7.4.3 人力资源管理与内创业机会建构

1. 创业警觉

创业警觉是创业机会识别的能力。是一项先天技能或一种认知过程。创业者能够看到别人错过的机会的"第六感"。

创业警觉性与创业活动有关因素的不确定性高度相关。在创业过程中,创业者要投入大量的人力、物力和财力,要引入和采用各种新的生产要素与市场资源,要建立或者对现有的组织结构、管理体制、业务流程、工作方法进行变革。这一过程中必然会遇到各种意想不到的情况和各种困难,如果警觉性不高,有可能使结果偏离创业的预期目标。

2. 个体创造力

熊彼特是第一个引入个体创造力这一观念的人,用其来解释成功的创业者发现其他人发现不了的机会的原因。学者希尔斯等的调查结果显示:90%的被调查者认为个体创造力对创业机会感知至关重要。

3. 先前的知识与经验

创业者的先前知识与经验影响其创业能力水平。不同类型的创业经验提高不同维度的创业能力。但是创业经验的多寡并不意味着创业能力的高低,创业经验通过学习机制对创业能力发挥作用。创业者的创业经验越多,其学习能力越强,其创业能力越高。但是,当创业经验积累到一定程度后,如果学习能力没有与之匹配,那么其创业能力也不会有较大提高。因此,不能仅根据创业经验的种类判定部分创业者的创业成功概率,而应考虑创业者对外界资源和信息的获取与转化能力。

4. 社会网络

创业企业通常都面临认可少、融资难等"先天缺陷"。作为资源、信息等交换、交互的通道和载体,创业者的社会网络即人脉是解决资源桎梏、建立合法性的决定性因素之一。人脉就是社会关系,即人们的社会网络。创业者的人脉主要是指对创业者的创业活动有影响的人际关系。经营人脉,本质上是对社会关系的高效管理。

创业者人脉镶嵌于社会、经济等环境中,并随着环境演化而改变,每一个时代的创业者的人脉都有鲜明的特点。此外,创业企业在发展的各个阶段,对各类资源的要求有不同侧重,对人脉亦有不同要求。因此,无论是被动响应外在环境变化,还是主动更新人脉以寻求企业长远发展,创业者必须适时更新人脉,与时俱进。无论是网络时代还是智能时代,互联互通是大趋势。套利的商机必将减少,更多创业机会将涌现在各个行业、技术、阶层、领域的模糊界面,创业者拓展人脉必须"跨界",而非"深耕",发现新的商机,共创共赢。

7.4.4 人力资源管理对提升创业者创业警觉的影响

1. 招聘录用

招聘主要是对优秀人力资源的吸引,在招聘的过程中要真正地做到因事择人、能力对应、德才兼备、用人所长的原则,甄选创造力强的员工,做到人尽其才、用其所长。

(1) 有效的招聘管理可以提高员工的满意度和降低员工流失率

一开始就聘用到合适的人员，会给用人单位带来可观的利益。据估计，这种经济收益相当于现有生产力水平的 6%～20%。甚至有专家认为，特别是在小型组织中，招聘管理的有效与否可能就是造成盈利和亏损差别的关键所在。总之，有效的招聘管理意味着员工将与他的岗位相适应，企业和所从事的工作能带给他较高的工作满意度和组织责任感，进而会减少员工旷工、士气低落和员工流动现象。

(2) 有效的招聘管理会减少员工的培训负担

新招聘的员工，犹如制造产品的原材料，其基本素质的高低、技能和知识的掌握程度、专业素质较差或专业不对口的员工，在对其培训时不但要花费更多的培训成本，而且在之后由于本身与岗位的差距等都会给企业带来长期沉重的负担。相反，素质较好、知识技能较高、专业对口的员工接受培训的效果就会较好，培训后成为合格员工，创造绩效的概率也较高。

(3) 有效的招聘管理会增强团队工作士气

组织中多数工作不是由员工单独完成，尤其是对于创业者来说，很多情况下是由多个员工共同组成的团队完成。这就要求组织在配备内部创业的团队成员上，应了解和掌握员工在认知和个性上的差异状况，按照工作要求合理搭配，使其能够和谐相处，创造最大化的团队工作绩效。所以，有效的招聘管理会增加团队的工作士气，使团队内部员工能彼此配合默契，愉快和高效率地工作。

(4) 有效的招聘管理会降低劳动纠纷的发生率

员工在工作中不可避免地要和上司、同事、下级以及客户产生工作上的联系。在工作关系的处理上，员工自身由于工作技能、受教育程度、专业知识上的差异，处理语言、数字和其他信息能力上的差异，特别是气质、性格上的差异，为了利益发生劳动纠纷是不可避免的。倘若企业严把招聘关，尽量按照企业文化的要求去招聘员工，使新员工不仅在工作上符合岗位的任职资格，而且在个性特征和认知水平上，特别是自身利益追求上也符合组织的需求，就会降低劳动纠纷的发生率。

(5) 有效的招聘管理会提高组织的绩效水平

利用规范的招聘程序和科学的选拔手段，可以吸引和保留住组织真正需要的优秀人才。优秀的员工是不需要工作环境适应期的，他们的共同特点就是能够很快地转变角色，进入状态，能够在很短的时间内创造工作成绩而不需要做大量的培训。可以说，创造员工的高绩效，推动组织整体绩效水平的提高，是一个组织追求有效招聘管理的最高境界。

2. 培训开发

培训开发是调动员工积极性的有效方法。在组织中得到锻炼和成长，已成为人们重要的择业标准。企业如能满足员工的这种自尊、自我实现需要，将激发出员工深刻而又持久的工作动力。经过培训的人员，不仅提高了素质和能力，也改善了工作动机和工作态度，进而改善创业企业的绩效。

(1) 培训能增强员工对企业的归属感和主人翁责任感

就企业而言，对员工培训得越充分，对员工越具有吸引力，越能发挥人力资源的高增值性，从而为企业创造更多的效益。有资料显示，百事可乐公司对深圳 270 名员工中的

100名进行了调查，这些人几乎全部参加过培训。其中80%的员工对自己从事的工作表示满意，87%的员工愿意继续留在公司工作。培训不仅提高了员工的技能，还提高了员工对自身价值的认识，而且对工作目标有了更好的理解。

(2) 培训能促进管理层与员工层双向沟通，增强企业凝聚力，塑造优秀的企业文化

不少企业采取自己培训和委托培训的办法。这样做容易将培训融入企业文化，因为企业文化是企业的灵魂，它是一种以价值观为核心对全体职工进行企业意识教育的微观文化体系。企业管理人员和员工认同企业文化，不仅会自觉学习掌握科技知识和技能，而且会增强主人翁意识、质量意识、创新意识。从而培养大家的敬业精神、革新精神和社会责任感，形成上上下下自学科技知识，自觉发明创造的良好氛围，企业的科技人才将茁壮成长，企业科技开发能力会明显增强。

(3) 培训能提高员工综合素质，树立企业良好形象，增强企业盈利能力

美国权威机构监测，培训的投资回报率一般在33%左右。在对美国大型制造业公司的分析中，公司从培训中得到的回报率可达20%~30%。摩托罗拉公司向全体雇员提供每年至少40小时的培训，调查表明：摩托罗拉公司每1美元培训费可以在3年以内实现40美元的生产效益。摩托罗拉公司认为，素质良好的公司雇员们已通过技术革新和节约操作为公司创造了40亿美元的财富。摩托罗拉公司巨额培训收益说明了培训投资对企业的重要性。

(4) 适应市场变化、增强竞争优势，培养后备力量，保持企业永续经营的生命力

企业竞争是人才的竞争。明智的企业家越来越清醒地认识到培训是企业发展不可忽视的"人本投资"，是提高企业"造血功能"的根本途径。美国的一项研究资料表明，企业技术创新的最佳投资比例是5∶5，即人本投资和硬件投资各占50%。人本为主的软技术投资，作用于机械设备的硬技术投资后，产出的效益成倍增加。在同样的设备条件下，增加人本投资，可达到投1产8的投入产出比。发达国家在推进技术创新中，不但注意引进、更新改造机械设备等方面的硬件投入，而且更注重以提高人的素质为主要目标的软技术投入。事实证明，人才是企业的第一资源，有了一流的人才，就可以开发一流的产品，创造一流的业绩，企业就可以在市场竞争中立于不败之地。

3. 绩效评价

绩效评价所提供的信息有助于企业对员工的工作绩效有一定的了解，是对员工的绩效考评的反馈，了解员工和团队的培训和教育的需要，创业企业通过绩效评价可以建立各部门网络关系，能有效促进创业企业绩效水平的提高，贯彻组织的战略思想，从而真正帮助创业企业实现战略目标。

(1) 传递组织的价值观和文化

员工有时可能无法对组织的目标有一个很清晰的了解，尤其是组织对员工所任职职位的要求。一个员工可能很想按组织的要求来工作，但如果缺少指导，这一目标可能无法实现。绩效评估是一个非常有力的工具，可以告诉员工哪些是重要的，哪些是次要的。同时，就结果（组织寻求的目标）和过程（可接受的方法）而言，绩效评估对于明确组织文化和行为准则也是一个重要的方法。这种价值观的传播不仅仅针对企业内部，同时还针对企业外部：组织各项和外部重要关联性的评估。

(2) 监测战略和目标的执行情况

有统计资料显示：80%的企业战略不成功，主要原因不是战略本身的问题，而是战略执行不力。评估系统可以将组织战略转化成可衡量、可控制的要素，通过定期的收集相关数据，可以清楚地看到战略和目标的执行情况，便于及时地采取措施，保证组织战略和目标的实现。

(3) 发现问题，寻找组织的绩效改进点

通过绩效评估，便于发现组织中存在的问题，将问题界定清楚，将原来隐藏在冰山之下的问题突显出来，推动管理者去寻找解决问题的方法，最终达到改善绩效的目的。

(4) 公平合理的评价与报酬

绩效评估可以向员工表明哪些地方做得较好，哪些地方做得还不够，需要改进。公平合理的绩效评价对组织内成员非常重要。在此基础之上的报酬可以包括：薪酬、福利、职位晋升、职位调整、培训、淘汰等物质与非物质的内容。

(5) 提升管理者（评估者）与员工（被评估者）的技能

绩效评估最直接的是管理者能影响其下属的行为，让管理者随时关注下属的工作状态，促使管理者去推进、改善原有的行为方式和管理难题，特别是那些平时不会主动、不太愿意去做的事情，这对管理者和下属都是一种挑战。管理者在这个过程中将会提升自身的组织管理能力、沟通能力、计划能力、监控能力等基本管理技能；下属将更为关注自己的绩效，想办法改善工作方法以达成更高的绩效结果。在绩效压力下，管理者与员工将提升自身的技能。

(6) 建立沟通与反馈的平台

绩效评估是一个沟通、反馈，再沟通、反馈的过程，在这个过程中，上下级不是在绩效结果产生之后才进行评估，而是在这个过程中就需要不断地沟通与反馈，从而能及早地发现问题，有利于组织内部的信息交流。

(7) 建立基础管理平台

要提升绩效评估的客观性，就需要"一切用数据说话"，这需要许多基础数据的支持。通过绩效评估的推进，可以加强组织内部的基础管理，建立起规划的基础管理平台。

本 章 小 结

本章首先界定了内创业机会的内涵、适用情境及来源，其中机会来源于不断变化的内外部环境。外部环境包括技术变革、政治和制度变革、社会和人口结构变革以及产业结构变革；内部环境包括企业政策支持、工作性质、工作强度和员工认知。其次，对内创业机会识别的影响因素及过程进行了详细分析，并归纳出人力资源管理各个职能对内创业机会识别的作用，其中影响机会识别的因素包括先前经验、认知因素、社会网络关系和创造性等四个方面。再次，明晰了创业者的自我评估和与识别机会相关的个人特质，并对人力资源管理在内创业机会评价中的价值进行了剖析，价值主要体现在人力资源管理的吸纳功能、维持功能、开发功能和激励功能。最后，刻画了内创业机会的建构过程和信息加工过程，并对人力资源管理与内部创业机会建构进行了深度融合，揭示了人力资源管理对于内部创业机会建构的重要性。

思 考 题

1. 内创业机会的来源和适用情境有哪些？
2. 人力资源管理在内创业机会识别过程中扮演了什么角色？
3. 试述人力资源管理在内创业机会评价过程中的价值体现。
4. 在内创业机会建构过程中人力资源管理如何发挥作用？

【拓展资料】

芬尼克兹：内部创业之新①

1. 内部创业的两个阶段

芬尼克兹原本是一家传统制造型企业，主要生产中央热水系统、高能效热泵等新能源设备。芬尼克兹从 2005 年开始在企业内发起创业项目，并最终借助于内部创业实践，成功转型成为一家互联网企业。其内部创业历程，主要经历了以下两个不同阶段。

(1) 2005～2008 年：小试牛刀，留住人才

2004 年，芬尼克兹一个负责海外销售的业务经理突然离职，无论企业领导如何挽留都没用，并且这位经理离职后重新创立了一家与芬尼克兹一模一样的公司。"离职风波"引发了企业关于如何留住核心员工的思考，芬尼克兹决定以内部创业的形式鼓励核心员工创业，以此达到留住核心员工的目的。2005 年芬尼克兹正式走上内部创业之路。第一个项目是以攻克一个进口零部件作为契机，鼓励企业几个部门经理创业。由于部门经理的怀疑加上以前类似的失败经历，项目进展非常困难。但是，经过努力，这个项目最终还是取得了成功，并且新创企业很快实现盈利。第一个项目的成功打消了大家的顾虑，企业不但留住了核心员工，而且通过给予每位员工参与到项目中来的机会，调动了员工的积极性。自此，芬尼克兹每年都会在企业中发起一个项目，鼓励大家创业。企业成功留住了核心员工，由于所有员工都可以参与到内部创业项目投资上，公司内开始出现内部创业文化，并且深入人心。

(2) 2008 年以后：全面发力，助力转型

2008 年的经济危机致使公司出口业务出现严重下滑，公司出现全面危机。为了应对销售不景气，芬尼克兹开始"向内看"，决定转做内销，开拓国内市场。2008 年金融危机促使芬尼克兹开始思变，借助于第一阶段的内部创业实践以及国内正在发展起来的互联网，芬尼克兹转型战略定位于全面拥抱互联网，具体做法就是内部创业促进转型。芬尼克兹精心设计了这次内部创业活动，在三个方面进行了创新。在战略上，采用互联网销售的方式销售产品，这一想法在当时是比较超前的，因为芬尼克兹生产的都是大件商品，由于物流发展的局限性，当时情况下大件商品还没有网上售卖的先例。在创业团队选拔上，运用人民币投票的方式选举创业团队经理。在组织模式和商业模式上，以共享为理念，以优步为模仿对象，设计全新的组织模式和商业模式。以内部创业为手段，以互联网为销售渠道，以共享作为商业模式设计理念，芬尼克兹最终成功转型为一家互联网公司。

2. 内部创业的实践创新

(1) 全员参与——文化塑造之新

文化是企业灵魂，要想成功进行企业内部创业，良好的企业内部创业文化是基础。芬尼克兹通过两

---

① 资料来源：基于"汪群. 芬尼克兹内部创业之新 [J]. 企业管理，2016 (11)：58 - 60."资料整理。

个步骤,成功地将内部创业文化深深地植入每一位员工心中。

第一步,一炮打响,打消员工内心疑虑。芬尼克兹的第一个项目以一直以来依靠进口的一个核心零部件为出发点,通过设立公司的方式攻克技术,进而投产。新的公司成立之后,团队成员工作活力异常高涨,不到一年的时间就完成了技术攻关并投产。一年下来,实现了100多万元的盈利,公司决定把第一年盈利的一半分了。这件事一下子在公司传开了,自此,员工对公司的内部创业决心深信不疑。

第二步,全员参与,内部创业文化深入人心。随着第一个项目的成功,打消了员工疑虑,以后每年,芬尼克兹都会在企业中发起一个项目。但是,相较于第一个项目,后面的项目进行了一个创新:让感兴趣的员工参与到新项目中去,具体参与形式是对新项目进行投资。随着项目吸引的人越来越多,大部分员工都可以亲身参与到企业的内部创业之中,并从中获得好处,内部创业文化正式在企业中确立。

(2) 立足现实,展望未来——战略确立之新

战略是企业前进的方向,内部创业的实践应该以企业战略作为导向,而战略应以现在为基础,着眼未来。从2005年开始,芬尼克兹每年会发起一个项目来鼓励员工内部创业,这时企业实施内部创业是为了留住核心员工和调动员工积极性。然而,2008年全球金融危机之后,以出口为主要销售来源的芬尼克兹出现了危机,转型成为企业存活下来的唯一出路。在内部环境方面,由于自2005年以来一直开展着内部创业的实践,内部创业文化已经深入每位员工心中,芬尼克兹的转型有了一个良好的内部环境。在外部环境方面,由于电商发展的局限性,大型电器设备在当时环境下普遍采用线下实体限售方式,而以苏宁为代表的线下渠道过于强势。在这样的内外环境下,企业大胆预测"未来一定是什么东西都可以在网上卖"。因此,芬尼克兹决定以互联网为切入点,走依靠互联网销售产品的转型之路。

(3) 出资形式投票选拔——团队选拔之新

创业的本质是创新,创新需要依靠优质的人力资源。如何选出优秀的创业团队?如何提高创业团队的效率?按照企业的常规做法,内部创业团队是经过公司精心培育和挑选的,一般都是企业中的骨干,自身拥有各种资源,并且获得企业的特殊关照。然而,企业却忽略了一个非常重要的问题,即员工积极性如何调动的问题。创业成功不只是由资源的多少决定的,很多时候要看创业团队的斗志和毅力,没有激情是很难一直坚持下去的。

针对以上内部创业团队可能出现的问题,芬尼克兹设计出了一套独特的创业团队选拔机制:用出资形式投票选拔。具体做法是,公司举办一场比赛,每个员工都可以自行组建团队参与竞选。第一轮,创业团队将创业计划提交公司,公司组织专业的评审专家进行初步的评估;第二轮,公司将经过第一轮筛选留下的创业方案公示出来,哪一个方案最终胜出取决于员工的投票。员工的投票方式不是简单的口头支持或不支持,需要以实际的出资形式投票。最终获得投资最多的方案胜出,其创业团队即成为最终的创业团队。

(4) 以共享为理念——商业模式之新

商业模式是企业的最终盈利方式,不管企业以何种方式,最终落脚点应该在组织的商业模式上。对于新创企业来说,商业模式是其未来能否成功存活的关键。经过内部创业成立的新公司,在商业模式上也进行了一些创新。

商业模式要以组织模式为基础,芬尼克兹在组织模式方面采用扁平化和数据化管理模式。互联网时代下的企业,信息交流更加顺畅,扁平化成为趋势;同时,传统"生产者—经销商—消费者"的商业模式已经不适应新的环境,生产者和消费者以互联网为媒介可以直接联系在一起,大大缩短了中间环节。基于大数据的后台支持,企业可以实现精准化的管理。

案例思考题

1. 芬尼克兹内部创业各阶段的特点是什么?
2. 芬尼克兹的内部创业机会来源于哪里?
3. 芬尼克兹的"出资形式投票选拔"具有哪些优点?
4. 你从芬尼克兹的案例中获得了哪些启示?

第 8 章

内创业资源与人力资源管理

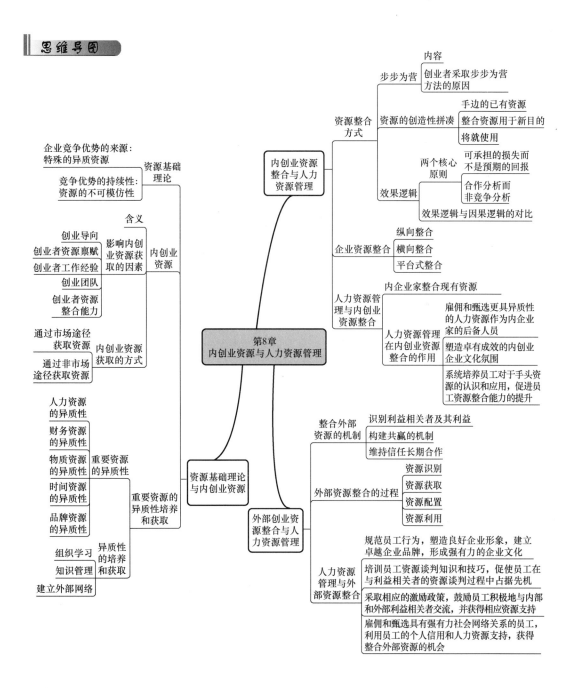

- 资源基础理论与内创业资源
- 内部创业资源整合与人力资源管理
- 外部创业资源整合与人力资源管理

3M：便利贴的诞生[①]

3M公司是全球性的多元化科技企业，创建于1902年，素以勇于创新、产品繁多著称于世，生产数以万计的创新产品，在医疗产品、高速公路安全产品、办公文教产品、光学产品等核心市场占据领导地位。

根据盖洛普的统计，1998年美国每个职业人士平均每天会收到11个利用便利贴传递的消息。便利贴，这个在20世纪70年代偶然研发出来的产品，为3M公司带来了持续可观的营收收益，而这正得益于3M公司创造和推行的独特的公司内部创业文化。这家公司在20世纪初期就建立了确保公司拥有创新基因的习惯，其中不仅有保证对创新的资金投入，对研发活动进行量化评估，关注客户，还推动各部门间进行技术交流、鼓励研究人员之间形成正式和非正式的交流网络。在这些习惯基础上，3M公司创新流程中出现了一个最为成功的规则，那就是允许员工花15%的工作时间，用来干私活。

3M公司的化学家斯潘塞·西尔弗1968年研发了一种黏性很弱的胶水配方，但找不到该发明的合适用途。因为3M公司鼓励员工之间交流，所以另一名研究员阿特·弗赖伊就开始尝试用斯潘塞·西尔弗的配方来制作便利贴。便利贴大获成功以后，阿特·弗赖伊和斯潘塞·西尔弗获得3M公司的最高奖章，还因此组建出一支很高效率的研发团队。

3M公司允许员工"干私活"从而获得创新成果回报，这个事情说明：为公司内部创业提供空间和资源支持，对于自称为创新型公司的企业而言是非常必要的；在此基础上，如果能够建立起必要的筛选机制，就可以让公司更加有效地获得创意资源进而促进成长，提升销售和盈利。

8.1 资源基础理论与内创业资源

8.1.1 资源基础理论

资源基础理论（Resource-Based Theory，RBT）的基本观点是将企业概念化为一系列资源的集合体。它是把企业看作由一系列具有不同用途的资源相联结的集合，关注企业内部的资源对实现企业成长的重要性，以及企业在其成长战略中如何利用不同的资源。

---

① 资料来源：基于"启动内部创业，要打破公司既有障碍 | 界面新闻·JMedia https://www.jiemian.com/article/1958413.html 2020-11-3"等网络公开资料整理。

资源基础理论的假设是：企业具有不同的有形和无形的资源，这些资源可转变成独特的能力，资源在企业间是不可流动的且难以复制；这些独特的资源与能力是企业持久竞争优势的源泉。资源基础理论认为，企业是各种资源的集合体。由于各种不同的原因，企业拥有的资源各不相同，具有异质性，这种异质性决定了企业竞争力的差异[①]。概括地讲，资源基础理论主要包括以下两方面的内容。

(1) 企业竞争优势的来源：特殊的异质资源

资源基础理论认为，各种资源具有多种用途。企业的经营决策就是指定各种资源的特定用途，并且决策一旦实施就不可还原。因此，在任何一个时点上，企业都会拥有基于先前资源配置基础上进行决策后带来的资源储备，这种资源储备将限制、影响企业下一步的决策，即资源的开发过程倾向于降低企业灵活性。

资源基础理论认为企业在资源方面的差异是企业获利能力不同的重要原因，也是拥有优势资源的企业能够获取经济租金的原因。作为竞争优势源泉的资源应当具备5个条件，即有价值、稀缺、不能完全被仿制、其他资源无法替代、以低于价值的价格为企业所取得。

企业决策具有以下特点：①不确定性，即决策者对社会、经济、产业、技术等外部环境不可能完全清楚，对竞争者的竞争行为、消费者的偏好把握不可能绝对准确；②复杂性，即影响企业外部环境的各种因素的相互作用具有复杂性，竞争者之间基于对外部环境的不同感受而发生的互相作用具有复杂性；③组织内部冲突，即决策制定者、执行者、相关利益者在目标上并不一致，各人都将从最大化自己的效用出发影响决策行为。这些特点决定了任何决策都具有较大范围的自由裁量，结果也会各不相同。因此，经过一段时间的运作，企业拥有的资源将会因为企业复杂的经历及难以计数的小决策的作用表现出巨大差异，企业一旦陷入偏差，就可能走入越来越难纠正的境地。

(2) 竞争优势的持续性：资源的不可模仿性

企业竞争优势根源于企业的特殊资源，这种特殊资源能够给企业带来经济租金。在经济利益的驱动下，没有获得经济租金的企业肯定会模仿优势企业，其结果则是企业趋同，租金消散。因此，企业竞争优势及经济租金的存在说明优势企业的特殊资源肯定能被其他企业模仿。资源基础理论的研究者们对这一问题进行了广泛的探讨，他们认为至少有三大因素阻碍了企业之间的互相模仿。

① 因果关系模糊。企业面临的环境变化具有不确定性，企业的日常活动具有高度的复杂性，而企业的经济租金是企业所有活动的综合结果，即使是专业的研究人员也很难说出各项活动与企业经济租金的关系，劣势企业更是不知该模仿什么，不该模仿什么。并且，劣势企业对优势企业的观察是有成本的，劣势企业观察得越全面、越仔细，观察成本就越高。劣势企业即使能够通过模仿获得少量租金，也可能被观察成本所抵消。

② 路径依赖性。企业可能因为远见或者偶然拥有某种资源，占据某种优势，但这种资源或优势的价值在事前，或当时并不被大家所认识，也没有人去模仿。后来环境发生变

---

① 杰伊·B. 巴尼，德文·N. 克拉克. 资源基础理论：创建并保持竞争优势 [M]. 张书军，苏晓华，译. 上海：格致出版社，上海三联书店，上海人民出版社，2011：1-3.

化，形势日渐明朗，资源或优势的价值日渐显露出来，成为企业追逐的对象。然而，由于时过境迁，其他企业再也不可能获得那种资源或优势，或者再也不可能以那么低的成本获得那种资源或优势，拥有那种资源或优势的企业则可稳定地获得租金。

③ 模仿成本。企业的模仿行为存在成本，模仿成本主要包括时间成本和资金成本。如果企业的模仿行为需要花费较长的时间才能达到预期的目标，在这段时间内完全可能因为环境的变化而使优势资源丧失价值，使企业的模仿行为毫无意义。在这样一种威慑下，很多企业选择放弃模仿。即使模仿时间较短，优势资源不会丧失价值，企业的模仿行为也会耗费大量的资金，且资金的消耗量具有不确定性，如果模仿行为带来的收益不足以补偿成本，企业也不会选择模仿行为。

8.1.2 内创业资源

1. 内创业资源含义

内创业资源是指内创业企业在创造价值的过程中需要的特定的资产，包括有形与无形的资产，它是内创业企业创立和运营的必要条件，主要表现形式为：创业人才、创业资本、创业机会、创业技术和创业管理等。主要的分类为人力资源、客户资源、资金资源、技术资源、经营管理资源、行业资源、业务资源、人脉资源和知识资源等。

内创业的前提条件之一就是创业者拥有或者能够支配一定的资源。依照资源基础理论的观点，企业是一组异质性资源的组合，而资源是企业在向社会提供产品或服务的过程中，所拥有的或者所能够支配的用以实现自己目标的各种要素以及要素组合。

【资源特性与持续竞争优势】

内创业资源是企业创立以及成长过程中所需要的各种生产要素和支撑条件。对于创业者而言，只要是对其创业项目和创业企业发展有所帮助的要素，都可归入创业资源的范畴。

创业者获取创业资源的最终目的是组织这些资源实现创业机会提高创业绩效和获得创业的成功。无论是要素资源还是环境资源，无论它们是否直接参与企业的生产，它们的存在都会对创业绩效产生积极的影响。要素资源可以直接促进创业企业的成长；环境资源可以影响要素资源，并间接促进创业企业的成长。

内创业资源对于创业活动的重要意义不仅仅局限在单纯的量的积累上，应当看到创业过程实质上是各类创业资源重新整合，支持企业获取竞争优势的过程。从这一角度看，创业活动本身是一种资源的重新整合。

2. 影响内创业资源获取的因素

资源获取是在识别资源的基础上，得到所需资源并用于创业过程的行为。对于创业企业而言，是否能够从外界获取所需资源，首先取决于资源所有者对创业者或创业团队的认可，而这一认可在很大程度上取决于商业创意的价值。商业创意为资源获取提供了杠杆，一项能被资源所有者认同的、有价值的商业创意，才有助于降低创业者获取资源的难度。

除了商业创意的价值，影响创业资源获取的因素还包括创业导向、创业者资源禀赋、创业者工作经验、创业团队、创业者资源整合能力等。

（1）创业导向

创业导向是创业者在经营、实践和决策的过程中所采取的创新、承担风险、抢先行动、主动竞争和追求机会的一种态度或意愿。创业导向强调如何行动，是创业精神的表现过程。即创业导向的企业能自主行动，具备创新和风险承担的态度，面对竞争对手时积极应战，面临市场机会时超前行动。企业追求机会所表现出的创业导向，驱使企业寻求与整合资源，并创造财富。

（2）创业者资源禀赋

创业者资源禀赋是指创业者所具有的与创业相关的自身素质和外在关系的总和，主要包括创业者的经济资本、社会资本和人力资本，它们能够为创业行为和创业企业生存与成长提供有价值的资源。大量的文献强调企业家资源禀赋在创业过程中的重要作用，认为企业家资源禀赋是创业行为过程的关键资源，甚至在一定程度上决定创业企业的资源构成特征。

（3）创业者工作经验

创业者工作经验是指先前创建过新的企业或组织，是创业者在此过程中所获得的感性和理性的观念、知识和技能等，它提供了诸如机会识别与评估、资源获取和共同组织化等方面的信息。行业经验是指创业者在某行业中的先前工作经历，它提供了有关行业规范和规则、供应商和客户网络以及雇佣惯例等信息。

先前行业经验中所积累的顾客问题、市场服务方式、市场知识等强化了其发现创业机会、获取资源的能力。同时，先前行业的管理经验能够帮助创业者解决创建和管理创业团队过程中遇到的诸多困难，而且管理能力越强，获取资源的可能性越大。

（4）创业团队

创业企业把创意变成产品和服务，且把产品和服务市场化、产业化是一个艰苦的过程。因此必须组建好一个富有凝聚力和创新精神的创业团队，这是获取各项创业资源的重要前提，也是创业成功的一个基本保障。借助团队就可能拥有创业所需要的各种知识和经验，例如顾客经验、产品经验、市场经验和创业经验等。同时，通过团队，人脉关系网络可以放得更大，能够有效地增进创业者社会资本，提高创业成功的概率，而创业团队本身就是一项极为重要的创业资源。

（5）创业者资源整合能力

创业者资源整合能力是指在创业过程中，以人为载体，在资源整合过程中所表现出的对资源的识别、获取、配置和利用的主体能力。创业资源在未整合之前大多是零散的、一般性的商业资源，要发挥其最大的效用，转化为竞争优势，为企业创造新的价值，就需要创业企业运用科学方法将不同来源、不同效用的资源进行优化配置，使有价值的资源充分整合起来，发挥"1+1＞2"的效应。

在创业起步阶段，资源整合能力影响并决定了创业者对创业机会的评估、识别与开发，同时帮助创业者摆脱资源约束，取得所需资源；生存与成长阶段创业企业需要筹措更多的资源来满足自身的发展，创业者资源整合能力会对创业企业成长过程的战略决策与运营能力产生重要影响，资源整合的深度与广度将保障组织运作的持续性，进而影响创业绩效。

【阅读材料】

3. 内创业资源获取的方式

(1) 通过市场途径获取资源

技术、市场及政策等信息是创业者正确决策的信息依据,是适时调整创业思路的基础。在千变万化的市场经济中,如果不能及时地、完备地得到这些信息,创业者必然会"瞎子摸象",处处碰壁。同时,如果各种来源的信息离散度大、层次浅,难以保证技术经济信息的完整性、准确性、及时性和有效性,这无疑会影响到创业企业的决策,甚至关系到创业企业的成败。

市场经济是人与人形成契约利益关系的经济,在这一经济制度下进行创业绝对离不开人们的关系网络。关系网络可以有效降低创业的交易成本,提高效率,降低创业者的个人成本,而且根据关系资本理论与社会网络资源,关系网络作为创业者拥有的独特资源,也会给创业者带来关系性租金收益。

无论创业企业是销售别人生产的商品,还是销售自己生产的商品,都需要强大的营销网络作为营销平台。一些创业企业的成功往往与拥有成功借助别人强大的营销网络有关。因此,营销网络也是重要的获取内创业资源途径之一。

(2) 通过非市场途径获取资源

资源吸引是指发挥无形资源的杠杆作用,利用创业企业的商业计划,通过对创业前景的表述,利用创业团队的声誉来获得或吸引物质资源、技术资源和人力资源。创业者在接触风险投资或者技术拥有者的过程中,可通过对创业前景的描述或团队良好声誉的展示,获得资源拥有者的信任和青睐,从而吸引其主动将拥有的资源投入创业企业之中。

资源积累指利用现有资源在企业内部通过培育,形成所需的资源。主要包括自建企业的厂房、装置、设备,在企业内部开发新技术,通过培训来增加员工的技能和知识,通过企业自我积累获取资金等。创业者很多时候会采用资源积累的方式来筹集企业所需的人力资源或技术资源,通过资源积累的方式获取人力资源可以作为一种激励方式,激发创业团队工作积极性,提高工作效率,通过资源积累的方式获取技术资源,则可以在获得核心技术优势的同时,保护好商业机密。获取资源贯穿创业的全过程,在创业的初始阶段,具有更加重要的作用。对于多数创业企业来说,由于初始资源禀赋的不完整性,创业者需要取得资源供应商的信任来获取资源。

8.1.3 重要资源的异质性培养和获取

1. 重要资源的异质性

(1) 人力资源的异质性

组织中有助于开发内企业家精神的一切人力资源,包括支持内部创业的高层领导、富有内企业家精神的员工以及组织的支持者都构成人力资源的异质性成分。人力资源能力在不同的区域之间具有整体的异质性,一个区域的人力资源在行为方式、思维方式上表现出诸多同质性特征,而在整体上与别的区域表现出明显的异质性特征,特别是在比较典型的区域之间。非竞争性、难以模仿性是指人力资源所拥有的知识及能力、信息和创新由于其本身的独特性而很难被别人学习与模仿,他们之间不存在竞争关系。价值性和稀缺性是指人力资源所拥有的知识及能力信息和创新是别人所没有的，相对于资源市场是稀缺的，但能给企业创造利润。人力资源异质性的形成在于知识能力、信息和创新。

① 知识能力。彭罗斯认为企业的规模取决于企业管理者拥有的知识和管理能力，这就是企业理论里著名的"彭罗斯效应"。知识不是人生来就有，它是人通过后天的学习获得的。人获取知识的途径往往有很多种，但最主要的是通过教育、在职培训获得的。知识往往和稀缺性联系在一起，这一因素决定了知识拥有者的差异性，即人力资源异质性。

② 信息。现在这个现代化的时代信息对企业来说显得越来越重要。国际之间发展交流有高速公路作为信息时代的符号和载体，企业的发展需要信息作为物质依托，管理学界已将信息视为现代社会必不可少的一部分。

③ 创新。创新是企业不竭生命动力的来源，是企业增强竞争力的法宝。社会是不断进步的，时代是不断发展的，人的需求也是不断在变化的，只有懂得随市场改变而不断进行创新的企业，才能在市场中获得永恒的生命。

(2) 财务资源的异质性

财务资源包含资本，资本是财务资源中最原始、最基本的一种形态，其他财务资源的形成均是建立在资本的基础之上。但是由于资本具有极强的同质性，因此，在独特的核心能力的形成过程中，资本的作用只是基础性的与支持性的，而不是决定性的。财务资源是内企业家们在组织内创建新企业所需要的费用支持，这是最基本的有形资源。对于组织内的一个新生命体而言，如果没有及时、足够的财力资源支出，内企业会像人体失去血液一样走向消亡。企业为有效进行财务资源整合，必须对影响其管理的内外环境资源有清醒且足够的认识，这是因为任何事物的产生、成长、发展壮大都需要与外界进行物质、能量与信息的交换，事物与环境资源的这种互动关系不仅为企业实践所奉行，更为许多管理大师所总结。著名管理学家哈罗德·孔茨说："所有管理人员，都必须在不同程度上考虑到外部环境的种种力量和因素。"

(3) 物质资源的异质性

物质资源是指行政组织所能运用的各种有形的物质要素的总和，包括维持机关内部运行及对外开展职能活动的各种物质要素。这里所指的物质资源主要指维持行政组织内部日常运转、为实现行政组织职能目标的各项物质要素。创意的转变需要原材料、厂房、机器设备等物质资源，而获得这些资产需要大量的初期投资。对于一个外部创业企业而言，适时、独立地获得这笔投资十分困难。但是对于一个组织内的内创企业来讲，情况大不相同。这些内创企业完全可以凭借母企业提供的一些支持，有些甚至可以充分地利用组织的富余资源，更快地将创意转化为现实生产力。

外部物质资源的异质性的一个重要部分是有利的地理位置，即靠近消费者、原材料以及优质劳动力的地理位置，从而使企业可以节约产品和原材料运输以及向外招聘劳动力的成本。外部物质资源的另一个重要部分是企业控制了某种非再生性优质资源，例如，煤炭、石油、水域等，对这种非再生性优质自然资源的控制事实上起到了纵向一体化的作用，从而克服一定的交易成本。因此企业能够据此获取绝对地租式的超额利润，同时由于这些资源具有优质性，因此它们能够给企业带来"理查德式"的经济租金。

(4) 时间资源的异质性

任何创新的产生都是有探索性的，而这个探索的过程需要充分的时间作保证。基于员工思考、试验甚至失败而"迂回"的时间都是要有保障的，这同时也为公司获得更多创新提供机会，因此，宝贵的时间构成了新组织异质性的重要基础。时间资源异质性定义为团队成员在有关时间的认知、情感和行为特征方面的差异。由于个体总是根据其自身对时间的认识和把握来安排任务进度，因此时间个性异质性往往体现为团队成员在安排任务进度方面的不一致，这些不一致性会对企业绩效产生影响。

在以知识爆炸为特征的信息时代，组织往往采取团队工作形式来整合作为知识载体的个体的异质性资源，以便执行复杂的知识密集型任务，从而提高组织的运作效率。同时，时间是组织获取竞争优势的关键要素。如何管理时间资源以提高组织绩效，已成为一个非常重要的议题。

(5) 品牌资源的异质性

品牌异质性是指同类产品在不同品牌下实物形态上存在差异，如质量、性能、规格、商标、牌号、设计等不同，甚至每一种品牌的产品在其中每一方面存在细微差别。研究显示，依托强势品牌进行市场推广的创业成功率比创业企业自建品牌的成功率高出近80%。依托现有品牌进行推广，无论在其形象、美誉度、合法性以及渠道布置等方面都克服了资源支持。

品牌整合模型研究在当今市场竞争中，对企业的重要程度日益增大，并成为市场竞争的焦点。企业也都纷纷打造自己的品牌，并在竞争中不断使用品牌，但大多数效果不佳。令许多企业困惑不解的是自己的产品质量过硬，品牌也是经过精心设计的并且也经过了广泛的宣传，但在市场竞争中却无法取得期望的效果。美国著名的营销专家菲利普·科特勒认为："品牌是一种名称、名词、标记、符号或设计，或是它们的组合运用，其目的是借以辨认某个销售者或某群销售者的产品或劳务，并使之同竞争对手的产品和劳务区别开来。"

2. 异质性的培养和获取

企业内部资源同外部资源相比，对获取竞争优势更具有重要意义。在企业内部，依赖于企业的异质性的、非常难以模仿的、效率高的专有资源，并且企业有不断产生这种资源的内在动力，保持企业的竞争优势在于不断地形成、利用这些专有的优势资源。企业在实施企业战略的时候，首先，确定公司的独特专有资源；其次，确定在何种市场上可使这些资源获得最优效益；最后，确认实施方法，进入该领域或是出售这些专有资源给该领域的相关企业。

资源基础理论为企业的长远发展指明了方向，即培育、获取能给企业带来竞争优势的特殊资源。由于资源基础理论还处于发展之中，企业决策总是面临着诸多不确定性和复杂性，资源基础理论不可能给企业提供一套获取特殊资源的具体操作方法，仅能提供一些方向性的建议。具体来说，企业可从以下几方面着手发展企业独特的优势资源。

(1) 组织学习

组织学习是为了实现发展目标、提高核心竞争力而围绕信息和知识技能所采取的各种行动，是组织不断努力改变或重新设计自身以适应持续变化的环境的过程。自20世纪80

年代提出组织学习的概念到 20 世纪 90 年代，对组织学习的研究已从心理、政治、经济、社会和文化等多方面进行了研究和探讨。战略研究对组织的学习的认识已看作是形成未来公司核心竞争力的重要因素。这种学习的机制在于组织能否通过学习提高对产品、技术和管理的创新能力，形成新的特殊资源，再对这种资源的有效利用形成公司的核心竞争能力。

资源基础理论的研究人员几乎毫不例外地把企业特殊的资源指向了企业的知识和能力，而获取知识和能力的基本途径是学习。由于企业的知识和能力不是每一个员工知识和能力的简单加总，而是员工知识和能力的有机结合，通过有组织的学习不仅可以提高个人的知识和能力，而且可以促进个人知识和能力向组织的知识和能力转化，使知识和能力聚焦，产生更大的合力。

（2）知识管理

在组织中构建一个量化与质化的知识系统，让组织中的资讯与知识，通过获得、创造、分享、整合、记录、存取、更新、创新等过程，不断地回馈到知识系统内，形成永不间断的累积个人与组织的知识，成为组织智慧的循环，在企业组织中成为管理与应用的智慧资本，有助于企业做出正确的决策，以适应市场的变迁。一句话概括为：知识管理是对知识、知识创造过程和知识的应用进行规划和管理的活动。21 世纪企业的成功越来越依赖于企业所拥有知识的质量，利用企业所拥有的知识为企业创造竞争优势和持续竞争优势对企业来说始终是一个挑战。

知识只有被特定工作岗位上的人掌握才能发挥相应的作用，企业的知识最终只有通过员工的活动才能体现出来。企业在经营活动中需要不断地从外界吸收知识，需要不断地对员工创造的知识进行加工整理，需要将特定的知识传递给特定工作岗位的人，企业处置知识的效率和速度将影响企业的竞争优势。因此，企业对知识微观活动过程进行管理，有助于企业获取特殊的资源，增强竞争优势。

（3）建立外部网络

对于弱势企业来说，仅仅依靠自己的力量来发展他们所需的全部知识和能力是一件花费大、效果差的事情，而通过建立战略联盟、知识联盟来学习优势企业的知识和技能则要便捷得多。来自不同公司的员工在一起工作、学习可以激发员工的创造力，促进知识的创造和能力的培养。

外部网络也能影响群体工作效率。大多数研究表明，集中化结构对解决简单的问题更有效，而非集中化结构对复杂问题的解决更有效。因为非集中化结构中大家的满意度高，工作热情高。因此，人们认为任务和沟通网络的合理匹配是提高工作效率的关键。

8.2　内创业资源整合与人力资源管理

8.2.1　资源整合方式

1. 步步为营

步步为营主要指在缺乏资源的情况下，创业者分多个阶段投入资源并且在每个阶段或决策点投入最少的资源。步步为营不仅是做事最经济的方法，还是在有限资源的约束下获取满意收益的方法,不仅适合小企业,也适用于高成长企业、高潜力企业。

创业者分多个阶段投入资源并在每个阶段投入最有限的资源,这种做法被称为步步为营。步步为营的策略首先表现为节俭,设法降低资源的使用量,降低管理成本。但过分强调降低成本,会影响产品和服务质量,甚至会制约企业发展。例如,为了求生存和发展,有的创业者不注重环境保护,或者盗用别人的知识产权,甚至以次充好。这样的创业活动尽管短期可能赚取利润,但长期而言,发展潜力有限。所以,需要"有原则的保持节俭"。

步步为营策略表现为自力更生,减少对外部资源的依赖,目的是降低经营风险,加强对所创事业的控制。很多时候,步步为营不仅是一种做事最经济的方法,也是创业者在资源受限的情况下寻找实现企业理想目的和目标的途径,更是在有限资源的约束下获取满意收益的方法。习惯于步步为营的创业者会形成一种审慎控制和管理的价值理念,这对创业型企业的成长与向稳健成熟发展期的过渡尤其重要。

(1) 步步为营的内容

步步为营活动主要包括四个方面:①创业者在资源受限的情况下寻找实现企业理想目的和目标的途径;②最大限度地降低对外部融资的需要;③最大限度地发挥创业者投在企业内部资金的作用;④实现现金流的最佳使用。

(2) 创业者采取步步为营方法的原因

创业者采取步步为营,可能基于如下原因:①企业不可能获得来自银行或投资者的资金;②内创业企业所需外部资金来源受到限制;③创业者推迟使用外部资金的要求;④创业者自己掌控企业全部所有权的愿望;⑤使可承受风险最小化的一种方式;⑥创造一个更高效的企业;⑦使自己"强大"以便争夺顾客;⑧为创业者在企业中增加收入和财富;⑨审慎控制和管理的价值理念。[①]

【建立和维护步步为营文化】

2. 资源的创造性拼凑

资源的创造性拼凑是在资源束缚下,创业者为了解决新问题,实现新机会,整合手边的现有资源,创造出独特的服务和价值。对他人而言,这些资源也许是一无是处或是"二手处理品",但创业者能灵活运用自己的经验知识或某项技巧,创造性地整合各种资源,使得"草寇也有用武之地",最终实现新的目标和价值。

现实企业界中,很多新企业都是在资源极度贫乏的制约下挣扎产生的,创业者通常利用手边能够找到的一切资源——尽管这些资源的质量也许不是最好的——去构建梦想中的企业帝国的第一步。我们有许多耳熟能详的例子:惠普和苹果从车库中出发,吉利用榔头敲出第一辆汽车。问题是,创业者是怎样迈出第一步的?以后还需要做些什么?特德·贝克和里德·纳尔逊挑选出20家特别的企业和9家对照企业进行了为期两年的跟踪研究,发现创造性拼凑能够很好地描述创业者资源利用方面的独特行为。资源的创造性拼凑有以下三个关键要素。

(1) 手边的已有资源

将手边廉价的、免费的、有形或无形的资源,或是其他人认为没有用处或者不符合标

---

① 张玉利,薛红志,陈寒松,等. 创业管理[M]. 4版. 北京:机械工业出版社,2016:117-118.

准的资源加以利用，充分利用资源的可利用或不可利用性能，以解决问题或创造出新事物的一种方法。善于进行创造性拼凑的人常常拥有一批"零碎"资源，他们可以是物质，也可以是一门技术，甚至是一种理念，这些资源常常是免费的或廉价的。

（2）整合资源用于新目的

拼凑的另一个重要特点就是为了其他目的重新整合已有资源。市场环境日新月异，对企业是挑战也是机遇，所以拼凑方式组合的结构与秩序，并没有理性的规划，而是运用手边既有的物品，或者参差不齐的工具和零件，以及即兴的临场发挥，重新建立一套新的组合模式。同时，这种整合不是事前仔细计划好的，往往是具体情况具体分析，"摸着石头过河"的产物，是拼凑者审时度势，充分发挥手边资源的潜在价值，物尽其用，从而步步为营。

（3）将就使用

出于成本和时间的考虑，创造性拼凑的载体常常是手边一些废旧资源。这是一种权宜之计，但这种权宜之计有时却可能出现惊人的成果，因为拼凑刚开始是无意识的行为，但在拼凑的过程中，这种行为可能逐渐变成有自我意识的设计行为。当拼凑成为最合乎企业资源考量的一种方式时，企业便能够开发出符合市场或者客户需求的产品。[1]

3. 效果逻辑

效果逻辑是一种行为逻辑，强调通过行为来创造或发现机会，获得满意的效果，最终实现愿望。基于效果逻辑的决策者往往从分析既有资源出发，在此基础上确定自己能够做什么，积极同认识的人进行互动，从而获得利益相关者的承诺，产生新的手段或者目的，实现资源的不断扩张。

效果逻辑理论是由 Sarasvathy 教授提出的，其通过将决策理论的思想运用到创业管理研究领域，以创业者在创业过程中遇到的不确定性为出发点，创立了效果逻辑理论。在现实生活中，作为管理者或者决策者的个体由于其拥有的知识、信息、经验和能力都是有限的，因此决策者在做出决策的过程中，不可能找到全部的决策备选方案，更无法对全部备选方案的实施结果进行完全预测，在实践过程中，只能得到最满意的方案，而不是最优的方案，所以决策者在进行决策时是一个有限理性的个体，介于完全理性与非理性之间。[2]

（1）效果逻辑理论的两个核心原则

① 可承担的损失而不是预期的回报

因果逻辑强调通过选择最优战略而最大化潜在收益，效果逻辑预定可以承担的损失，强调在给定的限制资源下尝试尽可能多的战略。效果逻辑更偏向于为未来创造更多的选择而不是最大化目前收益。

该原则做出决策的依据不是一个项目的预期回报而是个人可以承受的风险或损失。因果逻辑关注的焦点是通过最优战略的选择从而获得最大的收益，效果逻辑则是创业者以自身可以承受的风险或损失为基础，借助新方法利用有限的资源去构建新的结果和新的资

---

[1] 张玉利，薛红志，陈寒松，等. 创业管理 [M]. 4 版. 北京：机械工业出版社，2016：119-121.
[2] SARASVATHY S D. *Causation and effectuation*: *toward a theoretical shift from economic inevitability to entrepreneurial contingency* [J]. The academy of Management Review, 2001, 26（2）: 243-263.

源。效果行为人在制定创立企业的决策时，不依赖任何的预测，通过估计自身可承受的风险或损失来制定决策。创业者只需要知道现在的财务状况以及估计最差的状况是怎样就可以，所以效果逻辑能够消除早期投资决策中的不确定性。

② 合作分析而非竞争分析

波特竞争理论强调竞争分析，效果理论强调通过事前与相关者的约定这样的合作消除不确定性和构建进入壁垒。事先的约定使得无关的不确定性"转移"到未来。

效果理论的合作原则既不需要担心机会成本，也不需要进行详细的竞争力分析。由于创业的目标是由参与项目的人决定的，因此只需要与愿意承担项目责任的利益相关者进行谈判，其核心是利益相关者之间建立战略联盟并预先给出承诺。在实际的创业活动中，采用效果行为的创业者在构建企业的过程中要求利益相关者给出实际承诺，积极参与到创立企业的过程中，而不是根据预期的企业或创业目标来选择利益相关者。运用这个原则得到的推论是运用效果逻辑的创业者具有降低系统的竞争性、分析重要性的倾向，这些创业者没有预先假设存在一个确定的市场，因此在开始阶段进行详尽的竞争性分析是没有意义的。由于在一开始效果逻辑导向的创业者就建立了合作关系，因此将客户转化为合作的利益相关者是他们首选的创业开始步骤。

【效果逻辑和因果逻辑的对比】

（2）效果逻辑与因果逻辑的对比

效果逻辑与因果逻辑这两种逻辑模式是相互对应的。效果逻辑属于控制逻辑的推理模式范畴，其需要把既有手段作为给定条件，然后以给定条件为基础努力开辟可以获得预期效果的各种路径；而因果逻辑属于预测逻辑的推理模式范畴，其需要首先确定一个目标，接下来借助不同的方式以达到这个目标。

效果逻辑认为未来的主要特征是不可预测和不确定的，因此是可变的，但是通过创业者的有意识的行动，未来也是可以改变或者重构的。实际上，效果逻辑理论中的环境是动态的，创业者可以在与环境的互动中，根据拥有资源的具体情况，有意识的采取一些行动从而达到最优的结果。而因果逻辑理论则认为环境是静态的，创业者和环境之间是互相独立的。效果逻辑理论强调三个方面的内容：对模糊性的容忍、不确定性的、不可知和人与环境的互动。虽然创业者拥有的资源是有限的，资源的属性是固定的，但是创业者可以通过在实践中学习、即兴发挥和不断尝试等策略，充分利用现有的有限资源来获得创业成功。

8.2.2 企业资源整合

企业资源整合是一个为长远利益而出现的战略决策，随着市场的变化情况与发展，企业的各种资源必须随之整合与优化，这需要极强的战略协调能力。企业必须设立动态战略综合指标，及时调控企业的资源能力，从而完善企业的战略。资源整合是企业战略调整的手段，也是企业经营管理的日常工作。整合就是要有进有退、有取有舍，就是要获得整体的最优。

任何一个企业资源再多也还是有限的，企业不仅应拥有资源，而且还要具备充分利用外部资源的能力，使社会资源能更多更好地为本企业的发展服务。一些企业没有厂房，没有机器设备，甚至没有自己的员工，同样能生产出产品。当然并不是真正的没有，而是充分利用了社会上的资源，进行了虚拟研发、虚拟营销、虚拟运输以及虚拟分配（指股权、期权制）等。有的企业进行脑体分离，即企业仅拥有组织经营生产的人员，几间办公室而已，却利用外部的土地、厂房、社会上的技术人员、管理人员、劳动力、原材料等生产出大量的产品。所以，在营销策划过程中必须时刻提醒自己要开阔视野，充分利用广泛的社会资源。

按照企业之间整合资源的方式不同，可以把资源整合分为三种形式：纵向整合、横向整合和平台式整合。

1. 纵向整合

纵向整合是处于一条价值链上的两个或者多个厂商联合在一起结成利益共同体，是指整个产业链上下游之间进行的整合，致力于整合产业价值链资源，创造更大的价值。公司实行纵向整合也是实现资源优化配置的一个重要措施。公司实施纵向整合策略的目的是控制某种资源、保障供应，如收购上游原料供应商；或拥有某种渠道、扩大销售，如收购下游零售企业。纵向整合的发起者通常是整个产业链上地位突出且在原本行业占据领先地位的公司。

纵向整合已经有很长的历史，但其各个时期的战略动因却不尽相同，以前的公司运用纵向整合以扩大经营规模。后期纵向整合的用途主要体现在稳定关键生产原料的供给。纵向整合的收益来自组织有能力控制投入、成本、质量和控制这些投入的运输时间。纵向整合的优点有：能形成进入障碍；有利于投资专属资产；可以让企业掌握关键资源或能力；维持一个企业的产品品质和质量。

2. 横向整合

横向整合是把目光集中在价值链中的某一个环节，探讨利用哪些资源、怎样组合这些资源，才能最有效地组成这个环节，提高该环节的效用和价值，使公司在价值链的同一层面上获取、整合经营业务。它与纵向资源整合不同，纵向资源整合是把不同的资源看作是位于价值链上的不同环节，强调的是每个企业要找准自己的位置，做最有比较优势的事情，并协调各环节的不同工作，共同创造价值链的最大化价值。横向整合的资源往往不是处于产业链内，而是处于产业链外，生产和销售相同或相似产品、或经营相似业务、提供相同劳务的企业间的整合，如美国波音飞机制造公司与麦道飞机制造公司的合并，法国雷诺汽车制造公司与瑞典伏尔加汽车制造公司的合并，均属横向整合。

横向合并的最大益处是有利于实现规模经济，从而降低单位产品的成本。还能形成规模经济和协同效应。面对市场，能够防御替代产品，减弱竞争威胁。对于客户或者消费者的需求，能够满足客户期望。面对强势的供应商或客户，企业抗衡能力得到增强，能够增强协商能力。但是横向整合也具有一定的局限性，协同效应可能并不真实。替代品市场往往有太多的不同之处，所以要想把并购活动最终转变为成功的生产经营活动，对管理团队来说是一个巨大的挑战。

3. 平台式整合

不论是纵向还是横向资源整合，都是把企业自身作为所整合资源的一部分，考虑怎样联合别的资源得到最佳效果。而平台式资源整合却不同，它考虑的是，企业作为一个平台，在此基础上整合供应方、需求方甚至第三方的资源，同时增加双方的收益或者降低双方的交易成本，自身也因此获利。

阿里巴巴就是一个典型的搭建平台整合资源的例子。它整合了供应商和需求方的信息，打造了一个信息平台。供应商和需求商可以通过它交换信息、互通有无，达到最佳的交易效果，而阿里巴巴则通过收取服务费而营利。通过阿里巴巴的资源整合分析平台式整合的优点如下。

（1）利益分配。最大范围地降低在交易过程中渠道成本及时间成本，通过明确分工，各个商家在整个交易过程中清晰定位自己的职责和利益，实现共赢，对不合格产品及服务能够及时更换调整，避免少数产品及商家影响整个交易环节。

（2）营利。平台利用自己丰富的商品种类和聚集海量的客户能力为商家和消费者带来效益，在满足消费者各种需求的同时，不仅提高了销售数量，还降低了商家的仓储成本和人力成本等，从而实现盈利能力的提升。

（3）技术服务。通过完善的技术降低商家实际运营难度，加强产业链整合、提升销售效率，通过平台商家共享使技术开发成本降到最低，从而实现效益最大化。

（4）商业生态圈建设。规模是决定平台发展的前提条件，产品种类、商家数量、线下覆盖率、线上知名度，通过立体覆盖建立生态圈把消费者圈入其中，网罗天下。阿里巴巴早就提过平台是建立 Cye 商业生态体系，把体系里每个环节都做大做强，这是阿里巴巴的使命，也是平台的本质。但是阿里巴巴忽略了一点，这个生态圈不是都是虚拟的，更应该是虚实结合的，线上和线下不应该是完全对立，而是应该充分互补的。

8.2.3 人力资源管理与内创业资源整合

1. 内企业家整合现有资源

内企业家整合现有资源是企业战略调整的手段，也是企业经营管理的日常工作——整合就是要优化资源配置，就是要有进有退、有取有舍，选取恰当的整合策略，获得整体的最优。资源整合的过程是企业对不同来源、不同层次、不同结构、不同内容的资源异质性进行识别与选择、汲取与配置、激活和有机融合。使其具有较强的柔性、条理性、系统性和价值性，培养高效的资源整合能力，并创造出新的资源的一个复杂的动态过程。

企业家的职能就是发现机会并整合资源去实现机会所隐含的利益。事实上，每个人都应该有一种企业家的视角，并以之来调整自我的行动，如此，才能保持良好的效能，使得自己行进在正确的方向上。人力资源管理要做到有效配置，人尽其才，才尽其用，人事相宜，最大限度地发挥人力资源的作用。但是，对于如何实现科学合理的配置，这是人力资源管理长期以来亟待解决的一个重要问题。怎样才能对企业人力资源进行有效合理的配置呢？必须遵循如下的原则。

（1）能级对应

合理的人力资源配置应使人力资源的整体功能强化，使人的能力与岗位要求相对应。企业岗位有层次和种类之分，它们占据着不同的位置，处于不同的能级水平。每个人也都具有不同水平的能力，在纵向上处于不同的能级位置。岗位人员的配置，应做到能级对应，就是说每一个人所具有的能级水平与所处的层次和岗位的能级要求相对应。

（2）优势定位

人的发展受先天素质的影响，更受后天实践的制约。后天形成的能力不仅与本人的努力程度有关，也与实践的环境有关，因此人的能力的发展是不平衡的，其个性也是多样化的。每个人都有自己的长处和短处，有其总体的能级水准，同时也有自己的专业特长及工作爱好。优势定位内容有两个方面：一是指员工自身应根据自己的优势和岗位的要求，选择最有利于发挥自己优势的岗位；二是指管理者也应据此员工安置到最有利于发挥其优势的岗位上。

（3）动态调节

动态调节是指当人员或岗位要求发生变化的时候，要适时地对人员配备进行调整，以保证始终使合适的人工作在合适的岗位上。岗位或岗位要求是在不断变化的，人也是在不断变化的，人对岗位的适应也有一个实践与认识的过程，由于种种原因，使得能级不对应，用非所长等情形时常发生。因此，如果搞一次定位，一职定终身，既会影响工作又不利于人的成长。能级对应、优势定位只有在不断调整的动态过程中才能实现。

（4）内部为主

一般来说，企业在使用人才，特别是高级人才时，总有人才不够的现象。每个单位都拥有固有人才资源，但问题是"千里马常有"，而"伯乐不常有"。因此，关键是要在企业内部建立起人才资源的开发机制，使用人才的激励机制。这两个机制都很重要，如果只有人才开发机制，而没有激励机制，那么本企业的人才就有可能外流。从内部培养人才，给有能力的人提供机会与挑战，造成紧张与激励气氛，是促成公司发展的动力。但是，这也并非排斥引入必要的外部人才。当确实需要从外部招聘时，内创业企业也应积极开展外部招聘工作。

2. 人力资源管理在内创业资源整合的作用

（1）雇用和甄选更具异质性的人力资源作为内企业家的后备人员

高素质人才的获取和开发有利于实现企业的可以持续发展，特别是高科技创业企业，人才资源则更为重要。后备人员不仅要涉及中高层管理人员，也应涉及专业技术人员。人才技术在创业中相当重要，技术的重要性主要体现在人才资源的重要，而不单单是技术本身，所以人才技术本身决定创业的发展走势，以及自身核心竞争力。建立一支具有人力资源异质性的人才队伍，是打破企业人才瓶颈的更加长远、稳定、可靠的方案。因此在甄选内企业家时，要注重人才的技术能力。

（2）塑造卓有成效的内创业企业文化氛围

培养内企业家的创业精神。企业文化具有构建核心竞争力的功能、作用，能否真正发挥这种作用，还要看企业文化是否正确地反映企业的性质和变化，与时俱进、不断创新。而企业家精神是指企业家的才华和能力。20世纪经济学家熊彼特在其代表著作《经济发展理论》中明确提出，企业家精神是产品创新的驱动力，以及企业推动改革进程的关键引擎。熊彼特最早强调了企业家精神在经济增长中的重要性。被誉为现代企业管理之父的德鲁克承袭了熊彼特的思想，德鲁克在《创新与企业家精神》一书中提出创新等同于企业家精神的观点。优秀的内企业家精神可以渗透到个人个体层面、公司组织层面和整个社会层面，从而对社会产生重大而深远的影响。因此一个企业在甄选内企业家时，要注重人才的创业精神。

(3) 系统培养员工对于手头资源的认识和应用，促进员工资源整合能力的提升

根据企业的发展战略和市场需求对有关的资源进行重新配置，以突显企业的核心竞争力，并寻求资源配置与企业内部客户需求的最佳结合点。"创业者在企业成长的各个阶段都会努力争取用尽量少的资源来推进企业的发展，他们需要的不是拥有资源，而是要控制这些资源。"充分利用现有的人力资源内部挖潜和整合，大力开展多层次、全方位的培训教育。积极营造和谐的内部企业环境，为人才竞争搭建平台，力求人尽其才，才尽其用，较好的激发员工潜在积极因素是员工综合素质。全面提升，实现人力资源的最大化利用。对于员工来说，能够把手边有形或无形的资源进行整合，整合资源用于新的目的，即符合公司对员工进行资源整合能力的提升要求。

8.3 外部创业资源整合与人力资源管理

8.3.1 整合外部资源的机制

1. 识别利益相关者及其利益

资源通常与利益相关，创业者之所以能够从家庭成员那里获得支持，就因为家庭成员之间不仅是利益相关者，更是利益整体。既然资源与利益相关，创业者在整合资源时，就一定要设计好有助于资源整合的利益机制，借助利益机制把包括潜在的和非直接的资源提供者整合起来，借力发展。整合资源需要关注有利益关系的组织或个人，要尽可能多地找到利益相关者。同时，清晰了解这些组织或个体和自己以及自己想做的事情之间的利益关系，利益关系越强、越直接，整合到资源的可能性就越大，这是资源整合的基本前提。

利益相关者之间的利益关系有时是直接的，有时是间接的，有时是显性的，有时是隐性的，有时甚至还需要在没有的情况下创造出来。另外，有利益关系也并不意味着能够实现资源整合，还需要找到或发展共同的利益，或者说利益共同点。为此，明确利益相关者后，逐一认真分析每一个利益相关者所关注的利益非常重要，多数情况下，将相对弱的利益关系变强，更有利于资源整合。

2. 构建共赢的机制

有了共同的利益或利益共同点，并不意味着就可以顺利实现资源整合。资源整合是多方面的合作，切实的合作需要有各方面利益真正能够实现的预期加以保证，这就要求寻找和设计出多方共赢的机制。对于在长期合作中获益、彼此建立起信任关系的合作，双赢和共赢的机制已经形成，进一步的合作并不很难。但对于首次合作，建立共赢机制尤其需要智慧，要让对方看到潜在的收益，为了获取收益而愿意投入资源。因此，创业者在设计共赢机制时，既要帮助对方扩大收益，也要帮助对方降低风险，降低风险本身也是扩大收益。在此基础上，还需要考虑如何建立稳定的信任关系，并加以维护和管理。

3. 维持信任长期合作

当事业越来越成功的时候，所采取的行动以及所运营的项目将会对更多的人产生影

响。这些人可能会成为工作上强有力的支持者或者也有可能成为工作上的障碍。沟通是创业者与利益相关者之间相互了解的重要手段,利益相关者管理则是成功人士用于赢得他人支持的一项重要的修炼。它帮助他们确保项目的成功而其他人则会失败。利益相关者管理有两个主要的内容:利益相关者分析以及利益相关者规划。利益相关者分析是一项技巧,它用于识别需要赢得支持的关键人物,然后就可以运用利益相关者规划来建立有助于成功的支持。

8.3.2 外部资源整合的过程

1. 资源识别

资源识别指的是创业者依据个体资源禀赋情况,对企业在创业过程中所需求的各种资源加以辨析及认知,进而明晰创业所需各类资源的一个过程。创业资源的识别对于资源的整合过程来讲是一个起点,它影响到整个资源整合活动的质量。

董保宝等[1]研究表明对于创业资源的识别是整个资源整合过程的重要起步环节,它直接影响了创业活动中资源整合的优劣以及自身动态能力的实现,明晰创业资源之间的相互作用关系成为资源价值链重新组合与分配中极为关键且重要的一个步骤,也是形成创业资源协调效应的核心。另外对于创业资源的有效识别也是创业企业生存壮大的先决条件,创业企业通过识别有效的创业资源来形成适合于企业自身的资源识别系统,可以为企业今后创业活动中的资源利用提供便利,给企业带来较高的创业回报。

Peteraf[2]以资源基础观的视角分析了创业企业实现竞争优势的根本基础,并且指出创业企业动态能力是保持持续竞争优势的根本,而动态能力则需要企业不断地识别市场中有效的创业资源进而整合利用来实现的。因此创业企业只有真正识别出创业所需要的各种有效资源,才可以形成有利于创业活动开展的资源基础,这样才可以通过动态能力的效应来为企业带来高额绩效。若企业未对创业资源予以认真、仔细的识别,创业活动开展的资源基础则不能稳定,这样动态能力便发挥不出应有的作用。因此识别关键的创业资源成为创业资源链的一个重要环节,对于资源识别的优劣程度也直接影响了整体资源整合工作的开展,进而对企业的成长产生影响。

Fiet[3]认为在创业企业生存与成长阶段,不仅需要创业者对于机会的把握以及创业团队的丰富经验,对于创业资源的识别也是创业企业成长的关键要素,是企业形成竞争优势不可忽视的环节。Barney[4]指出企业对于创业资源识别的环节也与资源整合全过程的成功与失败,以及资源整合能力的提升有着极为紧密的作用,因此创业企业必须不断地通过识

---

[1] 董保宝,葛宝山,王侃. 资源整合过程、动态能力与竞争优势:机理与路径[J]. 管理世界,2011 (3):92-101.

[2] PETERAF M A. *The cornerstones of competitive advantage: a resource-based view* [J]. Strategic management Journal,1993,14 (3):179-191.

[3] FIET J O. *The informational basis of entrepreneurial discovery* [J]. Small Business Economics,1996,8 (6):419-430.

[4] BARNEY J B. *Firm resources and sustained competitive advantage* [J]. Journal of Management,1991,17:99-120.

别市场中那些稀缺且不可替代的创业资源来为企业形成核心竞争优势,促进企业成长。

而对于企业创业战略的制定,首先需要明晰的就是企业目前有哪些资源,亟需哪些资源,因为这些创业资源对于企业的创新起着强有力的支撑作用。创业企业不仅需要通过自身内部的资源来构建资源库,还应当通过企业资源库与市场中资源的比较来认知还需要哪类创业资源,且现有资源与市场中优质资源的差别在哪里。只有这样才能够在不断变化的市场环境中站稳脚跟,依照不同的创业环境来实时调整企业的创新战略,以达到企业发展目标。因此创业企业对于创业资源的鉴别水平变得极为重要,通过认知并科学匹配企业与市场需求的技术资源,也成为创业企业技术创新水平的重要体现,进而通过创业资源的实时且高效的识别来提升创业企业的技术创新综合实力。

2. 资源获取

资源获取是指创业企业确定并使用创业资源,以及通过其他资源进而获取所需资源的方式。当然,资源的获取也是资源整合中一个不可缺少的关键组成部分,所以创业企业在生存与发展中不能忽视资源获取的重要作用。创业企业通过获得自身所需要的资源来形成资源库的开发与利用。因为创业初始的资源通常是不完整的,同时对于一些项目性资源来讲其获取难度也较大,因此寻取企业周边利益相关者的信任是十分关键的。企业可以通过这些利益相关者来扩大社会网络规模进而获取自身稀缺的资源,并将此类资源通过优化整合来给企业带来自身独特的竞争优势,从而提升企业的整体创新水平。

Stratman 和 Roth[1] 以资源观的研究视角分析了企业对于资源的规划能力,并指出创建过程中的企业若要获取市场上有价值且稀缺的资源,就必须加强对资源的获取力度,原因在于资源获取是企业在生存与发展过程中的一个重要环节。而对于创业资源的采集也是资源整合的主要工作,企业通过外部资源的有效获取,将在企业创业过程中形成一种独特的优势,且通过维持这种优势所表现出来的企业动态能力也是战胜对手的关键所在。王庆喜和宝贡敏[2]通过对资源获取与企业发展作用关系的实证研究指出,企业若想在激烈的市场竞争中站稳脚跟,持续稳定的发展,则必须加强对资源的有效获取。如果企业在生产和经营过程中不获取资源,企业必然无法实现长期经营,其生存、发展与壮大则更无从说起。由此可以认知,对于创业科技型企业来讲,如果没有获取足够经营所需要的技术资源,则自身的动态能力便失去了此类资源的支撑,企业的研发与生产能力也就得不到增强,自身的竞争优势也就不复存在。所以创业企业必须加强对创业资源的获取力度,以提升内部资源整合水平,进而实现动态能力的提升,以实现竞争优势的持续。

3. 资源配置

【资源获取游戏】

资源配置通常是指企业在获取了关键的资源之后,通过对资源加以调整,令它们能够互相匹配、相互协调并形成独特竞争能力的过程,这也成为资源整合的中心环节,获取的一系列资源是否具有其真正的价值,最重要的一点是在于如何配置并正确应用,进而发挥最大价值来为企业的发展奠定

---

[1] STRATMAN J K, ROTH A V. Enterprise resource planning (erp) competence constructs: two-stage multi-item scale development and validation [J]. Decision Sciences, 2002, 33 (4): 601 – 628.

[2] 王庆喜,宝贡敏. 社会网络、资源获取与小企业成长 [J]. 管理工程学报,2007 (4): 57 – 61.

基础。

Ireland 等[1]认为企业如果想通过开发一些基本的创业资源同时寻求自身特有的资源优势，就应当积极进行资源整合以及资源的重新配置。另外，对于企业所识别并且获取过来的创业资源加以配置并非对创业资源的简单使用，最重要的一点是通过对创业资源的科学配置进而形成企业自身所特有的竞争实力。对于创业资源的优化配置是保持企业特有竞争力的关键因素，因此可以认为创业资源的科学配置是整个资源整合活动的核心环节，没有合理的资源配置，企业也就不能够很好地对所获取来的资源进行高效利用。

由此可以看出，创业资源的科学配置是企业进行资源整合活动的关键性环节，检验企业获取的创业资源是不是具有较高的价值，在很大层面上也取决于企业对于获取来的创业资源能否科学、合理地匹配，进而对于企业价值的创造予以影响。创业资源的科学配置在企业开展资源整合活动中对于资源获取与资源利用也起着一个承上启下的重要作用，是企业动态能力提升的最终引擎。同时，创业资源的高效匹配还有利于新产品、新技术的开发，反过来，开发出来的新产品会使得企业根据新环境来对内部资源进行重新匹配，使得新产品在投入市场过程中的效用最大化，不但能够节约企业的创业成本，而且还可以提高企业的收益成本比率，这也是企业实现创业战略的关键，更构成了企业自身的动态整合能力。同时这种能力也是行业内其他企业所无法复制的，为企业参与竞争提供有利法宝。

4. 资源利用

创业资源的利用主要体现在创业企业在已经获取资源并经过科学配置之后，进行合理的使用来实现新产品、新技术、新服务进而创造市场价值的一个重要过程。创业资源的利用也成为整个资源整合工作的最终环境，也是企业通过已有资源来实现企业市场价值的过程。

创业资源的合理利用是创业企业资源整合过程的基本目标，只有科学地利用企业所积极获取及合理匹配的创业资源，企业自身的创业水平才能得以提高，创业企业的生存与发展才可以变成现实。因此可以看出，创业资源应用的合理且得当会大大提升企业研发与生产效率，同时在创业资源利用的过程中也可以通过资源库来实现企业员工内部对于创业资源的意识共享，发挥员工的主观能动性，进而增强创业团队的凝聚力与向心力，以提升企业整体创新实力。

企业刚刚建立的时候，通常创业启动资金都是通过亲戚、朋友等社会关系网络获取的，创业企业如果一直靠这种创业资源获取方式肯定不能实现长期生存与发展。因为创业初始时期资源毕竟是有限的，而并非无穷无尽，当手头资源被用完时，企业的发展就会受到严重阻碍，此时则需要创业企业通过持续增强对外部创业资源的获取与利用，并通过现有内部资源来拓展今后发展所亟须的外部创业资源。所以创业资源的科学利用与大力拓展是企业谋求生存与发展的关键。

---

[1] IRELAND R D, HITT M A, VAIDYANATH D. *Alliance management as a source of competitive advantage* [J]. Journal of Management, 2002, 28 (3): 413-446.

Oliver①指出企业如果想跟上市场变换的脚步，就必须使企业内部资源与市场柔性相适应，并通过资源的科学利用与积极创新，来保证企业健康的活力。所以在市场中取得的创业资源必须经过科学的利用才可以使其应用的最大效用发挥出来，因此创业资源的利用在企业发展壮大过程中起到重要作用。

通过以上的分析和研究可以看出，创业资源的利用成为企业资源整合过程的最后一个环节，也成为创业资源的价值最大化的关键，同时也是企业资源整合水平的综合体现。在市场中获取的创业资源不加以合理利用，会使得资源本身的价值难以发挥出来，导致整个资源整合工作的失败，企业自身的竞争力也就不能体现出来，也很难创造出极高的市场价值。因此通过对创业资源的科学利用，使其杠杆效应发挥出来，是决定企业资源整合水平的关键。通过资源高效利用，可以使企业自身竞争实力得到增强，进而在市场中立足。

8.3.3　人力资源管理与外部资源整合

整合已有的资源，快速应对新情况，是创业的利器之一。整合者善于用发现的眼光，洞悉身边各种资源的属性，将它们创造性地整合起来。这种整合很多时候甚至不是事前仔细计划好的，而往往是具体情况具体分析、"摸着石头过河"的产物，而这也正体现了创业的不确定性特性，并考验创业者的资源整合能力，学习及应用外部资源整合策略有利于内部企业家获取外部资源。人力资源管理对外部资源整合具有的重要价值如下。

1. 规范员工行为，塑造良好企业形象，建立卓越企业品牌，形成强有力的企业文化

员工可以去切身体会感受自己独特的企业文化，有利于充分发挥企业员工的潜能，和谐处理企业经营者与员工之间的关系，并对相应的各种活动予以管理，从而促成企业革新、提高企业组织效率、增强企业核心竞争力。在企业文化的建设方面，有利于树立良好的企业形象，建设勇于探索、勇于创新的企业文化。抗战时期，我国著名的民生公司，在非常艰难的时期还能发展就在于民生公司独特的企业文化建设。卢作孚先生把国家和民族的意识渗透到每一个员工的心里，激发了员工的热情。今天的许多企业在初创时期发展很快，随着规模扩大，越来越注重绩效考核和公司的"正规化"管理，导致企业的创造性下降，走向衰落。因此在整合外部资源时，人力资源有利于形成卓越的企业文化。

2. 培训员工资源谈判知识和技巧，促使员工在与利益相关者的资源谈判过程中占据先机

提高员工沟通能力，在管理沟通中与利益相关者保持良好的沟通关系并进行资源整合。实际上，成功的谈判者应该具有的素质：①有能力与自己部门的同事进行谈判，并取得信赖；②有意愿去承诺并仔细计划、了解产品及替代方案，有勇气去刺探及证实情报；③良好的商务判断能力，找出真正的底线及症结；④能承受矛盾及各色各样的压力；⑤有勇气去承诺更高的目标，并承担相应的风险；⑥有基于知识、规划和良好的内部谈判能力

---

① OLIVER C. *Sustainable competitive advantage：combining institutional and resource-based views*［J］. StrategicManagement Journal，1997，18（9）：697-713.

而产生的自信。

3. 采取相应的激励政策，鼓励员工积极地与内部和外部利益相关者交流，并获得相应资源支持

随着国家"双循环"发展新格局的深入推进，"扩大内需，优化产业链"成为目前最迫切的任务，同时越来越多的中国企业将战略重心从海外市场转移回国内市场以寻求新的利润增长点。"双循环"发展新格局以内部循环为主，强调对外开放的主动性，企业在充分考虑自身情况和面临客观环境的双重影响下，从工资、福利、职级、文化四个方面着手，建立物质层面和精神层面并重的激励体系。

4. 雇用和甄选具有强有力社会网络关系的员工，利用员工的个人信用和人力资源支持，获得整合外部资源的机会

员工人脉对公司有极大的价值。这些价值体现在两个方面：第一，人脉可以帮助公司收集信息，这些信息是互联网上所未呈现出来或媒体没有报道的信息。比如，正在开发的新产品的部分细节，即将启动的新项目，或者正在进行的投融资交易等。这些信息无疑会为自己公司带来非常大的价值。第二，人脉可以为公司带来新的机会、意外发现，某种程度上它也是创新的驱动力。创新往往产生于不同学科和文化领域的交界处，与前面鼓励同行交流不同的是，当员工利用他们的职业人脉或个人人脉与不同领域的人交流时，他们会听取不同背景、不同经历和不同专业领域的朋友的意见，从而可能产生创新。

本 章 小 结

本章首先界定了资源基础理论和内创业资源的内涵，对重要资源的异质性培养和获取进行了剖析，其中重要资源包括人力资源、财务资源、物质资源、时间资源和品牌资源，企业可以通过组织学习、知识管理和建立外部网络的方式来发展企业独特的优势资源。其次，列举了内创业资源整合的方式和形式，并归纳出了进行有效人力资源管理配置应遵循的原则和人力资源管理在内创业资源整合中的价值，其中资源整合的方式为步步为营、资源的创造拼凑和效果逻辑，形式为纵向整合、横向整合和平台式整合，人力资源管理在内企业资源整合中的作用分别为雇用和甄选更具异质性的人力资源作为内企业家的后备人员、塑造卓有成效的内创业文化氛围和系统培养员工对于手头资源的认识和应用以促进员工资源整合能力的提升。最后，剖析了外部创业资源整合的机制和过程，并详细阐述了人力资源管理在外部创业资源整合中的重大价值，其中整合外部资源的机制分别有识别利益相关者及其利益、构建共赢的机制和维持信任长期合作，外部资源整合的过程依次为资源识别、资源获取、资源配置和资源利用。

思 考 题

【拓展资料】

1. 如何获取和培养重要资源的异质性？
2. 人力资源在内创业资源中有怎样的作用？
3. 内企业家应该如何整合现有资源？
4. 利益相关者在内创业资源中的作用？

 案例分析

钉钉：阿里系公司的腾讯式成功[①]

"要成为伟大的企业，就要解决伟大的问题。"这是阿里巴巴集团前董事长马云在 2017 年 10 月 11 日阿里云栖大会的发言。他提出，未来阿里的利润将来自技术而非规模。而未来的规模不是靠预算，而是靠创新。

阿里巴巴是不是一家具备充满产品创新能力的巨头？在互联网行业内，这是一个具有争议性的话题。长期以来，阿里巴巴被认为是一家战略驱动的公司。一些评论者认为阿里巴巴不擅社交，不擅长做自下而上的产品创新，不擅长垂直领域的创新。这些质疑声随着 2014 年阿里巴巴移动社交产品"来往"的失败达到了顶峰。

但钉钉的出现和成功，某种程度上打破了上述质疑，它的诞生和成长回答了一个问题——一个小团队该如何在大公司内生存？

1. 背靠阿里巴巴，远离阿里巴巴

2014 年社交产品"来往"的失败给阿里巴巴上了生动一课。"来往"前身是 20 人的"湖畔"团队，2014 年被定为"CEO 工程"后迅速扩张到上百人，最终恰恰因为其"富营养化"——关注太多、资源太多、期望太高而失败。时任"来往"产品线负责人，现钉钉负责人陈航曾说，"来往"之后，阿里巴巴高层反思——即使集结最丰富的资源，阿里巴巴也不是想干什么就能干什么。而马云也认识到，空间对于初创项目的重要性。

钉钉诞生于"来往"之后，由陈航带领"来往"原来的队伍组建。2014 年 5 月他们在阿里巴巴创业圣地湖畔花园开工。由一个中层员工、P8 级的陈航带领的六名基层员工组成。2015 年 1 月，这款企业通信工具正式以"钉钉"为名，悄然发布了 1.0 版本，支持 IM 即时通信与电话功能打通。相比"来往"，钉钉是另一个极端，一开始就不宣传、不推广，1.0 版本发布时，即使在阿里巴巴内部也鲜为人知。一次偶然让钉钉走到台前。2015 年马云去复星集团参观，马云这才听说，"你们阿里旗下有一款产品，帮复星解决了不少管理问题。"马云直言钉钉是"惊喜"，充分首肯。钉钉也趁势于 2015 年 5 月成立了事业部，结束了"化缘"的日子。

钉钉也是够争气，最明显的效果就是在 2015 年年底就获得了百万用户规模，截至 2016 年 8 月 31 日，钉钉宣布获得了 240 万企业组织的市场，并且每月还仍保持着 20 万家左右的增长速度，成为增长最快的企业服务软件。钉钉最大的背景资源，莫过于阿里系的产品矩阵，尤其是阿里巴巴早已在企业级市场进行布局。以"阿里云"为例，作为全球前三的云计算厂商，它可以为钉钉带来海量的企业用户。财

[①] 资料来源：基于"钉钉：阿里系公司的腾讯式成功_凤凰网 http://tech.ifeng.com/44724604/news.shtml 2020-11-3"网络公开资料整理。

报数据显示，2015年"阿里云"的营收同比增长113.5%，是阿里巴巴集团旗下增速最快业务，也被规划为阿里巴巴最高战略优先级的投入项目。按照陈航的规划，阿里钉钉的平台将为合作企业用户提供基于统一通讯和工作商务关系的各项基础服务，向合作企业开放入驻钉钉的多个接口，帮助合作伙伴提升云和移动互联网时代的能力。

2. 与阿里巴巴的一样和不一样

"阿里式"创新另一个突出特点，就是往往人为赋予产品极强的社会责任感和使命感。一位从阿里巴巴离职的高层人士评价，阿里巴巴的心态某种程度上是救世主心态，改造一切，领导一切。钉钉延续了这一点。陈航说，钉钉和腾讯的主要区别在于"他们是做产品的，而我们是实现使命的。"钉钉不仅是一个工具、一个平台，是从技术输出到思想输出，而思想的输出就是互联网管理思想的输出，要服务中小企业——这是极具阿里巴巴特色的团队使命，与阿里巴巴"让天下没有难做的生意"一脉相承。陈航说，钉钉要将阿里巴巴的工作方式零成本、零门槛输出给这些企业。"大企业有的是人服务，没人管中小企业。"陈航说。钉钉身上的另一个突出特点，产品为主，运营为辅。这也有别于多数阿里系产品。如"来往"，从拉新到活动，运营为主、产品为辅。然而在社交产品上，单靠运营很难沉淀真用户。于是钉钉一成立就决意把产品放在第一位，才有了时任产品负责人的陈航牵头。

"共创"被视为钉钉产品能力的核心，共创要求员工深入真实办公场景，挖掘痛点，再去场景验证解决方案，最终真正解决需求。"共创"逐渐从产品习惯成为制度——钉钉所有业务线员工，每周致电或上门拜访至少三家用户。同时，钉钉作为产品具有强势的引导性。许多钉钉视为提升效率的功能，被各路网友讨伐为"不人性"。比如，对方是否阅读消息会明确显示"已读或未读"，如果事情较急，用户可以用"DING"功能直接短信或电话告知对方。陈航认为，争议的根本在于，仅凭一个软件无法实现工作效率质的飞跃，本质上是要通过钉钉向中小企业输出互联网管理思想，进而去升级其工作方式。

3. 三岁的烦恼

根据CNNIC数据，中国移动办公平台市场规模增长迅速，2016年达到35.7亿元，增长超过70%，目前市场局面已初显——钉钉领跑，微信追赶，后者未公布数据，但接受《财经》记者采访的多家市场研究机构表示，用户数据上微信企业版与钉钉有不小差距。而企业通信工具迁移成本高，用户黏性大，短期内钉钉很难被超越。陈航认为，腾讯系做用户型产品，从用户体验角度出发，以选择公认风口为主；阿里系做平台型产品，从解决问题出发，多使命驱动。"他们做产品可能专业一点，我们在眼光和商业布局上更远一点。"

从工具转向平台的过程，注定是一场资源消耗战。纷享销客副总裁黄海钧曾说："企业服务产品的决策成本高、决策流程长，起量非常慢。"纷享销客曾在2015年与钉钉正面竞争，两方都投入了数亿元广告费用。黄海钧说："投入产出比非常低，只能巨头来做。"因此，纷享销客于2016年退出此赛道。

钉钉的挑战在于，如何持续创造出自带口碑的爆款功能——企业级产品通常配备的庞大销售团队，钉钉没有；企业微信有巨大的流量池，钉钉也没有；而对所谓阿里巴巴强大的企业资源脉络，钉钉非常谨慎。80%的钉钉用户来自口碑传播、自然增长。在2017年的采访中，对于钉钉的未来，陈航说他的最终目标是通过软硬一体，让中国4300万中小企业都用上钉钉，个人用户数量要达到10亿级。

案例思考题

1. 钉钉为什么选择企业作为目标客户？
2. 钉钉在创业过程中经历了哪些困难？
3. 钉钉具有的创业资源优势有哪些？
4. 钉钉是如何整合企业内外部资源的？

第 9 章

内创业团队与人力资源管理

思维导图

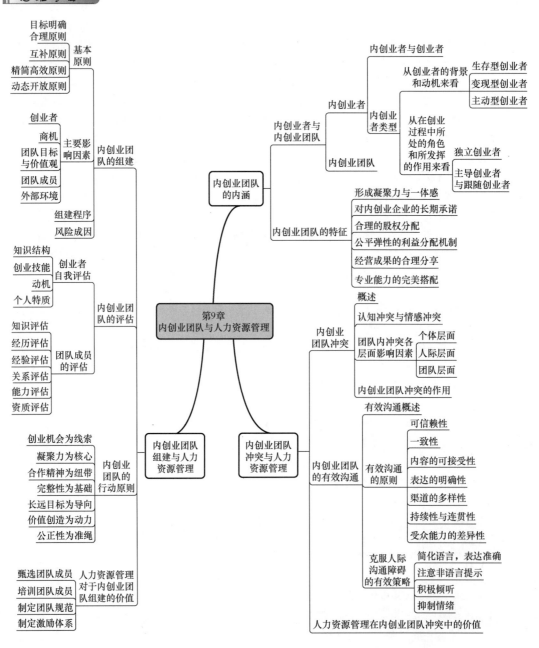

> **学习要点**
> - 内创业团队的内涵
> - 内创业团队的组建与人力资源管理
> - 内创业团队的冲突与人力资源管理

 引例

王小川不是一个人在战斗！搜狗团队浮出水面[①]

2016年6月16日,搜狗公司发布了高管晋升公告。经董事会批准,搜狗公司副总裁茹立云、杨洪涛及洪涛因一直以来的出色业绩,即日起获得晋升：茹立云晋升为首席运营官(COO)、杨洪涛晋升为首席技术官(CTO),洪涛晋升为首席营销官(CMO)。其实,这三位搜狗的创业元老在搜索圈内都很有名,但三人作风就像搜狗整体的气质一样,一直很低调。最令业界吃惊的是,这三人全部是搜狗创立初期加入的骨干员工,在搜狗任职时间都超过10年！我们这才知道,原来王小川不是一个人在战斗！正是这些人组成的团队,谱写了一个个传奇的故事。

王小川大家都有所耳闻,因为技术过于出色而备受搜狐老板张朝阳的青睐。搜狗是王小川从0到1组建起来的搜索业务,对外他一直是搜狗的代言人；茹立云,作为搜索事业部总经理,用对手约1/4的资源研发出品质相当的搜索产品,并通过推动微信、知乎等对外合作和投资,形成搜索产品差异化优势,提升搜狗搜索用户规模和整体市场影响力；杨洪涛,作为桌面事业部总经理,敏锐把握未来科技方向,从无到有创建语音团队,保持搜狗的语音识别服务处于领先水平,使搜狗在人工智能人机交互的重要领域占据一席之地；洪涛,作为营销事业部总经理,所负责的公司搜索营销体系及商业产品体系,在搜狗由弱变强过程中实现了商业闭环,保障了公司的生存和持续发展,使搜狗得以跻身为互联网广告收入前列的公司。创业十年,不离不弃。成长十年,独当一面。这表现了搜狗高管团队惊人的稳定性、学习能力和坚持。

其实,中国有很多比王小川水平更高的工程师、比茹立云更精明的投资人、比杨洪涛嗅觉更灵敏的管理者、比洪涛更懂得营销的经理人。但很少有人能聚在一起,齐心协力,形成一股强大的力量,形成一个真正的"团队"。并且在这个团队里,不是依靠权威,而是依靠平等的伙伴关系和契约精神共同协作,取得持续的成功。

9.1 内创业团队的内涵

9.1.1 内创业者与内创业团队

1. 内创业者

创业者一词来自英文单词"entrepreneur"由三个部分(entre、pre、neur)构成。在

[①] 资料来源：基于"王小川不是一个人在战斗！-搜狐网-https://www.sohu.com/a/84106653_115389 2020-11-3"等网络公开资料整理。

拉丁语词根中，entre 的意思是"从事"，pre 的意思是"在……之前"，neur 的意思是"神经中枢"。因此，按照字面意思，创业者是这样一种人：他们从事了一项事业并且及时形成或者从根本上改变了那项事业的神经中枢。

（1）内创业者与创业者

内部创业是由一些有创业意向的企业员工发起，在企业的支持下承担企业内部某些业务内容或工作项目，进行创业并与企业分享成果的创业模式，而这些发起者就是内创业者。

从表 9-1 中可以看出创业者与内创业者有许多不同的地方。第一，在创业范畴和结果方面。创业者的目的是创建新企业，而内创业者是在没有脱离原来企业的情况下进行创业，前者最终是开创一个新企业，所带来的创业颠覆性更大，后者有助于促进对原来企业在产品、业务、组织、战略等方面的创新。第二，在创业的自由度方面。创业者创造自己企业的制度，而内创业者一方面能够利用原有制度带来的便利，另一方面要受到制度的约束。第三，在是否依赖团队和创新方面。已有的文献表明团队创业成功率明显高于个人创业，内创业者本来就是组织中的一员，很多企业的内创业实践都是以团队项目制进行的。第四，在决策权方面。创业者可以全权决策自己的创业方向、产品、战略导向等，而内创业者是在一定制度安排下主导创业项目的开展，资金、人员和设备、技术等还要得到所在企业的支持，更加依赖所在团队。第五，在工作难度方面。二者本质上都是要创新，创造新事物，在创业过程中都将面临一系列困难。第六，在创业风险方面。创业者独自承担财务风险，而内创业者一般是基于组织授权进行内创业活动，可以使用原来企业的销售渠道、社会网络、技术设备等，创业政策和环境都比较熟悉，所以自身承担的创业风险和压力相对较小。

表 9-1 内创业者与创业者的对比

维度	创业者	内创业者	二者的比较分析
范畴和结果	创建新企业	在原有企业内部创业	前者形成新组合、创业颠覆性；后者有助于企业创新
创业自由度	创造企业制度和环境	受到已有制度的束缚，个人创造力小	相对于创业者，内创者受到的组织限制更多，但同时也能得到更多组织政策、各种资源的支持
依赖团队	是	是	内创者更加依赖团队
决策权	全权决策	寻求组织和团队支持	创业者有更大的决策权
工作难度	大	大	内创者因其所受制约较多，难度更大
创业风险	有风险	有风险	内创者因为有组织对其创业项目进行把关、提供创业支持、对不确定性进行提前评估，所以风险相对较小

（2）创业者类型

从创业的背景和动机来看，创业者可划分为以下三类。

① 生存型创业者。生存型创业者指自主创业的下岗工人、失去土地或不愿困守乡村的农民及毕业找不到工作的大学生。

② 变现型创业者。变现型创业者是指过去在党政机关掌握一定权力或者在国有企业、民营企业当经理人期间积累了大量市场关系并在适当时机自己创办企业，从而将过去的权力和市场关系等无形资源变现为有形财富的创业者。目前，后一类变现者是主体，前一类变现者在增加，而且一些地方政府的政策对此起到了推波助澜的作用。但是，这种做法有可能造成市场竞争环境公平性的人为破坏。

③ 主动型创业者。主动型创业者又可以分为两类：一类是盲动型创业者，一类是冷静型创业者。盲动型创业者大多极为自信，做事冲动。有人说，这种类型的创业者大多同时是博彩爱好者，而不太喜欢思考成功概率。这样的创业者很容易失败，一旦成功也往往是一番大事业。冷静型创业者是创业者中的精华，其特点是谋定而后动，不打无准备之仗，或是掌握资源，或是拥有技术，一旦行动，成功概率通常很高。

从在创业过程中所处的角色和所发挥的作用来看，创业者可划分为以下两类。

① 独立创业者。独立创业者是指自己出资、自己管理的创业者。其创业动机和实践受很多因素影响，如发现很好的商业机会，失去工作或找不到工作，对目前的工作缺乏兴趣，受他人创业成功的影响等。独立创业充满挑战和机遇，可以自由发挥创业者的想象力、创造力，充分发挥主观能动性、聪明才智和创新能力，可以主宰自己的工作和生活，按照个人意愿追求自身价值，实现创业的理想和抱负。但是，独立创业的难度和风险较大，可能缺乏管理经验、缺少资金、技术资源、社会资源、客户资源等，生存压力大。

② 主导创业者与跟随创业者。主导创业者与跟随创业者是相对的。在一个创业团队中，带领大家创业的人就是团队的领导者，即主导创业者，其他成员就是跟随创业者，也叫参与创业者。

2. 内创业团队

内创业团队的定义是基于团队基础之上的。由于对内创业团队研究还处在起始阶段，各学者据不同的角度各自给出了自己的见解，所以其定义在理论界还没有个统一的说法。

【成功创业者素质的RISKING模型】

基于团队理论和资源基础理论，把内创业团队分为同质性内创业团队和异质性内创业团队。按照团队理论以及高管团队的研究成果，异质性内创业团队更可能取得卓越的团队绩效，而同质性内创业团队则能更高效地完成常规任务。但是，Ensley和Pearson的研究发现，内创业团队的异质性构成会明显降低而不是提高新创企业的绩效。不同的领导风格会对内创业团队异质性、同质性构成的绩效效应产生不同的影响[①]。可见，内创业团队异质性、同质性研究有助于在组建内创业团队时评估成员资源禀赋构成的合理性及不同领导风格的作用。

---

① ENSLEY M D, PEARSON A W. AMASON A C. *Understanding the dynamics of new venture top management teams: cohesion, conflict, and new venture performance* [J]. Journal of Business Venturing, 2002, 17 (4): 365-386.

9.1.2 内创业团队的特征

1. 形成凝聚力与一体感

内创业团队也是一个团队，团队是一体的，成败是整体而非个人，成员能够同甘共苦，经营成果能够公开且合理地分享，团队就会形成坚强的凝聚力与一体感。每一位成员都应将团队利益置于个人利益的前面，而且充分认识到个人利益是建立在团队利益的基础上，因此团队中没有个人英雄主义，每一位成员的价值，表现为其对于团队整体价值的贡献。

2. 对内创业企业的长期承诺

每一位成员均了解创业在成功之前将会面临一些艰巨的挑战，因此承诺不会因为一时利益诱惑或困难阻挠而退出显得尤为重要，所以对于内创业企业经营成功应给予长期的承诺。例如，同意团队将股票集中管理，如有特殊原因而提前退出团队者，必须以票面价值将股权出售给团队。

3. 合理的股权分配

团队成员的股权分配不一定要均等，但需要合理、透明与公平。通常内创业者与主要贡献者会拥有比较多的股权，但只要与他们的贡献和所创造的价值相匹配，就是一种合理的股权分配。

4. 公平弹性的利益分配机制

内创业之初的股权分配与以后创业过程中的贡献往往并不一致，会发生某些具有显著贡献的团队成员，拥有股权数较低，贡献与报酬不一致的不公平现象。因此好的内创业团队需要有一套公平弹性的利益分配机制，来解决上述不公平现象的问题。例如，新企业可以保留10%盈余或股权，用来奖赏以后有显著贡献的团队成员。

5. 经营成果的合理分享

好的内创业团队能将经营成果与所有有贡献的团队成员合理分享，在中国主要是采取分红配股的制度，再配合一套公平的绩效评估体系，这对于留住员工与吸引人才都有很大帮助。在美国则较多采用股票期权的方式，这两者各具优点。

【阅读材料】

6. 专业能力的完美搭配

内企业家寻找团队成员考虑的方面，主要在于弥补当前资源能力上的不足，也就是说根据创业目标与当前资源能力的差距，来寻找所需要配套的成员。好的创业团队，成员间的能力通常都能形成良好的互补，而这种能力互补也会有助于强化团队成员间的合作。

9.2 内创业团队组建与人力资源管理

9.2.1 内创业团队的组建

创业团队的凝聚力、合作精神、立足长远目标的敬业精神会帮助新创企业渡过危难时刻，加快成长步伐。因此，组建团队在创业过程中是非常重要的。

1. 内创业团队组建的基本原则

(1) 目标明确合理原则。目标必须明确，这样才能使团队成员清楚地认识到共同的奋斗方向。与此同时，目标也必须是合理的、切实可行的，这样才能真正达到激励的目的。

(2) 互补原则。创业者之所以寻求团队合作，其目的就在于弥补创业目标与自身能力之间的差距。只有当团队成员在知识、技能、经验等方面实现互补时，才有可能通过互相协作发挥"1+1＞2"的协同效应。

(3) 精简高效原则。为了减少创业期的运作成本、最大比例的分享成果，创业团队人员构成应在保证企业能高效运作的前提下尽量精简。

(4) 动态开放原则。创业过程是一个充满了不确定性的过程，团队中可能因为能力、观念等多种原因不断有人离开，同时也有人加入。因此，在组建创业团队时，应注意保持团队的动态性和开放性，使真正匹配的人员能被吸纳到创业团队中来。

2. 内创业团队组建的主要影响因素

内创业团队的组建受多种因素的影响，这些因素相互作用，共同影响着组建过程，从而影响团队建成后的运行效率。

(1) 创业者。创业者的能力和思想意识从根本上决定了是否要组建创业团队以及团队组建的时间表以及由哪些人组成团队。创业者只有在意识到组建团队可以缩短自身能力与创业目标之间存在的差距，才有可能考虑组建创业团队，以及对什么时候需要引进什么样的人员才能和自己形成互补做出准确判断。

(2) 商机。不同类型的商机需要不同的创业团队类型。创业者应根据创业者与商机间的匹配程度，决定是否要组建团队以及何时、如何组建团队。

(3) 团队目标与价值观。共同的价值观、统一的目标是组建创业团队的前提，团队成员若不认可团队目标，就不可能全心全意为此目标的实现而与其他团队成员合作、奋斗。

(4) 团队成员。团队成员的能力的总和决定了创业团队整体能力和发展潜力。创业团队成员才能的互补是组建创业团队的必要条件，而团队成员间的互信是形成团队的基础。互信的缺乏，将直接导致团队成员间协作出现障碍。

(5) 外部环境。创业团队的生存和发展直接受到了制度性环境、基础设施服务、经济环境、社会环境、市场环境、资源环境等多种外部要素的影响。这些外部环境要素从宏观上间接地影响着对创业团队组建类型的需求。

3. 内创业团队的组建程序

内创业团队的组建是一个相当复杂的过程，不同类型的创业项目所需的团队不一样，创建步骤也不完全相同。概括来讲，内创业团队的组建程序如图 9.1 所示。

(1) 明确创业目标

内创业团队的总目标就是要通过完成创业阶段的技术、

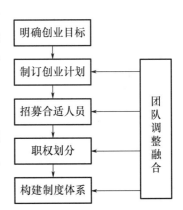

图 9.1　内创业团队的组建程序

市场、规划、组织、管理等各项工作,实现企业从无到有、从起步到成熟。总目标确定之后,为了推动团队最终实现创业目标,再将总目标加以分解,设定若干可行的、阶段性的子目标。

(2) 制订创业计划

在确定了阶段性子目标以及总目标之后,紧接着就要研究如何实现这些目标,这就需要制订周密的创业计划。创业计划是在对创业目标进行具体分解的基础上,以团队为整体来考虑的计划,创业计划确定了在不同的创业阶段需要完成的阶段性任务,通过逐步实现这些阶段性子目标来最终实现创业目标。

(3) 招募合适的人员

招募合适的人员也是创业团队组建最关键的一步。关于创业团队成员的招募,主要考虑以下方面。

① 技能上的互补。从人力资源管理的角度来看,建立优势互补的创业团队是保持创业团队稳定的关键。在创建一个团队的时候,不仅要考虑成员之间的人际关系,更重要的是要考虑成员之间能力上和技术上的互补性。

② 共同的理念和愿景。创业过程充满艰辛和风险。创业团队一定要有一致的创业思路,成员个人的目标要与企业的愿景一致,即认同团队将要努力的目标和方向。创业团队成员要拥有共同的价值观,把个人目标整合到组织目标当中,增强团队的凝聚力。在组建创业团队、选拔队员的时候要思考:团队是否有清晰、恪守不移的核心理念和充满感召力的宏伟目标,团队成员是否都明确了解并认可这些核心理念和宏伟目标。

③ 适度规模。适度的团队规模是保证团队高效运转的重要条件。团队成员太少无法实现团队的功能和优势,而过多很可能会分裂成许多较小的团体,又可能会产生交流的障碍进而大大削弱团队的凝聚力。一般认为,创业团队的规模控制在2～12人最佳。

(4) 职权划分

为了保证团队成员执行创业计划、顺利开展各项工作,必须预先在团队内部进行职权的划分。创业团队的职权划分就是根据创业计划执行的需要,具体确定每个团队成员所要担负的职责以及相应所享有的权限。团队成员之间职权的划分必须明确,既要避免职权的交叉重叠,也要避免无人承担造成工作上的疏漏。此外,由于还处于创业过程中,面临的创业环境又是动态复杂的,会不断出现新的问题,团队成员也可能不断更换,因此创业团队成员的职权也应根据需要不断地进行调整。

(5) 构建制度体系

内创业团队制度体系体现了创业团队对成员的控制和激励能力,主要包括了团队的约束和激励制度。一方面,内创业团队通过约束制度(主要包括纪律条例、组织条例、财务条例、保密条例等)指导其成员避免做出不利于团队发展的行为,实现对其行为的有效约束,保证团队的稳定秩序。另一方面,创业团队要实现高效运作需要有效的激励机制,使团队成员看到随着创业目标的实现,其自身利益将得到改变,从而达到充分调动团队成员积极性、最大限度发挥团队成员作用的目的。实现有效的激励,首要就必须把团队成员的收益模式规定清楚,尤其是像股权、奖惩等与团队成员利益密切相关的事宜。需要注意的是,创业团队的制度体系应以规范化的书面形式确定下来,以免带来不必要的混乱。

(6) 团队调整融合

完美组合的创业团队并非创业一开始就能建立起来,很多时候是在企业创立一定时间后随着企业的发展逐步形成的。随着团队的运作，团队组建时在人员匹配、制度设计、职权划分等方面的不合理之处会逐渐暴露出来，这时就需要对团队进行调整融合。

4. 内创业团队构建的风险成因

（1）盲目照搬成功的组建模式

创业团队的组建基本可以分成三种模式：关系驱动、要素驱动和价值驱动。关系驱动是指以创业领导者为核心的人际关系圈内成员构成团队。他们因为经验、友谊和共同兴趣结成合作伙伴，彼此发现商业机会后共同创业。要素驱动是指创业团队成员分别贡献创业所需的创意、资源和操作技能等要素。由于这些要素完全互补，所以团队成员之间处于相对平等的地位。价值驱动是指创业成员将创业视为一种实现自我价值的手段，他们的使命感很强，成功的愿望也很强烈。

（2）团队成员选择具有随意性和偶然性

创业团队是要将个体的力量整合为集聚的攻击力，并保持这种攻击力的持久性。英国学者贝尔宾研究理想创业团队的构成，最后提出了"九种角色"论，即成功的团队必须包含九种不同角色的人。但是，在组建初期由于规模和人数的限制，创业团队在成员选择方面常常考虑不够全面，过于随意和偶然，甚至只是因为碰巧谈到创业问题而一拍即合，所以经常不具备所有这九种角色，之后又因没有进行及时补充，或是在团队中承担某种角色的人才过多，团队成员之间角色和优势重复，这些都会引发各种矛盾，最终导致整个创业团队的散伙。

【"九种角色"论】

（3）缺乏明确和一致的团队目标

心理学家马斯洛指出：杰出团队的显著特征是具有共同的愿景与目标。凝聚人心的愿景与经营理念，是团队合作的基础。目标则是共同愿景在客观环境中的具体化，能够为团队成员指明方向，是团队运行的核心动力。

事实上，在创业初期，创业团队的目标一般并不十分清晰和明确，可能只是一个朦胧的发展方向，有些人甚至不明白自己为什么会走上创业的道路。而且即使创业领导者的目标明确，也不能保证其他成员都能够准确理解团队目标的含义。随着创业进程的推进以及外界环境的变化，团队成员可能会发现原先确定的目标和现实之间存在差距，必须对目标进行适当调整，此时如果团队成员之间意见难以调和，或是个人目标与组织目标出现较大的不一致，那么团队就会面临着解散的风险。

（4）激励机制尤其是利润分配方式不完善

有效激励是企业长期保持团队士气的关键。如果缺乏有效的激励，团队或者组织的生命都难以长久，有效激励的重点是给予团队成员合理的"利益补偿"。在团队组建初期，由于企业前途未卜，各成员在创业企业中的作用和贡献无法准确衡量，因此团队无法给出一个明确的利润分配方案，可能只是简单地采取平均主义的做法，这样随着企业的发展和利润的增加，团队成员在利润分配时就会出现争议，从而导致创业团队解散。

9.2.2 内创业团队的评估

1. 创业者自我评估

（1）知识结构。知识结构是指在创业实践活动过程中个体应具有的知识系统及其构成。

创业知识是个体在社会实践中积累起来的创业理论和创业经验,是个体创业素质的基础要素。创业知识主要涉及经营管理、法律、工商、税收、保险等知识以及其他社会综合知识。

(2) 创业技能。国际劳动组织对创业技能做了如下界定:创业和自我谋职技能包括培养工作中的创业态度,培养创造性和革新能力,把握机遇与创造机遇的能力,对承担风险进行计算,懂得一些公司的经营理念,比如生产力、成本以及自我谋职的技能等。根据这一界定,可以将创业实践活动所需的技能主要分为组织管理能力、开拓创新能力、风险评估与承担能力,其中,开拓创新能力是创业技能结构中最重要的部分,也是创业素质构成中的核心内容。

(3) 动机。动机是引起和维持个体从事创业活动,并使活动朝向某些目标的内部动力,是鼓励和引导个体为实现创业成功而行动的内在力量。熊彼特将创业动机归结为:建设私人王国、对胜利的热情、创造的喜悦。格林伯格及赛克斯顿将创业动机归结为:①在市场上发现机会;②相信自己的经营模式比前人更有效率;③希望将拥有的专长发展成为一项新企业;④已完成新产品开发,而且相信这项新产品能在市场上找到利润空间;⑤想要实现个人梦想;⑥相信创业是致富的唯一途径。戈什发现引发创业的心理动机有:①希望得到个人发展;②喜欢挑战;③希望拥有更多自由;④发挥个人专业知识与经验;⑤不喜欢为他人工作;⑥受到家庭或朋友影响;⑦家庭传统的承袭。

(4) 个人特质。个人特质是一个人相对稳定的思想和情绪方式,是其内部与外部可以测量的特质,个人特质是影响创业者创业的内在因素。

创业者的心理特质强调创业者在创业过程中内部心理活动现象和特征。在创业者与非创业者的区别上,创业者独有的心理特质,如成就需求、内控制源、领袖气质、责任感、自我效能感等,起着灵魂、统帅的作用,对创业成功大有裨益。不同于非创业者,创业者在创业过程中所表现出的心理特质,如责任、决心和胜出动机等具有共性。创业者的行为特质主要侧重研究创业者在具体创业环境和背景下的外在行为规律,创业者将自身的知识和能力付诸实践之中。创业者在新创企业的发展过程中表现出的行为特质有:积极进取、敏锐的市场洞察力与风险管理,开放合作与学习创新等。

【成功创业素质全面程度评价】

2. 团队成员的评估

(1) 知识评估。随着科学技术的进步和产品更新换代速度的加快,知识成为最重要的生产力要素。初始合伙人团队的受教育水平在一定程度上可以反映其知识掌握的程度,具有较高受教育水平的初始合伙人团队往往具备与创业有关的重要技能,可能在研究能力、洞察力、创造力和计算机技术应用等方面表现略胜一筹,而这些素质是创业成功的关键性因素。如果新创企业所从事行业领域具有较强专业特征,那么,接受过高等教育的初始合伙人团队就会从工程技术、计算机科技、管理科学、物理、化学、生物等专业教育中获得显著优势。

(2) 经历评估。有创业经历的初始合伙人团队,无论曾经创业取得成功还是遭遇失败,都可以成为新创企业成功经营的有利因素,甚至成为一种独一无二的优势。因为,这种人要比初次接触创业过程的创业者更熟悉创业过程,并可以在新创企业中复制以前的成功创业模式,或者有效规避导致巨大失败的错误。

(3) 经验评估。初始合伙人团队所拥有的相关产业经验,有利于更敏锐地理解相关产业发展趋势，可以更加迅速地开拓市场和开发新产品。例如，对于创建一家生物制药企业来说，初始合伙人团队是否具有相关领域的生物制药技术经验就特别重要，如果他采取边学习边创业的方式，想成功地创建并经营好一家生物制药企业则十分困难。

（4）关系评估。具有广泛社会网络关系的初始合伙人团队往往更容易获得额外的技能、资金和消费者认同。初创企业应当善于开发和利用网络化关系，构建并维持能够给企业带来竞争优势者的良好人际关系，这种网络化关系也是创业者社会资本的具体体现。初始合伙人团队打电话给业务上的熟人或朋友，请他们介绍投资者、商业伙伴或者潜在消费者，在新企业创建过程中是经常采取并行之有效的方法。

（5）能力评估。1973年，哈佛大学心理学家麦克利兰教授提出了一个著名的能力素质模型，即冰山模型。冰山模型将个人的能力素质形象地比喻成大海中的冰山，将个人能力素质分为海平面以上的"冰山上部分"和深藏在海平面以下的"冰山下部分"。其中，"冰山上部分"包括基本知识和基本能力，是显性能力，比较容易通过教育培训改变和发展；"冰山下部分"包括角色定位、价值观、自我认知、品质和动机，是内在的、隐性的能力，不容易通过外界影响而改变，但是却对人的行为和工作绩效起着更为重要的作用。合理地对每一位成员的能力进行评估，将更有利于给团队成员分配任务，促进团队成员之间的分工与合作，从而更加高效地完成任务。

（6）资质评估。没有可信资质，潜在消费者、投资者或员工很难认同新创企业的高质量。一般认为，高素质的人不愿意在低水平的企业董事会任职，因为这对他们的名誉和声望而言是有风险的。所以，当高素质的人同意在企业董事会任职时，那么，他们本质上是在发出某种质量信号，即这个公司很有可能取得成功。

9.2.3 内创业团队的行动原则

【西游记团队分析】

1. 创业机会为线索

如果创业机会所包含的不确定性越高，价值创造潜力越大，往往意味着创业过程中面临的任务也就越复杂，越具有挑战性，此时，理性地组建创业团队可能会更好地应对创业过程中的复杂任务，有助于创业成功。例如，在高技术领域，大部分创业者都在依据理性逻辑来组建创业团队，强调团队成员之间在技术、营销、财务等职能经验领域的互补性。如果创业机会所蕴含的不确定性较低，价值创造潜力一般，在这样的条件下，创业团队成员之间的齐心协力和信任感则更加关键。

2. 凝聚力为核心

创业团队中每个成员都是紧密相关、不可分割的，企业的成功是每位成员共同努力的目标，也能使成员从中获取精神和物质上的收益。优秀的创业团队中的每位成员都会认为单纯依靠个人的力量不可能成功，任何个人离开企业的整体利益不可能单独获益。同样，任何个人的损失也将损害整个企业的利益，从而影响每个成员的利益。

3. 合作精神为纽带

具有成长潜力的企业最显著的特点就是创业团队的整体协同合作能力，而不仅仅是培养一两位杰出人物的场所。优秀的创业团队注重相互配合以减轻他人的工作负担从而提高整体的效率。他们注重在创业团队的成员中树立榜样模范，并通过奖励制度激励员工。

4. 完整性为基础

任务的完成必须建立在保证工作质量、员工健康或其他相关利益不被侵犯的前提下。因此，艰难的选择和利弊权衡应综合考虑顾客、公司利益以及价值创造，而不能以纯粹的功利主义为依据，或是狭隘地从个人或部门需求的角度来衡量。

5. 长远目标为导向

和大多数组织结构一样，新企业的兴衰存亡取决于其团队的敬业精神。一支敬业的团队，其成员会朝着企业的长远目标努力，而不会指望一夜暴富。他们将在长远目标的指引下不断奋斗直到取得最后的胜利。没有一家企业能够靠今天进入明天退出（或经营发生困难之际退出）在短期内获得意外横财。

6. 价值创造为动力

创业团队成员都致力于价值创造，即努力把"蛋糕"做大，从而使所有的人都能获利，包括为客户提供更多的价值，帮助供应商从团队的成功中获取相应收益，以及使团队的赞助商和持股人获得更大的盈利。对创业团队的成员而言，企业最终获得的收益才是衡量成功程度的标准，而非个人的薪水、办公室条件或生活待遇等。

7. 公正性为准绳

尽管法律没有规定创业者在企业收获期要公平公正地分配所获利益，但越来越多的成功创业者都关注分享收获，共同成长。对关键员工的奖酬以及职工控股计划的设计应与个人在一段时期内的贡献、工作业绩和工作成果相挂钩。意外和不公平的情况往往在所难免，因此必须随时做相应的增减调整。

9.2.4　人力资源管理对于内创业团队组建的价值

内创业团队的组建要想成功，就离不开人力资源管理的指导。人力资源管理在内创业团队组建过程中的作用主要体现在以下几个方面。

1. 甄选团队成员

组建一个团队的最重要一步是选择最合适的成员加入团队，以使团队的知识层次、技能等搭配合理。选拔最优秀的人才进入团队是保证团队绩效的首要因素。在选拔团队成员时，除了要考虑被选者是否具备工作所需的技术才能外，还要考虑他们是否具备扮演团队成员角色所必需的其他才能。在团队中，最重要的是团队成员的有效合作，只有这样，才能实现资源的优势互补。要成为一名优秀的团队成员，必须学会与别人进行公开、坦诚的沟通；学会面对个体间的差别并能解决由此而带来的冲突；学会如何把个人的目标升华为团队的利益。因此通过系统性的甄选工作，帮助企业围绕创业项目进行恰当的人员储备，并基于经验、经历、知识、技能进行人职匹配，进而建立高效团队。

2. 培训团队成员

在团队建立之初，要使团队成员摆脱原有工作模式的影响，适应新的角色任务，使团队形成新的工作理念，运用新的统一标准以促成团队绩效的实现，形成一个有凝聚力的团队,就应进行培训,这些培训大致包括:对团队凝聚力的培养、关于工作能力的培训以及团队领导者的培养。通过培训与开发,促进潜在的创业者学习到相关知识、技能,提升其创业动机、意愿,凸显其创业特征,增加其自我评估的能力;促进创业团队成员相互了解和沟通,并促进成员间的知识碰撞,提升团队成员的凝聚力,促进团队的组建;促进团队成员了解高效创业团队的特征及组建原则,进而提升团队组建的成功率。

3. 制定团队规范

规范就是团队成员所共同认可的行为标准。团队规范确立了团队成员在具体情景下的行为标准,其主要功能就是规制那些被认为对团队成员重要的行为。团队的规范可能具体到多少成员应该去做,应该怎样对待顾客,哪些玩笑是可以接受的,他们应该怎样认识团队等。

4. 制定激励体系

团队业绩的取得、绩效水平的提高都离不开激励,因此合理的激励会促进团队的进步,一个合理激励体系主要包含以下方面。

(1) 物质激励。高薪和高福利是传统的物质激励手段,对于团队成员的激励也是有用的手段。除此之外,公司还可以根据自己的情况选择激励手段,比如,通过股票期权、股票授予等方式提高成员的积极性。例如,美的公司为了最大限度地激励员工,内部创业的员工即使一分钱都不投入,也能获得20%的股份,而如果投入20%左右的资金,就可以获得40%的股份。

(2) 提供适当的学习机会。一般来说,团队成员大都具有积极向上的精神和追求,具有提高自我能力和自我价值的要求,因此,对团队成员的激励应重视提供专门技能的培训和学习,这既有利于工作,又能满足团队成员自我实现的需要。

(3) 工作设计。工作设计要基于团队成员自我实现的需要而做出,即通过工作扩大化、工作丰富化、提供富有挑战性的工作使团队成员体会到工作的意义,从而增强其工作积极性。

(4) 目标激励。设置适当的目标,引导个人目标与其相符,提高团队成员的工作信心。

9.3 内创业团队冲突与人力资源管理

9.3.1 内创业团队冲突

1. 内创业团队冲突概述

在社会学领域中,冲突是对方向相反、强度相等的两种以上力量同时作用在同一点(个体)时的情景而言的。团队冲突是一个过程,其发生具有某种原因并造成不同的结果,能够同时被两个以上的冲突单位所知觉并产生心理上的联结,这种联结建立在一方对另一方潜在或正在侵害的感觉和认知上。

2. 认知冲突与情感冲突

团队冲突可以分为认知冲突和情感冲突。认知冲突是功能性的,起因于团队成员对任务的目标及完成方法的认知不一致，以及与工作有关的意见分歧，是团队成员对决策内容的不同意见，包括在观点、思想、看法上的不同。情感冲突是一种功能性紊乱，起因于个体与个体之间的怀疑或者不适应，也就是指由个性差异或人际关系方面的摩擦、工作中的误解以及遭受挫折等引发的私人情感不满，是一种人际关系方面的不融合。

（1）认知冲突

认知冲突是指团队成员对有关企业生产经营管理过程中出现的与问题相关的意见、观点和看法所形成的不一致性。通俗地讲，认知冲突是论事不论人。从本质上说，只要是有效的团队，这种团队成员之间就生产经营管理过程的相关问题存在分歧是一种正常现象，当团队成员分析、比较和协调不同的意见或看法时，认知冲突就会发生。这一过程对于团队形成高质量的方案起到关键性作用，而且，有认知冲突的团队方案也容易被团队成员所理解和接受。正是因为如此，认知冲突将有助于改善团队决策质量和提高组织绩效。

认知冲突是有益的。因为它与影响团队有效性的最基本活动相关，集中于经常被忽视的问题背后的假设。认知冲突通过推动选择不同方案的坦率沟通和开放式交流，鼓励创造性的思维，促进方案的创造性，提高决策质量。事实上，如果没有认知冲突，团队决策就不过是一个团队里最能自由表达的或者最有影响力的个别成员的决策。

（2）情感冲突

与那些基于问题导向的不一致性相关的认知冲突不同，基于人格化、关系到个人导向的不一致性往往会破坏团队绩效，冲突理论研究者共同把这类不一致性称为"情感冲突"。通俗地讲，情感冲突是论人不论事。

情感冲突会在成员间挑起敌对、不信任、冷嘲热讽、冷漠等表现，将会阻碍开放的沟通和联合。当创业团队内的冲突引发团队成员间产生个人仇恨时，冲突将极大地降低决策质量，并影响到创业团队成员在履行义务时的投入程度，影响对决策成功执行的必要性的理解。当它发生时，不只是方案质量在下降，而且它会极大地降低团队有效性。这是因为，情感冲突会阻止人们参与到影响团队有效性的关键性活动中，团队成员不再把他们与团队活动相联系，普遍地不愿意就问题背后的假设进行探讨，结果势必会造成在集体创新、分享认知、共担风险、协作进取等创业团队的创业精神方面的压制，从而创业团队逐渐变得保守，创业决策质量也大受损失，降低了团队绩效。

因此，对于团队绩效来说，冲突既可能是有益的，也可能是有害的，主要取决于它是认知冲突还是情感冲突。认知冲突可以通过改善决策质量，进而提高团队绩效。然而，情感冲突却降低了决策质量，影响对成功执行决策必要性的理解，甚至不愿意履行作为团队成员的义务，进而导致团队绩效下降。

3. 团队内冲突各层面影响因素

（1）个体层面

个体层面的冲突主要指团队成员的内心冲突，它属于输入环节的前置因素，与前人的研究相似，主要指个体差异与个人状态。行为环节上，倾向于合作的个体感受到较少的冲突，而试图控制或回避冲突的个体则感受到较多的冲突。有过较多冲突经历的个体容易参与到行为冲突中。评价环节上，研究认为当个体处于怀疑的精神状态时，他们会对他人的行为产生有偏见的感知，并归因于他人的险恶动机。

(2) 人际层面

人际层面包括任务互依性、目标相容性、权力平衡及地位差异等任务环境，以及双方价值观与性别、年龄、工作年限等人口统计学属性的差异，相互关系的质量等社会环境。行为环节主要研究了人际间交互的程度与质量，即相互交流的模式、频率与质量等。评价环节上，通常认为引发人际层面冲突评价的因素是通过个体层面的评价过程而产生作用的，对人际层面的评价形式及其概念尚不明确。

(3) 团队层面

团队层面包括任务互依性、任务常规性、团队自治性等任务环境，以及团队多样化、权力分布、团队氛围等社会环境。行为环节上，研究主要聚焦于成员间信息共享、沟通协调、绩效反馈等多对多的交流行为，另外团队领导风格也会影响团队内冲突。

4. 内创业团队冲突的作用

团队冲突的作用分为积极作用和消极作用。积极作用主要体现为：暴露问题、增强活力；加强凝聚力、提升能力；鼓励竞争、激发创新。消极作用主要体现为：影响健康、耗费时间；影响团结、损害形象；形成对立、相互制约；内耗士气、损害绩效。

冲突对于团队来说既有正面影响又有负面影响。在团队中，我们不应该惧怕冲突，管理好冲突，合理地利用好冲突，能够提高自信和能力，有利于识别和解决团队成员中的个体问题，从而使团队创新成为可能，同时控制住冲突的负面效应。

9.3.2 内创业团队的有效沟通

1. 有效沟通概述

有效沟通是通过听、说、读、写等载体，通过演讲、面谈、信件等方式将思维准确、恰当地表达出来，以促使对方更好地接受。达成有效沟通须具备两个必要条件：首先，信息发送者清晰地表达信息的内涵，以便信息接收者能确切理解；其次，信息发送者重视信息接收者的反应并根据其反应及时修正信息的传递。免除不必要的误解，两者缺一不可。有效沟通主要指组织内人员的沟通，尤其是管理者与被管理者之间的沟通。

有效沟通能否成立关键在于信息的有效性，信息的有效程度决定了沟通的有效程度。信息的有效程度又主要取决于以下两个方面。

(1) 信息的透明程度

当一则信息应该作为公共信息时信息必须是公开的。公开的信息并不意味着简单的信息传递，而要确保信息接收者能理解信息的内涵，信息接收者也有权获得与自身利益相关的信息内涵。否则有可能导致信息接收者对信息发送者的行为动机产生怀疑。

(2) 信息的反馈程度

有效沟通是一种动态的双向行为，而双向的沟通对信息发送者来说应得到充分的反馈。只有沟通的主、客体双方都充分表达了对某一问题的看法，才真正具备有效沟通的意义。

所以真正意义上的有效沟通是双向沟通，因为双向沟通的过程即是接收者将反馈的信息传递给发送者的过程；有了这一过程，可以让发送者知道接收者在想什么，接收者的态度怎样，接收者有哪些意见或建议；收到反馈信息后，发送者就能对有关工作的要求、下达任务的目标等做出合理与否的判断,以及做出是否需要调整的判断。

2. 有效沟通的原则

有效沟通的原则主要包括以下七个方面。

(1) 可信赖性,即建立对传播者的信赖。

(2) 一致性,指传播须与环境(物质的、社会的、心理的、时间的环境等)相协调。

(3) 内容的可接受性,指传播内容须与受众有关,必须能引起他们的兴趣,满足他们的需要。

(4) 表达的明确性,指信息的组织形式应该简洁明了,易于被受众接受。

(5) 渠道的多样性,指应该有针对性地运用传播媒介以达到向目标公众传播信息的作用。

(6) 持续性与连贯性,这是说,沟通是一个没有终点的过程,要达到渗透的目的,必须对信息进行重复沟通,但又须在重复沟通中不断补充新的内容,这一过程应该持续地坚持下去。

(7) 受众能力的差异性,这是说沟通必须考虑沟通对象能力的差异(包括注意能力、理解能力、接受能力和行为能力),采取不同方法实施传播才能使传播更容易被受众理解和接受。

【沟通过程模型图】

3. 克服人际沟通障碍的有效策略

针对人际沟通的障碍,可以寻找相应的解决途径,由于外部环境是较难改变的,而个体行为却是可以控制的,所以可以通过以下几点促进沟通的有效性。

(1) 简化语言,表达准确

由于语言可能成为沟通障碍,因此管理者应该选择措辞并组织信息以使信息清楚明确,接收者易于理解。管理者不仅需要简化语言,还要考虑到信息所指向的听众,以使所使用的语言适合于接收者。有效的沟通不仅需要信息被接受,而且需要信息被理解,通过简化语言并注意使用与听众一致的语言方式,可以提高理解效果。

(2) 注意非语言提示

我们说行动比语言更明确,很重要的一点是要注意行动和语言相匹配,并起到强化语言的作用。非语言信息在沟通中占很大比重,因此有效的沟通者十分注意自己的非语言提示,保证他们也同样传达了所期望的信息。很多沟通问题是由于误解或不准确造成的,如果管理者在沟通过程中使用反馈,运用反馈进行双向沟通,则会减少这些问题的发生。这里的反馈可以是语言的,也可以是非语言的。

【倾听小故事】

(3) 积极倾听

倾听是对信息进行积极主动的搜寻,在倾听时接收者和发送者双方都在思考。接收者通过与发送者移情,也就是让自己处于发送者的位置,可以提高积极倾听的效果。不同的发送者在态度、兴趣、需求和期望方面各有不同,因此移情更易于理解信息的真正内涵,一个隐形的听众并不急于对信息的内容进行判定,而是先认真聆听他人所说,这使得信息不会因为过早不成熟的判断或解释而失真,从而提高了自己获得信息完整意义的能力。

（4）抑制情绪

实际上，管理者不可能总是以完全理性化的方式进行沟通，情绪能使信息的传递严重受阻或失真，当管理者对某件事十分失望时，很可能会对所接收的信息产生误解，并在表述自己的信息时不够清晰和准确，此时管理者需要暂停进一步的沟通，直至恢复平静。

9.3.3 人力资源管理在内创业团队冲突中的价值

在团队的组建初期，人力资源管理人员应该对每一个人员进行评估，注重选择价值观相近的创业团队成员。异质性对创业团队影响最大的一个因素就是价值观，价值观的不同导致了诸多管理问题的发生，为日后冲突的产生埋下隐患，也是冲突中最难调和的一个问题。因此，在初期选择创业伙伴时，一定要注重价值观是否相近。

通过培训与开发工作，营造浓厚的团队合作氛围，鼓励员工的整体协同合作能力，提升员工的凝聚力及长期目标导向。通过细心观察，描述内创业员工的工作情况并及时反馈，通过组织学习、培训技能开发、素质培养等形式帮助内创业员工改善并优化工作行为。金无足赤，人无完人，成员有缺点是正常的。因此人力资源管理部门应该根据工作的需要和各自优缺点进行培训与开发，最大限度地发挥每一位内创业者的潜力。

通过合理的绩效监控和绩效考核，促使团队成员围绕企业业绩实施评估，提升员工的满意度及促进员工行为和企业目标的一致。对每一个员工的绩效进行考核，可以有效避免搭便车的现象，同时也能够激励每一个成员尽力做好工作。内创业企业应该代表员工的利益，保护员工的合法权益，满足合理的福利要求，为其提供较为理想的发展空间，通过有效的绩效管理，充分挖掘出潜藏于员工心灵深处的活力源泉。

通过制定有效的薪酬管理制度，明确创业团队的所有权分配，确保控制权和决策权的统一，鼓励员工正面冲突的产生，并基于认知冲突促进决策质量的产生及员工对于决策的接受程度。在合理薪酬体系的机制下，团队的冲突将会在无形间得到弱化，而且可以避免由于利益分配不合理而引起的团队冲突。内创业企业通过博得组织上下的充分信任，可以有效地促进组织内部沟通畅通并增加组织的凝聚力，从而促进内创业企业的长远发展。

在内创业过程中，企业就要努力控制情感冲突对内创业团队企业家精神传承可能造成的负面影响，要支持高管团队内部存在一定的认知冲突，以一种积极的姿态沟通，判断事件发生的可能性风险。企业最高主管应当重视创业团队企业家精神的培育，致力于构建以分享认知为基础的学习型组织氛围，保护创业团队内部集体创新意识、共担风险的愿望和协作进取的行为。

本 章 小 结

本章首先分别界定了内创业者和内创业团队的内涵，并分别介绍了其分类和特征。其次，对内创业团队组建的基本原则、主要影响因素、程序和风险成因进行了细致地剖析，内创业团队组建的基本原则包括目标明确合理原则、互补原则、精简高效原则和动态开放原则；内创业团队组建的主要影响因素为创业者、商机、团队目标与价值观、团队成员和外部环境；内创业团队大致的组建顺序包括明确创业目标、制订创业计划、招募合适的人员、职权划分、构建创业团队制度体系和团队的调整融合；内创业团队构建的风险成因主要包括盲目照搬成功的组建模式、团队成员选择具有随意性和偶然性、缺乏明确和一致的团队目标、激励机制尤其是利润分配方式不完善。明晰了内创业团队（包括创业者自身和团队成员）的评估维度，并对内创业团队的行动原则及人力资源管理对于内创业团队组建的价值进行了归纳概括。最后，界定了内创业团队冲突的概念并剖析了其分类影响因素（包括个体层面、人际层面和团队层面）和作用，介绍了内创业团队有效沟通的内涵、原则和策略，并阐述了人力资源管理在内创业团队冲突中的价值。

思 考 题

【拓展资料】

1. 内创业团队的内涵是什么？
2. 组建内创业团队时应该注意什么？
3. 如何解决内创业团队冲突？
4. 人力资源管理如何解决内创业团队组建问题以及如何处理内创业团队冲突问题？

海尔小微孵化明星：雷神[①]

2013年，海尔内部提出了"创人"的概念，除了产品制造，海尔将成为一个投资平台，以股东的身份或投资人的身份，对内部的"创客"和"小微"进行孵化。内部孵化的"小微"是将内部团队完全推向社会成立实体公司，再将"小微"通过相应的机制变成某个行业里的"大微"，甚至独立上市。

1. 雷神的横空出世

2013年是PC行业的寒冬，对海尔来说PC业务原本就靠"家电下乡"等政策的补贴才能维持，处于需要不断输血的状态，政策补贴已经结束，负责海尔PC业务的人员压力很大。1986年出生的李宁此时是海尔笔记本电脑"利共体"电商渠道总监，他在分析京东商城的数据时发现，当笔记本销量下滑时，游戏笔记本电脑的销量却呈上升趋势。在游戏笔记本电脑这个细分市场中，还没有出现占据垄断地位的强势品牌，进入门槛并不高。当时主流的PC厂商没有重视游戏笔记本电脑逆势上扬的趋势，更没有以独立品牌的形式运作游戏笔记本电脑。

原海尔笔记本电脑事业部总经理路凯林和李宁等人交流后，决定创立一个全新的互联网游戏品牌，试水游戏笔记本电脑市场。虽然是海尔的"小微"，但是路凯林等人决定去除海尔的印记，因为海尔的品

---

① 资料来源：基于"海尔电脑行难中破茧-搜狐网-https：//www.sohu.com/a/128009573_465911.2020-11-3"以及笔者对于海尔"创客公地"的实地调研数据整理。

牌对游戏笔记本电脑消费者而言不仅没有号召力，反而可能引发副作用，路凯林等决定选用"雷神"这个名字。

初创企业的产品至关重要。为了获得数据，雷神员工一条条地从京东和天猫收集用户回复、评价，花了两天时间梳理了三万多条用户的差评，最终总结出了13条用户对现有产品最核心的抱怨。雷神团队发现以目前的资源和供应链能力能顺畅地解决其中的7条抱怨，于是定位为游戏玩家全体的雷神笔记本电脑研发提上了日程。

2. 雷神与用户深度互动

赶在2013年正式上线之前，雷神团队针对雷神游戏本拍了专门的视频，"泄露"给9万个用户观看，里面是关于雷神游戏本的大量介绍。在预售阶段，500台机器竟然有3万名网友预约，出乎研发团队的预料。预约抢购结束后，雷神团队在最短的时间内拿到了用户对500台电脑的反馈和意见。等到500台卖完之后，雷神团队再次推出3000台笔记本电脑，在21分钟就被抢光。雷神的品牌理念"雷电速度，神级服务"就是一位粉丝赠送的。当时，一个用户的主板被烧了好几次，雷神团队也给他更换了好几次，这件事在雷神的QQ粉丝群里造成了不小的负面影响。后来经商议，雷神团队决定让他把机器以及适配器全部送回总部，让质量部的同事帮忙检测原因，最后不但给用户换了新机器，还给他详细解释了原因。自此，这位用户便从雷神的对立面变成了雷神的忠实用户，并称雷神的服务为"神级服务"。

除了"神级服务"，雷神团队还与粉丝成为好哥们。"雷疯"是一群很活跃的用户，除了在QQ群聊各种话题之外，他们也经常会想出一些点子和雷神团队进行沟通。曾经有一位"雷疯"因与女朋友闹矛盾而心情郁闷。偶然的机会和李宁谈及此事，李宁在电话中努力开导，并以自己的过往经历来劝导对方。在这之后的一段时间，这位"雷疯"每每难受，就会寻求李宁的建议，而李宁也不厌其烦地与他分担各种困扰，两人甚至通过电话聊了四个小时。之后的一天，这位"雷疯"打电话给李宁问他喜欢Iphone的什么颜色。不久，李宁就收到了一部自己所喜爱的崭新的Iphone 5C。

3. 雷神想做游戏平台的第一品牌

除了把硬件做到极致以外，雷神还要做游戏平台的第一品牌，做游戏领域的"小米"。普通电脑的画面切换是7祯，雷神游戏本可以达到30祯，专门为游戏发烧友做的。在上市之前，众多网友向雷神技术人员提出了要测试机的请求，"其中一个叫苏磊的人，做游戏本代理人，他就希望拿到测试机，并反馈给我们很多有价值的建议"。

此外，有众多专家陆续发来邮件，指出其中的问题所在。"我们也没有付钱给这些宝贵建议，但是他们都来了。要知道以前我们花很多钱要不到这些真实产品建议。"一个身在安哥拉的客户，跑到QQ群问："谁来帮助我解决问题？"在雷神的论坛上，一个叫葛言的网友跳出来，从头到尾一遍一遍给他讲，一直到他把这个东西弄好为止，奇怪的是，他不要钱，自愿的。后来路凯林才发现这在互联网世界叫荣誉感、认同感或者成就感。

4. 海尔轻资产模式促进雷神成长

从雷神诞生起，在海尔内部走的是一种轻资产模式，只关注产品软件和设计，以及如何与用户更好的交互，上游交给笔记本电脑代工厂，下游则是物流、售后等共享海尔平台。雷神团队可以通过这种模式运营主要是因为海尔电脑早就放弃了自己的制造工厂，改为更轻、更灵活的ODM（"贴牌"）的业务模式。雷神最早的产品用的游戏本是全球第一大代工厂蓝天的公模，走电商特供路线，此时蓝天也身处困境，对于尝试低成本的新玩法持开放态度。限量抢购的雷神游戏本，撒手锏跟早期小米一样，主要是"性价比"，同等配置的戴尔外星人Alienware都要上万元，雷神价格只要一半。雷神先在京东商城取得了成功，反而使京东自己的东格（dostyle）贴牌游戏本销声匿迹了，所以京东对雷神"格外珍惜"，并不希望在自己渠道里火起来的产品亮相天猫。海尔只能如法炮制，针对天猫渠道做了游戏本新品牌机械师（Machenike）。再后来，针对游戏一体机品类，海尔又依葫芦画瓢推出新品牌极限矩阵（MatriMax）。现在的情况是，雷神以"京东定制"游戏本的身份火了之后，兼并了"天猫定制"的机械师，同时逐渐洗去"京东定制"的标签，极限矩阵则没有多少销量。在2015年两周年庆祝和新品发布活动上,路凯林宣布除了京东、天猫等渠道,从2016年起,雷神官网将作为主要的销售渠道。

雷神取得的业绩让这个最初的创业小团体发展成为独立法人实体。2014年4月,雷神团队注册成立雷神科技有限公司,雷神创业团队路凯林、李艳兵、李宁、李欣采取跟投的方式,投资40万元入股,获得了15%的股权和10%期权。截至2014年12月,短短的一年时间,雷神实现销售2.5亿元,净利润1200万元,粉丝人群从3万爆发性增长130万。2014年12月,雷神拿到A轮500万元风险投资,随着风投的进入,雷神创业团队跟投入股。雷神从2015年已经开始独立运营。雷神科技成立后,创业团队的积极性更高,也感受到了前所未有的挑战。为了实现与用户的更好交互,他们经常不分上下班时间,在单位与用户沟通,回家还常常与粉丝沟通至深夜。雷神团队对待粉丝就像对待朋友一样,赢得了粉丝们的高度认可。

案例思考题

1. 雷神团队在雷神创立之前做了哪些准备?这些准备工作的意义主要体现在哪些方面?
2. 雷神团队是如何做产品推广的?在推广的过程中遇到了哪些困难?
3. 雷神团队是如何组建的?你认为雷神团队组建成功的原因是什么?
4. 雷神的成长历程给创业者的启示有哪些?

第10章

新企业成长与人力资源管理

思维导图

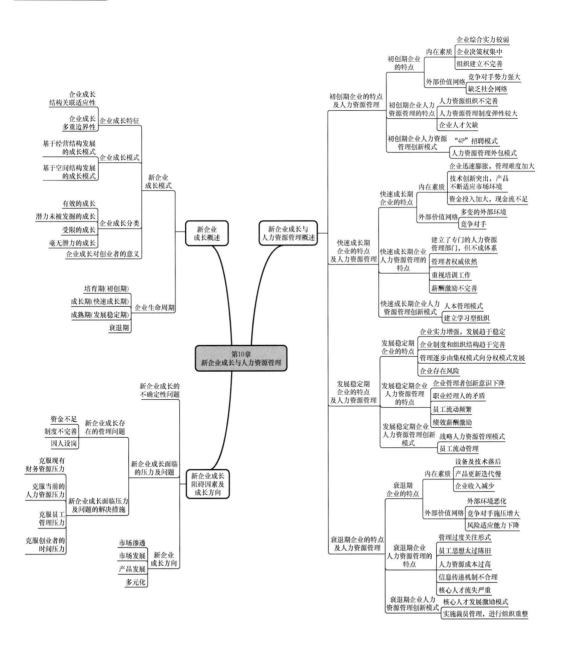

- 新企业的成长模式及特征
- 新企业成长面临的问题
- 不同时期企业人力资源的特点和创新模式

 引例

米趣科技：一米阳光，因趣而生①

2012年8月，毛靖翔以3位合伙人和百万元资金为基础，创立了杭州米趣网络科技有限公司（简称米趣科技）。2013年，米趣科技涉足移动游戏业务，旗舰产品米乐汇系列手游国内累积用户过千万。不到一年时间，公司从国内最大的风险投资集团深创投等机构融资数亿元人民币，公司由最初不足十人的团队发展到核心员工500余人。

2014年，米趣科技拆分事业部涉足移动应用业务，设立子公司杭州晨聚网络科技有限公司，开发定位为活动社交平台的产品"多聚"，目标瞄准热爱组织活动的年轻人群体，旨在"将活在虚拟世界的人拉回到现实中来"。2015年，设立子公司河南网娱互动网络科技有限公司，开发出另一款基于网吧竞技约战平台产品"网娱大师"，布局国内游戏全产业链。上游，孵化游戏研发团队；中游，丰富手游CP产品，向RPG、卡牌等方向发展，并介入运营商游戏分发、社区O2O分发、商场WIFI分发等发行模式；下游，以网娱大师APP布局全国网吧，打造游戏深度玩家集聚的垂直手游渠道。

公司最开始做游戏研发运营，属于产业链中游；在尝试接触游戏的渠道推广时，慢慢了解下游产业，然后整合这块资源有效控制成本。当实现这些基础的时候，公司变身为孵化基地，孵化产业链上游的游戏制作公司。对于米趣科技的未来，毛靖翔的定义是"新型孵化器"，而这种模式属于创客4.0版本。乐创会创始人卢艳峰认为，这种不拘泥于实体空间，而着重于产业链的互联网产业生态体系是未来公司构建的方向。

10.1 新企业成长概述

10.1.1 新企业成长模式

企业成长模式一般指基于企业结构发展变化的企业成长方向及方式。在《企业成长理论》一书中，彭罗斯认为"企业是一个管理组织，同时也是人力、物力资源的集合，企业内部的资源是企业成长的动力"。彭罗斯通过建构"企业资源—企业能力—企业成长"的分析框架，揭示了企业成长的内在动力。

1. 企业成长特征

（1）企业成长结构关联适应性

一般而言，一定的生产经营活动，必然要有一定的企业组织来实现。随着企业成长经

---

① 资料来源：基于"米趣科技董事长毛靖翔：霸道总裁的泛娱乐化创想．杭州网，http://ori.hangzhou.com.cn/ornews/content/2016-05/27/content_6192714.htm2020-11-3""米趣官网，https：//www.miqtech.com/about.html2020-11-3"等网络公开资料整理。

营内容的增多和扩展，组织结构就会去复杂化，表现了企业成长过程中结构变动的关联适应性。组织结构应及时调整和合理设计，使之服务于经营结构，如果组织结构与经营结构不相适应，会导致效率低下，企业成长难以得到应有的绩效。

(2) 企业成长多重边界性

企业成长不可能是无限度的，也不是在任何规模下都是有效率的。企业边界是指企业成长有效率的限度或范围。事实上，企业经理经常要面对以下四个方面的问题：第一，是否要扩大某些产品的产量，这涉及规模经济；第二，是否应接管上游或下游企业，购买还是自己制造，这涉及交易经济；第三，是否应该变革组织结构和制度结构，这主要涉及组织经济和制度经济；第四，是否应该扩大企业所承担的社会责任范围，改变企业与政府之间的关系模式，这涉及企业、政府和其他社会组织之间的责权划分。

2. 企业成长模式

(1) 基于经营结构发展的成长模式

企业成长模式是企业在成长过程中所表现出的、比较稳定的，具有一定普遍性的特征、方式、路径。企业成长是千差万别的，但在所有企业成长的过程中，总会有些企业表现出与别的企业不同的、某些带有普遍意义的东西。如中国的国有企业与民营企业就有不同的成长模式。这不仅仅在产权问题上，当然这是在同一个时空里讨论的问题。如果从不同的时空范围来看，或者说从更高的抽象层次观察，还会发现无论什么企业在同一个时空里所表现出来的东西都是相同的，如到目前为止，我国企业的粗放式生产特征非常明显。因此，在同一个时空里，企业成长模式的概括相对而言比较具体，总结出来的类型也多种多样，理论层次比较低。

(2) 基于空间结构发展的成长模式

企业空间结构发展会形成多地区企业、多国企业（跨国企业），其中跨国企业是现代企业成长的重要模式。企业跨国经营不仅涉及地域变动，还涉及生产要素在国际间的流动。随着国际经济一体化的趋势的发展，企业国际化经营越来越成为大企业的成长目标。从本质上看，跨国经营企业既可能是规模型成长，也可能是由于多角化成长或纵向成长，经营范围方向上并不会有新的维度，如果多国企业又是多角化企业，则称为多国多角化企业。应该提出的是，企业技术结构发展、技术进步与创新也与企业成长有密切的关系。尤其是在科学技术日新月异、高技术迅速产业化的当代，技术创新是推动企业成长的重要动力。企业的技术结构和技术创新能力是企业成长的关键因素。此外，在现代社会，人力资源在企业成长和经济发展中的地位越来越重要。人是企业经营中最复杂的因素，也是最核心的资源。对于企业成长而言，人力资源结构也是极其重要和关键的因素。

3. 企业成长分类

本书从两个维度对创业者进行分类。其中一个维度代表创业者专业管理能力，另一个维度代表创业者的成长抱负，依据创业者这两个方面的表现可以划分出企业成长的四种类型，如图10.1所示。

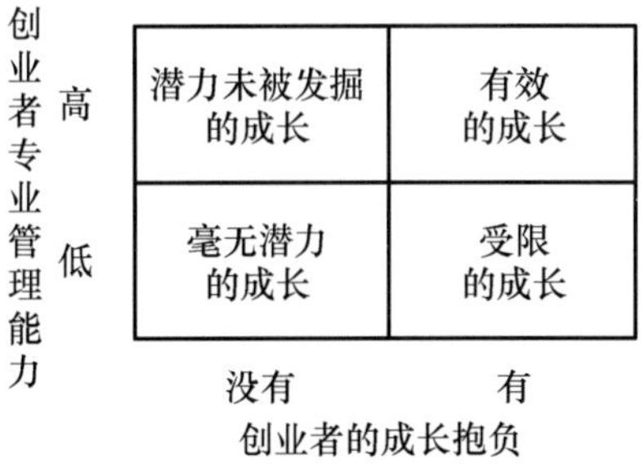

(1) 有效的成长。此类中创业者既具备专业管理所需的能力，也拥有壮大企业的抱负，是最有可能实现企业成长的。

创业者专业管理能力	没有	有
高	潜力未被发掘的成长	有效的成长
低	毫无潜力的成长	受限的成长

创业者的成长抱负

图 10.1 企业成长的类型

（2）潜力未被发掘的成长。此类中创业者虽然具备专业管理所需的能力，但缺乏壮大企业的抱负。这些企业虽具有潜力但未被发掘，现实中大多数企业属于此类。

（3）受限的成长。此类中创业者希望企业壮大却能力不足。这些创业者很有可能因企业成长受限而感到沮丧，但有时处于失败危险中的企业往往追求成长机会，只是没有相应的能力与之匹配。不过，创业者可以聘用职业经理人来代替自己的工作，这样能够实现企业向有效成长移动。当然，这种做法并不意味着创业者必须离开企业，他们可以从事那些自己擅长的工作，比如管理研发项目、新产品或者新市场等，从而推进企业成长。

（4）毫无潜力的成长。此类中创业者既不具备专业管理所需的能力，也没有壮大企业的抱负，这类企业几乎毫无成长潜力。但是，正是由于创业者能力有限，如果保持较小规模也许会有不错的绩效。

尽管创业者的能力和现有资源限制了企业的成长，但是成长所需的资源可以从外部获得，即外部成长机制，包括合资企业、收购、兼并等。不同的资源获取方式各有利弊，在为企业有效成长提供所需资源时，需要创业者与相关组织进行谈判，因此谈判成为创建合资企业的一个关键因素。

4. 企业成长对创业者的意义

企业成长使创业者面临更多陌生、棘手的管理问题，然而，部分创业者毫无能力来掌握专业管理技巧，可另一部分创业者虽有能力却不愿意专心完成成功实现企业成长所需的一系列工作。

企业也可以限制成长。当意识到若不对企业成长加以控制，就会出现更严重的问题时，创业者就会主动遏制该时期的企业成长。当企业员工数量翻了几倍，新项目即将上马，单位员工销售额增长达到一定程度时，额外增加的负债和劳动力成本也许就会使创业者做出决定：停止人员招聘、放弃营销、拒绝新业务和保留现有客户。尽管这个决定确实令人很痛心，但是随之而来的可能是戏剧性的变化，即利润翻番以及出现前所未有的销售增长。

尽管企业成长会提高绩效，增加个人财富，但是有些创业者仍无动于衷。这是因为他们创业主要不是出于经济利益而是由于厌倦他人控制，他们想通过当老板而独立。因此，企业成长对他们而言不具吸引力。在他们看来，获得成长所需的资源也意味着出售资产，向风险投资家出售权益，或者是向银行贷款增加债务，而这两种资源的获得方式都限制了创业者战略决策的制定权，这与他们创业的初衷相悖。因此，有时创业者更热衷于企业虽小但完全自主的无债务状态。

10.1.2 企业生命周期

企业生命周期理论构成了经济学与管理学理论对于企业成长问题最基本的假设之一。该理论认为如同人的生老病死一样，企业的创建与成长过程也存在周期性规律，一般要经过培育期、成长期、成熟期和衰退期四个阶段，有一个从产生到消亡的过程。由于新创企业平均寿命短，如何做强、做久，成为许多创业者共同关心的问题。[①]

1. 培育期（初创期）

处于培育期的企业被称为初创企业，或者是初创阶段的企业。在这一阶段企业的生存能力

---

① 伊查克·爱迪思. 企业生命周期 [M]. 王玥, 译. 北京：中国人民大学出版社，2017，3-30.

还比较弱,市场占有率低,管理工作不规范,市场地位不稳定,很容易受到既有企业的威胁,风险较大。初创企业成功与否,在很大程度上取决于创建初期的可行性分析,与市场预测和投资决策的关系很大。但新创企业具有创新精神,一般情况下产品具有特色和竞争力。初创阶段的企业较有活力,富有创业精神,由生存欲望所激发的奋斗精神、创新精神、大无畏精神成为这一时期企业成长的主要动力,是精神转化为物质的阶段。培育期重点需要解决企业的生存问题。

2. 成长期(快速成长期)

企业能经过培育期存活下来,一般会较快的转入成长期。处于这一时期的企业称为成长企业。成长期的企业可以在较短时间内获得较高速成长,规模经济开始产生作用,企业经济实力增强,市场占有率提高,员工人数增加,主业日益明显,抵御市场风浪的力量得以加强。处于成长期的企业都是行业内比较引人注目的企业,往往也是处于激烈竞争环境的企业。此阶段的主要特点在于,该企业在产业中已经成为"骨干企业"是中型企业的延伸,但尚未发展为大企业。并不是所有中小企业都能进入稳定成长阶段。虽进入成长期,但因经营战略等方面的重大失误,断送企业命运的事例不在少数。只有那些由优秀创业者领导,积极承担风险,开展创造性新事业活动的企业才有可能进入成长的道路。

3. 成熟期(发展稳定期)

企业渡过了成长期,就会进入成长速度放缓但利润率提高的收获季节。这一阶段称为成熟期。现实中能进入成长期的企业不多,能进入成熟期的企业就更屈指可数了,绝大多数企业在成长期阶段就被无情地淘汰。进入成熟期的企业一般规模较大,市场占有率较高,竞争对手已不太容易撼动其地位,因而不需要再做大量的投入,就可以获得较好的收益。成熟期后期的企业一般开始考虑多元化经营的问题。追求可持续成长的企业会有效地利用成熟期获得的丰厚利润再投入新业务中。由于现有业务已经无法提供满意的成长空间,企业必须寻找新的增长点。这一转变被称为企业脱成熟化或企业蜕变过程。

4. 衰退期

成熟期的企业如果不能成功地进行脱成熟化或蜕变的话,就会进入衰退期,沦为衰退企业。企业步入衰退期的原因很复杂,但以下原因较为普遍:一是企业随着某个关键人物(如核心创业者)的离去而衰退;二是随产品或服务市场(如电报业务)的消亡而衰退;三是随技术的落后而衰退(如沿用了上百年的铅字排版印刷术被新型电脑照排印刷技术替代);四是由于企业组织的自然老化而衰退,如患了大公司病的企业,主要表现在官职增多、官僚主义横行、妨碍联系的本位主义、企业家精神的泯灭、部门之间责任的推诿、士气低落、满足现状、应变能力下降等。习惯上企业界把成长过程中的重大创新阶段称为二次创业、三次创业。这时企业的成长过程出现一定的动荡,或者说是危机点。如果变革成功,企业就会进入一个新的成长期;如果变革不成功,则会进入衰退过程。

10.2 新企业成长阻碍因素及成长方向

10.2.1 新企业成长的不确定性问题

杜迪克认为,在相对稳定的经营环境中,可持续竞争优势是可能获取的,但在动态复杂的不确定环境下,可持续竞争优势只是一种建议的理想状态,是企业非常渴望达到却极少能够实现的状态。他建议以"机会创造与利用"的概念来替换可持续竞争优势的概念,这是一种组织上和心理上的应对状态,是追求成功战略假设的心理框架,是资源分配的试金石。机会创造与利用包括四个连续不断的阶段:机会创造与发现;机会识别、突破和利用;机会整合;机会分解与循环。① 如果把杜迪克的机会创造与利用概念和经营环境分类结合起来,就会看到在不确定的环境中,四个阶段都有很大的变化,对企业的新事业发展以及新创企业的管理都有很好的借鉴作用。

10.2.2 新企业成长面临的压力及问题

【不同经营环境下的机会创造与利用】

成长使新企业壮大,从而获得规模效益。比如,生产能力提高了生产效益,从而使新企业更能吸引供应商,当然也就提高了自身的议价能力。同时,规模也加强了新企业的社会地位,因为较大的企业随着其稳步成长将更具声望从而更吸引消费者、金融家和其他股票投资者的关注。可以说,成长增强了创业者对企业绩效的影响力。成长意味着变化,变化将带来许多管理上的挑战,而挑战主要来自下面的压力。

1. 新企业成长存在的管理问题

(1) 资金不足。低估对现金和经营资金的需要是较普遍的现象,这源于创业初期创业者典型的热情心态。这种倾向实际上就是把成功的目标定得很高,低估了对资金的需求。并且,企业的产品销量越大,出现资金不足问题的可能性就越大。一个企业的平均年销售增长若超过35%,企业的自有资金一般不足以支撑这种增长,此时就难免遇到资金周转的困难。

为获得资金,企业常常犯一些基本的错误:如把短期贷款用于较长时间才能产生效益的投资项目;开始用折扣刺激现金流的产生,有时折扣太大以至于不足以弥补变动成本,结果是卖得越多、亏得越大;把股份转让给对"事业"毫无怜悯心的风险资本家等。创业者应该逐渐重视企业的现金流量、贷款结构和融资成本等,必须要有符合实际的经营计划。

(2) 制度不完善。创业初期,企业要不断面对意外出现的各种问题,由于没有先例、规章、政策或经验可资借鉴,就产生了企业的行动导向和机会驱动,这也意味着给规章制度和企业相关政策留的空间很小。此时的企业在试验、探寻成功的含义。一旦把成功的内涵搞清楚了,就会通过制定规章制度和政策来保证今后能取得同样的成功。这一阶段制定规章制度和政策有可能扼杀满足顾客需求的机会。但缺乏规章和政策,为了获取现金而过于灵活、采取权宜之计,又会使企业养成"坏习惯"。习惯成自然,而且这种习惯将会持续,对将来也会造成影响。

没有规章和政策,企业的管理就会混乱。虽然这对成长期的企业而言是正常的,但使企业非常脆弱、易受挫折,问题常常演变成危机,这种状况把公司的问题由面对危机变成

---

① DUDIK E. 战略创新:形成创造性成功战略的革新思想和工具 [M]. 王德忠,译. 北京:机械工业出版社,2003:127-150.

危机"救火"管理。

（3）因人设岗。人力资源是重要的核心能力要素，现代企业越来越重视人力资源管理，因此是因人设岗还是因岗设人这个问题困惑着越来越多的企业和人力资源工作者。初创期的企业，人们所承担的责任和义务是重叠交叉的。这时的企业是围绕人来组织，而不是围绕工作本身进行组织。企业的成长缺乏规划，只是对各种机会做出反应，而不是有计划、有组织、定位明确地去开发利用自己所创造的未来机会。

在多数情况下，企业应当根据业务模型及支持该模型的组织结构来设立岗位，随后为该岗位提供一个合格的在职人选。当企业有一些非支持性业务需求时，根据人员能力设立岗位也是一种可以被接受的做法。无论采取哪种方法，岗位和人员之间应该有良好的匹配。

爱迪思认为，企业初创期成就越大，自满程度越高，所出现的危机就越大，推动企业变革的作用力也就相应的越大。此时企业终会认识到，自己需要一整套规章制度来明确该做与不该做的事情。规章制度的完善表明企业强调管理子系统的急迫性。爱迪思认为企业初创期出现的问题有些属于正常现象，随着企业的成长会慢慢解决，而有些问题则属于不正常现象，需要尽力避免。[①]

2．新企业成长面临压力及问题的解决措施

（1）克服现有财务资源压力

成长吞噬现金，为成长而投资意味着企业资源因此变得短缺。因为随着投入更多的财务资源，不可预料的费用开支使企业面临破产风险，必然要求储备更多的资源来应对环境动荡及培育企业的进一步创新，这样财务资源压力就会产生。获取更多的新资源可以使创业者缓解所面临的财务资源压力。而通过出售权益或支付债务利息来获得新的资源成本很高，有效管理现有资源可以减少对新资源的需求。这些管理措施包括采用有效的财务控制、存货管理和保持完整记录等。

（2）克服当前的人力资源压力

企业面临着人力资源的压力，一方面，员工工作推进了企业成长，如果因为追求成长而雇用太多员工的话，企业将会面临员工士气不振、疲惫不堪及流动率增加等问题，直接对企业文化产生不良影响；另一方面，许多创业者发现，随着企业的成长，他们需要改变管理方式，也就是说改变他们对待员工的方式。

一般来说，新企业并不是由人力资源部门来面试、招聘和评估员工，而是由创业者或者一两名骨干员工来承担此项工作。目前，某些创业者也开始利用专业雇员组织寻求包括员工招募、红利计划制订、薪酬体系建立甚至是解聘决策等多方面的人力资源管理服务。面对不断增加的劳动力，创业者必须确定全职与兼职员工的比例，需要各方面进行平衡：一方面，大量兼职员工降低固定成本，有利于企业在外部环境变化时更具灵活性；另一方面，兼职员工可能带来员工不稳定性，人员调整成本可能反而更高。因此，当兼职员工比例高于全职员工时，强有力的企业文化很难形成。为使企业实现不断的成长，新企业人力资源战略的重要任务就是考虑在有大量新员工涌入的情形下怎样维持企业文化。创业者可

---

① 伊查克·爱迪思. 企业生命周期[M]. 王玥，译. 北京：中国人民大学出版社，2017，3-30.

以通过初期培训向员工讲述企业文化典故来实现。创业者应该成为传播和讲述企业文化的使者,但在新员工快速成长的情形下,这项工作可由"文化大使"加以补充。例如,随着世界家具巨头瑞典宜家公司的国际化发展,其缔造者英格瓦·卡普拉德采取了一系列步骤,包括拟定 IKEA 法借用文化大使和培训的方式向海外新员工灌输企业文化,以确保企业文化在海外部门也能产生影响。

（3）克服员工管理压力

随着新企业的成长,管理本身也在发生变化。管理变革听起来复杂,参与式管理似乎更容易理解。参与式管理就是创业者让员工参与决策制定过程。当新企业快速成长时,参与式管理有很多好处：首先,企业成长及管理变革的复杂性增加了创业者对决策信息的需求,让员工参与决策过程就是减少这些需求的方法之一；其次,高素质的管理者和员工是提出新方法、处理当前问题的最好资源；再次,如果让员工参与决策制定,他们就有弥补决策行为的动力；最后,在企业文化中,员工希望被赋予决策制定与创新的责任。在这种情况下,参与式管理将会提升他们的工作满意度。

构筑团队精神,即在组织中的每个成员心里渗透一种信念,他们紧密相连、合作完成很多艰巨的工作。创业者自己的细微但重要的行为就能够营造团队精神,如创业者应对员工、股东等灌输一种团队精神而不是自我精神。

（4）克服创业者的时间压力

俗语说："假如能多给我点时间就好了。"而这也是所有管理者,尤其是处于成长中的创业者所共同面临的一个普遍问题。时间是创业者最宝贵而又最有限的资源,具有如下特性：创业者无法储存、无法租借、无法招聘、无法购买,同时也是不耐用、不可替代的资源。无论创业者做什么,今天就是既定的 24 小时,而昨天已经成为历史。企业的成长需要创业者付出时间,但是当创业者把时间从其他事务转用到企业成长上时也必然引发一些问题。

因此,对于创业者而言,时间管理尤其重要。时间管理是指通过更有效地利用时间来提高个人做事效率的过程。创业者可以更好地利用时间,这样就能更丰富他们的事业和私人生活。有效管理时间为创业者带来如下好处：一是提高效率,时间管理帮助创业者认清最重要的工作并且使他们专注于成功完成该工作,即保证有足够的时间去完成最重要的事情。二是增加工作满足感,提高效率意味着创业者可以成功地完成更多重要的事情,相应地增加了创业者对工作的满足感。三是加强人际关系,虽然在实际工作中,创业者会因为完善企业管理而减少与人交流的时间,但是通过更好地管理时间,提高了效率,也就改善了创业者与企业内外人士的关系。四是减少烦忧,担心、内疚和其他心理情绪会降低创业者对信息的处理能力,导致评估、决策的效率低下。有效的管理时间会减少创业者的烦忧,优化创业者的信息处理效果并提高创业者决策的质量。五是保持良好健康状态,提高生产率、工作满意度以及改善与他人关系从而减少身心压力、保持健康,良好的健康状况使人精神焕发,对创业者事业发展至关重要。

【阅读材料】

10.2.3 新企业成长方向

不管新企业处于何种生命周期的阶段,成长是所有新创企业追求的目标,而成长因素的善加利用是实现生存、创造成功的契机。由于不同企业所面临的外在条件与内在因素的考量不同,因此必须要综合出一个最适合自己企业的成长方式。

Dutta 等整理以往学者对战略类型的看法,将所有的战略类型汇整成 12 种,其中与新企业成长有关的战略包括市场渗透战略、产品发展战略、市场发展战略、垂直整合战略、多元化战略、水平并购战略、全球战略、战略联盟、差异化合作战略等九类。因此,新企业成长战略的决定对企业未来的成败影响非常大。[①]

而关于新企业的成长方向,Deligianni 等借鉴安索夫的主张,从产品及市场两种发展的向量提出新企业成长战略矩阵[②],如表 10-1 所示。

表 10-1 新企业成长战略矩阵

	现有市场	新市场
现有产品	市场渗透	市场发展
新产品	产品发展	多元化

由表 10-1 发现,因产品和市场所处的现况(新的、现有的)而出现四种不同的成长方向,这一矩阵式成长方向是新企业值得借鉴的发展逻辑。

1. 市场渗透

努力营销现有的产品给现有的顾客或市场。例如,运用促销活动、品牌重新定位等方式,提高现有产品的销售量,增加营收或市场占有率。

2. 市场发展

将现有产品卖给新目标顾客或新目标的市场。例如,将产品外销到其他国家或是在新的区域进行销售。

3. 产品发展

发展新的产品,取代旧有产品,卖给既有的客户群或市场。

4. 多元化

同时发展新产品卖给新顾客或市场。多元化发展可分为两种形态:一是在相关产业的多元化,二是不相关产业的多元化。

从内部发展与外部发展作为新创企业成长方向的分类方式也是一般研究成长战略相关学者最普遍的作法[③],因此,新企业成长的方向也可进一步区分为内部成长、外部成长与

---

① DUTTA D K, GWEBU K L, WANG J. *Personal innovativeness in technology, related knowledge and experience, and entrepreneurial intentions in emerging technology industries: a process of causation or effectuation?* [J]. International Entrepreneurship and Management Journal, 2015, 11 (3): 529-555.

② DELIGIANNI I, VOUDOURIS I, LIOUKAS S. *Do effectuation processes shape the relationship between product diversification and performance in new ventures?* [J]. Entrepreneurship Theory and Practice, 2017, 41 (3): 349-377.

③ ZAHRA S A. *Predictors and financial outcomes of corporate entrepreneurship: an exploratory study* [J]. Journal of Business Venturing, 1991, 6 (4): 259-285.

混合成长。内部成长指的是对既有产业的扩充、市场渗透、市场发展及产品开发;外部成长指的是进入新的产业领域,可以通过并购或多元化的方式进行企业的扩充及进入新产业;而混合成长是介于两者之间的成长模式。然而,这三种模式各有其优缺点,新企业应该因地制宜、审时度势,根据企业的发展战略选择成长的方向,这通常需考虑模式特性上的差异,根据新企业所处的情境因素来决定以何种模式来实现组织的成长。

【新企业基于内外部的成长模式差异分析】

虽然新企业基于市场和产品,以及基于内外部成长模式均能够制定合理的成长方向与战略,但不可否认,影响新企业成长方向的内部或外部最重要的发展因素,不外乎产品和市场。两种分类方式紧密相关、决定了新企业未来的成长方向。

10.3 新企业成长与人力资源管理概述

10.3.1 初创期企业的特点及人力资源管理

1. 初创期企业的特点

俗话说"万事开头难",企业的初创期对一个企业来说是至关重要的。企业如果运作顺利就会为企业后期的发展打下坚实的基础。而在资金匮乏、资源稀缺的情况下,人力资源管理工作虽然看似不如产品、销售那般重要,但是人才支持绝对是企业发展的重要一环。初创期是企业成长的第一个阶段,是一个新企业诞生并立足的过程,是创业者把梦想付诸实践行动的过程,其整个阶段可以分解成企业的创建阶段、在市场上艰难立足阶段和有一定发展基础的阶段。初创期的企业存在着两个极端:一种是各方面的不完备使得盈利能力较弱,出现亏损;另一种是创意或市场机遇把握得好,挖到了"第一桶金"。但是不管是哪种情况,初创期的企业内在的素质和外部的价值网络都是有待于进一步的提升的。

(1)初创期企业的内在素质

① 企业综合实力较弱。初创期的企业,资本实力较弱,资源配置上主要是以物质资源的配置为核心,配置方式单一,市场占有率低不能进行规模化生产,价格高,弹性低,技术实力、产品品牌、市场渠道等都比较薄弱,这就使得企业盈利水平低,独立性较差。企业的战略是以产品为导向,生产一流的产品或服务来使客户满意并有效地在市场上竞争。初创期在企业内部尚未形成具有本企业特色的管理哲学和企业文化,企业还没有树立起自己的形象,企业的产品在市场上还没有得到广泛认可,需要各方面扶持,在严酷的市场竞争中缺乏竞争力资源,尤其是人力资源。

② 企业决策权集中。在企业的初创期,高层管理者对企业起着至关重要的作用。因为此时的企业管理主要处于个体分散决策阶段,企业决策没有形成模式。高层管理者统领企业全局,对企业的发展目标与远期规划有着清晰地认识,高层管理者一人做出的决策直接决定着企业能否在短期内生存下去以及能否获得长期的旺盛生命力。此外,初创期高层管理者的领导方式,决定着一个企业在以后发展中的管理特点及企业文化。在这种家长式的管理决策下,管理的风格和手段多采用的是命令式,决策更加迅速。虽然决策效率高但

正是由于这种家长式管理制度的不健全,使得企业管理水平较低,尚未形成完善的企业文化,并且管理上人治色彩浓厚,企业领导者决定了企业各项业务的开展,几乎不使用正式控制或信息系统,企业没有明确的规章制度,为了生存往往更关注短期结果。

③ 组织建立不完善。初创期企业的领导者一般都是企业的创业者,他们有抱负有理想,充满着活力、创新精神和冒险精神。不过很显然,初创期的企业组织系统往往是一种简单而灵活的结构,不具有完善性。创业者独立承担着企业的各项职责,缺乏明确的方针和制度。而企业员工较少,员工之间没有明确分工,企业内部的交流往往也是通过不规范的、口头的方式进行。对于刚刚创立的企业来说,这种简单的组织制度是合适的,但是如果企业经过努力和创新找到了一个好的立足点,逐渐地成长起来,那么随着业务的快速增长和员工的增多,管理、组织和协调的工作量剧增。这时,无结构、不规范的组织缺陷会日益明显并制约着企业进一步的发展。

(2) 初创期企业的外部价值网络

① 竞争对手势力强大。除非是在市场上打开了一个全新的领域,否则一般的初创期企业都会面临着众多实力强大的竞争者,这些竞争者无论从资本、实力、人力资源、品牌等都对初创期企业的生存带来威胁。尤其是当竞争对手采用价格竞争手段来竞争时,初创期企业由于不能进行规模化的生产显然缺乏降价能力,同时,初创期企业也缺乏利用如科技竞争等非价格竞争手段来与竞争对手正面交锋,因此初创期企业会面临较大的竞争风险。

② 缺乏社会网络。企业不是孤立地存在于市场中的,企业的生存与发展需要众多的合作者,这就是社会网络,如供货商、销售商、资金提供者等,企业要想维持经营的持续增长,就不得不根据其他网络成员的变化不断地进行调整和优化。而初创期企业很明显缺乏这种网络关系,更不具备灵活调整的能力。在这种情况下,企业不能快捷地获取社会资源以求得迅速发展,并且企业必须为建立这种社会网络而进行必要的初期投入,从而增加了创业成本及财务风险。

2. 初创期企业人力资源管理的特点

初创期的人力资源管理工作如同初创期的企业一样,处于刚刚萌生发展的状态,管理体系还不完善,规章制度还不健全,人力资源管理的一个重要特点就是非制度化。企业创业者掌管企业的方方面面,对企业的发展目标、长远规划有比较深刻清晰的认识,因此此时的管理决策比较集中,决策风险较大,创业者的决策直接影响企业生存。

(1) 人力资源组织不完善

初创期,企业人力资源管理工作处于起步阶段,执行类的工作会有行政人员简单的处理。企业关键人才特别是创业者的个人能力和创业激情是企业发展的重要因素,人力资源管理工作缺乏实际经验。

(2) 人力资源管理制度弹性较大

初创期的企业在考核方面比较注重短期的效益,更多的是以结果为导向,资金因素的制约使报酬系统和激励制度处于非正式状态,企业为了节省资金和控制成本,在薪酬系统中更强调个人的业绩,而通过股票期权等长期激励方式,树立员工的责任感,既降低了企业风险,又具有较强的激励作用。

（3）企业人才欠缺

初创期企业人手不足，各项资源也不充足，企业的发展与绩效来自创业者的能力和创业激情。企业需要高素质的人才来扩充企业的实力。但是，初创期企业实力薄弱，发展不够稳定，企业员工少并且由于企业吸引力不强造成流动比较频繁，人才的不足和不稳定性使得企业要求人力资源管理活动的重点集中在选择合适的人才上，并且企业在招聘时可以以工作挑战性的认同和良好的职业前景来吸引人才。

3. 初创期企业人力资源管理创新模式

从企业的特点及对人力资源管理的要求来看，初创期企业要想顺利地展开工作首先需要合适的人才，此时招聘工作显得尤为重要，为了更好地适应并促进初创期企业的发展，可以采用"4P"招聘模式的方法来强化所招聘员工的综合素质，为以后企业的发展打好基础。初创期企业资金、人手和精力有限，短期内很难在人力上加大投入，若将部分人力资源的管理职能外包，那么企业主管就可以将更多精力投入企业的发展战略和经营战略上。

（1）"4P"招聘模式

招聘人才是企业获得人力资源的唯一途径，因此招聘工作尤为重要。对初创期企业来说，人员配置的目标首先是招聘到符合企业发展目标的员工，完成企业最初的人才配置。但是，招聘工作并不像想象中的那么简单，招聘过程中存在着众多不确定的信息，信息可信率低，成功率也就相对低。企业招聘的模式主要是指根据企业的人力资源规划，综合考虑企业的环境、能力、竞争状况，企业对自身可以控制的因素加以最佳组合和运用，以完成企业的招聘目的与任务。"4P"招聘模式主要包括职位（Position）、渠道（Place）、价格（Price）和促销（Promotion）。

① 职位，明确职位的内容和要求。在进行招聘前首先要对空缺职位有一个明确的认识，包括一些简单明了的内容，但是由于初创期企业岗位规划没有那么完善，所以在操作时，要做好沟通工作，沟通的内容包括职位名称和职责，能形象地反映该职位的具体地位并明确完成职位职责必须进行的活动和工作的绩效标准，以及完成工作所涉及的工作环境、工作条件和任职者担任本职位应具备的个体条件。个体条件主要包括身体素质、心理素质、一般文化修养、专业知识水平、实际工作技能和对职业所需要的职业品德要求。

② 渠道，选择招聘渠道。招聘渠道主要是指选择合适的招聘来源。初创期企业进入人力资源市场具有明显的劣势，潜在员工不甚了解，初创期企业也不能提供已建公司的合理性和安全性，所以初创期企业的招聘渠道之一是通过社会网络来实现，即通过私人关系直接认识的或者是间接地通过他们所认识和信任的人推荐，这种方式能够以一种快速的、讲究成本和效率的方式扩大他们所需人力资源的基础。另一个主要招聘渠道是参加校园招聘，招聘优秀的应届毕业生。虽然应届大学生经验不足，但可塑性强，能降低企业的用人成本，并且大学生一般更加注重工作的发展前景，所以这样的员工更能和企业一起成长，日后成为企业的骨干。

③ 价格，职位价格。招聘职位的薪酬、福利及晋升机会等决定了该职位对应聘者的吸引力，也就是说与其他企业提供的薪金水平相比，初创期企业所能提供的薪金是否与求职者的水平相配，福利项目晋升前景等是否是应聘者期望的。可以说在考虑了企业的招聘成本及招聘收益等条件的限制下综合起来的价格越高，该职位越具有竞争力。招聘职位价

格的制定原则是对外具有竞争性，对内具有公平性，只有这样才有利于吸引优秀人才。

④ 促销，招聘促销。招聘促销就是用合理、快速、低成本的方式将招聘信息传播出去，以吸引优秀的人才前来应聘。虽然在前文介绍招聘渠道的选择时以社会网络和校园招聘为主，但是通过广告媒体来发布招聘信息依然具有重要的意义。招聘人员在发布广告时要考虑企业和媒体的实际情况，初创期的企业由于资金的限制，可以通过网络来发布信息、参加学校组织的校园招聘活动是最直接有效的，即便参加宣讲的大学生不能成为企业的员工，但即将踏入社会的他们增加了对企业的了解，会成为企业的潜在客户，所以校园宣讲活动不仅是招聘的有效方式，更是企业宣传的良好时机。

初创期企业对待招聘工作一定要给予足够的重视，企业通过"4P"招聘模式制订和实施的招聘计划，有效地发挥了企业的优势和潜力，才可以高效率低成本地招聘到适合企业的人才。并且在实施招聘的过程中，人力资源招聘部门和企业其他部门共同协商相互配合，最大限度地发挥了部门间的积极性和创造性，形成良好的氛围，更提升了初创企业的整体素质。

（2）人力资源管理外包模式

企业在初创阶段，人力资源管理工作难度大，工作事务繁多，而企业实力薄弱，资金、人手和精力都是有限的。企业为了能够生存发展下去，会将资金精力更多地投入产品营销中去，短期内很难在人力资源上加大投入，而人力资源管理外包的出现可以帮助初创期的企业分担一定的工作。人力资源管理外包就是企业只需支付一定的资金就可以在最短的时间内得到由专业机构和人员完成的人力资源管理工作。由于初创期企业的人力资源主管大部分由企业的创业者担当，将部分人力资源管理职能外包后，企业主管也可以将更多精力投入企业的发展战略和经营战略上。

不过初创期企业不能完全地将人力资源管理工作全部外包出去，传统性人力资源管理活动的外包项目应由企业的人力资源管理的侧重点来决定。初创期企业人力资源管理工作还不够完善，企业需要各个方面的关键人才来解决企业迫在眉睫的生存问题，所以招聘是初创期企业人力资源管理活动的重点。但是，由于企业自身没有详细的工作分析，外包服务商对企业招聘的标准是模糊的，企业的人力资源主管会自主地将更多的精力放在招聘企业所需的人才上，所以将招聘外包反而不如企业自行操作有效，不建议企业在初创阶段采用招聘外包。

对于事务性人力资源管理活动，如考勤、人事记录、档案管理、福利管理和员工服务，因为这些工作日常琐碎，没有太高的技术含量，均可以交给外包公司去做。对于传统性的人力资源管理活动，如培训，企业也应重视。因为企业在发展的初期，希望能尽快地提升自己的核心竞争能力，因此必须对核心人才进行培养。培训主要分成两个方面，忠诚度的培养和对基础专业知识的培训。如果企业能寻找到合适的，能从事所需培训的人力资源管理外包企业且价格合理，建议将培训外包。而对于围绕企业自身发展所形成的具有企业特点的人才培训，企业可以选择自己内部操作。

10.3.2 快速成长期企业的特点及人力资源管理

1. 快速成长期企业的特点

经过初创期的企业在市场中站稳脚步之后，往往会进入一个快速成长的阶段。这个时期的企业已经在市场中生存了下来，产品或服务开始被市场所接受，开始出现稳定的现金净流入现象。为了进一步扩大市场规模和盈利能力，企业在产品或技术上的创新开始增强，使企业显得充满活力。快速成长期企业最大的特点就是高速发展。快速上升的销售额和逐渐扩大的企业规模为企业的扩张奠定了基础，企业实力得到了加强，企业的自控能力和灵活性保持在一个较高的水平。

（1）快速成长期的内在素质

① 企业迅速膨胀，管理难度加大。企业进入快速成长期，企业员工与各种资产不断增加，组织不断扩大，组织结构开始规范化、专业化和职能化。在这个阶段，进入个人职能化管理阶段，围绕职能管理而建立的职能部门成为主要的组织实体，企业创业者的主管作用开始弱化，经营一个企业需要职业经理人的帮助，创业者逐渐担当起领导者和管理者的角色。为了整顿略显混乱的组织，管理者必须重新确立发展目标，管理风格转变为以监督指挥为主。同时，决策者面临非常大的决策风险，决策者出于对成就感的追求，迫切希望企业快速成长，能够扩大市场规模、迅速提高产量，该种行为存在极大风险。所以快速成长期的企业需要更有效率的规范化管理来适应并促进企业的发展。

② 技术创新突出，产品不断适应市场环境。从技术的角度看，企业需要通过产品及技术创新活动尽早使产品完善、扩大生产规模、降低生产成本。快速成长期的企业为了能适应市场的多变往往需要不断创新，技术改变非常频繁，这样才能对市场保持一定的灵活性和适应性，与此同时，企业在行业的领先地位主要通过产品的技术创新来实现。所以快速成长期的企业的技术水平不断地提高，创新能力强，发明创造投入使用快并且企业首先要对创新方向进行科学论证，创新实施过程中要及时对其进行跟踪，适当调整方向和投入力度，必要时做取舍处理。

③ 资金投入加大，现金流不足。快速成长期的企业虽然资金实力和筹措资金的能力比前期都有所增强，但是企业为了长期的可持续发展，投入大量资金用于基础性的研发工作、长期性的渠道建设和产能的增加，甚至将企业利润全数投入生产，因此资金仍很紧张。同时，部分企业为了规避专业化生产的风险，开始进行多元化的尝试，但这需要大量的资金用于建立和维持与其他企业的协作，这种负债多元化经营势必加剧企业的财务风险。

（2）快速成长期的外部价值网络

① 多变的外部环境。快速成长期的企业面对着相对不确定的环境，但此时由于企业实力的增强，企业有能力承担较大的外部风险并能及时适应外部变化。相对于初创期，企业的发展速度逐渐变缓甚至停滞，但是企业存在较稳定的收益，效益不断提高，企业处在稳步提升、巩固发展阶段，因此该时期较为漫长。与此同时，企业逐渐建立起完善的组织架构，业务职责较为明确，企业的所有权也更为分散，企业创业者的影响力逐渐下降。在市场方面，由于前期的技术资金投入，企业的产品线已经相当丰富，产量也逐渐扩大，另外，快速成长期的企业注重顾客的需求，以顾客的需求为导向，为了赢得市场，企业更多地以顾客、市场为导向，同时不断了解和掌握竞争对手的情况，因此企业此时面临的外部环境更为险恶。

② 竞争对手。在这一时期，企业的产品服务已打入市场，得到客户认可，但同时顾客的要求也随着产品知识的丰富而变得更加挑剔。由于产品特性趋于稳定，市场潜在竞争

者逐渐加入，竞争变得更加激烈。随着竞争的加剧，企业逐渐开始差异化竞争，通过多样的服务来吸引客户，竞争变得更为惨烈，企业也逐渐意识到单一产品的局限性，开始多元化生产。迅速成长的企业往往会引起竞争对手的注意，从而遭受竞争对手多种方式的拦截和阻击，企业风险进一步加剧。

2．快速成长期企业人力资源管理的特点

经过初创期的琢磨与探索，进入快速成长期的企业人力资源管理已有相当的规模并开始行使人力资源的职责，但是人力资源管理部门的建立往往是因为企业规模扩大的工作需要而相应成立，各项职责也是因需要而完善，所以此时的人力资源管理不成系统。

（1）建立了专门的人力资源管理部门，但不成体系

企业进入快速成长期之后，随着企业的产品线和市场的不断拓展，直线管理人员的能力已经不能满足企业的人力资源管理的需要，而企业各种规章制度和组织结构的建立，使得人力资源管理不断明朗化。为了适应企业快速发展的需要，专门的人力资源管理部门应运而生，需要专业的人力资源管理人员或部门来实施管理并增设专门的人力资源管理机构，企业领导者不再直接参与人力资源管理的专业职能活动，而是由专业人员进行员工的招聘和培训、绩效考核和薪资管理等。

（2）管理者权威依然

前一个阶段企业形成的家长式的专制领导延续到这个阶段，管理者个人权威很高，喜欢员工服从控制、按照计划工作，从而导致员工的知识技能缺乏施展的舞台。但是当企业进入快速成长期，组织完善、企业变大导致管理层次出现，家长式的管理转向控制下的授权，虽然对组织结构正式化的要求变得强烈，但是刚进入快速发展期，企业规章制度的建立需要循序渐进的完成，高层管理者的授权与监督不够有效，往往能做到对基层管理者的控制较多，但对基层的监督力度不大，难以保证基层行为的规范性。非规范式的授权与控制过程必然导致企业资源特别是信息资源分配上的严重不对称性，基层人员缺乏必要的自主性，影响积极性的发挥。

（3）重视培训工作

快速成长期最明显的规模扩张首先体现在人员的增加上，而业务的增加和各项要求的提高需要高素质的员工，同时老员工的工作职责与岗位变动较大，培训需求激增，培训工作得到前所未有的重视。此时，很多企业已经开始建立起自己的内部培训系统，用来对自己的员工进行有针对性的培训，使员工能够符合不同岗位的要求和特点。在培训过程中，人力资源部门通常对培训重视程度不够或者对培训目标设计不合理，导致培训对象选择有误，培训质量偏低。

（4）薪酬激励不完善

与初创期相比，快速成长期的企业在薪酬管理上开始重视内部的公平性，加大对关键岗位、关键员工的激励力度，但是依旧不够完善，且快速成长期的企业需要大量的资源，大部分从运营利润得来的资源都投入研发、新车间、设备、市场调查和广告中去了。员工可能常常会觉得过度工作而报酬不足，因此，此时报酬系统应该提供一些与企业成功有关的长期激励。同时晋升制度远未健全，即使形成了文字上的制度，实际操作上也很难严格执行，特别是有关中高层人事方面的变动具有随意性。所以快速成长期的企业缺乏行之有

效的激励机制,既不能充分地开发现有的人才资源,也不可能有效地引进外部的高层次人才,造成整体人力资源水平偏低,部分主要管理者缺位。

3. 快速成长期企业人力资源管理创新模式

快速成长期的企业逐步走上了发展正规,人力资源管理工作也得以完善并发挥作用。初创期企业的人力资源管理模式在新的环境下可能成为企业快速成长的制约,所以要根据快速成长期企业的特点做相应的调整,选用更适合本阶段的人力资源管理模式,以做到人力资源管理创新,促进企业进一步发展。为了更好地配合并促进企业快速成长期的发展,提出以下人力资源管理创新模式。

(1) 人本管理模式

企业在人力资源管理上最重要的创新,就是要营造一个能充分发挥员工创造能力的环境,推进以能力为基础和前提的"人本管理"。"人本管理"思想的深远意义在于把人看作企业最重要的资本和财富,通过不断提升员工的智商、情商和创新能力,实现企业管理的现代化。为此,企业必须把科技与人才放到突出位置,并重视人才的培养与再教育,营造能力至上的文化氛围,这对于快速成长期的企业来说是至关重要的。

① 人本管理定义

在创业初期,企业规模很小,几个人凭着一腔热情去经营,尽管没有严格的规章制度也常能紧密地团结起来开拓市场。而当企业进入快速成长期,规模逐渐扩大,经营管理的头绪增多以后,如果再不及时建立和健全合理的规章制度,就难以明确每一个员工的责、权、利,就难以充分发挥他们的主观能动性和创造力。我们所说的人本管理是指以人的全面的发展为核心,创造相应的环境、条件和工作任务,以个人自我管理为基础,以企业共同理想为引导的一整套管理模式。人本管理是一种引导性的自我管理,在自我管理中使人得到全面的发展,它区别于过去企业中所有的人的管理方面的概念。企业重视或提倡人本管理,从功利性的角度来看是为了员工可以在更大限度地发挥自己的潜力,为企业做出贡献,而从客观上来看,则是使企业的员工能够尽可能地全面发展,成为对整个社会十分有用的人才。

② 人本管理的核心内容

人本管理的核心是通过自我管理来使员工驾驭自己、发展自己,进而达到全面自在的发展。现代企业创设自己的人本管理,就需要创造一个良好的环境、以便于企业的员工在完成企业既定目标的要求下能够自主开展工作,进行自我管理。

给员工一个领域。企业必须知道的是对自我实现的人的管理不应该采取严格的命令约束,而是应该通过适当的分权给予员工自由驰骋的空间,这关键在于合适的授权,在授权的同时还要明确员工的责任。当然合适的授权取决于员工所处岗位的特性,如工作岗位的层次、工作的程序化程度等,员工所做决策的范围大小与授权程度是成正比的,同时员工做决策的频度也影响了授权的大小。

参与领导。快速成长期的企业需要每个员工的集体意识和集体努力,实现这一目标的重要途径就是参与领导。如果企业采取集体讨论、集体决定的监督方法,让员工参与企业的领导工作和决策过程,会使员工感到自己在企业中的价值,受到鼓舞,情绪高涨,在自己的领域内创造性地工作,更加有效协调配合,从而导致员工之间关系密切,气氛和谐。参与领导的成功需要遵循三个基本原则。a. 相互支持的原则,即管理人员要设身处地考虑下属人员的处境、想法和希望，让下属自觉认识到自己的人才地位，采取支持下属实现目标的任何行动，下属在此时则会更合作，更感到被尊重，因而干劲也就更大；b. 团体决定的原则，既然让员工参与领导，那么就一定要在集体讨论的前提下由集体一起做出决定，在对决定的执行进行监督时，则应采取团体成员相互作用的方式，只有这样才算得上真正的参与；c. 高标准要求原则，即必须制定高的标准要求，这一任务也应该由各个团体自发地进行，因为高的标准要求一方面可激发员工们的想象力，另一方面也是企业资源有效整合的根本要求。

工作内容丰富化。实际上，工作内容丰富化分为工作内容的水平式扩大和垂直式扩大两个方面。水平式扩大是指重新设计工作内容，或把细致的作业归并成自主完成的作业单位，或在单纯化的作业中加入有变化的因素。垂直式扩大是指垂直地扩大员工的工作内容，让员工也承担计划、调节和控制等过去一直认为是管理人员和监督人员固有的职能。要做到工作内容丰富化，往往要把员工分成作业小组或小团体，让员工团体自己决定生产指标、生产方式、生产计划、作业程序、作业标准，让他们自己评价工作成绩和控制成本。而这一方法同样适用于从事职能管理的管理人员团体。

采用权变领导方式。以人为本的管理，要求在领导方式上采用权变的思想，在充分尊重员工个性差异的前提下因人、因时、因地采取不同的领导方式，对员工进行因势利导，将员工的这种个性差异看作一种优势充分利用起来。权变领导是指在企业领导方式上要充分尊重人、关心人，根据员工的个性差异以及相应的环境来实行因人制宜的领导，以克服由于工作任务或职权等方面的不利影响，取得好的领导效果，权变领导是以人为本的管理方法的重要组成部分。

（2）建立学习型组织

快速成长期的企业人力资源决策的目的更多的是引导企业与社会之间的交易行为，克服自身缺陷，实现快速成长，这就需要一种主动、持续的，以知识创新为核心和动力的"创造型"学习类型，即"学习型组织"。学习型组织就是不断学习和创新的组织，通过调整和明确组织的共同愿景，创新观念，不断增强学习力，提升企业核心竞争力。成功的学习型企业应具备六个要素：一是拥有终身学习的理念和机制，重在形成终身学习的步骤；二是多元反馈和开放的学习系统，重在开创多种学习途径，运用各种方法引进知识；三是形成学习共享与互动的组织氛围，重在企业文化；四是具有实现共同目标的不断增长的动力，重在共同目标不断创新；五是工作学习化使成员实现生命意义，重在激发人的潜能，提升人生价值；六是学习工作化使企业不断创新发展，重在提升应变能力。

目前以五项修炼——系统思考、改善心智模式、自我超越、建立共同愿景和团队学习成为建立学习型组织最为实用的工具。① 应用这五项修炼可以打造出具有适应快速变化能力的学习型组织。要创建学习型组织，首先领导者应为个人和团队的学习与创新提供强有力的支持，并以身作则带头学习，同时形成和弘扬创新的组织文化，建立自由、开放、便于信息交流和知识传播的系统，建立适合于学习的组织结构，最后是缔结跨越组织边界的开放式的知识联盟。本书根据企业的实际情况，提出以下创建学习型组织的具体步骤。

---

① 彼得·圣吉. 第五项修炼 1：学习型组织的艺术与实践 [M] 张成林，译. 北京：中信出版社，2018：3-14.

① 评估组织的学习情况并增进组织学习积极性。快速成长期的企业不能只围绕产品和资金，要经常评估一下企业员工的学习状况，了解员工是否有组织愿景，是否能够做到主动适应愿景需求。有组织地去鼓励员工，并为员工提供资源条件促使员工实现自我导向的学习。同时，在增进员工学习积极性方面，应以关心和谐的态度去动员员工学习，使学习组织具有开放性与协调性。

② 奖励冒险，使学习持续发展。把危机看成机会可以使组织获得更多的成功，危机是成功与进步的原料。在学习组织中建立冒险的文化，是组织继续生存与发展的一大要素。同时，建立完善的学习体制，在良好的制度下使员工形成有影响力的行动，员工之间彼此相互学习，既可大大提升组织效能，又能使学习成为持续动力。

③ 将学习引入工作，将组织愿景融入生活。成功的学习具有三大特点：学习与工作结合，把学习过程当作启发过程，在学习中不断发现。学习型组织建立的目的就是将所学、所知，运用到实际工作中，通过学习，由大家描绘出组织发展愿景，并成为员工共同努力的方向和目标，可以说组织的愿景是由员工铸成的，组织愿景融入整个生活方能实现将愿景转化为行动的原则。

④ 思考并明示未来努力的方向。学者们认为，学习组织要通过回顾、目标、规则、继续进步、反馈和落实到行动这六个方面的系统努力来实现，同时面对一切挑战带来的机会，不断确定未来的发展方向。

10.3.3　发展稳定期企业的特点及人力资源管理

1. 发展稳定期企业的特点

发展稳定期是企业生命周期曲线中最为理想的区间，即"黄金时节"。在这一区域内企业的灵活性、成长性及竞争性达到了均衡状态。在发展稳定期，企业的经营活动相对稳定，战略目标及竞争优势已显现出来，在行业中的地位也基本稳定。这个时期的企业实施差别化经营，要求企业既要保持内部员工的稳定发挥，又要关注顾客需求，驾驭市场变化，为顾客创造区别于竞争对手的价值，提高顾客满意度，进而使顾客保持忠诚度，维持并提高企业产品和服务的市场份额。

(1) 企业实力增强，发展趋于稳定

通过企业组织壮大，市场开拓，发展稳定期的企业逐渐拥有竞争力很强的产品群和企业核心竞争力，企业形象和产品品牌形象在市场上得到认可，生产规模进一步扩大，有一定的市场占有率，而且盈利水平达到高峰。企业目标及竞争优势已显现出来，在行业中的地位基本稳定。

发展稳定期的企业产生现金的能力较强，总体实力增强，企业有支付现金薪酬的能力，但是企业对现金的需求相对较弱，企业的净收益变化不是很明显，而且企业已经达到了发展的高峰。企业的经营活动相对稳定，所处的环境也相对稳定，风险和不可预测性减少，市场步入成长期，企业增长速度逐渐放慢。企业资源投入达到一定规模后保持相对稳定水平，人力资源以及各种无形资源在企业的资源配置中占有相当的份额，资源结构趋于科学合理。

(2) 企业制度和组织结构趋于完善

相对于前两个阶段，该阶段的企业环境相对舒适，内部组织系统五脏俱全，组织文化规范，创造出有利于创新的内部环境。企业的制度和组织结构逐渐完善并能充分发挥作用，长期的规范化和制度化在企业组织中已广泛地蔓延开来，企业运行将自觉地依靠各种规则和条例严格执行，即使制度或组织结构暂时或局部出现了问题，企业也能很好地进行协调。企业的创造力和开拓精神得到制度化保证，计划能得到很好的执行，企业对未来趋势的判断能力突出，并且完全能承受增长带来的压力。组织的发展前景既可以通过组织变革与创新重新获得再发展，更趋向稳定，也可能由于不适应环境的变化而走向衰退。企业的所有权更加分散，董事会成为一个更分散的包括高管层委派的大量代表的主体，股东所有权削弱，影响力降低。

（3）管理逐步由集权模式向分权模式发展

由于企业成功的经营，企业的管理者容易产生骄傲情绪，滋长惰性，更多的凭经验按条例办事，以老经验为思路，凭感觉和经验决策，容易出现生产和管理"老化"，企业活力开始衰退。同时，处于发展稳定阶段的大企业力量雄厚，竞争力强，压力比较小，管理者容易看到成绩而忽视缺点，因此，创新和改革精神减退，思想不如新企业活跃。发展稳定期的管理决定着企业是走向衰亡还是持续发展，企业的管理重点是寻找新的业务增长点、利润支撑点和业务流程重组，目标是通过企业价值链的创新，为顾客创造区别于竞争对手的价值，提高顾客的满意度，进而使顾客保持忠诚度，维持及提高企业产品及服务的市场份额。

而在管理方式上，初创期和快速成长期的企业一般都采取集权式的管理方式，在企业规模不大的情况下有利于管理制度的贯彻，企业的统一规划，但是随着企业发展稳定，规模变大，分公司、各部门数量的增加，企业再对它们采取集权式管理，就会越来越不利于发挥它们的经营积极性，所以放权和授权是必然的趋势。

（4）企业存在风险

从快速成长期过渡到发展稳定期，企业要面临着很多的转型，如企业发展由外延式转向内涵式，由粗放经营转为集约经营，产品逐步向多样化方向发展，并形成了有特色的产品企业向集团化方向发展等，每一次变革都是剧烈的，经过多方的努力，企业终于从快速增长转向相对的稳定状态，企业在稳定经营一段时间后，企业的高层领导可能会丧失进取心和创新精神，企业的活力和创新性有所下降，如果不能及时解决这个问题，这种"稳定的惰性"就会制约企业的进一步发展。如何在企业文化中注入新的理念和活力，如何克服巨大的成本压力，如何快速响应顾客多样化的需求，如何整合现有业务实现业务转型，这些都是这一时期企业面临的巨大挑战。并且发展稳定期的企业经过快速成长期的长期研究与开发，技术成果已经转化为企业的产品优势。研究开发能力逐渐减弱，已经接近或达到开发的极限，创新的空间越来越小，创新精神开始衰退，难度也越来越大。

同时，企业在市场上会有大量的竞争对手，总的市场容量不再增长，为追逐相同顾客群而竞争，有时要投入相当大的精力和更多的竞争成本。因此，发展稳定期环境的竞争性更大，还要处理与外部的社会网络之间的利益分配与风险分摊问题。处于发展稳定期的企业还需承担沉重的社会负担，企业在这方面需付出大量成本。

2. 发展稳定期企业人力资源管理的特点

处于发展稳定期的企业，因为企业规模的扩大，原有管理方式逐渐暴露出其弊端。为了提高人力资源管理的有效性，必须提高员工满意度，使员工认同企业战略和企业目标，增强其主人翁的责任感，带动员工积极性，为提高企业市场竞争力做出贡献。该时期人力资源管理具有以下特征。

（1）企业管理者创新意识下降

发展稳定期的企业是辉煌的，在成功的管理经验下，企业容易得"大企业病"，即企业容易骄傲自满、沟通不畅，随着时间的推移，企业内部的创新意识可能开始下降，创新精神减退，思想趋于保守，企业活力开始衰退。在这一阶段，人力资源管理重点是鼓励创新、防止骄傲自满，在薪酬体系中应对创新行为予以特殊优待，同时为鼓励创新提供制度化保障。

（2）职业经理人的矛盾

当企业进入发展稳定阶段，职业经理人开始接管创业者的大部分工作，由于他们的参与，企业运转更为规范，分工更为明确，从而更能取得高效率。然而，所有者与经营者的目标和利益不一致，他们之间的信息也是不对称的，所以很容易因为这种不一致而造成损失，因此必须有一定的激励和约束机制，通过完善的制度和制约机制来预防不恰当经营行为的发生。

（3）员工流动频繁

发展稳定期阶段，企业的人力资源管理活动更加规范，制度已经基本成熟。由于企业实力的增强和良好的口碑，企业对人才的吸引力逐渐增强，大量人才会争相涌入企业，带来管理上和企业文化上的冲击，因此，此时极易产生"人浮于事"的现象。同时，由于企业规模已经相对稳定，企业内部员工的晋升机会相对减少，对能力突出、渴望发展的员工吸引力逐步下降，易造成人才的流失，但企业对优秀人才仍有大量需求，特别是在拓展新业务渠道时需要大量领域内的优秀人才，因此，人力资源部门应正确识别、合理利用人才。

（4）绩效薪酬激励

许多企业薪酬制度并不科学，尤其是随着企业规模扩大，企业领导者忽视了绩效考核的重要意义，而采取单一的方式，影响员工的积极性。如很多大型国企在设计工资组成时简单地将工资分为岗位工资、工龄工资和技能工资，在这种工资结构下，企业考虑更多的是职工的资历和企业的效益，采用"一刀切"，不能体现员工的能力，对内缺乏对企业员工的有效激励，对外又缺乏对人才的吸引作用。激励手段过于单一，无法满足不同人才的不同需要。

3. 发展稳定期企业人力资源管理创新模式

企业生存发展的目的就是进入发展稳定期，并能够持久地发展下去，不断延长生命周期。为了避免成功带来的危机，打破固有的模式与陈旧的方法，企业要不断地战胜自我、否定自我，在自我否定的基础之上寻找新的路径，通过人力资源管理不断地创新来实现企业可持续的发展。要将人力资源管理工作提升到战略高度，战略性地对人力资源管理工作进行规划。同时关注员工的流动，保持最核心的人才，选择更能适应并促进企业发展的绩效考评模式并配以有效的激励方案，使企业有源源不断的发展动力，持久前进。

（1）战略人力资源管理模式

战略人力资源管理通过获取和保持最恰当的人力资源，实现人力资源管理的战略匹配，充分发挥员工能力以及人力资源开发增值，为组织创造价值。战略人力资源方法为组织提供了三种重要的利益：一是通过专注于所需要的人员和技能类型促进了高素质员工队伍的开发；二是提高了劳动力利用的成本效益，尤其是在劳动力通常为最大成本的服务行业；三是促进了对环境不确定性以及影响本组织的要素的适应性的规划和评估。

进入发展稳定期的企业，人力资源管理工作有着更高的追求，体现在企业全员参与人力资源管理的角色，在各部门的执行、配合下切实有效地实现人力资源工作。更重要的是企业追求持久可持续的发展，引入战略人力资源管理模式，即为了达到组织目标，对人力资源的配置和活动进行计划的模式。

① 战略人力资源管理过程

战略形成过程的起始阶段，人力资源管理部门参与确定企业使命和目标，并通过提供外部人力资源市场信息，分析外部的机会和威胁，同时在企业内部的分析中，提供企业人力资源能力现状信息，以共同决定企业的战略方向。企业战略方向确定后，人力资源管理部门通过分析技能、行为、文化上的需要以及人力资源现状，最终确定人力资源战略。战略执行阶段，人力资源管理部门通过支持人力资源战略的管理实践，确保企业获得高技能的员工以及建立起能够促使员工的行为与企业的战略目标保持一致的报酬系统。整个战略管理过程保持着信息和决策之间的不断循环。

为了制定有效管理组织的人力资源管理战略，必须将员工看作投资。这种方法有助于确保人力资源原则和活动与组织整体战略一致，促使组织投资于其最佳机遇，并确保符合业绩标准。必须不断地对人力资源活动进行审查和评价，使组织能够对其所在环境的变化做出反应。如果不从人力资源方面去评价和推动变革，创新行动可能会严重损害组织在市场以及社会上保持竞争力的能力。

② 人力资源战略的任务

任务一是设计、构建人力资源管理系统。人力资源战略的一个重要任务是构筑起企业的人力资源管理系统的框架。人力资源管理系统应该涵盖招聘、培训、考核、薪酬激励、员工关系处理等诸多方面的内容，同时需要充分考虑法律与社会价值观，任务技术、劳动力特征、经营战略、管理理念、人才资源安全等要素，同时把人力资源管理政策的最终结果放在组织有效性、员工利益和社会利益的层面来考虑。

任务二是确保人力资源战略与企业的总体发展战略相匹配。人力资源战略在企业战略与人力资源管理实践活动之间发挥连接功能，把组织人力资源管理职能渗透到组织的战略目标，保障实现组织战略目标在人的方面的需要。

任务三是设计组织的人力资源管理战略方案。确立人力资源管理目标，制订人力资源计划，供高级管理层决策，并使管理层能够把人力资源管理战略和方法与营销战略、员工的需要与价值观、社会期望、政府调控、管理层的管理风格、价值理念等结合起来。

任务四是确保人力资源战略计划落实。与组织的领导者和各级部门经理密切合作，确保人力资源战略与计划的贯彻落实，并为管理者在优先次序、活动安排、时间、地点及资源分配等方面取得共识提供依据。

任务五是有效激励员工。界定实现企业目标的机会与障碍，培训紧迫感与积极行动的精神，激励员工和管理者开阔视野，主动创新，检测管理行动的投入程度，分配资源具体的计划与活动过程，提出企业管理与管理者开发的战略重点等。

(2) 员工流动管理

① 员工内部流动管理

一旦员工被招聘进来,他们在组织内部的调动、晋升以及能力的开发都必须适应公司的战略需要,同时,他们也需要满足自己的职业抱负。管理员工内部流动的关键在于管理员工流动率,评估和衡量员工绩效的有效性,以及开发员工的技能和能力。适当的流动率有利于提高员工的满意度,有利于提高员工的能力,有利于促进员工的挑战精神。当然,管理流动必须关注公平性和一致性,必须关注流动率对员工家庭的影响,同时必须关注流动成本。

因此,首先,公司应该树立回报理念,即员工生涯开发是重要的;其次,公司必须为员工提供信息,指导员工朝公司战略要求的方向发展;最后,公司必须为专才和通才提供不同的职业通路,专才可以垂直提升,而通才则必须经过交叉职能的培养。所以,员工内部流动管理主要通过员工的内部调动和员工晋升来实现。

② 核心员工队伍的稳定

核心员工队伍的稳定性对企业的长期发展至关重要。现代企业的核心竞争力往往是由企业所拥有的人力资源所决定的,核心员工的去留对企业尤其对高技术企业具有举足轻重的影响。如何有效管理核心员工是许多企业迫切需要解决的问题。所以,要做到核心员工队伍系统化管理,首先要明确哪些是核心岗位与核心人员,然后对员工队伍的现实任职素质进行大盘点,最后要分析外部人力市场的变化趋势及内部员工流失率情况,预测核心员工队伍未来的发展变化与业务发展的匹配情况,通过各种措施保留核心员工。

③ 员工流出管理

员工的流出分为非自然流出和自然流出。非自然流出包括零散的解雇行为,也包括大规模的人员精简,而自然流出主要指退休等行为。发展到稳定期的企业,由于组织结构趋于稳定,技术提高开始规模化的生产,机器代替手工劳动力,劳动力过剩,劳动成本增加,人员精简就成为不得不面对的战略选择。

人员精简的战略有三种:第一是劳动力裁减战略。其重点是人头裁减,降低员工的数量,其主要方法有提前退休、岗位安置、临时解雇和开除等。这一战略能够在短期内削减人员,但它是为了裁减而裁减,很有可能破坏企业长期战略的实施。第二种是组织再造战略。这一战略的目的是削减多余的工作和工作岗位,包括淘汰不必要的工作职能,减少管理层次、停止某一部门的工作或停止某一产品的生产,将功能接近的部门合并,重新设计工作过程和工作时间等。第三种战略是系统战略。这一战略的切入点是改变组织的系统、文化和员工的态度和价值观,而不仅仅关注组织的规模、劳动力的规模以及组织的合并。在这一战略中,员工不是裁减的第一目标,反而成了设计和实施在其他领域的精简思想的资源,所有的员工都能够为削减成本和改善绩效出谋划策。在实践过程中,三种战略不是相互隔离的,而是可以兼容的,同时运用三种战略比单独运用某一种战略更为有效。

【描绘企业成长的游戏】

10.3.4 衰退期企业的特点及人力资源管理

1. 衰退期企业的特点

进入衰退期后,企业开始逐渐陷入危机之中,利润、销售收入均成负增长。企业财务状况越来越差,员工流动率增大,企业市场占有率下降,产品竞争力减弱,盈利能力全面下降。此时企业存在两种发展方向：一是衰亡，在生命周期的各个阶段，都会有企业因为各种原因而破产，使企业消失，但是这些破产死亡只是夭折；而进入衰退期之后的破产死亡是企业机体老化引起，所以称它们为衰亡。二是蜕变，这种蜕变就如同某些昆虫的蜕变一样，是改变了形体而存续下去。

(1) 衰退期企业的内在素质

① 设备及技术落后。随着竞争的加剧和科学技术的不断发展，新工艺、新技术、新材料大量涌现，使得企业技术更新周期加快。企业处于衰退期，是因为没有抓住机会进行技术改造，或者企业无法进行大规模的更新改造，使得企业技术落后，设备陈旧。

② 产品更新迭代慢。产品更新迭代慢的原因有很多，可能是技术、社会、人口和环境的变化，也可能是市场的变化。有的是整个行业衰退了，出现了新兴行业；有的是研发工作做得不好，不能拿新产品代替旧产品；有的是技术落后，工艺和设备陈旧，生产的产品达不到新标准；有的是由于资源枯竭，导致产品质量下降、生产衰退。

③ 企业收入减少。由于产品老化、资源枯竭和"大企业病"的影响，企业生产萎缩，有的甚至出现负增长。与此同时，企业效率降低，利润率下降，一些企业也遭受严重亏损，企业资金周转日益困难，债务不断增加，企业财务状况日益恶化。

(2) 衰退期企业的外部价值网络

① 外部环境恶化。外部环境变得危机重重，企业在激烈的竞争中面临许多困难。由于各种因素，市场范围变得相对狭窄。有可能一个企业的某些产品的成功并不能抵消一个主要产品线的失误。收缩的市场可能是企业极其重要的收入来源，企业往往会陷入困境。

② 竞争对手施压增大。衰退期中的企业产品款式陈旧，功能老化，市场需求萎缩，产品在市场上处于被淘汰的地位，不能满足市场需求。竞争对手推出了新产品，在风格和功能上都很有吸引力。还有竞争对手退出了原有市场，开辟了新市场。市场份额下降，销售和利润大幅下降，产品更新速度缓慢，产品竞争力下降。消费者兴趣转移，忠诚度下降，消费者对产品的需求逐渐下降。

③ 风险适应能力下降。这个时期的企业往往无法适应宏观经济形势、行业环境和科技进步的变化，对外部风险的抵抗力越来越低，从而面临被淘汰的危险。企业资本多但资本负债率高、生产规模大但负担重、产品多但亏损严重、规章制度多但内部矛盾突出等问题层出不穷，企业的形象和地位急剧下降。

2. 衰退期企业人力资源管理的特点

处于衰退期的企业人力资源经费锐减，处处危机四伏，企业人力资源管理的工作在企业中的重要性下降，并且管理效率不高。不仅是企业人力资源管理的规章制度不能有效地执行，而且员工士气也受到了沉重打击。

(1) 管理过度关注形式

处于衰退期的企业管理越来越注重工作的形式，而非工作内容；企业不愿意冒险，决策以安全为导向；企业内部已经完全依赖于传统的能力，无法进行适应性调整。

(2) 员工思想太过陈旧

企业老化往往是创新精神的减少造成的，企业一旦进入衰退阶段，企业和员工的自我保护意识不断增强，观念陈旧，对新事物不敏感，对环境的变化不重视，导致企业创新能力下降。

(3) 人力资源成本过高

人力资源成本是指为取得、开发和利用人力资源而产生的费用。由于核心人才流失和一般员工过剩导致的员工整体素质下降，企业人员产出率将会降低，人力资源成本将越来越成为企业人力资源管理的一个不可忽视的问题，并且由于企业盈利能力的减弱，人力资源资金可能会出现显著下降的现象。

(4) 信息传递机制不合理

决策权主要集中在企业的高层管理者手中，基层管理者和员工只能被动地接受上级的命令并执行。企业在衰退期缺乏合理且合适的信息传递机制。就竞争条件和客户偏好而言，几乎没有进行应有的分析和调研，并且严重缺乏对外部威胁和内部弱点的有效控制。

(5) 核心人才流失严重

由于企业的发展处于危机之中，企业的盈利能力和竞争力大大降低，企业的状况给员工带来了不安全感，有些员工会认为企业的发展空间受到严重限制，会选择离开公司，这样会导致企业人员素质整体下降。

3. 衰退期企业人力资源管理创新模式

企业的核心员工掌握着企业的核心资源，核心员工是企业的重要资源，衰退期的企业应根据企业自身的发展阶段，制定符合企业实际情况的核心人才战略。同时，处于衰退期的企业想要获得重生，在重视核心人才的基础上，应适时实施裁员计划，进行重组。

(1) 核心人才发展激励模式

处于衰退期的企业要重视核心人才的作用，一方面可以为核心人才提供管理职位，为其才能的发挥创造条件；另一方面对核心人才的职业生涯规划进行系统统筹，设立技术人员职业发展通道，使其职业岗位与薪酬等级密切联系，与其能力成长相匹配。构筑人才发展平台时，企业要关注员工内在需求（精神需求），即实现社会价值与自我价值的统一。衰退期的企业要在激烈的市场竞争中立于不败之地必须不断创新，而创新必须有创新型核心人才作为动力。企业技术创新必须着眼于提升企业创新型人力资本的能力，激发企业人力资源的创新动力。

① 柔性人才管理模式。为员工制定包括自主管理、自主学习、职业生涯规划等计划，赋予员工更大的自主权。这样的管理一方面可以增强企业的吸引力和凝聚力，另一方面为员工的发展创造良好的条件。柔性人才管理是一种尊重人格独立与个人尊严、崇尚个性自由的民主管理，同时能够激发创新人才主观能动性、发掘创新人才的潜力。柔性人才管理主要表现为：决策公开、民主，即采取民主开放式管理，尽可能采取集体讨论的方式，尊重在讨论过程中出现的分歧，激发员工的主人翁精神。创新人才的柔性管理已成为组织人力资源管理的创新性管理方式与发展趋势。

② 弹性工作模式。弹性工作模式是指员工可以灵活地、自主地选择工作的时间，以代替统一固定的上下班时间的制度。弹性工作模式满足核心人才特别是技术研发人员的个性化需求，为员工提供更多学习、进修的时间。因而能产生责任感，提高核心人才的工作满意度和士气。

③ 重视企业文化重塑。衰退期的企业要注重企业文化的塑造，优秀的企业文化应该是积极的、向上的，能起到激励员工的作用。在塑造企业文化时，衰退期的企业要重构价

值观，通过认真总结和提炼构建符合企业自身经营思想和企业精神的文化，为企业注入新的凝聚力，调动员工的内在意愿，将员工的利益、愿景与企业融合为一体。同时，重构企业制度文化，用先进的管理思想和制度文化统一全体员工，确立以促进企业持续成长的价值观和行为准则，加强团结，减少管理成本。①

（2）实施裁员管理，进行组织重整

对于裁员是否真能给企业带来好处，目前，理论分析远不如实践探讨那么深入，但从总体上讲理论界和企业都给予了肯定的回答。虽然裁员会给企业带来很多的负面影响，但根据大多数企业裁员的理由来看，裁员主要存在以下一些潜在的预期收益：降低人工成本和企业运营成本；优化人岗匹配关系，提高企业所需要的员工素质；给所有的从业人员造成一种从业压力，激发所有人员的自我提高意愿。裁员管理是企业人力资源管理工作中最艰难的工作之一，为了妥善做好裁员管理，企业应做好以下两个方面的工作。

① 资源调配。资源调配是指企业为保证裁员活动顺利推进而合理决定和安排相关资源的管理行为。资源调配时应考虑企业在裁员活动方面的资源需求特征和供给特征。具体而言，企业首先要根据裁员方式和规模决定实施裁员所必须的资源结构和资源数量。一般而言，裁员方式不同，实施裁员所必需的资源结构和资源数量也有所差异。企业裁员规模的大小也是影响资源需求的重要因素。如果裁员规模大，其资源需求量就相应较大；相反，如果裁员规模较小，其资源需求量也相对较小。而后，企业还必须根据企业的资源构成状况来决定企业的资源供给能力。在通常情况下，大企业的资源存量多，因而资源供给和调配能力相对较强；反之，中小企业由于资源存量有限，其资源供给和调配能力就相对较弱。只有在综合考虑企业的资源供给能力和裁员活动的资源需求特征的基础上，企业才能决定用于裁员活动的资源类别和具体数量并据此进行资源调配。

② 内外沟通。内外沟通是裁减过程中最重要、最复杂的管理活动，直接影响员工的心理状态和组织氛围。因而，在裁员实践中，企业都非常注重沟通方案的设计和沟通活动的实施，力求科学合理，以便把裁员活动的负面效应减少到最低限度。裁员的不确定性经常是引发离岗者与留岗者焦虑的一个主要因素。因此，裁员过程中必不可少的环节是在裁员前告知所有部门、人员有关裁员的相关信息。沟通过程的主要目的是确保所有机构，包括被裁者、留岗者及各种有关组织能够得到有关裁员的必要信息，如裁员的时间计划、裁员对组织和雇员所造成的影响及裁员的原因。

本 章 小 结

本章首先介绍了新企业成长的特征、模式、分类及其对创业者的意义，其中企业成长特征包括企业成长结构关联适应性与企业成长多重边界性；企业成长模式分为基于经营结构发展的成长模式和基于空间结构发展的成长模式；企业成长的四种类型为有效的成长、潜力未被发掘的成长、受限的成长和毫无潜力的成长。并梳理了企业生

---

① 李文武．衰退期中小企业人力资源管理分析［J］．前沿，2012（18）：78-79．

命周期的各个阶段,包括培育期、成长期、成熟期与衰退期。其次,详细剖析了新企业成长面临的压力及问题,主要来自资金不足、制度不完善和因人设岗,并分别对克服现有的财务资源压力、克服当前的人力资源压力、克服员工管理压力和克服创业者的时间压力方面给出了相应的解决措施,还为新企业的成长提供了四个不同的成长方向:市场渗透、市场开发、产品发展与多元化。最后,对新企业成长的四个不同时期及其人力资源管理特点进行了归纳概括,并分别针对四个时期的人力资源管理的特点有针对性地提出了人力资源管理的创新模式。

思 考 题

【拓展资料】

1. 企业成长的类型有哪四种,各有什么特点?
2. 新企业成长面临哪些方面的压力?
3. 根据企业生命周期理论,企业成长一般要经过哪些阶段?每一阶段的特点是什么?

华为:内部创业遭遇"港湾劫"①

华为于1987年注册成立,创始人任正非,军人出身魄力十足,是一个强人色彩浓厚的企业领袖。任正非在战略上有野心和远见:构建一个"大华为",贯彻"收紧核心,开放周边"的策略,采取"分化"和"角色化"的模式,在华为核心业务的周边形成一个合作群体,共同协作,扩充华为的实力,一起做大华为的业务版图。

由此,任正非当机立断,大刀阔斧地开始实施内部创业计划以实现自己的战略布局。2000年8月15日,华为正式出台《关于鼓励员工内部创业的管理办法》(以下简称《管理办法》)。根据《管理办法》规定,凡是在公司工作满两年以上的员工,都可以申请离职创业,成为"大华为"的内部创业者。各创业实体经注册后即成为独立法人,同时脱离华为公司的关系,且创业者所持华为股份由公司回购;公司为创业员工提供了优惠的扶持政策,除了赠予相当于员工所持股票价值70%的华为设备或所持股份价值50%的现金之外,还有半年的保护扶持期,员工在半年之内创业失败,可以回公司重新安排工作。2001年3月,任正非本人在企业内刊发表了著名的《华为的冬天》,文中"现在是春天吧,但冬天已经不远了"更是表达了自己对行业危机的预警意识和希冀——通过内部创业打破僵局的期望。

内部创业计划对于心怀创业梦想的华为高管来说吸引力是巨大的。《管理办法》出台,一大批公司高管闻风而动。2000年年底,业内认为与任正非"情同父子""华为帝国"最理想接班人的李一男,拿着从华为股权结算和分红的1000多万元以及换取的一批数据通信产品,赴北京创办港湾网络,成为华为企业网产品的高级分销商。

李一男离开之际,发表了"内部创业宣言",任正非则在深圳五洲宾馆举办隆重的欢送会,期望港湾

---

① 资料来源:基于"马晓芳,华为'港湾劫':试水内部创业始末,第一财经日报,2012年3月9日."等资料整理。

网络成为华为内部创业的典范。在自主研发产品的同时，港湾网络还通过自己的网络渠道销售华为的产品，对母体企业形成了有力的支持。在创办的前三年，港湾网络紧密地团结在华为身边，发挥着自己协作的作用，获得了快速发展。2001—2003年港湾网络的销售收入分别达到2亿元、4.5亿元和10亿元，销售增长率始终保持在100%的高位以上，受到风险投资者的热捧，并相继从华平创投、龙科创投等数家机构获得1.16亿美元融资。

正当港湾网络蓬勃发展之时，在2001年到2002年前后，母体企业华为却遭遇了发展瓶颈：投资3G迟迟不见回报，误判小灵通项目让竞争对手中兴通讯步步紧逼；因为知识产权还与思科爆发了"世纪诉讼"。

与此同时，港湾网络也开始对与华为的关系产生迷惘。当初用自己在华为的股份换取资金和设备支持的李一男已是自由身，与华为再无利益瓜葛。他和港湾网络为了自己的生存，违背任正非对其角色的初衷，开始与华为在业务上进行正面竞争，抢夺华为的市场；而已经获得港湾网络控股权的私募、风投等外部资本力量则为了自身利益煽动李一男"造反"。

面对自己种下的恶果，任正非叫苦不迭，毅然决定倾其全力打击港湾网络——成立"打港办"：凡是港湾网络拿下的订单，华为无论花费多大的代价都要抢来。就这样华为居然与自己一手扶持的港湾网络自相残杀：2004年，港湾网络在"打港办"的打压下，销售增长率迅速下滑到20%，2005年更是仅为7%，仅靠在海外售货惨淡经营，风光不再。而在成功压制港湾网络后，华为才逐渐走出寒冬，业绩逐渐攀升，恢复元气。此外，华为还对港湾网络展开了知识产权诉讼，甚至背负阻挠港湾网络上市而发给纳斯达克诉讼信的嫌疑。

2006年6月，华为以17亿元的沉重代价，收购了一个本不应该存在的竞争对手——港湾网络，为自己的内部创业失败付出了巨大代价。"这两年我们对你们的竞争力度是大了一些，对你们打击重了一些，这几年在这种情况下，为了我们自己活下去，不竞争也无路可走，这就对不起你们了。"收购港湾网络时，任正非对双方的竞争直言不讳，至此曾被寄予厚望的港湾网络就这样成为历史。

案例思考题：
1. 华为内部创业有何吸引力？
2. 内部创业模式为何在华为有些水土不服？
3. 李一男的内创业经历为何失败？
4. 你从华为的"港湾劫"中获得了什么启示？

第四篇

前沿篇

第11章 内创业人力资源管理变革和发展趋势

思维导图

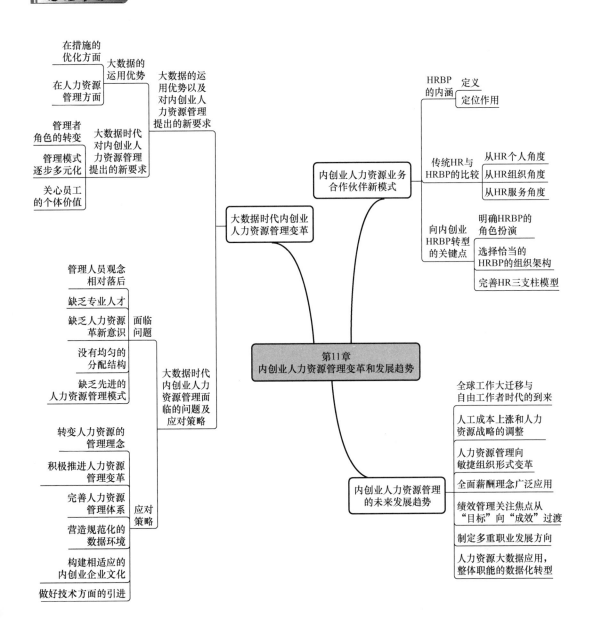

> **学习要点**
> - 大数据时代对内创业人力资源管理提出的新要求
> - 大数据时代内创业人力资源管理面临的问题及应对策略
> - 新时代人力资源管理的特色发展趋势

西门子数字化变革中的人才管理①

2014年，已经开展十多年数字化探索的西门子发布"2020公司愿景"，首次明确了专注于电气化、自动化和数字化领域的战略，转型的车轮开始加速运转起来。2015年，西门子提出了"迈向工业4.0——引领数字化企业进程"的主题，由此确定了"工业4.0"的框架和主题，正式开始了关于"工业4.0"具体路径的研究。

聚焦于人力资源管理方面，西门子在传统企业的人力资源管理向数字化变革转型时，关注了三个关键词：专业、跨界和敏捷。所谓专业，西门子认为越是复杂多变、越是模糊混沌，对HR专业性的要求反而越高，如果没有透过现象看本质的深厚根基，没有基于专业性的定力，反而容易迷失于眼花缭乱的表象，找不着实施管理的关键。

专业的同时一定要跨界，跨界了就更有专业的眼光，这两者并不矛盾，尤其对数字化转型来说，不同行业、部门、岗位的跨界融合、整合几乎成常态，如果HR没有跨界的眼界、知识和管理能力，就只能被形势淘汰。为此，西门子鼓励员工换换新的岗位，走出舒适区挑战一下自己。这样既能锻炼自己的学习能力，不断提升自己，又能了解不同行业或岗位、业务的情况，才会在数字化时代有宽广的发展空间。

敏捷则是因为在数字化的大环境中，人力资源管理必须要"快速解决、快速反馈"。为培育和保护好创新的文化，西门子允许员工出错，并建立起试错的机制，鼓励员工将自己的想法大胆付诸实践，以确保没有人会因为害怕错误而被束缚梦想。然而，敏捷并不意味着想做什么就做什么，敏捷是以客户和创新为导向，根据市场和客户的需求快速做出反应。在创新和研发领域，公司鼓励快速试错、快速学习，但是在执行中的重要流程，例如合规、质量、安全等关键问题上，则不容有失。

11.1 大数据时代内创业人力资源管理变革

现在的社会是一个高速发展的社会，科技发达，信息流通，人们之间的交流越来越密切，生活也越来越方便，大数据就是"互联网＋"时代的产物。在这个高科技迅猛发展的时代，人力资源管理过程中涉及大量数据，如何提高数据的利用率，发挥人力资源管理的作用，传统的人力资源管理方法已经不适合现代社会发展的需要，在大数据背景下需要进行人力资源管理的改革，建立一种适合现代社会发展需要的人力资源管理模式，为内创业的发展提供保障措施。现在内创业企业都非常重视人力资源管理，这是提高内创业企业管理水平的重要因素，也是内创业企业发展的关键因素。

---

① 资料来源：基于"李晗．'软硬之道'：西门子数字化变革中的人才管理[J]．首席人才官商业与管理评论，2018（02）：96-101."等网络公开资料整理。

11.1.1 大数据的运用优势以及对内创业人力资源管理提出的新要求

内创业人力资源管理体系不仅任务烦琐，而且管理工作的展开还涉及多个部门、多个领域的数据，倘若不对其进行优化处理，就会导致由于人为操作失误而出现数据记录误差问题。在大数据时代背景下，内创业企业进入了快速发展的轨道，高质量的人才成为内创业企业发展的重要力量，因此为了有效完成对工作的支持，做好人力资源管理工作就显得尤为重要。

1. 大数据的运用优势

信息时代的到来，增大了大数据技术使用的广泛性。大数据在内创业企业的运用当中有着许多的优势，主要体现在对措施的优化和人力资源管理两个方面。

(1) 在措施的优化方面

内创业企业通过在日常工作中运用大数据，可以对大量复杂的数据信息进行高效的分析，并将这些数据信息进行整合分类，提取出对自身发展有益的信息，最终对这些有益的信息进行整合利用，从而提高内创业企业自身的管理水平，并有效推动内创业企业的发展。

(2) 在人力资源管理方面

运用大数据可以对内创业企业既有的人力资源管理模式进行优化，能够让具体的管理方案得到落实，管理方案能够更加有针对性，实施会更加有效。内创业企业还可以利用大数据来对工作人员进行分析，明确每一位工作人员的专业水平、工作经验、工作能力，从而对人才结构进行优化，对内创业团队进行调整，最终有效提高内创业企业的工作效率，促进内创业企业的长远发展。[①]

2. 大数据时代对内创业人力资源管理提出的新要求

大数据时代对内创业人力资源管理人员的专业素质提出了更高的要求，主要包括管理者角色的转变、管理模式的逐步多元化、关心员工的个体价值等方面，确保内创业企业人力资源管理活动的高质量展开。

(1) 管理者角色的转变

传统模式下的人力资源管理模式是金字塔结构，内创业企业的管理者在最高层，员工在最底层，以此为核心来对内创业企业的发展战略进行规划。而人力资源管理工作也是按照这个结构来严格实施的。在互联网背景下，传统的人力资源管理模式中内创业企业人员之间的沟通容易受到影响，因此内创业企业应该重视人力资源管理工作，而且要根据当前的形势审视内创业企业存在的不足，从多个角度分析企业发展的主要方向，同时要转变企业的理念，由传统的指挥者角色变成员工的合作者。此外，为了满足内创业企业成长的需求，可以根据实际情况建立一个适合内创业企业发展的多元化发展模式，为员工提供科学有效的学习平台。

(2) 管理模式逐步多元化

在当前社会背景下，人力资源管理模式呈现多元化发展趋势，所以内创业企业在发展中要利用互联网的优势，强化员工的职业道德素养和自我认同感，并给员工提供实现自身价值的机会，所以管理者首先要加强对员工的认识，挖掘员工的潜能，并从大局出发建立具有可行性和科学性的人才管理制度，比如可以通过创新招聘方式和调整薪资结构等途径

---

① 宋菲. 对大数据时代企业人力资源管理变革策略的几点探讨 [J]. 中外企业家，2019 (19)：96.

来提高内创业企业的管理水平，为员工营造一个积极向上、轻松和谐的工作氛围，让员工在一个充满活力和创造力的内创业企业中工作，这不仅是内创业企业文化的重要内容，也是增强内创业企业核心竞争力的关键。

(3) 关心员工的个体价值

员工是内创业企业的重要组成者，也是内创业企业发展的核心，因此内创业企业要想健康持续发展就要重视和关心员工的个体价值。为此，内创业企业可以从以下几个方面入手：首先，要关心员工的身心健康，而且要通过多种途径来提升员工的知识水平和专业技能，比如可以以学习小组的形式定期组织学习以此来提升员工的职业道德素养，增强他们的责任感；其次，要鼓励员工敢于创新，并在工作中充分发挥个人的主观能动性，而且内创业企业要为员工营造一个良好的工作氛围，为员工构建和谐、轻松的工作环境，提高他们的沟通能力和工作效率；最后，内创业企业还要建立科学的员工激励机制，对于不同职能、不同领域的员工实现差异化工资，鼓励员工挑战自己，进而提高员工管理的有效性。①

11.1.2　大数据时代内创业人力资源管理面临的问题及应对策略

在大数据时代的背景下，各行业、各领域都发生了翻天覆地的变化，因此内创业企业的人力资源管理也随着时代的发展而变化，这对于人力资源管理工作而言是一个重大的挑战。实际上，人才是内创业企业发展之根本，只有科学的规划内创业企业的人力资源管理工作，才能为内创业企业的发展提供优质人才保障，为内创业企业营造良好的工作环境，使得内创业团队之间的配合更加默契。

1. 大数据时代内创业人力资源管理面临问题

(1) 管理人员观念相对落后

大数据技术在人力资源管理中的应用为人力资源管理人员提供了机遇和挑战，管理人员水平是发挥大数据技术管理能力的关键因素，大数据技术的应用促进了人力资源管理的改革，让其提高人力资源管理的效率，是内创业企业发展的核心因素。人力资源管理需要人操作，改变管理人员的观念是非常重要，思想意识的转变是人力资源管理变革的重要因素，人力资源管理的改革是现代人力资源管理发展的需要，也是社会发展对人力资源管理提出的新要求。内创业企业的管理者需要转变思想观念，积极进行人力资源管理改革，提高单位的办公效率，是现代社会发展的基本要求。

(2) 缺乏专业人才

人才是人力资源管理改革的核心因素，大数据技术等先进技术在人力资源管理中的应用，由于管理人员业务能力不高，没有体现出应有的作用，没有大大提高工作效率。现在很多内创业企业不重视人力资源管理部门、人才引进或培训等，只重视业务部门和生产部门，人力资源管理方面专业人才缺乏导致人力资源管理效率低下。有的内创业企业在人力资源管理方面利用了先进技术，但管理人员操作意识不强，没有科学有效地应用先进技术，从而没有发挥先进技术的作用。内创业企业的高层管理者需要重视人力资源管理人才

---

① 张启松. 基于互联网时代的人力资源管理新思路探讨 [J]. 中国商论，2019 (20)：248-249.

的培养，人力资源管理能力的提升是内创业企业可持续发展的关键因素。①

(3) 缺乏人力资源革新意识

企业的发展离不开大数据的有效支持，因此企业相关领导，不能将目光仅仅停留在企业发展战略的制定中，忽视人才在企业中的重要地位，而对人力资源管理的革新工作缺乏一定的关注，制约了公司的有效发展。一些企业的领导甚至没有认识到人力资源管理模式需要进行革新，落后的管理理念也阻碍了革新工作的开展。因此，只有在领导层能够真正认可大数据的潜在价值之后，对人力资源变革的必要性和可行性进行深入的了解，才能够促使相关工作的顺利进行。②

(4) 没有均匀的分配结构

在大数据时代下，应该重点关注的一个问题是如何对资源进行合理分配，保证这些有限资源的有效性。因为如果在对这些资源进行分配时，没有合理分配，对内创业企业的发展而言很不利。目前，多数内创业企业在进行人力资源管理的过程中，涉及的部门比较多，因此很容易出现资源没有合理分配的现象，这就会造成人力资源在管理时出现不科学的现象，从而在一定程度上限制内创业企业的结构升级，阻碍内创业企业的进步，久而久之还会出现倒退的现象。

(5) 缺乏先进的人力资源管理模式

在对内创业企业进行人力资源管理时，想要在短期内对之前的模式进行创新和改革，具有一定的难度，但是传统的管理模式在一定程度上又会阻碍内创业企业的发展。因此在大数据时代下，必须要让内创业企业管理者对自己的思想进行转变，然后在此基础上对人力资源管理模式进行创新，将融合大数据的人力资源管理模式进行传播和落实，从一点一滴做起，逐渐达到全面的改革。在传统的人力资源管理过程中，还经常会发现管理人员在对员工进行管理时非常严苛，并且在制度上还存在很多不完善的地方。最重要的一点是，一般情况下员工的信息资料大多数是掌握在人力资源管理者手中的，但是他们对这些信息很少会进行利用，即使对其进行利用，一般也是在员工出现调动情况时。但是又因为对这些信息进行存放的模式并不先进，因此即便是对这些进行调用，也非常不方便、不灵活。此外，在传统的管理模式下，对员工进行管理并没有遵循以人为本的原则，员工的价值根本不能得到有效的体现，也缺乏对员工的人性化关怀，进而影响内创业企业发展。因此在大数据时代下，这些都应该作为对其进行变革的内容。③

2. 大数据时代内创业人力资源管理的应对策略

(1) 转变人力资源的管理理念

为了能够让人力资源革新工作顺利进行，需要转变领导层的管理理念，让内创业企业领导人员来对人力资源以及变革的重要性进行准确的了解，打破自身认识的局限性，并站在企业的角度对大数据时代下的内创业企业管理工作特点进行深入的了解，使各级领导都能够具备全新的管理理念，只有这样才能有效促进内创业企业的良性发展。除此之外，内创业企业的相关领导层，要对人力资源管理的革新工作给予一定的支持，从而形成自上而下

---

① 付红梅. 基于大数据背景下人力资源管理的变革研究 [J]. 科技风，2019 (23)：253.
② 王如. 大数据时代下对人力资源管理革新的思考 [J]. 人才资源开发，2019 (16)：85-86.
③ 叶蔚萍. 关于大数据时代企业人力资源管理变革的思考 [J]. 智库时代，2019 (39)：29-31.

的优秀管理模式，让人力资源管理工作能够在短时间内进行有效的组织实施，使从事人力资源管理工作的员工，能够积极完成内创业企业的革新管理工作，提高人力资源的管理效果。

（2）积极推进人力资源管理变革

人力资源管理变革主要是通过人力资源制度的调整，优化人力资源结构和人岗匹配程度。当前背景下的人力资源管理革新，需要联系大数据时代的特点和工作的实际情况，进行系统性的信息管理。通过对数据的整合分析，结合工作人员丰富的管理经验，从而让大数据能够对企业人力资源管理工作提供重要的支持，经过工作人员的有效分析，不仅能够帮助内创业企业实现可持续发展，也能够提升人力资源管理的科学性和有效性，促进人力资源管理工作有效革新，与内创业企业的发展相适应，因此内创业企业应该充分利用大数据时代的优势来完成人力资源管理变革。①

（3）完善人力资源管理体系

① 以薪酬留人。在进行人力资源规划时，内创业企业可以采用以薪酬留人的方式进行人力资源规划。要建立健全公平、合理的薪酬激励机制，不断创新内创业企业循环，对员工的薪酬设定做到科学合理。较多的内创业企业在对薪酬的设计过程中，虽然能按照公平、补偿、透明等原则来进行设计，但是都缺乏对整个薪酬的界定思考，因此需要不断创新。在薪酬管理工作中，要根据员工的个人能力、工作职务以及工作态度等不同情况进行薪酬判定。因为，只有这样才能体现薪酬的公平，并做到程序激励透明化，才能使员工个人预期随时与企业整体价值达成一致。

② 坚持引进与培训相结合。一个内创业企业要长远发展，就必须建立一套科学、合理的人才选拔制度，做到知人善用，举贤任能。随着我国市场经济的变化，内创业企业只有不断提高管理者的管理水平，同时重视对员工的技能、素质培训，才能稳定发展。在内创业企业的战略投资中，要继续坚持以人为本的原则，因为人才培训永远都是投入最少而受益最大的战略投资。

③ 建立留人机制。人才外流是当前内创业企业亟待解决的问题。一个内创业企业要想留住人才，就必须从以下两个方面入手：一是变革员工的薪酬、晋升、福利、休假等制度，以起到吸引、留住和激励员工的目的；二是通过改变内创业企业传统工作任务的设计方式，确保让员工有一定的自主性，才能留住优秀的人才，发挥其作用。充分调动员工的工作积极性，对员工取得的成绩给予认可和奖励，帮助员工制定和设计科学、合理的职业生涯，做好员工教育和终身教育规划，提供给员工自我发展和继续学习空间，加大对员工的培训成本，才能凝心聚力，实现人力资源的增值。

④ 建立健全内创业企业自身管理制度。一个内创业企业要做好人力资源的开发、利用，就必须建立健全自身的管理制度，建立具有激励作用的薪酬制度，在内创业企业内部摒弃关系、学历、资历等外在因素，以能力、业绩等方面看待人才，建立科学、合理的培训、考核机制，健全合理长效的激励机制以及健全人力资源配置机制。②

（4）营造规范化的数据环境

基于信息系统，它可以在日常的业务当中对管理人员起到辅助的作用，它能够受控制

---

① 王如. 大数据时代下对人力资源管理革新的思考［J］. 人才资源开发，2019（16）：85-86.
② 周迪. 大数据时代企业人力资源管理的思考［J］. 中外企业家，2019（26）：93.

并且是自动化的,然而,这个系统并非完全是智能的,在运用和实施的过程中需要借助内创业企业的主体,也就是"人"。而这一点也就使得在内创业企业当中,管理者必须要做好数据的管理工作,同时,对业务的信息也应当做到标准化管理。对数据信息来说,如果要做到标准化,那么就必须满足这样几个条件:其一,数据的运行必须是完整以及标准的;其二,在运行系统的过程当中,所用到的数据必须能够及时统一,其中包括数据格式以及数据量等,如果想要系统能够运行流畅,那么就必须保证数据的统一以及完善;其三,在对信息进行分类的时候,必须基于多种原则,包括可扩展性以及兼容性等,具体来说,就是信息的编码必须是单一并且可扩展的,同时又简单以及有适应性。

(5) 构建相适应的内创业企业文化

内创业企业人力资源管理信息将得到提升,同时内创业企业可以以部门预算为基础,将作业预算作为资金支出的基础单元。作业是指内创业企业内部某项工作的全流程,其包括资源配置、资源转化等工作。将作业定义为预算管理的基本位,可使资金投入与产出相对应,投资回报更加直观。以销售部门为例,其难以对基层的资金使用形成严格监管。借助作业预算,销售部门可直观分析基层资金的实用效率,其管理质量将得到提升。综合分析,依托作业预算下沉资金管理,可使内创业企业的资金控制更为有效。[①]

(6) 做好技术方面的引进

在当前大数据时代下,内创业企业人力资源工作开展中,对于数据应用方面的要求发生了很大的变化,同时也形成了更高的要求。内创业企业本身应该积极做好相关管理软硬件系统方面的开发和完善。通过对当前软硬件系统进行合理的设计和改进,更好地实现对当前大数据管理模式下企业人力资源工作的有效支持。内创业企业人力资源工作在具体实施上,也需要积极地引进和利用相关的先进技术。例如,企业可以利用"云技术"来实现对信息共享方面的有效支持,为实际数据方面工作的开展提供一个良好的技术保障。"云技术"的应用,能够实现虚拟化的管理,并实现数据资源的集中化维护和控制,配合相关的自动化管理手段,让内创业企业人力资源工作开展中对相关数据的处理效率得到整体的提升,并且也能够满足更加高质量的服务需求,提升信息数据方面工作的安全性。云计算技术本身也实现了数据的托管式管理,内创业企业人力资源工作开展中,相关数据方面的专业性工作可以交给第三方的专业机构执行,这也能在提升数据方面工作专业性的同时,减少内创业企业的运营维护成本。[②]

11.2 内创业人力资源业务合作伙伴新模式

11.2.1 内创业人力资源业务合作伙伴的内涵

1. 定义

人力资源业务合作伙伴(Human Resources Business Partner,HRBP)实际上就是企

[①] 曹计娟. 试论基于大数据时代下的企业人力资源管理变革 [J]. 知识经济,2019 (22): 86-66.
[②] 刘惠敏. 基于大数据背景的人力资源管理创新研究 [J]. 企业改革与管理,2019 (13): 83-84.

业派驻到各个业务或事业部的人力资源管理者,主要协助各业务单元高层及经理在员工发展、人才发掘、能力培养等方面的工作。其存在于企业,也存在于内创企业。

HRBP 主要工作内容是负责公司的人力资源管理政策体系、制度规范在各业务单元的推行落实,协助业务单元完善人力资源管理工作,并帮助培养和发展业务单元各级干部的人力资源管理能力。

要做好 HRBP,需要切实针对业务部门的特殊战略要求,提供独特的解决方案,将人力资源和其自身的价值真正内嵌到各业务单元的价值模块中,这样才能真正发挥和实现 HRBP 的重要作用。

2. 定位作用

HRBP 是伴随着人力资源部门职能分化和升级而出现的,与 HRBP 相伴随而生的还有人力资源共享中心(Human Resources Shared Service Center, HRSSC)、人力资源专家(Human Resources Specialist, HRS)。其中,人力资源共享中心是指在招聘、薪酬福利、差旅费用报销、工资发放等基础工作方面为公司提供全方位统一服务;人力资源专家由公司内部在员工安置、员工发展、薪酬、组织绩效、员工关系和组织关系等方面的专家组成,主要针对以上方面提出专业性的建议和设计有效的解决方案,为公司变革服务。

HRBP 与人力资源共享中心、人力资源专家共同组成了现代人力资源管理的"三驾马车",其中 HRBP 是人力资源内部与业务经理沟通的桥梁,他们既熟悉 HR 各个职能领域,又了解业务需求,还能帮助业务单元更好地维护员工关系,协助业务经理更好地使用人力资源管理制度和工具管理员工,同时也能利用其自身的 HR 专业素养来发现业务单元中存在的种种问题,从而提出并整理出发现的问题交付给人力资源专家(或领域专家)来更好地解决问题和设计更加合理的工作流程。

总体来说,HRBP 就是要做好人力资源部门与业务部门之间的沟通桥梁,帮助业务部门设定人力资源的工作目标和计划,并树立起对业务部门的内部客户服务意识,为他们提供专业的人力资源解决方案,主要关注提供人事管理的咨询来支持业务部门的战略,他们的行为模式是成功要素的关键。

11.2.2 传统 HR 与 HRBP 的比较[①]

1. 从 HR 个人角度

(1) 团队性。传统 HR 习惯专业模块分工,喜欢单打独斗,易培养专家型人才。而 HRBP 必须与业务搭档紧密合作,合理利用每一个成员的知识和技能协同工作,解决问题,达到共同的目标,易培养管理型人才。

(2) 同步性。传统 HR 习惯职能部门工作节奏,按点打卡上下班,实施标准工时制,偶尔会有加班现象。而 HRBP 紧跟业务部门工作节奏,与业务时间同步,实施不定时工作制,经常会有加班的情况。

(3) 策略性。传统 HR 的主要工作就是机械化的日常事务工作,若进行策略调整,最容易的是优化事务的流程。而 HRBP 在业务部门,需要洞察行业、产品和客户的发展趋

---

① 经理人分享,网址 http://www.managershare.com/post/294011. 2020 − 11 − 3.

势和变化，需要策略性地调整 HR 举措去满足动态的需求。

（4）突破性。传统 HR 习惯专业模块分工，习惯内部约束条件，很难去突破岗位和职责边界。而 HRBP 以目标为导向，面对快速的市场变化和迭代的业务需求，需要保持高度警觉，不断地调整自己突破舒适区，以满足市场的需要。

（5）开放性。传统 HR 类似苹果 ios 系统，HR 人才自己选拔、自己培养，主要依靠内部循环。而 HRBP 类似安卓 Android 系统，HR 人才来源多，渠道广，培养方式多样，结构性更趋合理，主要强调开放性。

（6）发展性。传统 HR 的上升通道容易局限在 HR 部门，跨部门有一定的壁垒，职位发展前景不容乐观。而 HRBP 属于业务与 HR 交集，可在 HR 领域和业务领域螺旋上升，职业晋升渠道多。

2. 从 HR 组织角度

（1）侵入式。从组织形态来看，传统 HR 与业务部门是相互分离、相互独立的。而 HRBP 则属于侵入式，与业务部门融为一体，不分彼此。

（2）提升型。从 HR 功能定位来看，传统 HR 属于成本控制型，目的是以最低的成本实现预期目标。而 HRBP 则强调提升效率，帮助业务部门解决问题，确保业绩稳步提升。

（3）匹配型。从出发点来看，传统 HR 工作出发点，基本是从自己出发，量力而行。而 HRBP 从业务需求出发，基于需求和问题去匹配资源以实现资源的整合和重组。

（4）目标感。从 HR 结果性来看，传统 HR 的工作绩效难以衡量，故而更关注过程。而 HRBP 工作以结果为导向，工作绩效便于衡量，故而更关注产出。

（5）速度感。传统 HR 支持业务部门需要跨部门，走各种烦琐冗杂的流程，有严重的滞后感。而 HRBP 不需要跨部门，端对端支持，响应快，速度感强。

（6）共创型。原来公司的 HR 内容都是 HR 自己生产自己输送到业务线。HRBP 之后，业务上的 HR 内容，从需求到解决方案将由业务、员工共创而生。

3. 从 HR 服务角度

（1）服务宽度。传统 HR 提供的服务都是功能性的，只满足最基础的要求，像功能手机。而 HRBP 提供的服务具有社交属性，丰富多样，像智能手机。

（2）服务深度。传统 HR 像公交车，满足大容量的共性服务需求。而 HRBP 像出租车，满足个性化的精准服务需求。

（3）服务密度。传统 HR 像云端服务器，看不见摸不着，还会有延迟和滞后感。而 HRBP 属于本地服务器，随时随地，可见可触碰，体验更好。

（4）服务敏感度。传统 HR 往往对制度更敏感，更关注制度和流程的合规性。而 HRBP 需要对业务端的用户更敏感，随时感知一线变化，不仅考虑合规性，更考虑合理性。

（5）服务体验度。传统 HR 通常按照六大模块去服务业务部门，流程多且复杂，难免出现踢皮球现象，体验度不佳。而 HRBP 负责最后一公里的对接，简单高效，体验度极佳。

（6）服务交互性。传统 HR 对一线的渗透能力有限，信息基本为单向传递，反馈性差。而 HRBP 处在组织神经末梢，下达伸手可及，上传有 HR 专线，交互性强。

11.2.3 向内创业 HRBP 转型的关键点

1. 明确 HRBP 的角色扮演

HRBP 的角色主要包括四个方面,即战略伙伴、操作经理、紧急事件反应者和员工的仲裁者。

(1) 战略伙伴。这其实更像 HRBP 的"标准官方版"定义,也是 HRBP 们的终极目标。战略伙伴的主要活动表现为:及时调整 HR 的战略,以应对外界变化;培养未来的领导者,确立衡量 HR 效能的重要指标;针对新业务确立人员配备战略并能设计新的组织架构;理解公司内部人才发展的需求并能在各种复杂的事件中找出优先顺序。

(2) 操作经理。这是所有 HRBP 期望做到,也是企业期望达到的现实目标。其主要活动表现:为评估并追踪员工的态度;与员工沟通公司文化;与员工沟通公司政策和流程;确保 HR 的项目和公司文化保持一致;更新 HR 项目的进展。

(3) 紧急事件反应者。这是 HRBP 们当前所扮演的角色,俗称"救火队"。其主要活动表现为:及时应对各种紧急事件和处理各种投诉;对业务经理和员工提出的问题能迅速给予回答或提供解决方案。

(4) 员工的仲裁者。与上一角色一样,这是 HRBP 们的常态,也是众多 HRBP 感叹总受"夹板气"的缘由。其主要表现为管理员工之间和老板之间的矛盾,应对公司的变化,解决在业务计划执行过程中所出现的政治问题。日常工作中,与其说是员工的仲裁,不如说是努力保持老板与员工这架原本就倾斜着的天平"相对平衡"。

2. 选择恰当的 HRBP 的组织架构

HRBP 的组织架构主要包括两个方面:一是面向客户的 HR 架构,二是平衡发展式的 HR 架构。

(1) 面向客户的 HR 架构。所谓面向客户的 HR 架构,是把人力资源部设计为两个部分:一部分是面对业务部门的 HR 客户经理,即 HRBP,他们直接进驻到业务部门开展 HR 工作;另一部分为支援 HRBP 的支持组,他们的职责包括日常的薪酬福利操作、招聘渠道建设以及公司级培训项目支援等。由于支持组已经解决了大部分事务性的工作,HRBP 可以专注于为业务部门提供"一站式"的人力资源解决方案服务。

面向客户的 HR 架构有两种操作模式:一种可以称之为"事业部型",即 HRBP 不隶属人力资源部而是归所在业务部门管辖,人力资源部只负责对 HRBP 进行专业方面的指导,不直接对考核关系负责;另一种则是"HR 代表型",即 HRBP 是由人力资源部派驻到各业务单元的,其考核关系隶属人力资源部,HRBP 在业务上帮助业务经理进行相应的 HR 工作,但是其考核关系、晋升/调动关系、领导关系等则由集团人力资源部统一管理。

要指出的是,以上两种模式各有优劣:在事业部型模式下,HRBP 跟业务部门的联系更为紧密,更能深入理解业务部门的需求,但由于缺乏人力资源部的有力支持,HRBP 很容易成为业务部门的一名专职 HR,因为除了战略管理和专业服务的职能外,一般事务性的工作也需要他来操作;而在 HR 代表型模式下,由于 HRBP 隶属人力资源部,他可能在融入业务部门上存在一定的困难,HRBP 可能会被业务部门认为是集团人力资源部派驻到本部门进行监视管理的人员而遭到排斥,无法正常开展工作。

(2) 平衡发展式的 HR 架构。在面向客户的 HR 架构下，HRBP 容易陷入琐碎的日常事务而无法自拔，他们与人力资源共享中心之间的职责区分也不够明确。针对这些缺陷，有公司尝试把人力资源部分为三个部分：在 HRBP 组和人力资源共享中心之外，增设了 HR 研发组。前两部分基本与面向客户的 HR 架构相同，而 HR 研发组则主要负责 HR 最新工具的研发、最新 HR 市场信息报告的整理，并为 HRBP 组提交给业务部门领导的政策报告提供全方位的技术支持。这样一种全新的架构被称为平衡发展式的 HR 架构。

3. 完善 HR 三支柱模型①

(1) 在人力资源业务合作伙伴（HRBP）方面提升 HR 效能。即贴近业务配备 HR 资源，提供统一的服务界面，提供端到端的解决方案。业务单元（Business. Umt，BU）的人力资源管理人员不仅要了解 BU 业务，还要具备人力资源的管理知识，同时总部应加强对 BU 人力资源管理者的培训，并帮助培养和发展 BU 各级干部的人力资源管理能力，以支持业务单元（BU）业务，贴近业务，输送人才，确保公司核心价值观的传承和政策的有效落地，制定符合 BU 业务发展的人力资源管理制度，为 BU 的战略发展提供 HR 支持，真正发挥和实现 HRBP 的重要作用。

(2) 在人力资源专家中心（Center of Expertise，COE）方面提升 HR 效能。即建立 HR 专业能力，提升公司人力资源政策、流程和方案的有效性，并为 HRBP 服务业务提供技术支持。要求在不断提高专业水平的基础上，花更多的时间精力深入业务，了解各业务单元（BU）的需要，分析 BU 的战略如何与公司的战略匹配，公司总体人才结构配置上如何调剂使用，如何有效地提高效率，切实解决 BU 在 HR 方面的实际问题，帮助 BU 提高 HR 管理能力和管理水平，制订更加契合业务、更加有效的方案。

(3) 在人力资源共享服务中心（Share Service Center，SSC）方面提升 HR 效率。即提供标准化、流程化的服务，使主管和 HR 从操作性事务中释放出来，提升 HR 整体服务效率。比如，大力开发 SSC 的信息化功能，不再仅限于数据的查询统计。大力开发数据分析的能力，通过对公司人员结构进行分析，可以发现现有人员结构存在问题，哪类人员短缺需要尽快补充，或是哪类人员过多，可以进行调剂、转岗或是减员，为公司人力资源规划提供依据；在员工培养发展方面，规划员工的职业发展通道，员工在当前职位，通过哪些培训考核，方能达到上一职位等级知识技能要求，为员工提供个性化的服务等。将 SSC 升为共享交付中心（Shared Delivery Center，SDC），以用户需求为中心，用户交付彰显 HR 价值，通过进一步完善信息化功能体系，实现高效的管理运作，为人力资源战略、人才培养发展等各方面提供更加翔实的依据和服务。

【HR三支柱模型】

11.3　内创业人力资源管理的未来发展趋势②

中国进入了新的发展时代，宏观经济由高速发展阶段进入高质量发展阶段，新技术、

---

① 陈田. 传统企业构建 HR 三支柱模型探究 [J]. 人才资源开发，2019（03）：61-62.
② 谭朋涛. 新时代——未来人力资源管理发展 7 大趋势，搜狐网，网址 https：//www.sohu.com/a/320197061_100011383，2019.6.12.

新产品、新业态、新商业模式大量涌现，生产小型化、智能化、专业化将成为新特征，这就要求内创业企业必须调整人力资源战略以适应新的外部发展环境。

互联网时代进入下半场，大数据、云计算、区块链等各类技术创新层出不穷，共享经济、数字经济、社群经济等新商务模式风靡全球。互联网时代是个人与社会、经济与组织、有形世界与虚拟世界都相互关联、彼此交融、互联互通的零距离时代。数字化、社交媒体化、移动化的相互融合使客户、员工、合作伙伴之间产生了新的联系方式。互联网时代的组织拥有无限丰富的信息、更高的透明度、客户员工更高的期望及更广泛的联系等特点。

传统以模块专业划分为基础的组织人力资源管理模式正在发生各种变化，各类组织实践程度差异较大，且不成体系，现就未来人力资源管理将面临的新的发展趋势进行梳理，主要包括以下七大趋势。

1. 趋势一：全球工作大迁移与自由工作者时代的到来

（1）经济全球化引发工作格局的变迁

全球经济一体化进程的加速、世界政治格局的变动、世界生态环境的恶化以及科学技术的飞速发展，使人口在国家间的迁移和流动出现了前所未有的局面，出国工作的人越来越多。整个出国工作行业的发展也有几十年的历史了，其需求很简单，基于国内外的收入差距，国内劳动者就是为了出国后挣钱。出国工作的用户成分也在发生变化，从最早的建筑工和普通杂工，发展到现在的泛服务业甚至是文职类IT类产业。用户的年龄组成也在变化，更多的"80后""90后"开始成为出国就业的主力军，年轻人的需求也从最开始的挣钱演变为看看世界，从最开始的亚洲国家扩展到全世界。

据国家统计局发布数据显示，"十三五"期间，我国就业人口规模持续稳定，就业压力仍然不减。2020年，我国普通高校应届毕业生数量高达874多万人，较2019年应届毕业生同比增长40多万人，就业压力大，就业问题突出。

（2）自由工作者时代的到来

据《走第三条道路——与你一起做自由职业者》一书分析，自由职业者不会主动去创造就业机会，但也不会成为政府解决就业问题的"累赘"，这样的群体在每个国家、每个城市、每个乡镇都存在，人群大体可以占到就业人口的四分之一至六分之一。在中国，习惯把有工作的人员简单分为就业人员和创业人员，却不重视自由职业者的存在，其实许多工作岗位并不一定需要国家和社会提供，个人有责任首先管理好自己，能够自我雇用也是对就业市场的一个贡献，如果大批人都愿意这样做，那会大大缓解中国的就业压力。中国的自由职业者究竟有多少？至今没有看到权威机构对这一群体有过全面的统计，但一些相关的群体所表现出来的特征，还是可以给我们带来许多信息。SOHO一族（指在家办公的一类新人）、个体工商户、"80后""90后"的选择、网络时代的新职业，似乎都是对自由职业者的另类称呼，只要认识了他们趋同的一面，也就可以看到自由职业的新趋势。①

---

① 沈纯道. 走第三条道路——与你一起做自由职业者［M］. 北京：中国劳动社会保障出版社. 2011：46-68.

作为一种社会现象，自由职业的出现有其合理性。第一，作为一种合理的结构分化，它是职业类型多样化的一种具体表现形式。我们的社会正经历从传统社会向现代社会的转型。传统社会的一个根本特征是它在结构上的封闭性、同质性、单一性，因而缺少流动，缺少活力。现代社会作为一种更加复杂的社会系统，在结构上则必然具有开放性、异质性、多样性，具体表现为随着社会发展的需要，行业的类型将不断增加。与此紧密相关的是，职业的类型也会越来越细致。第二，作为一种合理的价值选择，自由职业是多样化价值选择的结果。价值观的多样化是开放社会、复杂社会的必然结果，它将导致人们在行为方式、生活方式方面的丰富多彩，进而引起从业方式的多样化、个性化。自由职业者的出现，以弹性的方式，及时弥补了传统职业结构的空缺，履行了社会运行所需要的特定功能。

最典型的就是知识服务行业自由职业者的不断增加。越来越多的由软件驱动的自由职业者工作平台的出现可能会解决全世界一半甚至更多人的就业。国内比较典型的案例是自由职业平台——猪八戒。猪八戒是中国领先的服务众包平台，服务交易品类涵盖创意设计、网站建设、网络营销、文案策划、生活服务等多个行业。猪八戒网有百万服务商正在出售服务，为企业、公共机构和个人提供定制化的解决方案，将创意、智慧、技能转化为商业价值和社会价值。此类平台的兴起在改变着人力资源的雇用模式。

2. 趋势二：人工成本上涨和人力资源战略的调整

由于制造业人工成本的不断上涨，中国的制造成本已经和美国相差不大，目前正处于人类史上最大规模的产业人口迁徙，面临巨大压力，制造业的工作机会正在大量丧失。人工成本上涨的原因主要有以下几个方面：一是劳动力再生产成本的增长，国家全面放开二孩政策已经实施近三年，但人口增加的比例非常有限；二是使用农民工机会成本增加，由于城镇化的家居和农村收入的提升，企业获取大量低廉农民工劳动力成本的时代已经成为历史；三是健全法律法规保障劳动者报酬合理上升，2019年起五险由税务部门足额征收就是一个体现，对于以前未足额缴纳社保的大量民企来说，人工成本大幅增加；四是人口供给关系的变化，老龄化已成为必然趋势，目前是九亿人赡养五亿老人，二十年后是五亿劳动人口养育九亿老人；五是以人为本的经济发展目的，人民对美好生活的向往直接体现就是工资的上涨，福利的提升。

基于上述问题，组织需要灵活调整人力资源战略，可以从以下三个方面改变。

（1）利用智能技术，改变用工方式

人工智能的产生与运用是智能化时代的鲜明特征。它作为一种不断发展的科学技术，延伸了人类智能，解放着人类的现实劳动，对人们的生产、生活带来了有利影响。随着社会老龄化的加深，老年社会工作越发受到重视，其实各领域也不断推出新产品以满足市场需求，例如上海、北京等地掀起了"智能化养老服务"的浪潮。充分利用智能技术，可以弥补现实社会工作的缺陷，例如运用老年人的智能家居、安全监测、机器人辅助技术、远程管理等，借助科技创新的力量，为老年人提供更有效的辅助，有助于老年人更独立自主地生活，也有助于老龄服务产业的发展与升级，进而推动了信息化时代养老服务迈向智能化。对于残疾人、幼儿的服务，原有的社会工作服务无法达到全方位、全日制的要求,而智能技术通过程序的设计可以达到辅助行动、康复治疗的效果,这在医务社会工作领域有很好的体现。因此,面对人工智能未来的发展态势,社会工作应立足社会使命,将人工智能与志愿服务人员相结合,减少人力成本,同时保证优质服务。

(2) 增强人工成本管理意识,改变传统管理理念

人工成本管理与企业经济效益此消彼长,它们之间是一种"零和"关系,并由此引发"低人工成本"导向。但人工成本与企业其他成本不同,企业其他成本如果节省下来通常就是企业利润,单纯的低人工成本会导致诸多问题:一是低人工成本惰性,即企业管理者会形成一种思维惰性——压缩人工成本而不是提升企业效率;二是后发管理劣势,即低人工成本,员工管理素质偏低,企业效率不高,很难获取较高的企业利润,没有钱吸引优秀人才的加盟;三是帕金森定律,即低人工成本会导致人工数量的增加,而人员数量的增加又会自动创造工作,"部门墙"现象突出,"冗员"严重,企业的运营效率低下;四是格雷欣效应,即"劣质人才驱逐优秀人才",整个企业成为优秀人才的"沼泽地"。鉴于此,现在很多企业在人工成本管理理念上已经逐步从"压缩控制"向"合理分配"转变。

(3) 运用创新思维,完善人力资源管理体系

新经济时代要求人才具有创新,复合型且合作能力强,因此人力资源管理需要改进,需要创新,概括起来主要有以下几个方面:营造一种独特的企业创新文化,创造一个激励型的、充满创新气氛的开放式环境,激发员工创造力,增强企业的竞争力;施行柔性化管理,依靠共同的信念与心灵共鸣,给员工创造一种宽松的环境和气氛,使其潜能和天赋得到最大限度的发挥;注入以人为本的管理理念,事事为员工考虑,让企业的目标和员工的发展目标平行,管理新型人才。

3. 趋势三:人力资源管理向敏捷组织形式变革

对于整体组织而言,由传统组织形态转型为敏捷组织,这是组织转型的趋势,无论是海尔的"小微组织",还是韩都衣舍的"小组制运营",或者是华为的"班长战争"让听得见炮火的人决策等本质上都是为了转型为敏捷组织。

(1) 敏捷组织的特点

敏捷组织有以下四个特点。一是组织架构体系。强调组织扁平、权责利下放与总部赋能。构建稳定的总部赋能平台,包括业务赋能平台和职能共享平台,同时打造灵活的业务单元。二是绩效激励体系。在绩效管理上,通过增加员工自主性,提供更频繁、直接多样的绩效反馈来时刻跟进外部环境的变化。在激励上构建"短中长结合、物质+精神+职业发展"相结合的体系。三是人才发展体系。通过科学的人才发展体系为敏捷组织构建输送有自驱力、能信任、有韧性的人才支撑。四是企业文化体系。建立高度共享价值观为敏捷转型提供指引,并通过具体的工作环境设计与氛围营造,增进互信共享,点燃员工激情。

(2) 传统组织与敏捷型组织的区分

从决策机制、组织合作、工作设计、绩效管理、工作流程、激励、学习与发展和职业路径八个方面区分传统组织和敏捷型组织,如表11-1所示。

表 11-1 传统组织与敏捷型组织的区分

组织体系领域	传统组织	敏捷型组织
决策机制	集权管理	授权至一线
组织合作	组织间具有壁垒	层级和组织间合作
工作设计	工作结构化，无法适应非常规工作	以项目制定义工作，鼓励员工进行创新及决策
绩效管理	年度绩效目标，年度绩效评估	可依据季度或群体目标改变的灵活绩效目标
工作流程	高度流程化，较少的创新空间	轻度流程化，较多的创新空间
激励	外在激励	提倡内在驱动
学习与发展	定期培训计划	日常持续学习与发展，快速再培训
职业路径	固定的发展路径，人才流动有局限性	多元宽松的发展路径，人才流动跟随业务需求

4. 趋势四：全面薪酬理念广泛应用

当前开放创新与零工经济情形下，基于"知识人"的人性需求发生了根本性变化，因而全面薪酬得到广泛关注。全面薪酬是一种以员工为导向的整体薪酬设计系统，不仅具有传统薪酬体系的补偿功能、激励功能和监管功能，而且由于综合考虑了员工和组织双方的利益，还具有战略性、灵活性、沟通性和创新性。全面薪酬中纳入了非经济性薪酬，能够全方位、多样化地体现薪酬的补偿与激励功能。此外，全面薪酬是对传统薪酬的延伸，增加了满足员工心理需求、职业发展需求、工作生活平衡需求等的内容，更具现代性、多元性和创新性。全面薪酬在设计之初就充分考虑了组织战略，是实现组织战略目标的关键要素。全面薪酬的内容组合可根据员工的需求及其变化进行调整，具有较大的灵活性。[1]

5. 趋势五：绩效管理关注焦点从"目标"向"成效"过渡

现有组织的绩效考核以平衡计分卡（Balanced Score Card，BSC）和关键绩效指标（Key Performance Indicator，KPI）考核模式为主，本质上就是企业战略目标的逐层分解，最终落实到部门和岗位。这两种模式在很多组织中的运行效果并不好，最终考核要么走形式，为了考核而考核，要么企业干脆认为考核起到负向作用。

现在很多高科技互联网企业都是使用目标与关键成果法（Objectivesand Key Results，OKR），由英特尔公司原首席执行官安迪·格鲁夫创立，它能够帮助公司让整个组织都朝着共同的重要事项努力。OKR 要求公司、部门、团队和员工不但要设置目标，而且要明确完成目标的具体行动。

OKR 目前在国内企业应用的案例还比较少见，但是相信在未来十年将会有越来越多的创新型组织、独角兽公司和技术研发团队使用，在互联网时代外部环境变化巨大的情况下，过去基于稳定环境的绩效考核模式必然发生巨大变化。

---

[1] 谭春平，景颖，安世民. 全面薪酬研究述评与展望：要素演变、理论基础与研究视角[J]. 外国经济与管理，2019，41（05）：101-113.

【OKR与KPI的差异】

6. 趋势六：制定多重职业发展方向

越来越多的年轻人不再满足"专一职业"这种无聊的生活方式，而是开始选择一种能够拥有多重职业和多重身份的多元生活。这些人被称为"斜杠青年"。"斜杠青年"的产生基于以下几个重要社会趋势：一是服务业的不断发展；二是知识和创造力才是生产力；三是对知识的渴望与崇拜。所以打通年轻员工多重职业发展通道，已经成为摆在组织面前刻不容缓的需要。企业打通员工职业发展通道需要经历以下四个环节，一是通道与序列划分；二是各通道层级划分；三是通道之间整体平衡，比如华为公司研发人员可以拿到集团副总裁的待遇；四是设定符合行业及企业特点的任职资格标准，建立职业发展制度。

【自画像游戏】

对于企业而言，要想帮助员工构建多通道的发展模式，主要包括以下五个方面。

（1）确定晋升通道的结构与内容。构建员工多通道发展模式，需要明确晋升通道的结构，即确定多通道的组成和每一晋升通道的描述。需要明确应该有几种晋升通道，每种晋升通道又分为哪些层级，各个通道不同层级之间的联系，即在层次和待遇等方面是基本对等的。晋升通道的结构确定下来以后，需要对每一个通道以及其中每一个层级进行描述说明，要讲清楚各个通道的特点和差别，这样员工才能知道自己最适合哪一种晋升通道；要明确地指出各个通道每一层级的岗位职责、绩效标准和资格要求等，并要确定对应的岗位级别和薪酬待遇水平。

（2）组建多通道晋升评审机构。多通道晋升机制涉及企业各个业务单元和不同层级人员的评价与晋升，对于评审工作流程和评审规范等方面都具有较高的要求，需要针对不同通道的晋升人员做出专业评审，企业中单个部门很难完成此项工作。因为，企业应成立规范的多通道晋升评审机构，全面负责多通道评审与管理工作的推进与实施。

（3）设置各个通道的晋升标准。多通道晋升的设计，其关键在于各个通道不同等级的任职资格条件的设置必须科学，同时结合个人的职业生涯发展需求。管理工作和专业工作需要不同的素质与能力要求，不能采用统一的标准来评估不同的发展通道。一般而言，对于各个通道的晋升标准设置，可以从以下三个方面来着手进行，一是基本素质条件，二是专业素质条件，三是能力与业绩评估。

（4）建立多通道晋升评审核心流程。流程包括以下四个方面。一是申报，申报者结合自身情况以及个人职业发展规划，选取合适的通道和级别进行晋升申报，提供必要的证明材料和相关证照。二是初审，人力资源部组织专业部门对申报者的基本素质和申报材料进行审核，涉及证照、材料等需要予以核实，针对设置的晋升标准对申报者各项内容进行审核和评分，并将审核结果提交评审小组。三是评审，对于申报中级以上级别晋升的人员，可召开晋升评审会，以"演讲-答辩"的方式进行评审，并对申报者的业务能力与业绩进行综合评估打分，综合初审意见给出晋升建议。四是公示，针对评审结果，人力资源部组织对拟晋升人员进行公示，在一定期限内无异议者即可执行晋升与薪资作业。

（5）完善多通道晋升管理系统。晋升作业的完成并不意味着所有晋升工作的完成,还应加强多通道晋升系统的管理工作。首先,获得晋升后并不是意味着从此捧着"铁饭碗",企业应建立多通道晋升的复审程序,类似于行政序列的业绩考核,一旦专业素质不能持续达到公司要求,便可取消所享受的待遇。其次,不同通道之间应建立畅通的转换途径,形成定期的审视与评价程序。当员工希望全面发展或认为当前的职业通道不适合自己时,可以选择转换职业通道。这样才能避免员工因初次选择的不同而有从一而终的遗憾。最后,晋升评审工作作为企业的人力资源激励的常态性工作,可考虑开展定期的评审工作,使通道中的员工看得见晋升的目标,知道努力的方向。

7. 趋势七:人力资源大数据应用,整体职能的数据化转型

近年来,随着全球化、知识经济、移动互联网技术等革命性创新因素的影响,企业间人才竞争越来越激烈,尤其是人才大数据新技术的出现,已经颠覆传统的人才选拔、招聘、测评等技术,高端人才争夺战面临新的全新变局。

大数据在人力资源管理中的应用与实践主要涉及以下三个方面[①]。

(1) 应用于绩效管理及统筹管理。在大数据帮助下,绩效管理应全面优化,深入分析岗位工作内容、工作强度、工作时间难度等数据,对每个部门或每位人才的绩效管理评价标准有所差异,让考核指标体系更为科学化。评价则根据其工作行为、完成工作任务的实际情况实现综合、科学的评价。同时,管理者可利用网络平台直接与人才对话,了解人才对考核指标或规章制度的意见、建议,在数据分析下找出呼声偏高的意见、建议,适当整改。在大数据严格分析下,本着"宁缺毋滥、好中选优"原则,真正将优质载体和优秀项目选拔出来。

(2) 应用于人才招聘及人才分析。大数据帮助下,人力资源部门可创新招聘模式,通过网络媒介直接与求职者对话,了解求职者的性格特点、兴趣爱好、工作能力、工作经验、价值观、学习状况等,深入了解其真才实学以及生活状态,对求职者实现准确定位。同时,大数据分析下还可确保应聘者与招聘岗位相匹配,筛选出不符合规定的求职者直接剔除,提升招聘效率。另外,人力资源部门可设置评价模型,对每个应聘者展开数据分析下的客观评分,保障聘用人才的质量。大数据可通过互联网让招聘更具互动性与开放性,更为全面、真实地反映应聘者的价值观、从业经历、兴趣爱好等。

(3) 应用于人才培训与就业指导。人力资源管理者通过数据资源全面了解人才状态,根据实际情况调整培训计划,让培训内容更具针对性,提升人才的兴趣程度及积极参与程度,从而实现工作技能的切实提升。通过大数据,管理者购买符合本单位的培训软件记录每位人才在参与培训期间的出勤情况、学习情况、态度情况以及最终考核成绩,继而进一步筛选试用期人才。大数据分析下,还可确定中长期人才需求,在培训过程中做好人才储备工作。

---

① 崇德林. 人力资源大数据应用和分析的实践 [J]. 信息与电脑(理论版), 2017 (24): 148-149+152.

本章小结

本章首先指出大数据在内创业企业的运用中存在着许多优势，主要体现在措施的优化方面和人力资源管理方面，并相继指出大数据时代对内创业人力资源管理提出了新要求，包括管理者角色的转变、管理模式逐步多元化和关心员工的个体价值。另外也指出了大数据时代内创业人力资源管理面临的问题，分别是管理人员观念相对落后、缺乏专业人才、缺乏人力资源革新意识、没有均匀的分配结构和缺乏先进的人力资源管理模式等，同时也给出了相应的应对措施，要转变人力资源的管理理念、积极推进人力资源管理变革、完善人力资源管理体系、营造规范化的数据环境、构建相适应的内创业企业文化并做好技术方面的引进。其次，对内创业 HRBP 的内涵及其与传统 HR 的比较进行了详细的阐述，并指出了内创业 HRBP 转型的关键点：明确 HRBP 的角色扮演、选择恰当的 HRBP 的组织架构、完善 HR 三支柱模型。中国发展由高速度阶段向高质量阶段转化，同时互联网时代对内创业企业的人力资源战略提出了更高的要求，因此本章最后梳理了内创业人力资源管理的未来发展趋势。

思考题

【拓展资料】

1. 大数据时代对人力资源管理提出哪些新要求？
2. 请简述大数据时代内创业人力资源管理面临问题以及应对策略。
3. 在互联网时代，人力资源部门如何进行"新式教学"，帮助员工及时整合新知识？
4. "上天入地"的全能 HR 应该做到哪些标准？

PSUF：松下鼓励员工创业的激励机制[①]

为了给企业发展注入更多的活力，松下从 2000 年年底就开始建立起鼓励员工创业的支援和激励机制——"Panasonic Spin Up Fund（PSUF：松下创业基金）"。此基金金额高达 100 亿日元，专门用于培养创业人才。松下力图通过这一措施，既为立志于创业的松下员工提供自我发展的空间，又为企业开拓更广泛的事业领域，以及为今后的发展夯实基础、增添活力。

依靠 PSUF 成功创业并已是"松下员工学习系统"社长的大山章博直率地吐露了当时的心情。在这

---

① 资料来源：基于"松下的内部创业管理-网易财经- http：//money.163.com/08/0731/17/4I6RHFQN002524U1.html（2020-11-18）；PSUF：松下鼓励员工创业的激励机制-中国影响传播网- http：//www.emkt.com.cn/article/85/8526.html（2020-11-18）"等网络公开资料整理。

之前，他在松下的人才开发公司任职，主要负责松下员工的内部进修工作。根据多年的工作经验，他断定"随着信息技术的发展，面向企业和大学的电子学习系统市场将不断扩大"。但原有的工作岗位局限于公司内部的服务性质，不能向外自由拓展。正当大山章博想着"要是能够把自己多年累积的知识本领拿到市场上实现价值就好了"的时候，松下推出了PSUF实施制度。在松下的人才开发公司也能够做自己喜欢的事情，要不要冒险另外创建一个培训公司？大山章博犹豫了一段时间后，PSUF周到的员工创业支援制度促使他下决心冒险一试。

1. 提供优厚条件鼓励员工创业

第一，松下一开始就拿出了100亿日元资金设立松下创业基金，明确表示用于支援松下员工的创业。在此基础上，松下提出，在今后的3年内，每年进行3次员工创业计划的征集活动，从资金上保证对公司内部创业家的培养和支援。在这方面，松下吸取了日本其他大企业的教训。日本有许多建立鼓励员工创业制度的企业，虽然在公司内征得有发展潜力的创业计划时全力出资提携，但是遇到挫折便失去扶持热情，最后不了了之。松下建立鼓励员工独立创业制度的根本宗旨，在于激发有创业志向的员工的创业热情，为松下本身的发展注入活力。"设立100亿日元的基金，全心全意地鼓励员工创业，是社长的真情实意打消了我的顾虑。"大山章博回忆起当时报名的心情说。

第二，松下还为立志创业的员工准备了一个较长时期的培训计划，意在消除创业者存在的"我有创业的点子，但我真的能成为企业家吗？"这一顾虑。松下员工立志创业，从报名申请PSUF到实际创业，可以有半年以上的准备期。比如通过了书面审查和第一次面试的候选人（第一届有8人），要学习成为经营者的基础知识。他们必须连续3个星期，从上午9点到下午5点进修包括了经营学、会计学、企业案例等内容的名为"顶尖MBA训练"的课程，随后进行为时一个月的名为"Brushup"创业计划修炼作业。其实在学习"顶尖MBA训练"课程期间，晚上就已开始进行"Brushup"的活动。所以，完善创业计划的时间实际上要花费一个半月。为培养出色的创业家，松下还注意利用社会的专业力量。从报名员工的资格审查到"顶尖MBA训练""Brushup"活动，整个过程都有日本权威的智囊组织"日本综合研究所"资深专家全面协助介入，最后还要请多名来自公司外的风险企业经营人士以风险经营者身份严格审视候选人经过不断修改完成的创业计划。

第三，松下规定对于员工创建的独立企业，本人的出资比例可在30%以下，松下出资在51%以上。以后如果事业进展顺利，可通过股票上市或者从松下购回股份，获得回报。而且，从新公司建立后的5年内，根据事业的成果，创业者还可获得松下的特别奖金。因此，如果从一开始事业发展就很顺利的话，员工创业家可以有双重的获利。

2. 为创业失败者留出后路

为彻底解除有创业意向员工的后顾之忧，使他们能将自己优秀的创业计划变成现实，松下还建立了一个"Safetynet"（安全网）。通过审查，并被认可创业的员工，创建新公司以后，可以仍是松下员工的身份，领取基本工资等，当然，也可以辞职后成为合同员工（企业家员工）。选择合同员工后，5年后根据事业的发展情况，如果本人提出希望，仍可恢复成为松下的正式员工，这就为创业的员工失败留下了退路。

在2001年10月1日与大山章博一起创业的另两个松下员工是创办数字影像制作公司"Progressive Pictures"的石井英范和创办为室外或商店内的影像显示终端提供信息发送服务的"PDC"公司的菅原淳之，两人都实现成功创业。

石井英范的经历颇有点传奇色彩。他在16岁时就被作为日本奥运游泳选手培养对象送到美国训练，并连续7年保持100米自由泳日本纪录。大学毕业回国后进入JVC公司，参加过美国好莱坞电影的摄制工作。之后由于JVC公司的影像制作事业不断萎缩，他才转行投身松下。但没多久松下也将收购来的美国MCA股份卖掉了，再加上游戏机"3DO"事业连连受挫，松下开始谨慎对待软件事业。其结果是，石井英范所在部门只能接到制作费仅两三千万日元的业务订单，而且都只是摄影业务。他进公司时雄心勃勃的计划只能束之高阁。"我需要百分之百全身心投入影像软件的制作。"对于无法施展拳脚的石井英范来说，松下推出的PSUF无疑是"雪中送炭"。

菅原淳之在申请PSUF之前，也是松下从事室外大型影像装置业务的业务员。正因为对市场的熟悉，他对松下仅仅销售影像硬件设备感到不满足。"对于设置了显示终端的用户来说，他们肯定需要能同时提供影像信息传送的服务，两者一起做无疑能获得相乘的效果。"菅原淳之说。但是，菅原淳之当时的地位决定了他没有决策的权力。随着高速宽带网的普及，为网络终端提供廉价的动画信息的环境条件进一步完善，这个市场稍具专业知识的明眼人一看就能发现。所以当松下启动PSUF之后，菅原淳之就感到创业的时机来了。

松下提出了许多鼓励员工内部创业的优厚待遇。因为松下的决策层很清楚，如果没有周全、优厚的鼓励创业的机制，就无法让众多有创新思想的人才脱离松下这个像"温水煮青蛙"似的舒适环境。松下的优厚政策，就是为了向公司员工透出一个信息：勇于向新事物挑战的人比安于现状的人更能得到公司的器重。从松下为走出公司自主创业的员工准备的"安全网"的背后，似乎也可以看到松下更深层次的用意，即培育具有勇于向新事物挑战的开拓性人才，并尽可能地留下他们，让他们成为下一代敢于挑起松下事业重担的精英人才。

案例思考题：
1. 松下公司内创业管理的特色体现在哪些方面？
2. 人力资源管理为松下公司的内创业提供了哪些保障？
3. 松下公司如何控制内创业风险？
4. 松下公司的内创业管理给人力资源管理的启示有哪些？

参考文献

[1] 曹计娟. 试论基于大数据时代下的企业人力资源管理变革 [J]. 知识经济, 2019 (22): 86-66.

[2] 陈田. 传统企业构建 HR 三支柱模型探究 [J]. 人才资源开发, 2019 (3): 61-62.

[3] 崇德林. 人力资源大数据应用和分析的实践 [J]. 信息与电脑 (理论版), 2017 (24): 148-149+152.

[4] 戴维奇, 林巧. 本地与超本地制度网络、公司创业与集群企业升级 [J]. 科学学与科学技术管理, 2013, 34 (1): 39-47.

[5] 丁栋虹. 创业管理 [M]. 2 版. 北京: 清华大学出版社, 2011.

[6] 董保宝, 葛宝山, 王侃. 资源整合过程、动态能力与竞争优势: 机理与路径 [J]. 管理世界, 2011 (3): 92-101.

[7] 董克用. 人力资源管理概论 [M]. 2 版. 北京: 中国人民大学出版社, 2007.

[8] 海迪·M. 内克, 帕特里夏·G. 格林, 坎迪达·G. 布拉什. 如何教创业: 基于实践的百森教学法 [M]. 薛红志, 等译. 北京: 机械工业出版社, 2015.

[9] 纪炀, 周二华, 李彩云, 等. 创业者信息扫描与创新机会识别——直觉和环境动态性的调节作用 [J]. 外国经济与管理, 2019, 41 (8): 29-42.

[10] 杰弗里·蒂蒙斯, 小斯蒂芬·斯皮内利. 创业学案例 [M]. 6 版. 周伟民, 吕长春, 译. 北京: 人民邮电出版社, 2005.

[11] 杰弗里·康沃尔. 步步为营: 白手起家之道 [M]. 陈寒松, 等译. 北京: 机械工业出版社, 2009.

[12] 杰伊·B. 巴尼, 德文·N. 克拉克. 资源基础理论: 创建并保持竞争优势 [M]. 张书军, 苏晓华, 译. 上海: 格致出版社, 上海三联书店, 上海人民出版社, 2011.

[13] 雷蒙德·诺伊, 约翰·霍伦贝克, 巴里·格哈特, 帕特里克·赖特. 人力资源管理: 赢得竞争优势 [M]. 9 版. 刘昕, 柴茂昌, 译. 北京: 中国人民大学出版社, 2018.

[14] 潘平. 老 HRD 手把手教你做培训 [M]. 北京: 中国法制出版社, 2015.

[15] 邱功英, 龙立荣. 弹性福利计划研究述评 [J]. 管理评论, 2013, 25 (11): 65-73.

[16] 任康磊. 人力资源管理实操从入门到精通 [M]. 北京: 人民邮电出版社, 2018.

[17] 任荣伟. 内部创业战略 [M]. 北京: 清华大学出版社, 2014.

[18] 沈纯道. 走第三条道路——与你一起做自由职业者 [M]. 北京: 中国劳动社会保障出版社, 2011.

[19] 宋典, 袁勇志, 彭纪生. 战略人力资源管理、公司创业与企业绩效关系的实证研究 [J]. 科学学与科学技术管理, 2009 (12): 134-139.

[20] 宋菲. 对大数据时代企业人力资源管理变革策略的几点探讨 [J]. 中外企业家, 2019 (19): 96.

[21] 谭春平, 景颖, 安世民. 全面薪酬研究述评与展望: 要素演变、理论基础与研究视角 [J]. 外国经济与管理, 2019, 41 (5): 101-113.

[22] 唐靖, 姜彦福. 初生型创业者职业选择研究: 基于自我效能的观点 [J]. 科学学与科学技术管理, 2007 (10): 180-185.

[23] 王庆喜, 宝贡敏. 社会网络、资源获取与小企业成长 [J]. 管理工程学报, 2007 (4): 57-61.

[24] 王如. 大数据时代下对人力资源管理革新的思考 [J]. 人才资源开发, 2019 (16): 85-86.

[25] 王艳茹. 创业资源 [M]. 北京: 清华大学出版社, 2014.

[26] 吴晓波, 周伟华, 杜健. 创业管理 [M]. 北京: 机械工业出版社, 2011.

[27] 伊查克·爱迪思. 企业生命周期 [M]. 王玥, 译. 北京: 中国人民大学出版社, 2017.

[28] 张玉利, 薛红志, 陈寒松, 等. 创业管理 [M]. 4 版. 北京: 机械工业出版社, 2016.

[29] 郑晓明. 人力资源管理导论 [M]. 3 版. 北京：机械工业出版社，2011.

[30] 周迪. 大数据时代企业人力资源管理的思考 [J]. 中外企业家，2019（26）：93.

[31] DUDIK EM. 战略创新：形成创造性成功战略的革新思想和工具 [M]. 王德忠，译. 北京：机械工业出版社，2003.

[32] 彼得·圣吉，第五项修炼1：学习型组织的艺术与实践 [M]. 张成林，译. 北京：中信出版社，2018.

[33] BARNEY J B. *Firm resources and sustained competitive advantage* [J]. Journal of Management，1991（17）99-120.

[34] BARRINGER M W, MILKOVICH G T. *A theoretical exploration of the adoption and design of flexible benefit plans：a case of human resource innovation* [J]. Academy of Management Review，1998，23（2）：305-324.

[35] DELIGIANNI I, VOUDOURIS I, LIOUKAS S. *Do effectuation processes shape the relationship between product diversification and performance in new ventures?* [J]. Entrepreneurship Theory and Practice，2017，41（3）：349-377.

[36] DUTTA D K, GWEBU K L, WANG J. *Personal innovativeness in technology, related knowledge and experience, and entrepreneurial intentions in emerging technology industries：a process of causation or effectuation?* [J]. International Entrepreneurship and Management Journal，2015，11（3）：529-555.

[37] ENSLEY M D, PEARSON A W, AMASON AC. *Understanding the dynamics of new venture top management teams：cohesion, conflict, and new venture performance* [J]. Journal of Business Venturing，2002，17（4）：365-386.

[38] FIET J O. *The informational basis of entrepreneurial discovery* [J]. Small Business Economics，1996，8（6）：419-430.

[39] IRELAND R D, HITT M A, VAIDYANATH D. *Alliance management as a source of competitive advantage* [J]. Journal of Management，2002，28（3）：413-446.

[40] MILLER D. *The correlates of entrepreneurship in three types of firms* [J]. Management Science，1983（29）：77-79.

[41] MORRIS M H, JONES F F. *Human resource management practices and corporate entrepreneurship：an empirical assessment from the USA* [J]. The international Journal of Human Resource Management，1993，4（4）：873-896.

[42] NEAL T. *Corporate entrepreneurship：antidote or oxymoron?* [J]. European Management Journal，2001，19（5）：526-533.

[43] OLIVER C. *Sustainable competitive advantage：combining institutional and resource-based views* [J]. Strategic Management Journal，1997，18（9）：697-713.

[44] PETERAF M A. *The cornerstones of competitive advantage：a resource-based view* [J]. Strategic management Journal，1993，14（3）：179-191.

[45] PINCHOT G. *Intrapreneuring：why you don't have to leave the corporation to become an entrepreneur* [M]. New York：Harper and Row，1985，2-30.

[46] SARASVATHY S D. *Causation and effectuation：toward a theoretical shift from economic inevitability to entrepreneurial contingency* [J]. The academy of Management Review，2001，26（2）：243-263.

[47] SATHE V. *Corporate entrepreneurship：top managers and new business creation* [M]. Cambridge,

UK: Cambridge University Press, 2003: 1-35.

[48] STEVENSON H H, JARILO J C. *A paradigm of entrepreneurship: entrepreneurrial management* [J]. Strategic Management Journal, 1990, 11 (special issue): 17-27.

[49] STRATMAN J K, ROTH A V. *Enterprise resource planning (erp) competence constructs: two-stage multi-item scale development and validation* [J]. Decision Sciences, 2002, 33 (4): 601-628.

[50] WALTON A. *The impact of interpersonal factors on creativity* [J]. International Journal of Entrepreneurial Behaviour & Research, 2003, 9 (4): 146-162.

[51] ZAHRA S A. *Predictors and financial outcomes of corporate entrepreneurship: an exploratory study* [J]. Journal of Business Venturing, 1991, 6 (4): 259-285.